임화 문학연구 6

『임화문학연구』 6_ 필자

임규찬 _ 성공회대학교 교수
김응교 _ 숙명여자대학교 교수
고봉준 _ 경희대학교 교수
김동식 _ 인하대학교 교수
최은혜 _ 고려대학교 교수
유승환 _ 부산대학교 교수
배상미 _ University of Tübingen 방문연구원
가게모토 츠요시 _ 연세대학교 교수
이용범 _ 성균관대학교 동아시아학술원 동아시아학과 박사과정 수료
장문석 _ 경희대학교 교수

임화문학연구 6

초판인쇄 2019년 10월 1일 **초판발행** 2019년 10월 12일
지은이 임화연구회 **펴낸이** 박성모 **펴낸곳** 소명출판 **출판등록** 제13-522호
주소 서울시 서초구 서초중앙로6길 15, 1층
전화 02-585-7840 **팩스** 02-585-7848 **전자우편** somyungbooks@daum.net **홈페이지** www.somyong.co.kr

값 29,000원

ISBN 979-11-5905-455-6 93810

임화 문학연구 6

임화연구회 편

소명출판

책머리에

임화문학연구회는 임화의 탄생 100주년을 맞이한 2008년을 기회로 하여, 그리고 그 무렵 간행된 『임화문학전집』(전5권) 등에 힘입어 2007년에 창립한바, 올해로 어느덧 12년에 접어들었다. 매년 임화의 생일(10월 13일)이 들어 있는 주일의 금요일에 학술행사를 갖기로 하여, 그동안 총 11차에 걸친 심포지엄을 개최하여 왔고, 또한 그 성과를 대략 2년 주기로 5권의 『임화문학연구』(소명출판)에 담아왔다.

그동안 연구회는 오늘날의 학문 풍토와 운영 방식에서 다소간 벗어나 시류에 편승하지 않고 임화의 문학정신과 실천방식을 지키고자 소박하지만 근본적이고, 독자적이면서 자유로운 활동을 펼쳐왔다. '학회'가 아닌 작지만 알찬 '연구회', '등재지'가 아닌 '자유 학술지'로서 뜻있는 동학들의 적극적인 참여 속에서 임화 연구와 임화적인 실천을 착실히 진척시켜 왔다고 자부한다.

창립 10주년을 맞이한 2017년에 연구회는 그동안의 성과를 기반으로 한 단계 더 조직적인 체계화를 도모하여, 내실을 갖추면서 활동을 넓혀가는 제2기를 출발시켰다. 회칙 및 정예 회원 구축 등 필요한 조직 정비와 함께 연 1회의 가을 학술행사 외에 상반기에 내부 회원 중심의 집중토론회인 콜로키움을 개최하기로 했고, 또한 학문 후속 세대의 연구 진작을 위해 '임화학술논문상'을 제정하였다.

작금의 현실은 학술연구재단의 지원과 평가에 갇혀 자기 색깔을 가지지 못한 채 전국, 심지어 학연과 지연 등 연고에 기초를 둔 규모 중심의 조직과, 방향성이 뚜렷하지 않는 종합적이고 일반적인 성격의 학회들이 난립해 있다. 그러나 본 회는 우리 근대문학사의 최대의 문제적 인물 '임화'에 부응하는 실천적인 연구활동으로서 자기 색채를 분명히 하고자 한다. 또한 연구재단에서 제시한 연구지 간행방식이나 지원, 평가제도의 덫에서 벗어나 연구의 자율성과 독자성을 담지하는 매체로 산 결실을 담아내고자 한다. 더불어 전방위적인 임화의 삶과 실천에 좀 더 부합하고자 올해 총회의 의결을 거쳐서 '임화연구회'로 개명하였다.

이번 호는 그런 점에서 본 연구회 제2기의 첫 성취를 담은 셈이다. 2017년과 2018년에 있었던 콜로키움과 심포지엄의 발제문, 그리고 논문상 수상작들로 구성하였다. 제1회 콜로키움은 2017년 6월 17일 성공회대에서, 염무웅(영남대)의 기조강연 뒤로 배상미(고려대), 최은혜(고려대), 최병구(경상대)의 발표와 유성호(한양대), 김재용(원광대), 권성우(숙명여대) 등의 토론이 있었다. 제2회 콜로키움은 2018년 6월 23일 경희대에서, 허민(성균관대), 전철희(한양대), 홍덕구(동국대), 최은혜(고려대)의 발표와 임규찬(성공회대), 홍종욱(서울대), 황지영(이화여대), 이현식(인천문화재단) 등의 토론이 이어졌다. 한편 제10회 심포지엄은 2017년 10월 13일 숙명여대에서, '임화와 한국문학의 재인식'이란 주제로 케빈 스미스(US DAVIS), 임규찬(성공회대), 정남영(문학평론가)의 발표와 김한성(숙명여대), 김남일(소설가), 허민(성균관대) 등의 토론이 있었다. 제11회 심포지엄은 때마침 서거 50주년을 맞이한 김수영 시인과 연계시켜 '임화와 김수영'이란 주제로 2018년 10월 12일 창비서교빌딩 50주년홀에서 개최되었다. 염무웅(영남대)의 기조강연 뒤로 김응교(숙명여대), 이경수(중앙대), 고봉준(경희대)의 발표와 김영희(경희대), 신용목(시인) 등의 토론이 이어졌다. 그리고 임화학술논문상으로 2017년에 이용범(성균관대)의 「김태준 초기 이력의 재구성과 '조선학'의 새로운 맥락들」이 첫 논문상으로 선정되었고, 2018년에는 유승환(광주과학기술원)의 「적색농민의 글쓰기－1930년대 울진 적색농민조합 수사자료를 중심으로」가 선정되었다. 이렇게 사업과 활동을 확대할 수 있었던 것은 그동안 연구회를 이끌어왔던 염무웅 선생님, 그리고 매년 후원해주시는 (주)호진플라텍 김판수 회장님의 노고와 후의, 소명출판 박성모 사장의 헌신에 크게 힘입었다는 사실을 특별히 언급하지 않을 수 없다.

문학 등 인문학 전반의 위기가 더욱 가속화되어가는 현실이다. 위기론의 제기조차 무색해질 정도로 일종의 마비상태 혹은 무방비상태의 덫에 갇혀 있는 형국이다. 결국 인문학의 위기는 사회적 위기이고 사회적 삶의 위기라는 'Radical'의 본 의미대로 '근본적이자 급진적인' 물음 앞에 우리의 꿈을 맞세우지 않을 수 없다. 임화 또한 그런 인문성의 실천자이다. "사람의 한평생 살림에 있어 꿈이라는 것은 자리 속에서 잠꼬대와 함께 꾸는 것만이 아니라 똑똑한 현실의 실로 얽히어져서 알(卵)을 품은 어미 새의 깃과도 같이 언제나 떠나지 않는 것"(「현해탄의 백일몽」)이라고 했다. 아울러 현대란 제아무리 빈약하다 할지라도 찬란한 과거보다는 무한히 가능적이요 창조적이라면서 "졸음 졸던 정신일지라도 이 매력 앞에는 역시 살아나지 아니할 수 없는 게 또한 문화의 숙명이 아닐까?"(「현대의 매력」)라고 자문했다. 제2의 임화, 아니 임화를 넘어서는 새로운 인물들이 더욱 많아져 세상에 활기를 불어넣기를 함께 소망한다.

2019년 10월

임화연구회 운영위원회

차례

2부 생활, 대중, 젠더

1930년 전후 프로문학의 재구성과 임화

3부 문학사와 학술사의 시작들

1부
임화의 해방 그 이후

홍명희와 임화
『임꺽정』과 진보의 재음미
임규찬

임화와 김수영의 연극 · 영화체험
김응교

임화와 김수영의 '언어관' 비교
고봉준

이식(移植) · 근세조건(近世朝鮮) · 후진성(後進性)
1970년대 근대문학기점논의를 위한 예비적 고찰
김동식

홍명희와 임화

『임꺽정』과 진보의 재음미

임규찬

1. 홍명희와 임화는 어떻게 만나야 할까?

한국 프로문학을 이야기할 때, 나아가 좀 더 넓은 범주로 진보적인 문학을 생각할 때도 중심노선은 자연스럽게 임화의 궤적과 함께 한다는 것은 이제 하나의 상식일 터이다. 카프의 2세대로 출발하여 제2차 방향전환기 이후부터 임화는 카프의 중심인물로 활동해왔고, 카프 해산 이후에도 카프 진영을 대표해 왔으며, 또한 1945년 해방 직후에도 분단고착화 이전까지 문학가동맹과 좌파의 핵심인물로 활동하였다.

그렇다면 홍명희는 어떠한가? 홍명희의 삶은 개인사적인 형태로 다소 복잡하게 정리될 수 있지, 임화처럼 단순명료하게 집단화된 흐름과 일치되지 않는다. 오히려 그런 맥락이라면 홍명희는 적어도 완전한 탈주는 아니지만 경계를 넘나드는 그만의 독특한 행보가 눈에 띈다. 민족주의자로서 출발하여 사회주의자로, 그리고 민족주의와 사회주의를 넘나드는 그의 행보에서 신간회는 마치 둘 사이에 놓인 다리와도 같다.

그 점에서 홍명희와 임화는 매우 대조적이다. 홍명희(1888년생)는 정치가이기도 하고 언론인이기도 하고 문학자이기도 한 계몽적 지식인, 문사(文士)라 칭할 만한 1세대 인물이었고, 임화(1908년생)는 그 후 세대로서 문학자로서 철저히 분업화된 지식인의 활동가로서 매우 정치적이었던 인물이었다. 물론 홍명희도 이광수나 최남선처럼, 혹은 한용운처럼 문학이 가장 중심영역일 수밖에 없는 인물이었다. 그렇지만 아직까지 이광수, 최남선, 한용운과 같은 대접을 받지는 못했다. 좌우갈등이나 남북분단이라는 역사적 상황 탓도 있겠지만, 뜻밖에도 초창기가 아닌 1930년대에 돌출적으로 작품 『임꺽정』이 자리하고 있어서일 것이다.

그러나 해방 직후에는 그렇지 않았다. 가령 "우리 문학을 창조하신 분이 세 분 계신데 그 세 분 중에서 금일까지 문학을 지켜 오신 분으로는 벽초 선생 한 분이 남아 계실 뿐입니다"[1]와 같은 발언에서 보듯

1 「벽초 홍명희 선생을 둘러싼 문학담의」, 『대조』, 1946.1(『벽초 홍명희와 『임꺽정』의 연구 자료』(이하 『벽초 자료』로 약칭), 사계절, 1996, 188면).

짧았던 해방 직후 상황에서 홍명희는 여러모로 주목받는 존재였다. 최대 문학조직의 하나였던 문학가동맹의 초대 중앙집행위원장으로 추대되었다는 사실에서 홍명희의 위상은 확실하다. 물론 홍명희가 신간회 결성을 주도한 바 있어 해방 직후 조선공산당과 조선문학가동맹이 표방한 민족통일전선 노선에 부합한 인물로 받아들여진 탓도 있을 것이다.

그런 만큼 카프를 포괄하는 진보 범주의 구상에 빠뜨릴 수 없는 인물이 바로 홍명희의 존재이다. 홍명희와 임화를 함께 묶고자 했을 때 카프와 문학가동맹에서 두 사람은 만난다. 홍명희가 초창기 카프의 기관지였던 『문예운동』 창간호에 권두평론을 쓸 만큼 카프의 초창기 움직임과 어느 정도 긴밀한 관련을 가졌고, 또한 해방 직후 문학가동맹 중앙위원장으로 추대되었던 만큼 카프와 문학가동맹의 중추인물이었던 임화로서는 홍명희가 적어도 가장 가까운 문단의 원로이자 선배로서 다가왔으리라 짐작할 수 있다. 이 점은 임화의 다음과 같은 발언에서도 짐작할 수 있다.

김용호 위원장　홍명희 씨의 성명서와 서기장 한효 씨의 사임을 말해 주시오.

한효　나는 나의 일신상 문제로 사임했습니다.

임화　홍명희 씨는 그때 성명서에 사임한다는 말은 없었습니다. 우리가 중앙집행위원장으로 재임 승인한다면 별로 문제되지 않

> 습니다. 이 대회에도 부득이 참석은 못하셨을망정 인사말씀까지 우리는 듣고 있습니다.[2]

물론 당대의 구체적 정황을 헤아리면, 특히 임화의 입장에서 홍명희를 문인으로서 대단하게 여겼을까는 의문이며, 더욱이 좌익문단의 영수로 인정했을까는 더욱 의문스럽다.[3] 홍명희와 임화, 개인만을 놓고 보았을 때는 다소 어긋난 관계라는 사실이 정확하지 않을까.

그러나 시선을 좀 더 넓히면 임화 외에 이태준, 김남천, 이원조, 설정식 등에게서는 임화와 다른 면모를 볼 수 있다. 이들은 해방 직후 대담이나 좌담 등에서 홍명희의 중요성을 매우 강조하고 있다. 한 예로 조선문학가동맹의 주도세력인 이태준·이원조·김남천과 문학가동맹 결성 전후에 좌담(『대조』 1946년 1월호의 좌담)을 했다는 것은 의미심장하다. 이 자리에서 논의된 '고전문학 계승 문제' '한자 폐지 문제 '계몽운동과 작가의 임무' 등의 문제는 문학가동맹의 전국문학자대회에서 발표된 각종 보고와 결정서에서도 중점적으로 다루어졌다. 당시 홍명희가 이 좌담에 응하여 적극적으로 자신의 견해를 피력한 것은 조선문학가동맹 중앙집행위원장직을 수락한 사실을 간접적으로 증명한다고 하겠다.

물론 홍명희의 입장에서도 카프나 문학가동맹과 맺고 있는 관계는

---

2 조선문학가동맹 중앙집행위원회 편, 『건설기의 조선문학』, 조선문학가동맹, 1946, 231면.
3 강영주, 『벽초 홍명희 연구』, 창작과비평사, 2000(2쇄), 391~402면 참조.

분명 우호적이지만 다소 소극적인 느낌이 없지 않다. 카프와의 관계에서도 초창기 카프의 기관지였던 『문예운동』 창간호에 권두평론을 쓸 만큼 어느 정도 긴밀한 관련을 가지고 있다는 것은 분명하다. 그러나 이상화, 최서해 등등이 곧 카프에서 탈퇴한 예가 있듯이 홍명희는 애당초 회원에도 들어있지 않은 상태였기에 어느 정도 거리를 두고 다소간 친소관계를 가진 것으로 보인다. 이 점은 문학가동맹과 갖는 관계에서도 크게 다르지 않다.

그 점에서 홍명희와 임화의 만남은 이중적인 중요성을 띤다. 진보 진영에 서 있으면서도 좌익의 가장 정통적인 노선을 추구했던 임화와 가장 폭넓은 활동반경으로 좌우를 포용하던 홍명희이기에 진보의 재편성에 유의미한 지도를 제공해줄 것이며, 또한 그 안에서 가장 대립적인 면모를 보여준다는 점에서 진보 운동 자체에 대한 비판적 접근에도 유용한 조감도를 만들어줄 것이다.

사실 양자만의 정면 대결은 작품 『임꺽정』을 둘러싸고 일어날 뿐이다. 아니 그것이 유일하다고 봐야 할 것이다. 그렇다고 양자 사이에 직접 설전이나 대립이 있지도 않았다. 『임꺽정』은 당대부터 큰 관심 속에 전반적으로 매우 높은 평가를 받았는데, 뜻밖에도 가장 비판적인 평가가 임화에서 나왔다. 더군다나 임화의 해당 글이 임화의 문학적 실천 중에서 가장 절정기의 비평적 실천에 해당하는 만큼 보기에 따라 꽤 흥미로운 쟁점을 제공해줄 수 있다. 그러므로 단순한 작품 분석 차원의 평가가 아닌 다양한 측면에서, 여러 문학사적 계기와 관련지어 접근할 필요가 있다. 실제로 임화에 견주어 상대적으로 많지 않은, 아니 매우 단편적인 홍명희의 비평 등 산문 등을 유심히 보면 임화와 여러 모로 적지 않은 차이를 보여준다. 이 글은 그 점에서 한편으로 '홍명희로 임화 보기'이다. 임화를 중심에 놓는 시선에서 벗어나 홍명희를 또 하나의 중심으로 놓고 바라보면, 그래서 홍명희와 임화를 함께 읽는 지도를 상상하면 임화가 보여준 일직선의 대로와 좌표들 말고도 다양한 교차로와 간선도로들을 생각할 수 있지 않을까.

2. 골동품과 기념비

니체는 세 가지 종류의 역사를 이야기했다. 역사의 기념비적 방식, 골동품적 방식, 비판적 방식이 그것이다. 아마도 이중에서 골동품적 방식이 가장 익숙할 터이다.

> 두 번째로 역사는 충성과 사랑으로 자신이 태어나 자라난 곳을 뒤돌아보는 보존하고 존경하는 자에게 속한다. 이런 경건함으로 그는 자신의 현존재에게 감사를 표한다. 그는 예로부터 있어온 것을 조심스러운 손길로 돌보면서 자신이 생겨난 조건을 자기 뒤에 올 이들을 위해 보존하려 한다 — 그런 식으로 그는 삶에 봉사한다. (…중략…) 여기서 살았

다, 여기서 살고 있기 때문에, 여기서 앞으로도 살 것이다, 우리는 끈질기고 하룻밤 사이에 꺾이지 않을 것이기 때문에라고 그는 혼잣말을 한다. 그렇게 그는 이 "우리"로써 무상하고 기이한 개별적 삶 너머를 바라보고, 스스로를 가족의 정신으로, 일족의 정신으로, 도시의 정신으로 느낀다. 그는 때때로 저 멀리 어둡고 혼란스러웠던 세기들을 넘어 자기 민족의 영혼을 자신의 영혼으로 생각하고 인사한다.[4]

그래서 '나무가 자신의 뿌리에 대해 느끼는 쾌감, 자신이 완전히 자의적이고 우연하다고 생각하지 않고, 상속인으로서 꽃과 과실로서 과거로부터 성장하여 그로써 자신의 실존에 대한 해명을 얻고 정당성을 얻는 행복감'을 우리는 즐겨 '진정한 역사적 의미'라 부른다. 그것이 갖는 문제점은 무엇일까?

①

한 인간이나 한 도시 공동체 또는 전체 민족의 골동품적 감각은 항상 제한된 시야를 가진다. 대다수의 것을 전혀 인지하지 못하고, 그가 보는 작은 부분을 너무 가까이, 너무 고립시켜 본다. 그는 그것을 측정하지 못하고, 그래서 모든 것을 똑같이 중요하다고 생각하며, 그래서 각각의 개별적인 것을 지나치게 중시한다.[5]

4 니체, 이진우 역, 『니체전집 2—비극의 탄생 · 반시대적 고찰』, 책세상, 2005, 309~310면.
5 위의 책, 312면.

②

골동품적 역사는 현재의 신선한 삶이 그것에 혼을 불어넣지 않고 감동을 주지 않는 그 순간 퇴화해버린다. 이제 경건함은 고갈되고, 학자적 습관은 경건함 없이 존속하며 이기적으로 자족하면서 자기 자신의 중심을 돌고 있을 뿐이다. 그런 다음 우리는 과거에 한번 존재했던 것을 맹목적으로 수집하고 쉴 새 없이 긁어모으는 역겨운 연극을 구경할 것이다. 곰팡내가 인간을 감쌀 것이다.[6]

골동품적 역사가 너무 강력해져서 과거를 고찰하는 다른 방식들을 가려버릴 정도로 무성하게 자란다면 위험할 수밖에 없다. 골동품적 역사는 삶을 보존할 뿐 생산할 줄 모른다. 그래서 생성하는 힘을 과소평가하는 골동품적 역사에 맞서 생성하는 힘이 어떤 것인지를 간직한 기념비적 역사도 필요하다는 것이 니체의 생각이다.

비교적 장황하게 니체를 인용하며 기념비적 역사를 강조하는 것은 홍명희와 『임꺽정』을 떠올리기 위해서이다. 니체가 생각하는 기념비적 역사의 특징은 다음과 같다.

과거에 "인간"이라는 개념을 더욱 확대하고 더 아름답게 성취할 수 있는 능력을 가졌던 것은 이런 일을 영원히 하기 위해 영원히 존재해야만 한다. 위대한 순간들이 개인의 투쟁 속에서 하나의 사슬을 형성하고, 인

6 위의 책, 312~313면.

류의 산맥이 수천 년을 이어 이 순간들 속에서 결합하며, 이미 오래전에 지나간 순간들 중 최고의 것이 내게는 아직 생생하고 밝고 위대하다는 것—이것이 기념비적 역사의 요구 속에 표현된 인간성에 대한 믿음의 근본 사상이다.

그것은 '모든 시대의 위대한 것의 상관성과 연속성에 대한 믿음이며, 세대교체와 무상함에 대한 저항'이다. 과거에 대한 기념비적 고찰, 지나간 시대의 고전적인 것과 희귀한 것을 다루는 일이 어떻게 현대적인 것에 이익이 되는가? 과거에 있었던 위대한 것이 어쨌든 한번 가능했으며, 그래서 앞으로도 가능할 것이라는 생성에 대한 가능성의 확인이다.

우리에게는 골동품적 역사에 비해 기념비적 역사가 부족하다. 아니 골동품적 역사는 흘러넘치는 데 비해 기념비적 역사가 내뿜는 생성과 창조의 원천으로서 대작(大作)은 별반 없다. 당대의 평가부터 시작하여 지금의 평가까지 감안하면 홍명희의 임꺽정은 그런 대작의 기운을 품고 있다. 작품의 삶은 그것이 생성된 당대에 그치는 것이 아니라 작가의 사후에도 계속되며 특히 작가의 사후에 지속되는 삶, '계속된 삶(das Fortleben)'에서 그 작품의 영향력과 권위가 더 크게 발휘된다. 기념비적 역사가 뜻하는 게 바로 이것이다.

더구나 『임꺽정』이 현존 이런저런 문학사의 중심에서는 배제되거나 아니면 외곽에 간신히 배치되지만, 개별 작품의 성취에선 최고의 찬사를 받는 이율배반적인 상황이야말로 골동품적 역사와 기념비적 역사를 대비해볼 살아있는 사례일 것이다.

3. 임화, 그리고 '진보'와 '역사주의' 문제

임화의 특징이자 장점은 역사적인 것만이 논리적이고 논리적인 것만이 역사적이며, 다시 말해 역사적인 동시에 논리적인 양자를 통일적으로 보고자 한 데 있다. 임화는 기본적으로 주관과 객관, 본질과 현상 등 대립적이면서 상관적인 범주를 합치시켜 전체로, 통일적으로 보자는 일원론의 입장에 서 있다. 그래서 이들을 둘로 쪼개서 각각의 상대적 자립성으로 분리 처리하려는 이원론을 철저히 비판하였다. 그의 이론적 성취에서 두드러지는 '낭만주의와 리얼리즘', '세태소설과 내성소설', '주관주의와 객관주의' 등의 문제 설정과 양자의 통일을 향한 집요한 모색이 이를 방증한다. 또한 '분열', '대립' 등 임화가 즐겨 구사하는 현실 진단의 용어 역시 이런 맥락 속에서 움직인다. 임화는 현실의 물질세계 그 자체 속에 있는 '모순', '대립물의 통일과 투쟁'이 자기 운동을 성립시키고, 이것을 통해 다양한 운동, 변화 발전이 이루어진다는 변증법적 유물론의 기본노선에 매우 충실하였다.

임화는 무엇보다 서구적 근대주의자로서의 면모, 아니 국제주의자로서의 면모가 확연하다. 그가 표면상 가장 강하게 주장했던 반봉건성과 관련한 것으로, 우리의 현실(조선시대, 언어와 유산 문제, 그리고 구체적으로 홍명희, 채만식, 이태준, 정지용, 백석 등의 작품)에 대한 이해 문제 등에서 단순화된 외눈박이 비판으로 오랫동안 전통 혹은 유산의 측면을 배제하거나 무시하기도 했다.

임화가 남다르게 문학사적 방면에 특장을 보인 것은 이른바 역사적인 연관을 파악하는데 상당한 혜안을 가진 결과일 터이다. 가령 시간을 주 대상으로 하여 운동이나 발전, 또 일련의 과정 속에서 보이는 계기적인 연관 등은 그의 비평이나 문학사 속에 매우 중요한 역할을 한다. 반면 공간을 중심으로 할 때 당대적 양상으로서 자신과 다른 것과의 병존이나 공존 등의 면을 다룰 때에는 상대적으로 취약하거나 아예 배척하는 양상을 보여주었다. 이른바 임화의 진보노선은 철두철미하게 '프로문학중심주의'에 기반해 있었다.[7] 해방 직후에도 계급주의 문학과 민족주의 문학을 병렬해 놓는 정도이지 공존의 논리까지

7 임화의 '프로문학중심주의'가 심할 정도로 드러난 부분은 다음과 같은 대목이 아닐까 싶다. "프로문학은 그 본래의 성질상 새로운 언어적 세계를 개척하였다. 본래에 있어 모든 고유의 조선어를 이야기하는 근로적 생산 인민의 생활 심리 묘사를 위하여, 또 그들에게 읽힐 현실적인 이유 등 이중의 필요에 의하여 그 존립의 10년간을 노력한 것이다. 이것은 결코 필자의 낭만적 과장이 아니라, 최서해와 염상섭을 정확히 비교할 줄 아는 사람은 곧 수긍할 일이며, 또 염상섭과 이기영의 『고향』을, 이기영과 가장 많은 어휘를 가졌다는 『임꺽정』의 작자 홍명희씨를 비교하면 명확해질 것이다. 이기영의 『고향』은 『임꺽정』이나 『만세전』이나 그외 춘원의 『그 여자의 일생』, 『흙』 등에 비하여 얼마나 많은 생생한 어휘와 조선어의 고유의 아름다움을 가졌는가? / 염상섭의 『만세전』을 석판화라고 하면, 홍명희씨의 언어는 색채를 빼고난 흑색만의 흑화석인(黑畵石印)이고, 이기영의 언어는 라파엘(Raffaello, S.), 다빈치(da Vinci, L.)의 그것이다." 임화, 「조선어와 위기하의 조선문학」, 『조선중앙일보』, 1936.3.8~24(임화문학예술전집 편찬위원회 편, 『임화문학예술전집』 4, 소명출판, 2009, 598면(이하 『임화전집』으로 약칭)).

만들지는 못했다.

임화를 이야기할 때 루카치적인 면모 또한 간과할 수 없다. 임화뿐만 아니라 우리의 1930년대 후반 문학에 루카치가 상당한 영향을 끼쳤다는 것은 주지의 사실이고, 그 속에서 임화는 단연 자기식 수용의 모범적 사례로 손꼽힌다. 엥겔스의 발자크론과 리얼리즘의 승리론을 함께 공유하며 임화가 펼쳐나간 루카치적 사유의 친연성은 여기저기 확인된다. 반영론과 전형론, 발자크와 졸라에 대한 인식 태도, 보들레르와 프루스트 등 모더니즘에 대한 적대 등은 리얼리즘론・본격소설론이나 기타 작품 분석 등에서 여실하다. 물론 임화가 보여주는 독특한 낭만주의관이나 그에 대한 태도 등은 루카치와 어느 정도 변별되며, 당대 조선의 현실에 항상 토대를 두고 사고하는 현실 적용의 차이 역시 분명하다.

임화의 『임꺽정』 평이 실린 「세태소설론」 역시 이러한 입장과 방법에 기본적으로 근거해 있다. 임화는 이 글에서 『임꺽정』 말고도 『천변풍경』, 『탁류』, 「소년행」, 「제퇴선」, 『신개지』, 「남생이」 등등을 두루 세태소설로 끌어모은다. 김남천이나 박태원, 이상 등등을 떠올린다면 나름 타당하다. 그러나 그 가운데서 유독 뜻밖인 것은 『임꺽정』인지라, 그래서 더 문제가 되는 것이다. '심지어' '약간의 이의(異議)가 있을 줄 아나'와 같은 단서를 달면서 일반적 경향 속에 특별한 작품을 속박시키는 임화식 비평의 그물이 펼쳐졌다.

임화는 직선적 진화론에 입각한 문학사 저술로 유명하다. 아마도 우리가 가진 역사 속에서 가장 철저한 진보사관을 문학사에 적용하려던 인물일 것이다. 그래서 발터 벤야민의 비판에 정면으로 부닥친다.

> 사회 민주주의 이론은 물론이고 그 실천도 한층 더 현실에 근거한 진보의 개념이 아닌 교조적 요구를 지닌 진보의 개념에 의해 규정되어 왔다. 사회 민주주의자들이 머릿속에서 그려 왔던 진보는 무엇보다도 인류 자체의 진보(인류의 기술과 지식의 진보만이 아닌)를 의미하였다. 둘째로 그들이 생각한 진보는 아직도 완결되지 않은 진보(인류의 무한한 완벽성의 가능성에 상응하는)를 의미하였다. 셋째로 그것은 또 근본적으로 끊임없이 발전하는 진보(직선 내지 나선형을 그으면서 자동적으로 나아가는 진보)로 간주되었다.[8]

동질적이고 공허한 시간을 관통하는 역사적 발전과정이라는 개념에 기반한 역사주의를 비판한 것은 벤야민만이 아니다. 니체도 그러하니와, 아도르노, 블로흐 등 역시 근대 역사철학의 지배적 경향을 표상하는 진보의 역사철학이 선형적으로 직진하는 시간관에 기초하여 목적을 향해 나아가는 이성의 자기실현 과정으로 역사를 파악한다고 비판하였다. 민주주의를 내세우든 사회주의를 내세우든 크게 보아 우리의 근현대사 역시 이런 직선적 진보관에서 크게 벗어나지 못한

8 벤야민, 반성완 역, 「역사철학테제」, 『발터 벤야민의 문예이론』, 민음사, 2006, 352면.

다. 그리고 그 대표적 형상으로 임화를 떠올리지 않을 수 없다. 임화야말로 다른 누구보다도 한국 진보문학운동의 격정적인 한 시기를 주도해 왔고, 직접 그러한 문학사 저술을 자신의 중심 작업으로 삼아 나름의 문학사적 성과를 최초로 우리 앞에 내놓았기 때문이다.

벤야민은 임화와는 정반대로 과거의 사건들에 어떤 종류의 서사적 연속성도 부여하기를 거부했다. 이런 태도는 역사서술이라는 관점에서 볼 때 매우 급진적이다. 벤야민이 역사적 연속성 대신 불연속성을 강조한 데는, 과거를 구제되어야 할 대상으로 보는 실천적 태도 때문이다. 역사적 연속성은 과거의 시간들을 승리자의 현재에 도달하기 위한 목적론적 계기들로 환원시킴으로써 지배자에게 도움을 줄 뿐 아니라, 과거 매 순간의 의미를 그 연속체 속에서 부여받은 위치에 따라 고정시켜버린다. 과거의 사건들의 의미가 확정된 채 연속체 속에 끼어 있게 되면, 과거는 현재와 새로운 관계를 맺기 힘들어진다. 따라서 과거의 시간들을 현재화하기 위해서는 과거를 묶고 있는 연속적 구성체에서 떨어져 나와 독자성을 가져야 한다고 벤야민은 주장한다.

가령 "이광수 · 김동인 · 염상섭 씨 같은 작가들은 지금도 여전히 집필활동을 하고 있지만, 이 사람들은 현대 조선문학의 한 유파나 경향이라기보다도 마치 현재 내지 문단의 나가이 가후(永井荷風)나, 영국의 버나드 쇼 같이 이미 오래된 지나간 시절의 존속자에 불과하다".[9]

9 임화, 「조선의 현대문학」, 『경성일보』, 1939.2.23~25(『임화전집』 5, 83면).

에서 보듯 연속체 속에서 이미 부여받은 위치에 따라 고정시켜버리기 때문에 현재성을 상실한 채 단순히 '이미 오래된 지나간 시절의 존속자'로 전락되고 만다. 벤야민의 '고정화' 지적은 임화의 문학사 저술을 포함한 그의 비평을 근본적으로 흔드는 비판의 칼날이며, 동시에 지금 임화를 바라보는 우리의 시선과도 연관된다.

그렇다면 우리는 어떻게 임화와 다시 만나야 할까? 벤야민은 사람들이 흔히 생각하는 비평과 해석의 태도와 정반대로 가라고 권한다. 사람들은, 임화 역시도 커다란 연관관계를 서술할 때는 대개 긍정적인 태도를 보이면서, 개별 작품들에 대해서는 규칙에 따른 재단비평을 하고 그에 따라 가혹한 부정적 비평을 하기 일쑤다. 이와 반대로 개별 작품에 천착하고 침잠하여 그로부터 한 작가의 작품세계 전체, 나아가 한 시대 전체를 읽어내는 비평방법을 벤야민은 유물론적 역사서술이라고 말한다. "사고에는 생각의 흐름만이 아니라 생각의 정지도 포함된다. 사고는, 그것이 긴장으로 충만된 사실의 배열 속에서 갑자기 정지하는 바로 그 순간에 그 사실의 배열에 충격을 가하게 되고 또 이를 통해 사고는 하나의 단자(monade)로서 결정화(結晶化)된다. 역사적 유물론자는, 그가 단자로서 마주 대하는 역사적 대상에만 오로지 접근한다. 이러한 단자의 구조 속에서 그는 사건의 메시아적 정지의 표식, 달리 말해 억압된 과거를 위한 투쟁에서 나타나는 혁명적 기회의 신호를 인식한다."[10] 연속체 속에 갇힌 사실들을 해체, 파괴하고 그 가운데 현재에 혁명적 기회로 다가오는 단자들을 주목하여 새로운 세계를 구축하라는 제안이다. 이런 시선으로 볼 때 임화의 『임꺽정』 평도 새로이, 때로는 정반대로 해석될 여지가 많다. 가령 임화의 문제의식을 최대한 살려 '임꺽정'이란 한 인물만 집중해서 본다면 논의 여지는 충분하다. 실제로 『임꺽정』에 대해서 가장 많은 아쉬움을 피력한 부분이 '임꺽정'의 형상화이다. 작가 역시 작품 집필 전에 내세웠던 의도에 비추어 작품의 실제 형상화와 달라진 점은 분명하다. 단순화시켜 말한다면 왜 '의적'을 '화적'으로 바꾸었으며, 그 결과 작품 전체의 성취에서 어떤 차이가 나타나는가는 중요한 작품의 질적 지표가 될 수 있다. 또한 임화가 일반론으로 함께 논의를 펼치면서 동시대의 '현대적' 작품들과 다른 점으로 지적한, 현대의 세태소설이 '모자이크'적인데 『임꺽정』은 '파노라마'적이라는 점은 근본적으로 다른 문학지형도를 만들 수 있다.

> 그러므로 현대의 세태적인 소설에서 발견하기 어려운 유락성(愉樂性), 일종 파노라마를 보는 듯한 미감(美感)을 『임꺽정』 가운데서 발견함은 즐거운 일이나, 그것이 소설의 예술성으로부터 오는 미적 유락성인지 혹은 일종의 오락성인지는 재고할 과제인 것 같다.[11]

소설의 가장 기본적인 성취의 잣대로 내걸어야 마땅할 예술성과

---

10 벤야민, 반성완 역, 앞의 글, 355면.
11 임화, 「세태소설론」, 『임화전집』 3, 284면.

서사성, 미적 쾌감과 재미의 문제에 대한 제기이다. 직선적 체계화 과정에서 누락된 이와 같은 곁가지 지적에서 뜻밖에도 새로운 생생한 비평의 씨앗을 발견할 수 있다.

『임꺽정』에 대한 비판만이 아니라 임화의 비평에서 문제되는 지점 하나가 내성소설과 세태소설 등 새로운 경향에 대한 좀더 깊은 분석으로 나가지 못하고 성급하게 그 자신이 내세운 모범적이고 규범적인 사례로 도로를 만들려고 한다는 점이다. 자연 벤야민식 '구제비평'의 접근 방법을 임화 속에서 찾아가는 일을 제안하지 않을 수 없다. "문화사적 변증법을 위한 작은 방법론적 제안. 각 시대에 대해 여러 '영역'에서 특정한 관점에 따라 이분법을 수행하기는 아주 쉽다. 그러니까 한편에는 그 시대의 '생산적인' '전망이 있는' '생생한' '긍정적인' 부분이 있고, 다른 한편에는 실패한 · 낙후된 · 사멸한 부분이 있다는 식으로 말이다. 우리는 심지어 이 긍정적인 부분을 부정적인 부분에 대비함으로써 긍정적인 부분의 윤곽을 더욱 뚜렷하게 드러낼 것이다. 그러나 모든 부정은 살아 있는 것, 긍정적인 것의 윤곽을 위한 배경으로서만 그 가치가 있다. 따라서 이처럼 미리 배제된 부정적인 부분에 대해 새로이 이분법을 적용하는 일이 결정적으로 중요하다. 그러니까 (척도를 전치시키는 것이 아니라!) 시각을 약간 전치시켜 그 부정적인 부분에서도 이전과는 달리 다시금 긍정적인 부분과 그렇지 않은 부분을 드러내는 일이 중요하다. 그리하여 이런 작업을 무한히 계속함으로써, 과거 전체를 역사적 완전복구(historische Apokatastasis) 속에서 현재로 불러낼 수 있게 할 필요가 있다."[12]

벤야민의 새로운 실험기법에 대한 적극적 의미 부여나 기능 전환을 강조하는 것은 단선적인 시선이 아닌 다층적인 시선을 강조한 것으로, 이런 시선으로 임화의 안팎을 찾아보자. 한 예로 임화의 세태소설 규정을 어느 정도 수용, 이를 역사소설 영역에서 새로운 의미를 부여하는 이원조의 분석도 한 예가 될 것이다.[13]

4. '이야기'를 품은 '소설'『임꺽정』

『임꺽정』에 관한 가장 최근의 한 저작에서 흥미로운 분석을 보았다.

> 그런데 왜 우리는 꺽정이를 그렇게 계급적 저항에 불타는 민중적 영웅으로 기억하고 싶었던 것일까? 80년대를 풍미한 리얼리즘과 민중문

12 최성만,『발터 벤야민 기억의 정치학』, 길, 2014, 29면.

13 이원조는『임꺽정』의 공간적 특징을 역사소설 속에서 다른 작가와 구별되는 홍명희만의 특징으로 부각시킨다. 또한 사건에 중점을 두면서도 소설로서의 흥미를 느끼게 하는 것은 지극히 미세한 데 이르기까지 극명한 묘사가 있기 때문이라며, 다양한 속성을 지적하고 있다. "이 작품의 구성이 확실히『수호지』나『삼국지』에 유사하면서 다만 묘사만 자연주의적 수법이라는 것만은 단언할 수 있는 것이다. 그리고 이러한 소설 체재란 아직 우리 문학사에서 유례를 보지 못한 것인만큼 이 작품의 문학사적 지위란 우선 이 점에서 특기해야 할 것인 동시에 우리 작가들의 숙고해야 할 문제가 아닌가 한다."(이원조,「『임꺽정』에 관한 소고찰」,『조광』4권 8호, 1938. 8,『벽초 자료』, 276면)

학의 명제들이 그렇게 명령했기 때문이다. 알다시피 이 명제들은 어디까지나 '근대적 소설'을 바탕으로 한 이론이다. 허나 김윤식 선생님 말씀처럼 『임꺽정』은 소설이 아니다. 대하소설 『임꺽정』이 소설이 아니라구? 그렇다. 소설이 아니라 '이야기'다. 이야기란 근대 이전 구술문화 시대의 서사양식이다. 작가가 "순 조선적 정조"로만 쓰겠다고 했을 때 바로 이 점을 염두에 두었던 것이리라. 이야기와 소설, 둘 사이에 우열 같은 건 없다. 사건과 서사를 조직하는 방법이 다를 뿐이다. 『임꺽정』의 서사들은 하나하나가 다 사료에 근거하고 있다. 한마디로 모든 것이 다 '팩트'다. 벽초는 정사와 야사, 각종 설화 등에 존재하는 크고 작은 '팩트'들을 이리저리 엮어서 거대한 서사의 그물망을 직조해냈다.[14]

한 마디로 『임꺽정』을 '소설'로 보지 말고 '이야기'로 보라는 뜻이다. 맞는 듯하면서 동시에 이게 '소설'이 아니라면 뭐가 '소설'이란 말인가. 신구(新舊)대립을 다시금 전도시킨다고 문제가 해결될 리 없다. 분명 '이야기'이면서 '소설'이고, '신강담'이면서 '소설'이다. 더 나아가 세계적인 것이 조선적인 것과 모순을 이루지 않는 탁월한 민족 · 민중문학이 『임꺽정』이다. 이렇게 단언하더라도 아무런 의심도 들지 않고 바로 받아들여진다. 왜일까? 벤야민의 「이야기꾼과 소설가」가 중요한 시사점을 준다. 벤야민은 이야기와 소설의 차이를 통해 '서사

14 고미숙, 『임꺽정』, 사계절, 2010, 16면.

하기'를 서사문학의 매체나 장르의 범주 내에서 고찰하는 것을 넘어 문화사의 틀 내에서, 어떤 의미에서는 인간학적으로 파악하였다. 그의 논리에 따르면 홍명희의 『임꺽정』은 구전의 전통에 속하는 이야기들을 소설이라는 형식으로 전달하는 매우 특별하고도 희귀한 사례에 속한다. 이 점은 후세대는 말할 것도 없고 동세대 작가랄 수 있는 이광수나 김동인, 박종화 등과도 확연히 구별되는 역사적인 면모이다. 서두에서 말한 『임꺽정』의 기념비성은 바로 여기에서 발원한다. 분명 이야기와 소설은 일반론적으로 대척점에 있다. '전달 가능성'이 그 경험의 특징인데, 그것은 지식의 형태라기보다 전승의 형태에 가깝다. 경험은 나이와 연륜이라는 권위를 갖고 세대에서 세대로 대물림 되는 속담이나 "입에서 귀로 흘러가는" 이야기 형태를 띤다. 이야기는 구전적 전통("입에서 입으로 전해지는 경험")에 뿌리를 두며 같은 서사 장르에 속하는 소설의 대척점에 있다. 반면 소설의 산실은 개인이다. 소설을 쓴다는 것은 인간의 삶을 서술할 때 타인과 공유할 수 없는 고유한 것(das Inkommensurable)을 극단으로 끌고 간다는 것을 뜻한다. 이 점이 바로 집단적 기억으로서 전통에 뿌리내리고 있는 이야기와 변별되는 특징이다.

벤야민의 분석한 바를 곧바로 『임꺽정』에 연결시켜 보자.

이야기꾼이 전달하는 것 가운데 중요한 요소인 조언도 그 자체로 의미가 있다기보다 전달의 형식으로서 의미가 있다. 즉 "조언이란 바로 어떤 물음에 대한 대답이라기보다 (방금 전개되고 있는) 어떤 이야기를 계속 이어가는 것과 관련된 어떤 제안"이다. 따라서 이야기하는 기술은 "들었던 그 이야기를 계속 다른 사람에게 이야기해주는" 데 본질이 있다.[15]

고미숙은 『임꺽정』의 특징으로 단연 '이야기'를 든다. '이야기와 서사—달인들의 공부법', '이야기는 힘이 세다—말잔치'라는 장을 둘 정도로 "이야기로 배운다. 이야기로 배우고 이야기로 전수한다", "칠두령이 우정을 쌓게 되는 건 다 이 서사의 힘이다"라며, "너무 많은 친구들, 너무 많은 이야기, 너무 많은 삶들이 종횡으로 얽혀버린" 작품이 『임꺽정』이라는 것이다.

임화의 『임꺽정』 평의 핵심은 "우리들과 같은 성격이나 우리가 탐내는 뚜렷한 성격도 없고, 그 성격과 환경과의 비비드한 갈등도 없으며, 따라서 작품을 관류(貫流)하는 일관한 정열도 없다. 단지 『임꺽정』의 매력은 그 시대의 여러 가지 인물들과 생활상(生活相)의 만화경(萬華鏡)과 같은 전개에 있다"이다. 그런데 벤야민은

소설가의 영원히 지속되는 기억은 이야기꾼의 잠깐 동안 지속되는 기억과 반대된다. 전자가 한 명의 주인공, 하나의 방랑의 항해 [오디세이아], 또는 하나의 투쟁에 바쳐져 있다면, 후자는 흩어져 있는 수많은 사건들에 바쳐져 있다.[16]

15 최성만, 앞의 책, 302면.

라고 했다. 내용은 같은데 바라보는 시각에 따라 서술이 이처럼 달라진다. 이 문제는 『임꺽정』에서 가장 논란이 많은 문제와 직결된다. 즉 이야기적 속성이 강한 전반부와 소설적 속성이 강한 후반부로 나눠지는 전・후반부의 분리 문제가 바로 그것이다. 지금까지는 주로 10년간의 집필과정에서 나타나는 기술과 서사화 능력의 발전이란 측면에서 강담 대 소설의 범주로 대응하거나, 다른 한편으로 소설의 주요 기반으로서 야담과 실록, 즉 야사(野史) 대 정사(正史)에 따른 차이로 바라보았다.[17]

구성원리와 관련해서도 동양적(『수호지』)이냐 서구적(쿠프린의 장편 『결투』)이냐의 문제도 동양적이면서 서구적이랄 수 있다. 결과적으로 『임꺽정』은 민족문학이면서 세계문학인 것이다. 『임꺽정』이 갖는 수준 높은 보편성을 주목해야 한다. '~이냐 ~이냐'의 일방통행식 선택의 문제가 아니라 다양성을 공유하는 '~이면서 ~이기도 하는' 복합적인 교차로의 면모를 눈여겨보아야 한다. 이런 시각에서 보면 임화의 『임꺽정』 평은 '이야기'의 역사성을 배제한 철저히 '근대적 서구소설'의 논리에 전일적으로 지배당하고 있음을 알 수 있다.

오히려 임화와 관련해서 주목되는 점은 흔히 '이식과 창조의 변증

---

16 벤야민, 반성완 역, 「이야기꾼과 소설가」, 『발터 벤야민의 문예이론』, 민음사, 2006, 182면.

17 『임꺽정』의 전반부에서 점술을 중요하게 활용하는 것에 논란이 많은데, 벤야민에 따르면 중세의 전형적인 역사서술 방식으로서 연대기의 특징은 그 바탕에 신의 구원계획이 깔려 있다는 점이다. 그에 따라 연대기 작가들은 역사적 사건들을 서술할 때 그것들을 인과론적으로 입증하고 설명해야 하는 부담을 떨칠 수 있었다는 것이다.

법'으로 지칭되는 임화의 문학사 방법론의 탁월한 예증이 『임꺽정』일 수 있다는 점이다. 아니, 임화식 '직선식 변증법'을 '열린 변증법'으로 바꿔낸, 보기 드문 특별한 성취 사례인 것이다. 『임꺽정』의 기념비적 성격도 바로 이 지점에 있다.

> 요컨대 문화사라는 것은 단지 겉보기에만 통찰의 진전을 보여주고 있을 뿐 변증법의 진전을 겉보기로나마 보여주는 법은 한 번도 없다. 그 이유는 문화사에는 변증가의 경험이나 변증법적 사유를 신빙성 있는 진실한 경험으로 보증해주는 파괴적인 요인이 빠져 있기 때문이다. 분명 문화사는 인류의 등에 쌓이는 보화의 무게를 증가시키고 있기는 하다. 그러나 문화사는 인류에게 그 보화를 뒤흔들어 그것을 수중에 넣을 수 있게 할 힘을 주지는 않는다.[18]

『임꺽정』을 쓸 당대보다 비교할 수 없을 정도로 훨씬 많은 문화 유산이 축적된 오늘날, 과연 『임꺽정』을 방불한 작품이 있는가? 벤야민은 바로 수집물, 실증적 역사주의가 저절로 작품을 창조하는 것을 보증해 주지 않는다고 했다. 흔히 『임꺽정』을 두고 전승된 유산을 잘 보존한 사례이며, 그래서 그 자체가 탁월한 유산이라는 식의 평가가 많은데, 이 점에서 볼 때 가장 중요한 점은 전승된 형식을 활용하여 새

18 최성만, 앞의 책, 260면에서 재인용.

로운, 유일무이한 현대적 작품으로 파괴, 재창조했다는 셰익스피어식 변증법적 전환에 있다.

그 점에서 '순조선적 정조'에 대한 이해도 다층적이어야 한다. 단순한 '문화유산'의 측면만 강조하는 식의 협소한 이해를 해서는 안 된다. 사건, 인물, 묘사, 정조 등을 모두 포괄하는 서사 자체의 조선적인 면모를 홍명희는 이야기했다. 말하자면 세계적 수준의 보편성을 생각한 것이다. 세계문학의 뛰어난 성취들이 그러한 것처럼 『임꺽정』 역시 민족문학이면서 세계문학으로서 문학적 평가가 다각도로 필요하다. 가령 '황진이'에 대한 소설화 작업에 관해서 홍명희가 이태준의 작품 『황진이』를 두고 언급한 내용도 마찬가지이다.

> 내가 황진이에게 홍미를 느낀 것은 만석중과 황진이와의 관계가 아나톨 프랑스의 『타이스』와 비슷했기 때문이었는데 그 관계를 그린 점으로 상허의 것은 좀 불만이야.[19]

즉 황진이의 유혹에 넘어가 지족선사가 파계했다는 홍미 위주의 야사를 『타이스』 식의 더 보편적이고 본질적인 순결, 죽음에 대한 공포, 영적 구원과 사랑 등의 문제로 끌어올리겠다는 의도가 엿보인다. 이처럼 우리 것으로 세계적인 수준의 것을 만들겠다는 홍명희의 당당

19 「벽초 홍명희선생을 둘러싼 문학담의」, 『대조』 1946. 1(『벽초 자료』, 193면).

한 작가정신을 우리는 기억해야 한다. 이른바 토막토막 끊어놓으면 단편이고, 전체가 모이면 장편이라는 독특한 구성방식도 동서양의 『수호지』와 『결투』를 동시에 참조하면서 자신만의 방식을 고안해 내는 탁월한 안목을 떠올리자.

5. 리얼리즘과 『임꺽정』

많지 않은 홍명희의 평론 등 산문을 읽으면서 가장 놀라운 글 하나가 톨스토이론(「대(大)톨스토이의 인물과 작품」)이었다. 우선 글 속에서 느껴지는 것은 폭넓은 독서의 장악력이다. (그런 사례의 하나가 「문학에 반영된 전쟁」에서 문제의 출발로서 제출한, 우리 사회에서 1990년대에 크게 주목받은 미국 생태주의자이자 반전주의자인 '스코트 니어링'의 말이다.) 그러나 무엇보다도 주체적인 책읽기가 돋보인다. 로맹 롤랑의 톨스토이론에서 일단 핵심적인 문제틀을 수용하면서 그와 달리 새로운 문제를 제기한다. 즉 톨스토이에게서 예술가적 인격과 종교가적 인격이라는 2대 인격을 지적한 점은 투철한 안식이나 "2개 인격이 평행으로 존재하여 서로 범치 않고 완전히 발달하였다고 논단한 것은 논법이 모호한 것 같다"라며 이를 자신의 분석방법으로 새롭게 해석한다.

> 예술가적 인격과 종교가적 인격이 톨스토이 일생을 통하여 상극이 되어서 내외생활에 많은 모순이 나타나고 또 많은 모순을 만들어 내었다. 보통 사람 같으면 보지 못하거나 작게 볼 모순을 톨스토이는 탁월한 천품으로 능히 보고 또 뚜렷이 크게 보고, 보통 사람 같으면 자기를 기만하거나 자포자기할 것인데 톨스토이는 예민한 양심으로 모순을 극복하려고 노력하고 분투하였다. 80 노령까지 노력 분투하는 데 그의 성격의 위대한 것이 드러났다고 할 것이다.[20]

이 시기 유행했던 엥겔스의 리얼리즘 승리론의 창조적 적용이다. 단순한 모방을 부정했던 그의 철저한 자기화의 길이 글 도처에서 엿보인다. 우리 문학의 살 길로 '외부의 사상적 척도 그것보다 먼저 순진하게 참되고 죽지 않는 정열로 번민하고 생산하는 문학에서 다시 출발'하자는 1937년의 선언은 단순한 수사가 아니다. 톨스토이론에서 중요하게 이야기한 천품, 즉 소질을 작가의 핵심으로 파악하고 있는 홍명희는 뜻밖에도 '과거의 전통이 형식으로 제약하여 자유스런 지반(地盤)에 장해될 것이 없으니, 도리어 좋은 경우'라고까지 하며, 고리끼를 예로 들며 "위대한 혼, 위대한 천재일 때 그는 학적 교양보다 자기 속에 전개되는 세계와 현실 생활에서 예민한 피부로 흡수하고 생활로 세워나가는 것을 봅니다"라고 말하고 있다. 그런 견지에서

---

20 홍명희, 「대(大)톨스토이의 인물과 작품」, 『조선일보』, 1935.11.23~12.4(『벽초 자료』, 77면).

"일시 관심되던 프로문학도 이러한 산 혼에서 우러나오는 문학이 아니면 문학적으로 실패할 것은 정한 일입니다"라고 단언한다.

홍명희는 무엇보다도 "톨스토이는 하벨록 엘리스의 말과 같이 여하한 사건이든지 똑같이 보고 여하한 물건이든지 놓치지 아니하였다. 어떤 사물이고 다 동일한 냉정과 안이(安易)와 간결로써 묘사하였다. 톨스토이가 러시아 정신의 표현도 되고, 러시아 양심의 대표자도 되고, 또 무슨 거울이란 평을 받도록 민중 운동의 기록원도 되었다"[21] 라고 하여, 톨스토이 문학의 위대성을 철두철미한 리얼리즘 정신에서 찾고 있다.

대개 종교적 또는 교훈적 의도가 강한소설들이 재미없는 데 반해 『부활』은 우선 한번 잡으면 놓기 어려울 정도로 재미있다며, "인물묘사에 편심(偏心)이 보이지 않고, 심리 해부에 수단이 능란하고, 사회제도의 결점, 특별히 재판제도, 감옥제도의 결점에 대한 철저한 비판이 정세(精細)한 묘사 뒤에 숨겨서, 인물 활동이 자연스럽고 사건 발전에 억지가 없다"는 것이다. 따라서 그는 "『전쟁과 평화』나 『안나 까레니나』에서보다 『부활』에서 톨스토이의 예술적 천품이 놀라운 것을 알았다는 사람이 있으면 이 사람은 가히 더불어 소설을 말할 만하다"고 재미있게 결론짓고 있다.

사실 이 대목은 임화의 일면적인 『임꺽정』 평에 대한 작가 자신의

21 위의 글, 80면.

반론처럼 다가왔다. 그저 '조선 정조'만을 그린 작품으로 알기 쉬운데, 이 외면 뒤에 숨겨진 인물, 사건, 묘사 등 서사 전체가 일으키는 자연스러운 힘을 읽어내라는 것이다.

당대 우리 문학의 수준을 2류 수준 이하로 냉정하게 비판한 홍명희의 눈[22]을 따라가면 문학이기에 가능한 세계 수준의 비약과 도약을 꿈꾸는 한 사람의 개성적인 작가로 오롯하다. 그리고 '조선의 자랑거리라는 것은 땅속에 있다고밖에 말할 수 없'는 상황에서 캐낸 『임꺽정』이야말로 역사소설로서 '독특한 혼에서 흘러나오는 독특한 내용과 형식'의 산물, 즉 "조선 정조(朝鮮 情調)에 일관된 작품"임을 알 수 있다. 사실 작품 『임꺽정』을 향한 주도면밀한 작가의 계획과 그 성취가 놀랍다.

작가는 『임꺽정』의 구상에 대해 진작부터 이렇게 진술하고 있다.

> 첫 편은 꺽정의 결지의 내력, 둘째 편은 꺽정의 초년 일, 셋째 편은 꺽정의 시대와 환경, 넷째 편은 꺽정의 동무들, 다섯째 편은 꺽정이 동무들과 같이 화적질하던 일, 끝 편은 꺽정의 후손의 하락 도합 여섯 편을 쓰되 편편이 따로 떼면 한 단편으로 볼 수 있도록 쓰려는 것이었습니다.[23]

> 조선문학이라 하면 예전 것은 거지반 지나문학(支那文學)의 영향을 많

22 "지금 우리 문단에서 이름 있는 작가라도 외국문단에 비해서 이류 작가측에 갈 만한 이도 드물지 않을까?"(「홍명희·유진오 문학대화」, 『조선일보』 1937.7.16~18(『벽초 자료』, 170면))

23 홍명희, 「『임꺽정전』의 형제편 연재에 앞서」, 『조선일보』 1932.11.30(『벽초 자료』, 37면).

이 받아서 사건이나 담기어진 정조(情調)들이 우리와 유리된 점이 많았고, 그리고 최근의 문학은 또 구미문학의 영향을 많이 받아서 양취(洋臭)가 있는 터인데 『임꺽정』만은 사건이나 인물이나 묘사로나 정조로나 모두 남에게서는 옷 한 벌 빌려 입지 않고 순조선 거로 만들려고 하였습니다. '조선 정조(朝鮮 情調)에 일관된 작품' 이것이 나의 목표였습니다.[24]

작가의 이런 복안은 완성된 『임꺽정』을 놓고 보면 누구나 인정하고 통용하는 사항이다. 그런데 작가는 후반부, 즉 넷째 편 연재에 들어가면서 전반부의 작업에 대해 복안대로 잘 되지 않았다고 말한다. 자연스럽게 『임꺽정』의 문학적 성취를 가늠하는 한 빌미가 되었다. 10년이라는 장기간에 걸친 집필 과정이라 『임꺽정』을 보는 눈에서도 발전적 관점이 은연중 자리 잡고 있는 경우가 많다. 특히 전반부 세편을 두고 "사실 누락된 것을 보충하고 사실이 착오된 것을 교정하고 쓸데없이 늘어놓았던 이야기를 깎고 줄이어" 출간하겠다는 홍명희의 말에 기대어 상대적으로 문제가 있는 부분으로 전반부를 겨냥한다.

그러나 이 지적은 문면 그대로 일반적인 교정에서 요구되는 관점 이상 이하도 아니다. 오히려 '병'이라 칭할 정도로 엄격한 퇴고에 대한 작가의 기질 문제로 봐야 한다.

글짓는 사람으로서는 퇴고(推敲)가 필요하겠지만 나 같은 사람은 아

24 홍명희, 「『임꺽정전』을 쓰면서」, 『삼천리』 제5권 9호, 1933.9(『벽초 자료』, 39면).

무렇게 써도 좋을 글자 한 자에도 공연히 신경질이어서 시간만 허비하거든. 일종의 병적이라고 할 수 있겠지.[25]

더 중요한 것은 작품의 미완성 부분에 대한 평가이다. 미완성 부분이 그리 크지 않고 큰 결격 사유가 아니라는 견지가 대체적이다. 그러나 작가의 복안과 관련하여 가장 많이 달라진 부분이 미완성된 마지막 부분일 것이다. 1932년에는 하나의 독립된 마지막 편으로 '꺽정의 후손의 하락'을 설정했는데, 1934년에는 임꺽정의 아들 백손(白孫)의 유락(流落)된 것을 짤름하게 써서 붙이겠다고 말한다. 어쩌면 홍명희의 소설화 과정에서 결정적인 어떤 문제점과 맞닥뜨린 것은 아닐까?. '의적'이 '화적'으로 바뀐 것부터도 이 점을 암시해준다. 임꺽정의 성격화에 어떤 변화를 작가가 생각했다는 점이다. 전후반부의 분리 문제나 평가의 차이가 관련된 점도 이와 무관치가 않다. 가령 임화의 비판도 마찬가지이다. 작가의 시선이 정확히 어디를 향하고 있는지 모호하다.

25 「벽초 홍명희 선생을 둘러싼 문학담의」, 『벽초 자료』, 189면.

6. 해방 직후와 정치주의 문제

홍명희가 임화를 거론하며 비판한 대목이 딱 하나 있다. 물론 임화만이 아니라 임화 세대를 두루 겨냥하며 이야기를 나누다 나온 내용인데, 해방 직후의 동향을 가늠해볼 수 있는 흥미로운 장면이다.

①

벽초 체험 이전의 중요한 요소로 정신적인 준비도 있어야 하고.

김남천 8월 15일 이후에 새로운 사상이나 세계관을 가져야겠다는 의미에서는 나는 아무런 새로운 정신적 준비도 필요치 않았습니다.

벽초 글쎄, 내가 말한 정신적 준비라는 것은 그런 의미가 아니라…….

김남천 『8 · 15』를 8월 15일 직후에 쓴다고 현상을 그르치지는 않는다고 생각해요.

벽초 현상을 그르친다기보다 8 · 15 이후의 생활다운 생활이 아직 없다고 볼 수 있으니 문제는 거기에 있겠지.[26]

26 「벽초 홍명희 선생을 둘러싼 문학정담」, 『대조』 창간호, 1946. 1(『벽초 자료』, 201면).

②

홍 작품들을 통관(通觀)하면 대체로 정신적 준비가 결여된 것 같군요. 임화 시집 있지 않아요. 그런데 내 보기엔 그 사람 시는 해방 전 것이 해방 후 것보다 난 것 같애. 해방 후 것은 어딘지 모르게 저절로 우러나오는 것이 아니고 억지로 무엇을 보이기 위해서 만들어 논 것 같단 말야.

설 글쎄요, 그럴까요. 선생님도 아직 순수론을 좀 지지하시는군요. 제 보기엔 임화란 친구가 해방 이후에 노래한 것이 직접 자기가 체험한 것을 즉음직영(卽吟直詠)한 것 같은데 어떻게 우리가 길거리 아우성을 못 들었다 하고 잉크냄새 싱싱한 불길한 신문보도를 못 본 체할 수가 있을까요.

홍 그야 물론 방안에 가만히 앉아 있을 수야 없지요. 뛰어나가는 것은 정당합니다. 또 뛰어나갈 수밖에 없고. 그러나 가두에 나가고 싶지 않을 때에는 나가지 않아도 좋겠지요. 요컨대 내 말은 '체'하는 게 안 되었다는 말이오.[27]

홍명희의 '시인' 임화에 대한 비판이 예사롭지 않다. 설정식의 당황한 표정 뒤에 맡게 되는 홍명희의 유연한 느긋함이랄까, 그런 시간 감각이 임화의 해방 직후 글에서 느끼는 조급함과 강팍함과 사뭇 다르

---

27 「홍명희 · 설정식 대담기」, 『신세대』 23, 1948.5(『벽초 자료』, 224~225면).

다. 그리고 2년 차의 시간을 둔 두 담화에서 무엇보다도 주목되는 말이 '정신적 준비'란 말이다. 곧 해방 직후 전기간을 향한 홍명희의 남다른 현실감각이 느껴진다.

이 점은 사실 그동안의 리얼리즘론과도 연결되는, 그래서 더욱 세밀한 맥락을 살펴볼 필요가 있다. 홍명희가 좌담의 의제로 제시한 작가와 작품과의 거리 등 작가와 작품 문제를 참석자(김남천 · 이태준 · 이원조) 전원이 동의하면서 나온 내용이다. 그것을 먼저 '작가의 성실'이란 말로 김남천이 제시했다. 이에 대해 단순히 문학 차원의 문제가 아니라 생활 전부의 문제라고 홍명희는 지적했다. 그것이 곧 작자와 작품과의 거리를 없애는, 작자와 작품을 일치시키는 핵심임을 강조한다. 그 예로 홍명희는 김남천이 당시 연재하고 있는 『8 · 15』를 지칭하며 '정녕코 실패하리라'고 단언하기까지 했다. 이원조도 '작품과 작가와의 거리가 일치되지 않아서'라고 덧붙이지만, 그것을 해석하는 대목에서 홍명희와 나머지 참석자들 간에 미묘한 차이가 보인다. 가령 이원조는 '실천'의 문제로 접근하는데, 벽초는 뜻밖에도 "작가는 행동적인 실천보다도 작품을 통해서 실천할 수도 있겠지"라고 말한다. 그런데 이 문제를 받아 이원조 등이 '세계관에 부합하는 생활'(이원조), '체험'(김남천)을 제기하자 뜻밖에 홍명희는 '체험 이전의 중요한 요소로 정신적인 준비'를 든 것이다. 그리고 참석자들이 생각하는 그런 의미가 아니라면서 "8 · 15 이후의 생활다운 생활이 아직 없다"며 현실 탐구의 문제를 제시했다. 사실 이런 논지를 펼치기 전에 홍명희는 '작자와 작품과의 거리'를 이야기하면서 그 문제를 '작가의 신서리티(sincerity)'로 제시하였다.

1930년대 후반 엥겔스의 '리얼리즘의 승리' 명제가 들어오면서 루카치 등의 리얼리즘론이 우리 문단에도 지대한 영향을 미친 점은 잘 알려진 사실이다. 그런데 '작가의 성실성' 문제 역시 루카치 리얼리즘론에서 중요하게 다뤄지는 대목이다. '리얼리즘의 승리' 명제와 관련하여 루카치가 맨 먼저 주목하고 강조하는 현상은, '위대한 예술가의 현실 탐구, 광적인 현실 추구와 그의 도덕적 측면, 즉 작가적 정직성', 즉 '작가의 성실성'이다. 곳에 따라서 '미적 정직성', '작가적 대담성', '작가적 올곧음' 등으로도 표현되는 '작가적 정직성(schriftstellerische Ehrlichkeit)' 개념은, 작가의 '현실 탐구'가 예술적 차원에서 실현되는 것을 설명하는 개념이다.

> 창작의 전제조건이기도 한 작가의 선입견과 확신 등이, 작가 자신의 창조적 상상력을 통해 고안된 상황 및 인물의 현실적 전개과정과 충돌할 때, 창작과정에서 양자를 '조화'시키는 데 급급하는 것이 아니라 예술 내적인 현실의 논리를 대담하게 따르는 것, 이것이 곧 "위대한 예술가"들에서 볼 수 있는 "작가적 정직성"이라는 것이다. 1940년 초에 씌어진 한글의 표현을 빌리자면, "현실 자체, 현실의 교활함과 현명함에 대해 갖는 경외심의 예술적 표현일 따름"인 이 같은 태도는, "현실로부터 배움"의 태도가 창작 내적 과정에서 표현된 것이라 할 수 있다.[28]

홍명희가 말하는 문학적 실천의 의미도 여기에 있고, 그가 이전에도 지속적으로 강조한 "학적 교양보다 자기 속에 전개되는 세계와 현실 생활에서 예민한 피부로 흡수하고 생활로 세워나가는 것"을 그토록 강조한 이유도 여기에 있다. 그래서 해방 직후 임화 시를 비판하면서 설정식이 직접적인 체험 문제를 들고 나오자 "해방 후 것은 어딘지 모르게 저절로 우러나오는 것이 아니고 억지로 무엇을 보이기 위해서 만들어 논 것 같단 말야" 하면서 '~ 하는 체'라는 부정직의 문제를 제기한 것이다.

이런 작가의 선부른 관념화 경향에 대한 비판 속에는 진보를 앞세운 성급한 정치주의의 문제가 도사리고 있다. 해방 직후에 많은 사람들이 제기했던 '자기비판론'을 홍명희는 1948년, 뒤늦게 다시 제기한다. 해방 직후 보여준 지식인의 행태에 대한 날카로운 고발이다. 해방 직후에 이루어진 자기비판론이 일제 말기의 침묵이나 훼절에 대한 자기비판이었다면, 홍명희의 자기비판론은 '머릿속에서 만들어진 이론만 가지고 정치를 해나'가는 정치주의 경향과 진보의 관념화 경향을 겨냥한다.

임화는 해방 직후 첫 글에서 '정치우위론'을 이야기하며 임화는 부적처럼 '문화종사자에 대한 정치가의 우위'[29]가 아니라는 단서를 달

---

28 김경식, 「'리얼리즘의 승리론'을 통해 본 루카치의 문학이론」, 『실천문학』 65호, 실천문학사, 2002, 473~474면.

29 임화, 「현하의 정세와 문화운동의 당면임무」, 『문화전선』, 1945.11(『임화전집』 5, 368면).

았다. 그런데 사실 문화종사자로 규정하는 것 자체가 이미 정치주의에 빠진 것이 아닐까. 문화와 정치 사이에 매개를 설정하여 문화로 정치를 실천할 것('예술의 정치화')을 주장했던 벤야민은 그에 맞선 잘못된 방향으로 '정치(운동)의 심미화'를 제시하였다. 벤야민은 '문학투쟁의 전략가'로서 비평가에게 프로그램을 요구한다면 그 전략과 프로그램은 어떤 정치적 강령에 종속되거나 거기에서 파생된 것이 아니고, 정반대로 정치적으로 혁명적인 앙가주망(Engagement)의 필요성이 문학 속에 예고되고 있음을 보았다.

임화뿐만 아니라 전체적으로 일제 말기의 침묵과 훼절이 역으로 해방 직후 전도된 '정치(운동)의 심미화'로 간 것은 아닌지 자문할 필요가 있다.[30] 1930년대 후반기 임화의 문화 방면의 글들이 최근의 관심사로 주목받고 있는 분위기인데, 이 점 역시 벤야민과의 대비가 필요한 지점이다. 문학중심주의에서 문화로 확대되는 변화과정에서 파시즘 체제가 경험케 한 '근대의 파국'을 기능 전환의 관점에서 현대화의 긍정적 가치나 그 속에 내재된 정치적 힘을 주시했던 벤야민과 달리, 임화는 여전히 문학중심주의였고, 근대의 파국에 근대의 본래 정신으로 다분히 회귀하는 규범주의 경향을 보였다.

30 1940년대 전반, 이른바 암흑기로 지칭되는 바로 앞선 시간대는 지워버리고, 바로 직전이 1930년대 후반기와 해방 직후의 시간을 잇는 임화의 직선화 작업도 이와 무관치 않다고 여겨진다.

7. 눈을 떴다 감는 기술 – 다시 '역사'에 대하여

사랑이 이어져가는 밤을 안다
그리고 이 사랑을 만드는 기술을 안다
눈을 떴다 감는 기술— 불란서혁명의 기술
최근 우리들이 4・19에서 배운 기술
그러나 우리는 이제 소리 내어 외치지 않는다

복사씨와 살구씨와 곶감씨의 아름다운 단단함이여

김수영의 시 「사랑의 변주곡」 속의 한 대목이다. 이 시는 "복사씨와 살구씨가 / 한번은 이렇게 / 사랑에 미쳐 날뛸 날이 올 거다! / 그리고 그것은 아버지 같은 잘못된 시간의 / 그릇된 명상이 아닐 거다"로 마무리된다. 이 시에서 이상하게도 벤야민이 말한 '꿈과 깨어나기' 변증법을 떠올린다. '아버지 같은 잘못된 시간의 그릇된 명상'과 '한 번은 이렇게 사랑에 미쳐 날뛸 날'은 분명 '변증법적 전환'이 발휘하는 생생한 혁명적 운동이다. "역사적으로 파악되어진 것의 영양이 풍부한 열매는, 귀중하지만 맛이 없는 씨앗으로서의 시간을 그 내부에 간직하고 있다." 벤야민은 문헌들을 역사의 소재로 만들지 말고 역사의 기관이 되게 하라고 했다. 문학작품들을 그것들의 시대 연관 속에서 서술하지 말고, 그것들이 탄생한 시대 속에서 그것들을 인식한 시대,

즉 우리 자신의 시대를 기술하라고 했다.

니체가 말한 세 가지 역사로 다시 돌아가자. 니체가 마지막으로 말한 방식은 '비판적 방식'이다. "인간은 살기 위해 과거를 파괴하거나 해체할 힘을 가져야만 하고 때에 따라 실제로 그렇게 해야 한다. 그렇게 하기 위해서 과거를 법정에 세우고 고통스럽게 심문하고 마침내 유죄를 선고해야 한다."[31] 그리고 "과거를 재판하고 파괴하는 방식으로 삶에 봉사하는 사람들이나 시대들은 항상 위험한 그리고 위험에 처한 사람들과 시대들"이라고 말한다. 왜냐하면 우리는 모두 과거 종족의 결과인 탓에 또한 그들의 과실, 열정과 오류, 심지어 범죄의 결과이기도 하기 때문이라는 것이다. 니체는 사실 세 가지 방식 중 어느 하나를 최선의 것으로 제시하지 않았다. 세 가지의 균형 있는 조화와 견제, 갈등과 삼투를 이야기한 셈이다. 다만 그동안 진보의 역사철학이 지나치게 직진하는 시간의 이미지에 붙들려 있었던 만큼 그와 반대로 갑작스런 정지와 단절, 불규칙적인 리듬, 숨었다 다시 나타나는 격세유전적 운동 등 크로노스(흘러가는 시간)가 아닌 카이로스(의미로 충만한 최고의 순간)의 역사시학[32]도 필요하다는 견지에서 논의를 출발했다. 그것은 다른 한편으로 그동안 루카치적인 방향성에 붙들렸던 나 자신의 지향을 벤야민적인 방향성으로도 틀어보자는, 그리하여 그 사이의 긴장과 융합을 도모해보자는 작은 시도이다.

31 니체, 앞의 책, 314면.

32 김홍중, 「문화적 모더니티의 역사시학」, 『경제와 사회』 70호, 비판사회학회, 2006.8, 91면.

임화와 김수영의 연극·영화체험

김응교

1. 해방 공간, 임화와 김수영—서론

2018년은 시인 김수영(金洙暎, 1921~1968)이 사망하고 50주기가 되는 해다. 지난 한 해 동안 그를 기념하는 50주기 행사가 이어졌다. 아울러 2018년은 임화(林和, 1908~1953)의 탄생 110년이 되는 해다. 시인 김수영이 임화를 좋아하고 따랐다는 사실은 익히 잘 알려져 있는 사실이다. 흔히 김수영이 임화를 좋아했던 까닭은 임화의 진보적인 태도 때문으로 알려져 있다. 진보적인 태도 외에, 사실 두 사람이 공통적인 관심을 갖고 있는 영역이 있는데 그 영역은 무시되어 왔다. 임화는 뒤에 밝히겠지만 1년간의 영화배우 연수를 했고, 연극 연출을 하기도 했다. 김수영은 연극배우로 나섰고, 시에 연극적인 요소가 많다. 당연히 김수영이 임화를 좋아하는 배경에는 그가 추구하려 했던 연극성이 임화에게도 있기 때문이 아닐까.

아쉽게도 두 시인의 관계를 더욱 구체적으로 연구한 글[1]은 있으나, 특히 두 시인이 영화와 연극 등을 어떻게 체험했는지 구체적으로 비교한 연구는 과문한 탓인지 확인하지 못했다. 이 글을 발표했던 임화문학 심포지엄이 11년간 진행되어 왔으나 임화와 영화에 대한 관심은 있으나, 임화가 연극 연출과 평을 썼다는 사실은 단 한 번도 발표된 바가 없었다.[2] 이 글은 임화가 어떻게 영화와 연극을 체험했고, 김수영이 어떻게 연극을 체험했는지 구체적으로 추적하는 연구다. 당연히 두 사람의 시에는 연극적인 요소가 많다. 분량이 넘쳐 이 글에서는 두 시인의 시에 나타난 연극적인 요소까지 쓸 수는 없었다.

해방 후 만주 길림에서 돌아온 김수영은 일거리를 찾지 못하고 배회한다. 다행히 충무로에 빈대떡 장사를 하는 어머니의 유명옥 다락방에서 김수영은 번역 일을 하며 시를 쓴다. 유명옥에서 가까운 명동을 드나들다가 임화를 만난다.

---

1 장문석, 「밤의 침묵과 자유의 타수—김수영의 해방공간과 임화의 4・19」, 『반교어문연구』 44, 반교어문학회, 2016.

2 임화문학 심포지엄을 제1회부터 진행했던 임규찬 교수의 말이다. 이 글은 2018년 10월 11일 서교동 창비서교빌딩에서 '임화와 김수영'이라는 주제로 열린 제11회 임화문학 심포지엄에서 발표한 글이다.

시인이며 문학평론가인 임화는 서울에서 태어나, 보성중학을 중퇴하고, 잡지 『학예사(學藝社)』 주간을 거쳐 1926년 카프에 가입하고 1932년 카프의 제2차 방향 전환을 주도한 후 서기장이 된다. 「우리 오빠의 화로」, 「네 거리의 순이」 등 뛰어난 작품을 발표한다. 1935년에는 카프 해소파의 주류를 형성, 카프 해산을 통과시킨 이후 세태소설론・내성소설론・통속소설론・본격소설론 등을 제기한다. 불과 20년간의 문학사를 깊이 있게 서술한, 첫 근대문학사 『개설 신문학사』(1939)도 발간한다.

광복 이후에 임화는 문단을 넘어 정치에도 영역을 넓혔다. 조선공산당 주도로 민주주의 민족전선이 결성되었을 때 임화는 기획부 차장으로 일했다. 김수영이 쓴 소설 「의용군」에서 임화의 모습을 볼 수 있다. 「의용군」에서 주요인물 '순오'(김수영)는 '윤'(안영일)의 소개로 '임동은'(임화)을 만난다.

> 순오가 동경에서 학병(學兵)을 피하여 학교에서 휴학계만 내놓고 서울의 집으로 돌아와 연극 운동을 해보겠다고 극단을 따라다닐 때에 윤이라는 연출가를 알았다. 그 윤이라는 연출가를 통하여 부민관(府民館) 무대 위에서 순오는 임동은을 안 것인데 임동은이가 좌익시인이라는 것을 안 것은 8・15 때이었다. 만주에서 소인극단을 조직하여 가지고 이러저리 지방을 순회하여 다니던 순오는 해방이 되지 서울로 돌아왔다.[3]

3 김수영, 「의용군」, 『김수영 전집』 2－산문, 민음사, 2018, 751～752면. 이후로는 본문에

'조선문학건설본부'와 그 후신인 '조선문학가동맹' 결성에 주도적으로 참여하는 임화를 김수영은 연극하는 박상진과 연극연출가 안영일(소설 속의 '윤')의 소개로 만난다. 당시 임화는 해방조국을 위해 노동자 농민 학생이 함께 반미항쟁을 해야 한다는 내용의 시를 줄곧 발표했다.

김수영 시인과 1949년에 결혼하는 김현경의 오촌 오빠로 월북작곡가 김순남이 있었다. 김순남의 집에는 임화, 오장환, 김남천, 안회남, 함세덕을 비롯한 카프 시인들이 자주 모여 있었다. 임화 집에서 있던 에피소드도 남아 있다.

> 어느 날엔가 임화와 그의 부인인 소설가 지하련이 나를 집으로 초대한 적이 있었다. 볼품없는 적산가옥에 일고여덟 살쯤 되어 보이는 임화를 꼭 빼닮은 남자아이와 함께 살고 있었다. 그때 지하련은 어떻게 저럴 수 있을까 싶을 정도로 임화의 사랑에 흠뻑 빠져 있었다. 애정 표현의 강도가 좀 과한 것이 아닌가 싶을 정도로 누가 보든 상관없이 볼을 부비는 모습이 내 눈엔 이채롭게 보였다.[4]

증언을 참조하면 당시는 임화가 큰 행복을 누렸던 시기였던 것 같다. 임화의 영향을 받은 김병욱과 김경희와 함께, 김수영에게도 사회

「의용군」만 쓰고 면수를 적어 놓으려 한다.

4 김현경, 『김수영의 연인』, 책읽는오두막, 2013, 21면.

주의적 세상에 대한 동경이 생겼다. 「의용군」을 자전적 소설로 보자면, 김수영은 이후 조선문학가동맹을 소개받고 "전평 선전부에서 외신 번역을 맡아보기도 하였고 동대문 밖 어느 세포에 적을 놓고 정치강의 같은 회합에는 빠짐없이 출석"(「의용군」, 752면)했다. 임화가 주도하던 문학가동맹에 가입하고 108인 서명에도 참여하는 김수영에게 의용군이라는 정치적 문제가 다가왔다. 「의용군」에서 보이는 임화는 "우상"(753면)이었고, "임동은이같이 훌륭하게 될 기회는 이북땅 어딘가에서 필시 자기를 기다리고 있는 것이라고 굳게 믿"(754면)었으며, '나도 시인 임동은이같이 되어야 한다'(757면)고 다짐하고 있었다. 자전소설로 볼 때 임화를 향한 김수영의 마음은 거의 우상에 가깝고 그리운 존재다.

1950년 8월 김수영이 의용군에 징집된 것은 자의 반 타의 반이었다고 할 수 있겠다. 그가 참여하고자 했던 문화공작대는 "싸움지로 나가는, 그리하여 직접 전투에 참가하는 의용군이 아니"(757면)었다. 막상 의용군에 참여하여 훈련을 받아본 김수영은 관념과 현실 사이에 큰 괴리를 느낀다. 결국 김수영은 탈출을 결심한다.

이제 두 시인 각기 어떤 체험을 했는지, 연희양식 편력기를 살펴보자. 영화와 연극이 그들의 시에서 어떤 영향을 보이지는 다음 논문에서 분석하려 한다.

2. 임화와 김수영의 영화 연극 체험

1) 임화의 영화 · 연극 체험

임화의 시들을 단편서사시, 이야기시, 서술시 등으로 분류할 때, 시의 배후에 있는 영화적 영향을 생각해보지 않을 수 없다.

1919년 연쇄극 〈의리적 구토〉 이후 외국영화들이 수입되고, 3~4년 이후 상업영화가 나오기 시작한다. 1926년 명동마을 출신인 나운규의 〈아리랑〉이 한국영화의 독자적 목소리를 보였다.

임화는 1928년과 1929년에 영화배우로 활동했다. 보성고보를 중퇴한 임화는 1926년 12월 조선프롤레타리아예술가동맹 카프(KAPF)에 가입한다. 19세였다.

1927년 조선영화예술협회는 이경손, 김을한, 이우, 안종화 등에 의해 설립되었다.[5] 20세의 임화는 조선영화예술협회에 친구 윤기정과 참가한다. 영화계에 진입하는 신인 영화배우 임화의 모습을 신문에서 찾아볼 수 있다. 조선영화예술협회는 최초의 영화로 최학송 소설을 원작으로 한 영화 〈홍염〉을 만들기로 한다. 그때 목표는 "상당한 인기가 있는 문인들의 우수작품을 골라서 영화화하겠다 하며 더욱이 아무쪼록 내용을 충실하게 하야 현금 일본에서 제작되는 일본영화보다 못

5 이아람찬, 「초기 한국영화 교육사 연구 – 1920년부터 1940년대를 중심으로」, 『씨네포럼』 제14호, 동국대 영상미디어센터, 2012.5, 319~322면.

하지 아니한 것을 만들어 일본에라도 수출을 할 수 있을 만하도록 제작하리라"(<그림 1>)[6]는 것이었다. 나아가 조선영화예술협회는 인재를 키우는 기획까지 세운다.

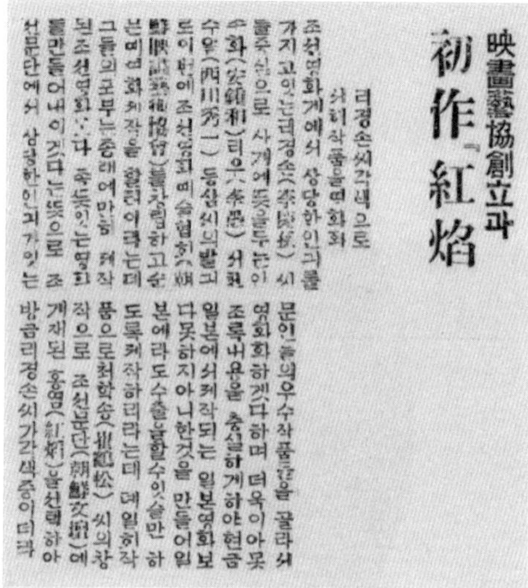

映畵藝協創立과
初作『紅焰』

리경손씨각색으로
서위작품을면화화

조선영화계에서 상당한인긔를 가지고잇는리경손(李慶孫)씨를주심으로 사계에뜻을두는이수화(安鍾和)리우(李愚) 서천수일(西川秀一) 등삼씨의발긔로이번에 조선영화예술협회(朝鮮映畵藝術協會)를창립하고순본미영화계작을할려이라는데 그들의목부는종래에만흔 제작된조선영화가다 추는명화를만들어내이겟다는뜻으로 조선문단에서 상당한인긔가잇는 문인들의우수작품을 골라서 영화화하겟다하며 더욱이아못조록나용을 충실하게하야현금 일본에서제작되는 일본영화보다못하지아니한것을 만들어일본에라도수출을할수잇슬만 하도록제작하리라는데 제일회작품으로최학송(崔鶴松)씨의창작으로 조선문단(朝鮮文壇)에 게재된 홍염(紅焰)을선택하야 방금리경손씨가각색중이더라

<그림 1> 임화 이름이 등장하는 『동아일보』(1927.3.18) 기사

당초의 계획대로 유능한 신인을 양성해 보자는 뜻에서 연구부(硏究部)를 신설하고 신인을 모집 100여 명의 지원자가 쇄도함에 그중 20명을 선발해서 연구생으로 삼았다. 이들에게 1년간에 걸쳐 영화이론을 비롯하여 분장술(扮裝術)과 연기 실습을 습득케 한 결과, 처음이자 동시에 마지막인 졸업생을 내게 되었는데, 이때 영화계에 나온 사람이 김유영(金幽影), 임화(林和), 추영호(秋英鎬), 서광제(徐光濟), 조경희(趙敬姬) 등 20명이었다.[7]

이 자료를 보면 임화는 쉽게 영화배우가 된 것이 아니라, 조선영화

6 「영화예협창립과 초작 <홍염>」, 『동아일보』, 1927.3.18.
7 안종화, 『한국영화측면비사』, 현대미학사, 1998, 133면.

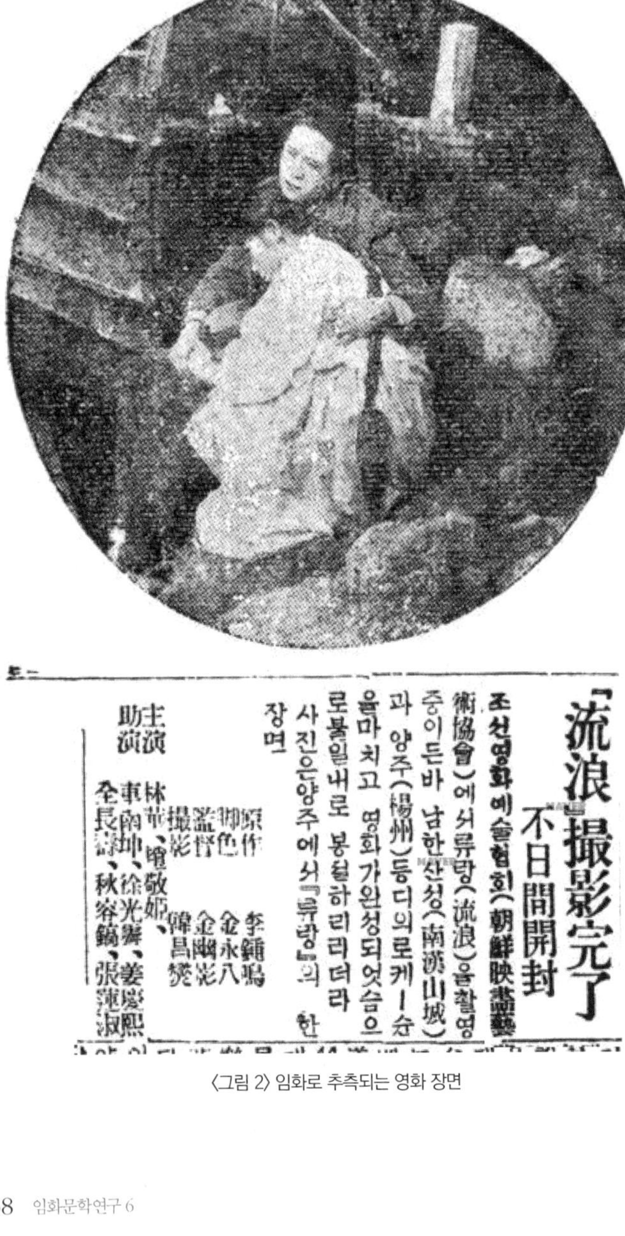

「流浪」撮影完了 不日間開封

조선영화예술협회(朝鮮映畵藝術協會)에서류랑(流浪)을촬영중이든바 남한산성(南漢山城)과 양주(楊州)등디의로케ー슌을마치고 영화가완성되엇슴으로불일내로 봉절하리라더라

사진은양주에서『류랑』의 한 장면

原作 李鍾鳴
脚色 金永八
監督 金幽影
撮影 韓昌燮
主演 林華、曺敬姬、車南坤、徐光霽、姜慶熙
助演 全長湜、秋容鎬、張蓮淑

〈그림 2〉 임화로 추측되는 영화 장면

예술협회 연구부에 면접을 보고 100여 명 중 선발된 20명의 신인 중 한 명이었다. 1년간 영화 이론, 분장술, 연기 실습을 배우고 졸업한 초창기 무성영화 영화학교 졸업생이었다.

이후 임화는 김영팔이 각색하고 김유영이 감독한 이종명 원작소설의 영화 〈유랑〉의 남자 주인공으로 출연했다. 〈유랑〉은 제작 과정 내내 언론의 주목을 받았다. "출연자 전부가 상당히 모양을 받은 사람뿐이고, 그 위에 상급 문단에서 이름을 떨치고 있는 이도 있다"(『조선일보』, 1928.1.22)는 보도처럼 상당히 기대를 갖고 1928년 음력설을 겨냥하며 촬영에 들어갔다. 촬영이 완료되었을 때도 "조선영화예술협회에서 〈유랑〉을 촬영 중이든바 남한산성과 양주 등 로케숀을 마치고 영화가 완성되었음으로 불일내로 봉절(封切)하리라더라"(〈그림 2〉)[8]며 개봉 소식을 알렸다. 이 기사에 주연 이름으로 임화가 '林華'라는 한자 이름으로 명확히 쓰여 있다. 기사 위에 사진이 나와 있는데 여성은 여주인공인 조경희이고, 여성을 품고 있는 남성은 임화로 추측된다. 1928년 4월 1일 종로의 단성사에서 개봉된 〈유랑〉은 안타깝게도 기대와 달리 흥행에 실패했다.

흥행에 실패하자 카프 영화인들은 조선영화예술협회라는 명칭을 '서울키노 · 경성영화공장'로 바꾸고 두 번째 작품인 〈혼가〉를 기획한다. 그 기사를 현대어로 읽기 쉽게 바꾸어 인용해본다.

---

8 「〈유랑〉 촬영완료 불일간개봉」, 『동아일보』, 1928.2.10.

"일즉이 영화소설 〈류랑〉을 제작하였던 조선영화예술협회는 그 이름을 '서울키노 · 경성영화공장'이라 고치고 그 첫 작품으로 〈혼가(昏街)〉 즉 '어둠의 거리'라는 신감각적(新感覺的) 작품을 제작하랴고 그간 준비에 분망이든바 금명간 곧 촬영에 착수하리라는데 감독은 〈류랑〉을 제작한 새로운 가독 김유영 씨이며 주연도 역시 동영화에서 주연이든 림화(林華)군과 미모인 신진여배우 한 사람과 추용호 군 외에 순전한 신인을 사용하여 이 작품을 만든 것이 또한 특종이라는데 새로운 기운을 가진 신청년인 남녀제씨를 기다린다더라."[9]

임화의 새 영화 〈혼가〉를 '신감각적 작품'이라고 평한 『동아일보』는 계속 '서울키노'의 영화제작을 보도한다. 이제까지 발굴된 사진보다

서울키노 一回作品

昏街 今月下旬封切 全十卷

새로운경향(傾向)과 새로운포부(抱負)를가지고창립된서울키노는데일회작품혼가(昏街)는 오월중순부터 촬영을개시하야 금명간완료되리라는데 그동안은영등포등디로 감독 김유영(金幽影)씨이하 삼십여명의촬영대가 사하라사막가튼 열사(熱砂)우에 내리쪼이는폭양을 무릅쓰고텬막(天幕)을이리저리 옴겨가며 촬영을 계속하다가 수일전에 그『로케슌』만은마치고 서울로돌아왓다는데 이영화의 그간단한줄거리는지금부터 칠년전에이세상에서 가장위대한 사람들이되려고고향을떠나든 조선의젊은사람의걸어온발자취는 조선의한구퉁이를뚜럿하 엿볼수잇다 그들의운명 아니조선의현실을이영화로써말하고자 하얏다하며출연배우는 류랑에서성공한림화(林華)군과 바보역으로성공하추용호(秋容鎬)군을 위시하야 신진녀우리영희(李英姬) 양외특히『아리랑』『풍운아』등에출연하얏든남궁운(南宮雲)군이 특별출연 한다더라

〈그림 3〉 임화가 출연한 영화 〈혼가〉의 한 장면

9 「〈혼가〉 제작개시 서울 키노영화」, 『동아일보』, 1929.5.27.

비교적 좋아 사진과 기사문(〈그림 3〉)을 그대로 인용한다.

〈혼가〉는 오월 중순부터 촬영을 개시하야 금명간 완료되리라는데 그 동안은 영등포 등지로 감독 김유영 씨 이하 삼십여 명의 촬영대가 사하라 사막 같은 열사(熱砂) 우에 내리쪼이는 폭양을 무릅쓰고 천막(天幕)을 이리저리 옮겨가며 촬영을 계속하다가 수일 전에 그 로케슌만은 마치고 서울로 돌아왔다는데 이 영화의 그 간단한 줄거리는 지금부터 육칠년 전에 이 세상에서 가장 위대한 사람들이 되려고 고향을 떠나든 조선의 세 젊은 사람의 걸어온 발자취는 조선의 한 구퉁이를 넉넉히 엿볼 수 있다. 그들의 운명 아니 조선의 현실을 이 영화로써 말하고자 하였다 하며 출연배우는 〈류랑〉에서 성공한 임화(林華) 군과 바보역으로 성공한 추용호 군을 위시하야 신진녀우 리영희 양 외 특히 〈아리랑〉,〈풍운아〉 등에 출연하였던 남궁운(南宮雲) 군이 특별출연 한다더라.[10]

특별출연으로 1920년대 주요배우였던 남궁운(본명 김태진)이 출연한 영화라는 사실도 눈에 든다. 몇 가지 기사만을 보더라도 한국 근대 영화계에서 임화가 차지하는 위치가 가볍지 않다는 것을 확인할 수 있다. 두 편의 영화에 출연하면서 임화는 조선의 발렌티노라는 별명까지 얻는다. 임화의 말숙하고 이국적인 모습은 1920년대 할리우드

10 「서울키노 일회작품 혼가 전십권(全十卷) 금월하순봉절(今月下旬封切)」, 『동아일보』, 1928.6.20.

〈그림 4〉 '조선의 발렌티노' 임화와 실제 루돌프 발렌티노

영화계에서 최초의 아이돌인 이탈리아 출신 배우 루돌프 발렌티노(Rudolph Valentino, 1895~1926, 〈그림 4〉)를 떠올리게 했다.

주목받는 영화 두 편에 출연했지만 임화의 배우 실험은 실패였다. 연기자로서는 실패했지만 임화는 이후에도 끊임없이 영화와 함께 했다. 연기자로 실패한 임화가 작가로 변하는 시도는 다다이즘 시에서 보였다. 이후 1929년 단편서사시 「네거리의 순이」와 「오빠와 화로」로 시인으로 새롭게 등극한다.

여기서 새롭게 주목해야 할 내용으로 임화가 연극 연출을 했다는 사실이다.[11] 임화는 보성전문 연극부의 제1회 작품 〈삼등수병 마틴〉

11 임화가 연극 연출을 했다는 사실은 시나리오 작가 양윤석 선생에게 자료를 받았다. 2019년에 『고려대학교 연극 100년사』에 자세히 출간될 내용을 저자에게 가르쳐 주었다. 여기

을 연출했다. 보성전문 시절 1928년에 보성전문 연극부가 조직되었다. 현재 고려대 연극부는 이때를 발기시기로 기록하고 있다. 당시 법대 전임강사로 있던 소설가 유진오가 보성전문연극부 감독으로 부임하면서, 제1회 정기공연을 1932년 12월 8일에 소공동 경성공회당(현 프라자 호텔 후면)에서 올렸는데, 타프렛 타링의 〈삼등수병(三等水兵) 마틴〉(10장)의 연출가로 임화[12]를 모셨던 것이다. 유진오는 "나는 연극부 감독을 맡았는데 임화를 초청하여 〈삼등수병 마틴〉과 〈밤주막〉 등을 상연하였다"[13]고 회고했다. 이 극은 당시 유행하던 프로극(계급주의 연극)이었다. 조금 길지만 임화가 연극 연출을 하기까지의 과정을 인용해본다.

> 유진오는 카프영화부와는 대립관계에 있던 '신흥영화예술가동맹'계 영화인들의 주도로 1931년 11월에 창립해 경향적인 연극운동을 벌였던 극단 '이동식소형극장'과 그것을 승계하면서 상당수 카프 연극부원들도 함께 동참해 1932년 5월에 창립했던 극단 '메가폰'에 소속된 '동반작가'였다. '이동식소형극장'과 '메가폰'의 레퍼토리에 포함됐던 유진오의 희곡 「박첨지」를 보면 빚에 쪼들리는 당대 농촌의 풍경과 한 평범한 농민이 빚을 갚기 위해 팔려가게 된 딸의 자살을 계기로 현실에 눈을 뜨고 농

에 감사를 표한다.

12 유진오, 『양호기(養虎記)』, 고려대 출판사, 1977, 5면.

13 유진오, 「편편야화.38편」, 『동아일보』, 1974.4.15.

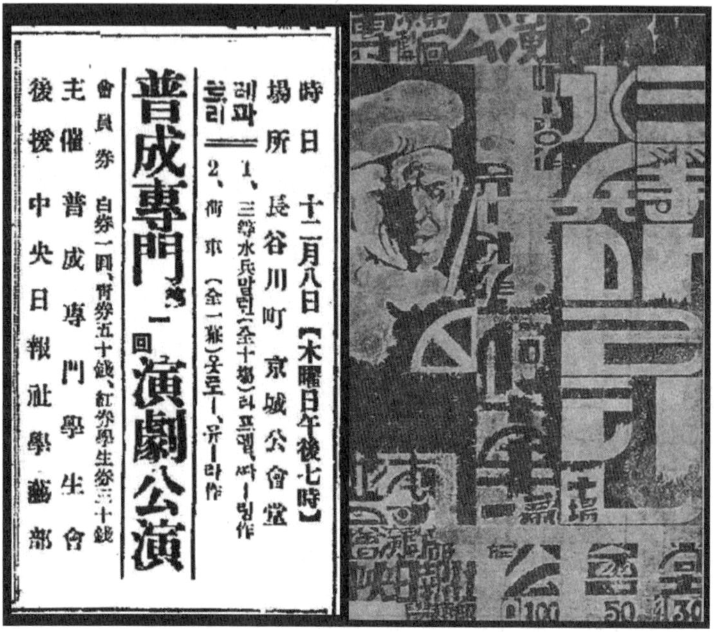

〈그림 5〉 제1회 공연 광고(『중앙일보』, 1932.12.5)와 임화가 연출한 연극 〈삼등수병 마틴〉 팜플렛(양윤석 제공)

민조합 운동에 참여하기까지의 과정을 보여주는데, 이렇게 카프에 가입하지는 않았지만 유진오, 이효석, 채만식, 박화성 등과 같이 프로문학(프롤레타리아 문학)에 대한 동정적 이해를 갖고 경향적인 이론과 작품을 발표한 작가들을 당시 카프에서는 '동반작가'라고 불렀다. 유진오가 속해있던 극단 '메가폰'은 1932년 8월 카프 직계극단 '신건설'의 창립과 함께 자동해산 되었고, 극단 '신건설'은 1932년 11월 도화극장에서 나웅(나도향의 사촌동생)의 연출로 오토 뮐러 작 〈하차(荷車)〉, 〈지옥〉 등으로 창립공연을 가졌다.

이렇게 당시 진보적인 극단에서 활동하던 '동반작가'로서 보전연극부 감독(지도교수)이 된 유진오는 카프 소속의 임화와 나웅을 연출로 초청하여, 1932년 12월 8일 소공동 경성공회당(현 프라자 호텔 후면)에서 보전연극부의 본격적인 출범을 알리는 제1회 공연의 막을 올린다. 공연작은 〈삼등수병 마틘(전10장)〉과 〈하차(荷車, 전1막)〉로 〈삼등수병 마틘〉은 임화(〈그림 5〉), 〈하차〉는 나웅이 각각 연출을 맡았다.

임화가 연출한 〈삼등수병 마틘〉은 전쟁의 참혹함과 영국해군 병사들의 내면을 적나라하게 그려낸 타프렐 돌링(Taffrel Dorling)의 소설을 각색하여 만주사변 등 일본의 군국주의에 대한 비판을 시도한 것이었다.[14]

1930년대 말에 접어들면서 임화는 영화, 연극, 미디어를 비롯한 문화 전반으로 관심의 영역을 넓혀 나간다. 이 과정에서 카프 맹원은 아니었으나 카프에 동조하는 '동반작가'의 입장에 있는 유진오를 만났던 것이다. 유진오는 임화를 초빙하여 연출을 부탁한다. 〈삼등수병 마틘〉(〈그림 6〉)은 당시 유행하던 프로계급주의 연극이었다. 서울 공연이 끝난 후 이 작품은 15일 인천 애관극장에서 재연되었다.[15] 이 공연에 대하여 백유는, "소인극으로서는 배역이나 장면전환이 무난한 공연이었지만, 전체적으로 템포가 느리고 단조로운 것이 흠이었다"며 "조명과 무대장치도 작품을 뒷받침해 주지 못했다"[16]고 평가했다.

---

14 양윤석, 『고려대학교 연극 100년사』, 2019년 출판 예정 미발표 저서.
15 극예술연구회 편, 『극예술』 창간호, 1934.4.

〈그림 6〉 임화가 연출했던 〈삼등수병 마틴〉 출연자들, 출연진은 대부분 보성전문(현재 고려대) 법대생이었고, 약간의 상과대생이 있었다.

제2회 정기공연은 1933년 11월 25일에 배재학당 강당에서 막심 고리키의 〈밤주막(酒幕)〉 또한 임화의 연출로 공연되었다. 1930년대가 되면 고리키의 '문단활동 40주년 기념'을 계기로 조선문단에서 고리키에 대한 평가는 최고조로 달했다. 일본과 조선에서 러시아 문학 특히 고리키를 사숙하는 작가들이 많았는데 임화도 마찬가지였다. 1937년 고리키의 원작 『밤주막』이 먼저 조선에서 장 르느와르 감독의 프랑스영화 〈밤주막〉으로 개봉되어 화제가 된 까닭도 있었다. 임화가 연출하는 보전연극부의 고리키 연극은 몇몇 중앙 신문에 예고될

16 백유, 「보전 제1회 공연을 보고」, 『조선일보』, 1932.12.14~16.

정도로 주목받았다.

> 보전연극부에서는 이번에 새각본을 준비해놓고 지금 맹렬히 연습중이라는데 레파토리는 막심고리키 작 함대훈 역 〈밤주막〉(전4막)이오. 시일은 11월 25일(토) 밤 7시 장소는 배제강당, 입장료는 보통 30전, 학생 20전이라 한다.[17]

소설가 함대훈이 번역하여 대본을 제공한 〈밤주막〉 역시 프로극이었다. 이 작품은 계급을 뛰어넘는 따스한 휴머니티가 넘쳤다. 역자 함대훈은 "진리(眞理)의 방랑자(放浪者), 불의(不義)의 인(人)"으로 그려진 방랑자들이 "누덕이를 입고 먹을 것이 업는 거지들"이지만 "유산계급(有産階級)에서는 구할 수 업는 인간적 따뜻한 감정과 황금이나 폭력 아래서도 굽힐 수업는 사나이다운 기개(氣槪)를 가지고 잇"[18]다고 썼다. 이 공연은 〈삼등수병 마틴〉보다 우수하다는 평가를 받았고, "천이백 명이 운집"[19]하는 대성황을 이루었다. 이 작품을 주도한 주영섭은 공연의도를 다음과 같이 밝혔다.

> 〈밤주막〉이 학생극으로 적당할까? 우리가 이 위대한 작품을 살릴 수

17 「보전연극 25일밤 7시 배재대강당에서」, 『동아일보』, 1933.11.25.
18 「밤주막 해제」, 『조선중앙일보』, 1933.11.21.
19 「本社 學藝部後援 普專演劇大盛況」, 『조선중앙일보』 1933.11.27.

있는가 하고 퍽 주저하였다. 그러나 이러한 불리한 조건을 제쳐놓고라도 막심 고리키의 작품을 조선에서 처음으로 우리들이 가진다는 것이 무의미한 일은 아닐 것이다. 원작 그대로 하고 싶었지만 시간관계상 부득이 3막초와 군데군데 세리후(즉 대사)를 생략한 곳이 있다는 것을 말해둔다.[20]

1937년 중국 남경대학살 등 일본의 압박이 더해지자 학생극은 점차 사라지기 시작했다. 반대로 동양극장으로 대표되는 '홍행극'이 인기를 끌면서 신극은 '신파화'와 '예술화' 사이에서 방황하고 있다고 임화는 지적했다. 돈벌이만을 목적으로 하는 '상업극'이 횡횡하자 임화는 "돈벌이 이상의 정신을 관객에게 전파"[21]하는 '예술로서의 연극의 권위'를 세우기 위해 보성전문 연극부에서 고리키의 〈밤주막〉을 연출했던 것이다. "프로극에 의존했던 학생극이 이 무렵 의욕을 상실한 점과 자주적 인재의 결핍, 그리고 문화적 분위기의 쇠침" 등을 임화는 지적했다.

다른 문화 분야도 마찬가지였다. 비슷한 상황을 맞이하고 있다고 보았다. 일제 말기 임화는 문화에 대해 두 가지 시각을 갖고 있었다. 첫째는 문화산업의 기업화가 일제의 파시즘화와 긴밀히 연관되어 있다는 점이다. 둘째는 임화가 문학과 문화를 관통하는 본질적 가치로

20 주영섭, 「보전연극 2회 공연을 앞두고」, 『조선중앙일보』, 1933.11.24.
21 임화, 「전형기의 조선극단의 전망」, 『사해공론』, 1938.10, 342면.

예술성을 상정하고 있다는 점이다. 임화가 강조하는 예술성은 문화산업의 기업화에 대응하는 가치인 동시에 제국주의 파시즘에 맞서는 전략이었다.[22]

총독부의 탄압으로 연극계에서 목소리를 내지 못하고 있을 때, 임화가 연출했기에 보성전문의 연극은 프롤레타리아 정신이 강하게 표출될 수밖에 없었다. 연극과 더불어 영화에도 끊임없이 관심을 가졌던 임화는 조선영화사를 설립한 최남주의 출판사인 학예사에 관여했다. 1940년부터는 고려영화사에서, 1941년부터는 고려영화사의 이창용이 설립한 조선영화문화연구소에서 일했다. 또한 최초의 조선영화사 『조선영화발달소사』(1941), 영화론『조선영화론』(1941)을 냈다. 한국영화사 초기에서 임화의 활약은 김종욱[23]이나 백문임[24]를 통해 정리된 바 있다.

2) 김수영의 연극 체험

영화와 연극을 체험한 임화의 자취가 풍부한데 비해, 김수영이 연극을 어떻게 체험했는지 그 자료는 그다지 풍부하지 않다. 1941년 도

---

22 이에 관해서는 하정일, 「일제 말기 임화의 문화산업론과 대중문화론」, 『한국학연구』 28권, 인하대 한국학연구소, 2012.

23 김종욱, 「일제강점기 임화의 영화 체험과 조선영화론」, 『한국현대문학연구』 31, 한국현대문학회, 2010.

24 백문임, 『임화의 영화』, 소명출판, 2015.

쿄유학 시절을 함께 보낸 지인의 짧은 진술이나, 1945년 연극에서 시로 전향하는 과정에서 무엇이 있었는지는 전기적 자료부터 다시 추론해야 하는 어려움에 처한다.

먼저 김수영의 생애에서 연극에 관한 내용만 살펴보자. 1942년 (22세) 선린상업학교 졸업 후 일본으로 건너가서, 선린상업학교 선배였던 이종구(李鍾求, 영문학자)와 함께 도쿄 나카노(中野區 住吉町 山內氏)와 와세다대 근처에서 하숙한다. 일본 도쿄 지역에서 살던 김수영의 자취에 대해서는 서영인 선생[25]이 정확히 현지 답사한 바가 있다. 서영인의 연구 결과를 기다리면서, 이 논문에서는 연극과 관계가 추측되는 와세다 하숙집 주변에 관해서만 언급하기로 한다.

김수영이 두 번째 하숙집으로 나오는 '나카노쿠 다카다노바바(中野區 高田馬場 350 望月氏方)'으로 나오는데 현재 주소지는 '니시와세다 3쵸매 5번 32호'다. 현재 와세다대 아시아태평양연구소 바로 맞은편에 있는 자리다. 중요한 사실은 당시나 지금이나 와세다대학은 일본 연극 운동의 중심지라는 사실이다.

일본에서 가장 많은 연극 도서와 자료를 보유하고 있는 와세다대 연극박물관(〈그림7〉)은 김수영이 하숙했던 와세다대 하숙집에서 걸어

25 한국작가회의가 기획한 김수영 50주기 연구로, 2018년 12월 19일부터 23일까지 도쿄에서의 김수영 시인에 관한 연구가 있었다. 필자도 참여했으나, 이 답사 여행을 전적으로 주도했던 서영인 선생의 글이 더욱 상세히 일본에서의 김수영 자취가 밝힐 것이다. 서영인 선생의 연구는 『새로운 도시와 자유를 위한 산책—시인 김수영의 문학과 서울 · 부산 · 지린 · 도쿄』(가제, 서해문집 출판예정)에 실릴 예정이다.

〈그림 7〉 와세다대 연극박물관

서 10분이면 충분히 갈 수 있다.

정면에는 "Totus Mundus Agit Histrionem(이 세상은 모두 무대)"라는 셰익스피어 연극의 대사가 라틴어로 새겨져 있는 이 박물관은 1928년 10월에 건립되었다. 일본 근대연극의 시조 츠보우치 쇼요(坪內 逍遙) 박사가 칠순의 나이에 평생 번역한 『셰익스피어전집』 전 40권의 출판을 기념하면서 건물을 지었다. 건물은 엘리자베스조 시대, 16세기 영국극장인 '포츈좌' 형태로 지은 아시아 유일한 연극 전문 박물관이다. 고대 연극부터 가부키를 거쳐, 신파극와 현대 뮤지컬까지 100만여 점에 이르는 컬렉션은 도서뿐만 아니라 의상, 무대설치 자료 등이 가득하다. 연극을 좋아했고, 연극 연구소에 다녔으며 연극배우를 하기도 했던 김수영이 이곳을 모를 리는 없다.

와세다대 근처에서 대학입시 준비를 위해 조후쿠(城北) 고등예비학교에 들어간다. 조후쿠 고등예비학교가 있는 자리는 와세다대 하숙집 터에서 자전거로 20분이면 갈 수 있는 곳이다. 조후쿠 고등예비학교에 가려 할 때 이 박물관 앞을 통과해서 갈 수 있다.

이후 김수영은 조후쿠 고등예비학교를 그만두고 쓰키지(築地) 소극장의 창립 멤버였던 '미즈시나 하루키(水品春樹) 연극연구소'에 들어가 연출 수업을 받는다. 이 시기를 최하림은 이렇게 평가한다.

> 그렇다면 김수영의 동경유학이 김수영에게 실패만을 안겨주었던가. 수확은 없었던가. 이에 대해 김수영은 이렇다 할 언급이 없다. 하지만 수확이 전혀 없다고 할 수는 없다. 김수영은 미즈시나 연극연구소에서 드라마를 배웠다. 드라마란 우리 문화의 속성에는 부재한 것으로, 그것은 갈등과 대립을 통해 화해와 정화라는 새로운 가치를 만들어낸다. 김수영은 그런 드라마를 그의 시에 도입하여 새로운 시를 창조해냈다. 그것은 커다란 수확이라 아니할 수 없는 것이었다.[26]

최하림은 김수영이 일본에서 드라마를 배웠고, 그가 드라마를 통해 새로운 시를 창조했다는 사실을 "커다란 수확"으로 평가한다.

1943년(23세) 태평양전쟁으로 경성 시민의 생활이 극도로 어려워

26 최하림, 『김수영 평전』, 실천문학사, 2001, 62~63면.

지자 집안이 만주 길림성으로 이주한다. 당시 길림성은 신경시와 더불어 만주국의 대도시 중 하나였다. 길림성에는 거대한 성냥공장이 있었으며 풍부한 농장들이 있었다. 김수영도 조선학병(朝鮮學兵) 징집을 피해 겨울에 귀국한다. 어려서부터 김수영을 돌봐준, 종로6가 동대문 바로 아래 있는 고모 집에 짐을 푼다. 이후 아내가 되는 김현경의 진명여고 졸업식(3월 19일)을 앞둔 그달 15일께였다.

"지팡이를 짚으며 거지꼴이 돼 저를 찾아왔어요. '가족들이 있는 만주로 가려는데 돈이 없다'고 하더군요. 일단 가까운 식당으로 들어가 무덴푸라 한 그릇을 시켜줬지요. 그리고 비상금 5원짜리 한 장이 들어 있는 지갑을 통째 줬어요. 한참 뒤에 물어보니까 돈이 모자라 그 지갑까지 팔았다더라고요."[27]

이후 김수영은 쓰키지 소극장 출신이며 미즈시나에게 사사받은 안영일(安英一)을 찾아간다. 안영일은 당시 조선연극협회가 주최하는 연극경연대회에서 거듭 수상하는 연극계의 스타 연출가였다. 김수영은 한동안 그의 밑에서 조연출을 맡아 연극을 배웠다고 한다.

1944년(24세) 시국이 어두워진 봄, 김수영은 서울에 다니러 온 어머니를 따라 만주 길림성(吉林省, 지린성)으로 이주한다. 길림산업무역부에 취직한 김수영은 낮에는 일하고, 퇴근하면 조선 청년들로 구성된 '길림극예술연구회'을 찾아갔다. 이 연구회의 회원으로 가입한 김수

27 김현경 여사의 이 증언을 필자는 여러 번 들었다. 다른 장소에서도 같은 말을 들었고, 무엇보다도 귀국 시점을 알 수 있는 증언이기에 인용한다.

영은 안영일, 임헌태, 오해석, 심영 등과 만난다. 그들은 그때 조선, 일본, 중국의 세 민족이 참가하는 길림성예능협회 주최의 춘계 예능대회에 올릴 연극을 준비하고 있었다. '길림극예술연구회'에서 연극할 때는 풍경을 최하림은 이렇게 써놓았다.

> '극연' 회원들을 예술가인양 깍듯하게 대접했다. 영업이 끝난 밤에 떼지어 가면 술과 안주를 내어주는가하면 연극연습을 하라고 자리를 만들어주고 나서, 그도 스태프인 양 옆에서 지켜보았다. 일본인은 홍이 나면 "좋아, 좋아"를 연발했다. 어떤 날은 "스톱"하고 소리를 지르며 배우들 앞으로 나서기도 했다.[28]

극연 회원들이 연극 연습을 할 수 있도록 일본인들이 자리를 만들어 주는 광경이다. 연극 연습할 장소도 없었는지, 그냥 학예회 수준의 연극이 아니었는지 의심이 간다. 김수영이 공연했던 길림성 공회당을 답사하고,[29] 그곳 사람들과 인터뷰 한 뒤, 길림극예술연구회의 연극을 가볍게 보지 않게 되었다.

1945년(25세) 6월, 길림 공회당에서 독일 희곡의 번안 작품인 연극

---

28 최하림, 앞의 책, 73면.

29 2018년 8월 18일 중국 따렌민족대학 남춘애 교수, 인하대 김명인 교수, 충남대 박수연 교수와 함께, 필자는 김수영이 연극을 했던 길림성 공회당 현지 답사했다. 이번 답사를 준비한 박수연 교수가 발표하기로 했고, 11월 2일에 있는 〈김수영 50주기 심포지엄〉에서 발표했던 발표문을 수정한 박수연, 「김수영의 연극시대 그리고 예이츠 이후」(『비교한국학』 26-3, 국제비교한국학회, 2018)를 참조 바란다.

〈그림 8〉 1945년 만주 길림성 공화당에서 〈춘수와 함께〉에서 권 신부 역을 맡은 김수영

〈춘수(春水)와 함께〉라는 3막극을 상연한다. 『자유인의 초상』에서 최하림은 김수영의 큰누이 김수명이 "오빠가 그때 길림 공회당에서 검은 옷을 입고 신파 스타일로 소리 지는 것이 생생하다"[30]고 썼지만 무슨 일인지, 이후 『김수영 평전』에 이르러 삭제하였다. 필자가 속한 '김수영 연구회'에서 김수명 여사를 2015년 인터뷰하고 그 후에도 김수명 여사는 변함없이 저 문장대로 증언했다. 당시 어린 나이였다고 과장한 것이 아니라고 생각한다. 필자가 길림성에 갔을 때 김수명 여사가 말했던 학교 위치며, 성냥공장 위치 등이 말한 그대로였다. 김수

30 최하림, 『자유인의 초상』, 문학세계사, 1982, 37면.

영이 로만 칼라를 한 권 신부 역 사진(〈그림 8〉)을 보아도 김 여사의 증언과 같고, 현지 조사에서 예술에 관계된 인물들이 당시 길림성 공회당에서 연극을 공연하려면 프로 수준이 아니면 어렵다는 증언을 참조할 때, 길림에서 김수영이 했던 연극은 학예회 수준은 아니었던 듯싶다.

김수영이 공연했던 길림성 공회당(〈그림 9〉)을 현지 확인했을 때 현재 공회당 건물은 주변 일대를 아파트 단지로 조성하면서 철거직전에 있다. 지역 시민단체는 중요한 연극이 많이 공연되었던 공회당을 의미있는 장소로 보관해달라고 청원하고 있다. 박수연 교수가 제시한 사진에 따르면, 연극 〈춘수와 함께〉는 내선일체 오족협화를 강조하는 연극이었을 가능성이 크다.[31]

8월 15일 해방되자마자 9월, 김수영 가족은 길림역에서 무개차를 타고 압록강을 건너 평안북도 개천까지, 개천에서 트럭을 타고 평양으로, 평양에서 열차를 타고 서울에 도착하여, 동대문 아래 있는 종로 6가의 고모집으로 간다.

서너 달 뒤 충무로 4가로 집을 구해 옮겨간다. 시 「묘정(廟庭)의 노래」를 『예술부락(藝術部落)』에 발표. 이 작품의 발표를 계기로 연극에서 문학으로 전향한다. 아버지의 병세가 악화되어, 어머니가 집안 살림을 도맡기 시작한다. "만주에서 연극운동을 하다 돌아온 나는 이미 연극에는 진절머리가 나던 때"[32]라고 회고할 정도로 김수영은 연극에

31 박수연, 앞의 글.
32 김수영, 「말리서사」, 『김수영 전집』 2-산문, 민음사, 2018.

吉林公会堂，重庆街上现存最老的建筑

〈그림 9〉 김수영이 출연한 연극을 공연했던 길림공회당

회의를 품고 있었다. 연극에 진절머리를 느꼈다는 것은 그 연극이 상투적인 친일연극이었기 때문일 가망성이 크다. 당시 남쪽 연극계를 향한 김수영의 생각은 비관적이었다.

이남에서 공산주의의 투사들을 생각할 때에는 어디인지 멋진 데가 있다고 동경하고 무한한 동정을 그들에게 보냈으며, 순오가 알고 있는 배우들이나 연출가들이 이곳을 향하여 월북할 때에도 이제는 이남 연극계도 완전히 망했다고 생각하고 그 좋아하는 무대생활도 자기도 모르는 사이에 열이 식어서 아침부터 저녁까지 으슥한 술집을 찾아다니며 술만 마시고 해를 보냈던 것이다.(「의용군」, 763면)

1946~1948년(26~28세) 문인들과의 만남 및 외국잡지 번역 일을 한다. 연희전문 영문과에 편입했으나 곧 그만두고, 이종구와 함께 성북영어학원에서 강사, 박일영과 함께 간판 그리기, ECA 통역 등을 잠깐씩 한다. 여기까지 김수영의 연극 체험을 정리해봤지만 자료가 충분하지는 않다. 김수영은 이후 『엔카운터』지 등 외국의 잡지에서 이오네스코 등 연극인의 이론을 계속 공부하면서 연극을 시에 적용하는 실험을 한다.

3. 시의 장르 확장–결론

"적어도 토착적 전통과의 관계라는 면에서 본다면 김수영은 임화의 계보이고, 김남주는 신동엽의 후계자에 속한다고 할 수 있다"[33]는 언급이 연희예술과 대중문화에 대한 관심에서도 타당하다는 사실을 이 글에서 다시 확인했다. 마지막으로 임화의 공산주의 사상을 김수영이 어디까지 공감했을지도 생각해 볼 수 있겠다.

> 책에서 본 공산주의의 지식으로는 판단하기 어려웠다. 책에서 읽은 지식 이외의 이곳 실정에는 무슨 알지 못하는 신비한 점이 가득 차 있는 것 같이 서먹서먹하고, 보는 것 듣는 것마다 무서운 감이 든다.(「의용군」, 762면)

이런 문장을 보더라도 김수영은 지리멸렬했던 일제 식민지 말기의 공산주의에서 제대로 공산주의 지식을 배울 기회가 없었다. 김수영은 임화를 정말 좋아했지만 철저한 과학적 마르크스주의자가 될 수는 없었다. 김수영은 근본적으로 "자유주의가 끝까지 간 곳에 마음의 유토피아를 설정해 둔 급진 리버럴"[34]이었다고 봐야 할 것이다. 의용군으로 북한 사회를 체험해본 김수영은 질서로 꽉 짜여진 공산체제를 보고 '질서가 너무 난잡한 것도 보기 싫지만 질서가 이처럼 너무 잡혀 있어도 거북하지 않은가?'(「의용군」, 763면)라고 의문을 갖는다. '급진 리버럴'인 김수영은 임화에 완전히 공감할 수 없었을 것이다.

---

33 염무웅, 「역사에 바쳐진 시혼」, 『살아있는 과거』, 창비, 2015, 89면.
34 김명인, 「"내 시는 모두 사기다"—김수영과의 대화」, 『대산문화』 25, 대산문화재단, 2007.

이 글은 임화와 김수영이 연희예술을 체험했는지 구체적인 상황과 장소를 추적한 글이다.

임화는 1928년 영화배우로 출연했고, 영화에서 실패하자 영화평론과 연극 연출로 나서는 과정을 살펴보았다. 1930년대 초 단편서사시를 통해 배역시로 노동자의 아픔을 대변했고, 1930년대 후반기에는 내면적인 독백으로 시인과 화자 자신이 일치하는 경향을 보였다는 사실을 확인했다. 다다이즘에서 출발한 임화는 영화배우를 거쳐 시인 평론가로 영역을 확대하면서 1930년대에는 대중문화에 대한 글쓰기를 많이 했다.

김수영은 일본에 유학 가서 연극을 배운다. 특히 와세다대 근처 하숙집은 일본을 넘어 아시아에서 연극 자료가 가장 많은 와세다대 연극박물관에서 10여 분 거리라는 점도 주목할 만하다. 중국 길림성 공회당에서 연극했다는 사실을 확인했다.

임화와 김수영의 비교는 아직도 연구해야 할 것이 많다. 임화와 김수영이 체험한 연희적 양식을 시에 어떻게 수용했는가는 대단히 중요하다. 임화는 「네 거리의 순이」, 「우리 오빠의 화로」 등에서 '배역시(配役詩, Rollengedichte)'를 실험했다. 김수영은 연극적으로 실제 인물을 등장시키는 경우가 많다. "여편네"(「여편네의 방에 와서」, 「죄와 벌」)를 등장시키든지 실제인물이 시에 등장한다. 혁명적 변화를 제시하는 시에는 실제인물 이름을 나열한다. 혁명을 하려면 모든 국민 개개인이 깨인 다중(多衆)으로 나서야 한다고 김수영은 생각했다. 부조리연극

『대머리 여가수』의 작가 이오네스크의 영향으로 보이는 김수영 후기 시 「전화 이야기」, 「엔카운터지」, 「VOGUE야」 등도 이 논문에서 전혀 다루지 못했다. 김수영의 이런 후기시들은 임화의 단편서사시와 다른 실험적인 이야기시다.

연희양식 측면이 아니더라도 임화와 김수영을 비교해야 할 쟁점은 적지 않다. 임화의 「기림의 시」와 김수영의 「기도」를 비교해 볼 수 있겠다. 이 모든 한계를 다음 숙제로 남긴다.

임화가 체험했던 영화와 연극의 경험을 김수영은 외면하면서도 계속 연극적 태도를 무의식적으로 유지하고 있었다. 임화와 김수영은 시 속에 다양한 시사와 연희양식을 끌어들여 역사와 자아를 성찰하게 한 실험적이고도 성실한 작가였다.

참고문헌

1차 자료

임화, 「전형기의 조선극단의 전망」, 『사해공론』, 1938.

김수영, 「말리서사」, 『김수영 전집』 2-산문, 민음사, 2018.

______, 「의용군」, 『김수영 전집』 2-산문, 민음사, 2018.

논문 및 단행본

김명인, 「"내 시는 모두 사기다"-김수영과의 대화」, 『대산문화』 25, 대산문화재단, 2007.

김종욱, 「일제강점기 임화의 영화 체험과 조선영화론」, 『한국현대문학연구』 31, 한국현대문학회, 2010.

극예술연구회 편, 『극예술』 창간호, 1934.

박수연, 「김수영의 연극시대 그리고 예이츠 이후」, 『비교한국학』 26-3, 국제비교한국학회, 2018.

백문임, 『임화의 영화』, 소명출판, 2015.

백유, 「보전 제1회 공연을 보고」, 『조선일보』, 1932.12.14~16.

염무웅, 「역사에 바쳐진 시혼」, 『살아있는 과거』, 창비, 2015.

유진오, 「편편야화.38편」, 『동아일보』, 1974.4.15.

______, 『양호기(養虎記)』, 고려대 출판사, 1977.

이아람찬, 「초기 한국 영화교육사 연구-1920년부터 1940년대를 중심으로」, 『씨네포럼』 14, 동국대 영상미디어센터, 2012.

장문석, 「밤의 침묵과 자유의 타수-김수영의 해방공간과 임화의 4·19」, 『반교어문연구』 44, 반교어문학회, 2016.

최하림, 『김수영 평전』, 실천문학사, 2001.

하정일, 「일제 말기 임화의 문화산업론과 대중문화론」, 인하대 한국학연구소, 『한국학연구』 28, 인하대 한국학연구소, 2012.

임화와 김수영의 '언어관' 비교

고봉준

1. 문학과 언어

이 글은 임화와 김수영이 문학의 '언어'를 어떻게 이해했는가를 비교・해명하고자 한다.[1] 주지하듯이 임화와 김수영은 각각 해방 이전과 해방 이후의 한국 시문학을 대표하는 시인이며, 문학사에서 각각 리얼리즘과 모더니즘의 상징적인 존재로 평가되고 있다.[2] 또한 이들

1 이 글은 2018년 10월 12일 임화연구회가 주최한 '임화문학 심포지엄 2018－임화와 김수영'에서 발표한 글을 수정・보완한 것이다.

2 필자는 '임화＝리얼리즘'과 '김수영＝모더니즘'이라는 도식적인 대립 구도에 대해서는 비판적인 입장을 갖고 있다. 특히 김수영의 문학을 '모더니즘'이라고 규정하는 것은 지나치

은 다수의 산문을 통해 '언어' 문제에 각별한 관심을 표시한 것으로도 유명하다. 하지만 임화의 경우에 '언어' 문제는 주로 1930년대 중반 이후 '조선어' 사용 문제를 중심으로 논의되었고, 김수영의 경우에는 상대적으로 산문 연구가 활발하지 못함으로써 매우 제한적인 방식으로만 '언어'의 문제가 연구되었다. 두 사람 모두 문학에서 '언어'를 중요한 문제로 제기했지만 정작 그들이 생각한 문학과 '언어'의 관계는 사뭇 달랐다고 말할 수 있는데, 이 차이는 개인적인 사유의 차이가 드러난 결과이기도 하지만 또한 그들의 문학이 놓여 있던 시대적 맥락이 달랐기 때문에 발생한 문제이기도 하다. 임화의 경우 문학과 언어는 일제 식민지, 프롤레타리아 문학이라는 조건을 고려하지 않고 이해할 수 없고, 김수영의 경우는 식민의 잔재, 즉 탈식민적 상황과 전후 반공주의와 자유의 부재라는 정치적 상황을 염두에 두지 않고 논의하기 어렵다. 그러나 이러한 논의의 특수한 맥락만을 강조할 경우, '문학'과 '언어'의 관계에 대한 근대문학의 보편성이 무시될 수 있다. 즉 '언어'와의 관계를 중심으로 문학을 이해한다는 발상, 또는 문학에서 '언어' 문제가 특별히 중요하다는 사고 자체는 근대문학의 출현을 가능하게 한 근거라고 말할 수 있다. 따라서 '문학'과 '언어'의 관계에 대한 사유를 추적하기 위해서는 먼저 근대문학이 그 관계를 어떻게

게 느슨한 관행적 판단이라고 말할 수 있는데, 다만 이들 개념에 대한 엄밀한 규정이나 김수영의 문학을 왜 '모더니즘'과 동일시하면 안 되는가는 이 글의 관심사가 아니므로 별도의 언급을 하지는 않는다.

규정해왔는가를 살펴야 하고, 다음으로 해당 작가가 그 규정을 어떻게 전유하고 저항했는가를 살피는 이중적 작업이 필요하다.

문학은 언어예술이다.[3] 문학 교과서에나 나올만한 이 평범한 진술을 부정하는 문학인은 없을 것이다. 그것은 목관악기가 나무로 만들어졌다는 말이나, 석상이 돌로 만들어졌다는 설명만큼이나 상식적인 진술이어서 특별한 논의가 필요 없는 주장처럼 보인다. 하지만 문학사를 돌아보면 '문학은 언어예술'이라는 이 평범한 문장을 말하고 들으면서 작가들 각각이 머릿속에 떠올린 생각은 사뭇 달랐음을 알 수 있고, 그럼에도 불구하고 그 차이를 중심에 두고 치열한 논쟁을 펼친 경우는 드물었던 듯하다. 그렇다면 문학이 '언어예술'이라고 말할 때, '언어'는 구체적으로 무엇을 가리키는 것일까? 경험적으로 설명하자면, 이 물음에 대해 시인, 소설가, 비평가 등의 대답은 제각각이고, 문학사의 다양한 조류나 경향, 이즘에 따라 입장이나 생각 또한 상당한 차이를 보였으니 그것 자체로 문학사의 일부였다고 말할 수 있다. 사정이 이러하기에 '문학은 언어예술'이라는 주장은 이해하기에 따라 '문학'의 특이성에 대해 아무런 정보를 갖고 있지 않은 상투어일 수도 있고, 때로는 특정한 문학적 경향이나 이즘의 정체를 보여주는 '강령' 같은 것일 수도 있었다. '문학'은, 누군가에게는 언어에 대항하는 싸

---

3 이 글에 등장하는 '문학'은 문학, 소설, 시 등을 포괄하는 느슨한 개념이다. 그러나 이 글의 관심사는 '시'에 있으며, 따라서 필요에 따라 문학, 소설, 시 등을 구별해서 사용하되, 특별한 구분이 필요한 부분에서는 명확하게 구분해 사용한다.

움이고, 또 누군가에게는 그런 싸움에 대항하여 언어를 수호하는 것, 즉 대항에 대한 대항이기도 했다. 두 싸움 모두 '언어'를 통하지 않을 수 없다는 점에서 '문학은 언어예술'이라는 주장을 공통적으로 긍정하지만, 이때 각자가 생각하는 '문학=언어'의 함의는 사실 정반대이다.

현대문학에서 '언어'에 대한 규정은 주로 '부정'의 방식을 통해 이해된다. 즉 문학을 '언어예술'이라고 말할 때, '언어'는 무엇이 아닌가? 먼저 '문학=언어예술'이라는 등식에서 '언어'는 수사적인 미문(美文), 즉 아름다운 표현과 구별된다. 문학은 아름다운 문장이 아니라는 것이다. 심지어 그것이 '언어=모국어'라는 언어적 민족주의를 가리킬 때조차, 그래서 문학이 모국어의 아름다움을 일깨운다고 말할 때조차 그렇다. 하지만 한국의 근대문학사가 증명하듯이 이러한 주장에 모두가 동의한 것은 아니다. 다음으로 문학에서 '언어'는 정보를 전달하거나 타인과 대화할 때 사용하는 일상어를 의미하지 않는다고 이해된다. 이 주장은 흔히 문학의 언어를 일상의 언어와 구분하는 방식으로 구체화된다. 일상 '언어'는 항상 사물과의 관계를 전제하며, 사물과의 관계 속에서만 특정한 지시적 성격을 갖는다. 그런데 소설에서와 달리 시에서 상징적 질서나 명령어로서의 언어는 일반적으로 받아들여지는 '상식'은 아니다. 또한 언어의 지시적 기능, 사물의 선차성과 그것에 대한 언어의 필연적 종속관계를 수락하는 시인들도 많지만, '시=문학'을 전적으로 언어적 사건으로 간주하는 입장도 상당히 많다. 이는 '소통'이라는 개념의 상이한 이해에서도 분명하게 확인된다. 일상 언어는 커뮤니케이션의 수단으로서 지시적 기능을 수행하고 손실을 최소화하는 방식으로 '정보'를 실어 나르는 것이 본질이지만, 시에서 '언어'는 정보와는 무관하다. 정보와 소통의 관점에서 보자면 비유, 상징, 알레고리 등은 지양되는 것이 옳다.

문학을 '언어'적 사건으로 간주하는 태도는 19세기 이후 문학, 특히 시에서 강조되었다. 이러한 주장은 화자가 시인의 인격과 무관한 존재임을 뒷받침하는 근거로 기능함으로써 시가 자전적인 이야기로 해석되지 않을 가능성을 제공했다. 19세기 이후의 현대시는 종종 시에 '주체'가 있다면 그것은 시인이나 화자가 아니라 '언어'라고 주장해왔다. 이로부터 경험적 자아와 시적 주체의 분리가 시작된다. 시는 더 이상 운문으로 쓴 자서전으로 이해되지 않게 되었고, 이러한 생각은 '시'와 '감정' 간의 오래된 관계가 단절되는 현상을 가져왔다. 마침내 시를 감정의 영역에서 제외시켜야 한다는 주장이 제기되었다. "나의 우월성은 어떠한 감정도 가지고 있지 않다는 데에 있다."(랭보) 시인들은 이 분리 때문에 자신의 삶과 감정을 고백할 기회를 잃었지만, 동시에 자신이 경험하지 않은 세계에 관해 말할 권리를 얻었다. 그리고 이때부터 시는 감정 이상의 것이 되었다. 보들레르 이후 사람들은 현실과 동떨어진 언어 세계 안에 새롭고 낯선 세계를 건축·구성하려는 의지를 강조하면서 그것을 '창조적인 상상력'이라고 표현했는데, 시에서의 상상력이란 이처럼 시공간의 질서를 뒤집거나 비틀어 현실세계를 해체-(재)구성, 새로운 초(超)현실을 만들어내는 능력으로 이해되었다. 상상력은 구체적인 것과 상상적인 것을 강제로 결합시키고, 이질적인 것들을 한자리에 모으는 능력으로 이해되었다. 이렇게 건축되는 초현실은 많은 사람에게 낯설고 불편한 세계로 경험되는데, 이때의 난해함은 인공적인 것이 주는 생소함과 현실로부터의 탈출시도를 의미하는 비실재적 혼돈이 결합되어 발생하는 효과이다.

초현실로서의 시, 그것은 시를 '언어'를 사용하여 언어 바깥의 사물이나 세계를 형상화하는 행위로 이해해선 안 된다는 것이다. 이 주장에 따르면 시는 시 바깥의 세계나 현실, 상황 등을 언어로 옮겨놓은 언어적 재현물이 아니다. 그것은 회화가 캔버스 바깥의 세계나 현실, 상황 등을 색채로 옮겨놓은 시각적 재현물이 아닌 것과 같다. 그래서 시를 쓰고 읽는 것, 그것은 가상의 언어적 세계에 들어간다는 의미이다. 이것은 근대소설에서의 개연성이 작품 바깥과의 관계가 아니라 작품 내부적인 맥락에서의 개연성인 것과 동일한 이치이다. 문제는 시에 관한 이러한 사유가 독자에게 상당한 충격과 난해함을 경험하게 만든다는 점이다. 요컨대 시는 언제나 현실 이상의 것을 추구함으로써 현실에서 탈출하려는 욕망의 행위이고, 때문에 이 욕망은 현실의 질서를 따르지 않는다. 상징주의자들은 이것을 예술적 충동은 일그러진 낯선 세계의 얼굴을 남긴다는 표현으로 설명했다. 이러한 비실재적 혼돈은 특히 랭보를 거치면서 이해할 수 없는 표현들, 가령 '피 흘리는 고기의 깃발'처럼 감각적인 이미지로 표현되지만 감각적으로 구체화하기 어려운, 현실적 등가물을 찾을 수 없는 표현들로 구체화되었는데, 랭보는 이것을 감각적 비실재성이라고 불렀다. 이러한 시에서의 감각적 비실재성이 회화에서 모방이라는 관습으로부터의 이탈과 동시에 발생했다는 사실은 매우 징후적이다.

하지만 한국시에서 이러한 '언어적 사건'의 계보는 주류가 아니었다. 누구도 문학이 언어예술임을 부정하지 않았지만, 그렇다고 문학이 텍스트 바깥과 절연된 '언어'의 세계임을 인정한 경우도 드물다. 아래에서는 임화가 1930년대에 '언어' 문제에 대해 발표한 몇 편의 중요한 비평과, 김수영이 1950~1960년대 '언어'와 '자유'의 문제를 중심으로 자신의 시론을 구축해나간 과정을 살핌으로써 이들이 '문학은 언어예술'이라는 일반적 주장을 어떻게 전유・변형하여 자신의 시론(詩論)을 형성했는가를 살펴보기로 한다.

2. 임화—조선어, 그리고 위기의 징후로서의 '언어'

1930년대 중반(1934~1939) 임화는 '언어' 문제에 대한 몇 편의 평문을 연이어 발표했다. 이 시기 임화가 '언어' 문제에 대해 쓴 글은 다음과 같다. ①「언어와 문학—특히 민족어와의 관계에 대하야」(『문학창조』, 1934.6), ②「언어와 문학—특히 민족어와의 관계에 대하야」(『예술』, 1935.1), ③「언어의 마술성」(『비판』, 1936.3), ④「조선어와 위기하의 조선문학」(『조선중앙일보』, 1936.3.8~24), ⑤「언어의 현실성－문학에 있어서의 언어」(『조선문학』, 1936.5), ⑥「예술적 인식 표현의 수단으로서의 언어」(『조선문학』, 1936.6), ⑦「예문의 융성과 어문정리」(『사해공론』, 1938.7), ⑧「문학어로서의 조선어－일편의 조잡한 각서」(『한글』, 1939.3). 여기에 「언어를 의식한다」(『경성일보』, 1939.8.16~20, 일문(日文))와 좌담 「조선문화의 장래와 현재」(『경성일보』, 1938.11.29~12.7)를 포함하면 1930년대에 임화가 '언어'에 대해 갖고 있던 생각의 대강을 확인할 수 있을 것이다. 하지만 이 평문과 좌담의 대부분은 특정 시국을 염두에 두고 쓴 것들이어서 문학 언어에 대한 임화의 생각을 구체적으로 담고 있지 않으므로 「문학에 있어서 형상의 성질 문제」(『조선일보』, 1933.11.25), 「집단개성의 문제」(『조선중앙일보』, 1934.3.13) 등이 보충되어야 한다. 특히 선행연구들은 임화가 '기교주의 논쟁' 시기에 발표한 평문들, 즉 「담천하의 시단 1년」(『신동아』, 1935.12)과 「기교파와 조선 시단」(『중앙』, 1936.2)이 이상의 문제의식과 동일한 맥락에서 발화된 것임을 간과하는 경향이 있다.

그렇다면 1930년대에 '언어'에 대한 임화의 문제의식, 구체적으로는 민족어, 민족문학 등의 주장은 어떤 맥락에서 이해되어야 할까?[4]

4 임화의 '언어론'에 대한 주요 연구는 다음과 같다. 하정일, 「임화의 민족문학론과 언어론」, 『한국근대문학연구』 23집, 한국근대문학회, 2011, 7~34면; 백지은, 「역설의 일관성－임화의 언어론 연구」, 『동양학』 46집, 단국대 동양학연구원, 2009, 1~21면; 김영범, 「1930년대 중후반 임화 비평의 언어적 모색과 좌절」, 『어문론집』 79집, 민족어문학회, 2017, 5~33면; 임동현, 「1930년대 중반 임화와 홍기문의 사회주의 민족어 구상」, 『민족문화연구』 77집, 고려대 민족문화연구원, 2017, 287~319면; 도변직기, 「임화의 언어론－1930

그가 이 시기에 '조선문학'과 '조선어'에 대해 집중적인 관심을 갖게 된 원인은 무엇일까? 먼저 '민족어'를 둘러싸고 진행된 일련의 연속적 논의를 들 수 있다. 1920년대 접어들어 언어규범화의 움직임이 일어났고, 그것은 1928년 조선총독부의 교과서 철자법 개정작업으로 가시화되었다. 1930년에 출간된 『언문철자법』이 그 결과물이다. 하지만 조선어학회는 이 책의 원칙을 비판하면서 1933년 독자적으로 『한글맞춤법통일안』을 발표했는데, 조선어학연구회가 다시 조선어학회의 주장을 비판함으로써 '조선어'의 표기원칙과 규범을 둘러싸고 일대 논쟁이 벌어졌다. 이 논쟁에는 임화를 비롯하여 카프에 속한 문학인들도 다수 참여하였다.

다음으로 카프의 해산으로 요약되는 정세 변화가 있다. 실제로 이 무렵에 발표된 임화의 평문에는 '위기'라는 단어가 빠지지 않는다. 임화는 '기교주의 논쟁'의 도화선이 된 「담천하의 시단 1년」에서 이 위기를 "10년간의 고투사(苦鬪史)를 가진 이곳의 진보적 문학의 조직적 모체가 방기(放棄)되고, 그 압력은 파도와 같이 모든 종류의 양심 있는 문학에 확대"[5] 되고 있다고 진단한다. 그런데 그는 진보적인 문학에

년대 중・후반의 견해를 중심으로」, 『국어국문학』 138집, 국어국문학회, 2004, 433~460면; 김예림, 「초월과 중력, 한 근대주의자의 초상-일제말기 임화의 인식과 언어론」, 『한국근대문학연구』 5권 1호, 한국근대문학회, 2004, 35~58면; 와타나베 나오키, 「'조선문학'이란 무엇인가-1930년대 중・후반의 임화의 견해를 중심으로」, 『한중인문학연구』 9호, 한중인문과학연구회, 2002, 111~133면.

5 임화문학예술전집 편찬위원회 편, 『임화문학예술전집』 3, 소명출판, 2009, 482면(이하 『전집』으로 표기).

불어 닥친 이 정치적 압력을 "지금에는 드디어 우리들이 생각하고 말하는 유일의 도구인 우리들의 언어가 위기 하에 서게 된다는 침통한 사실이 예술가의 앞에 전개되고 있다"처럼 '언어'의 위기와 동일시한다. 여기에는 언어 없이는 문학이 불가능하다는, 따라서 문학의 위기는 곧 언어의 위기라는 인식이 자리하고 있다. 물론 여기서 말하는 '언어'가 무엇인지에 대해서는 또 다른 논의가 필요하다. 그런데 1935~1936년에 임화가 예감한 언어의 위기는 1936년 가을 '공학' 문제로 구체화되기 시작한다. '공학'이란 조선총독부가 제3차 조선교육령(1938년 4월 1일 실시)의 일환으로 내세운 '내선공학'을 가리키는 것으로, 그 핵심은 '조선어'를 필수과목에서 선택과목으로, 그리하여 사실상 폐지하는 것에 있었다. 1922년 조선총독부가 제정한 제2차 조선교육령은 일본과 조선을 서로 다른 법적 영역으로 전제했고, 그에 따라 조선인을 '일본인'이 아니라 '일본국민'으로 만드는 것을 핵심으로 삼았다. 비록 '동화' 정책의 일환으로 시행되었으나, 이러한 정책적 판단에 따라 1920년대에는 '조선어 및 한문'이 분할되어 '한문'이 수의과목(선택과목)으로 격하되고 대신 '조선어'는 단독으로 필수과목이 되었다.[6] 그런데 정책 기조는 1936년 8월 일본에서 발생한 '2·26 군사쿠데타' 사건을 계기로 미나미 지로(南次郎)가 조선총독에 부임하면서 변화의 조짐을 보이기 시작했다. 1938년부터 시행된 제3차 조선교육령

6 나카바야시 히로카즈, 「조선총독부의 교육정책과 동화주의의 변천」, 연세대 박사논문, 2014, 135면.

은 실상 중일전쟁 개전에 따른 국민정신총동원이라는 현실적인 필요에 의해 시행되었으나 그것은 조선을 일본과 다른 법적 영역으로 간주하고 있음에도 불구하고 강력한 일본민족화와 신민화를 강제하는 것을 지향했다. 그것의 표면적인 결과는 학교에서 '조선사'가 빠지고, '조선어'가 선택과목으로 바뀌는 것이었고, 소학교 규정에 처음으로 '내선일체'라는 개념이 쓰이는 것이었다.[7] '팔굉일우'가 역사를 설명하는 중요한 기준으로 등장한 것도 바로 이때였다. 그런데 이러한 변화의 징후는 이미 1934년 무렵부터 나타나기 시작했고, 특히 1935년 가을 학무당국이 차별철폐를 이유로 교명통일, 공학실현, 과목통일, 부감균형 등을 골자로 제시한 교육제도 개정안에서 구체적으로 확인되기 시작했다.[8] '언어' 문제에 대한 임화의 글들은 '1935년 가을의 공학 논란'[9]을 배경으로 쓰인 것들인데, 이러한 문제의식은 제3차 조선

---

7 (제3차 조선교육령—인용자) 이전에는 보통학교와 여자고등보통학교에서는 '조선어'가, 고등보통학교에서는 '조선어 및 한문'이 필수과목이었지만, 이후에는 '조선어'는 소학교와 중학교에서는 "수의과목으로 할 수 있는", 고등여학교에서는 "토지의 상황에 따라" "수의과목 또는 선택과목으로 할 수 있는" 존재로 전락했다. 이것은 초등・중등학교에서의 교과 '조선어'의 사실상의 폐지를 의미했다. 또 국민학교규정(1941.3)에서의 '조선어'에 관한 규정은 소학교규정(1938)과 유사한 것이었지만, 1943년 3월에 정해진 중학교규정 및 고등여학교규정에서는 교과 '조선어'에 관한 규정이 완전히 사라졌고, '조선어'는 수의과목으로조차 존재할 수 있는 근거마저 상실했다. 위의 글, 254면.

8 '교명통일'은 보통학교, 고등보통학교 등의 이름을 소학교와 중학교로 개정 통일하는 것이고, '공학실현'은 일본 내지인과 조선인 학생이 같은 학교에서 함께 수업을 받게 하는 것이며, '과목통일'은 소학교, 중학교보통학교, 고등보통학교 사이에 조선어 과목 하나만이 차이가 있는데, 그것을 조선어 과목을 폐지하든지 또는 수의과목으로 바꾸는 것이며, '부담균형'은 조선인과 내지인 간에 차이가 있던 학비를 동일하게 맞추는 것을 말한다.

9 윤대석, 「1930년대 말 임화의 언어론」, 『우리말글』 45집, 우리말글학회, 2009, 201면.

교육령이 시행된 1938년 이후 새로운 정세 하에서도 지속되었다.

이상의 맥락을 염두에 두고 1930년대 중반에 임화가 발표한 일련의 평문을 살펴보면 이 시기 그가 '조선어' 또는 '민족어'에 대한 특별한 의미를 부여하거나, 종래의 생각을 바꾼 것으로 이해하기는 어렵다. 뿐만 아니라 이 시기에 이르러 특별히 '언어'에 관심을 갖기 시작한 것도 아니었다. 몇몇 연구들은 임화가 이 시기에 '민족어'와 '민족문학'을 강조한 것이 "공학제와 같은 일제의 민족 억압에 효율적으로 대처할 능력을 노동자 계급이 독자적으로 갖고 있지 못하다는 사실"[10]을 인식함으로써 생긴 변화로 해석한다. 임화는 당시의 정치적 상황 때문에 구체적인 집필 배경을 밝히고 있지 않지만, 그의 평문들 대다수는 특정한 현실에 대한 비평적 반응으로 행해진 것이고, 따라서 그것을 탈(脫)맥락화하여 일반적인 주장으로 읽는 것은 위험하다. 대다수 문학인들과 마찬가지로 임화는 조선교육령의 변화를 포함한 여러 정세의 변화로 인해 진보적 문학의 흐름이 위축되고, 무엇보다도 '조선어'에 가해지는 일제의 압력이 그러한 위기를 가중시킨다고 느꼈다. '민족어'에 대한 강조는 이 맥락에서 등장한 것이니, 그것은 내셔널리즘이나 복고적 민족주의 등과 아무런 관련이 없다. 다만 그는 자신을 문학인의 입장에 위치시킴으로써 '민족어' 문제는 반복적으로 '문학' 문제와 연결되어 주장되고 있을 따름이다. 1934년 6월과

10 박수연, 「1930년대 개정조선교육령과 조선문학의 전환」, 공주대 박사논문, 2015, 57면.

1935년 1월 두 차례에 걸쳐 발표된 「언어와 문학」은 카프 해산(1935.5.20) 이전에 쓴 것으로, 여기에서는 카프 시기의 문학에 대한 생각이 지속되고 있다. 이 글에 표명된 임화의 주장은 다음의 몇 가지로 요약된다. 첫째, "언어의 존재 없이 문학을 생각할 수가 없고 (…중략…) 언어는 문학이 성립하고 존재하는 유일의 형식"이라는 것, 둘째, "만인에 의하여 이야기되고 만인이 곧 이해할 수 있는 말 그것이 문학에 있어 이상적인 언어"라는 것, 셋째, 문학과 언어에 있어서 국제적인 것과 민족적인 것은 모순관계가 아니며, "계급적인 문학으로서의 프로문학의 민족적 형식은 고유의 것"라는 것, 넷째, 문학은 원래 만인이 사용하는 언어로 표현되어야 했음에도 불구하고 그렇지 못했으며, 문학어와 속어의 구별로 구체화되는 이러한 문제는 "'언문일치'라는 언어상의 부르주아적 혁명"에 의해 극복될 수 있고, 또 되어야 한다는 것, 다섯째, 현재의 프롤레타리아 문학은 "진실한 민족어의 문학상의 실현을 조해(阻害)하는" 두 경향에 맞서 한편으로는 고어, 사어의 부활에 대해 투쟁하고, 다른 한편으로는 "모더니즘적 시가, 소부르적 소설류에서 볼 수 있는 악질의 비문화적 외래어, 외래어적 조선어"에 대하여 투쟁하고 있다는 것이다. "황당한 각서에 불과"하다는 자평(自評)을 달아두긴 했지만, 임화의 이 글은 "고향의 현실은 우리의 말로써만 이상적으로 표현할 수 있는 것"이라는 주장을 중심으로 민족적인 것과 계급적인 것(국제적인 것)의 관계에 대한 맑스-레닌주의의 기본 입장을 고스란히 수용하고, '민족'을 '계급'으로 분절함으로써 만인이 사용하는 민족어(민족의 언어)를 조선문학의 공식적 표현수단으로 추인하고 있다.

'민족어'에 대한 임화의 이러한 주장은 프롤레타리아 문학의 기본 성격이나 방향성이라는 맥락에서는 흥미로운 것이지만, 정작 문학의 '언어'에 대해서는 상식 이상의 것을 말하고 있지 않다. 그럼에도 불구하고 임화는 1936년에 「언어의 마술성」을 비롯하여 '언어' 문제에 대한 여러 평문을 연이어 발표했다. 이 시기에 임화가 '언어'라는 단어를 포함시켜 쓴 평문들, 특히 위에 인용한 글들은 한글맞춤법 통일안이라는 사건이 열어젖힌 논쟁의 맥락, 또는 조선교육령과 공학제에서 시작된 '민족어' 논의와는 그 층위가 다르다. 오히려 이것들은 김기림, 박용철 등과의 '기교주의 논쟁'의 연장선에서 읽는 것이 타당하다. 알다시피 이 논쟁에서 임화는 두 편의 중요한 평문(「담천하의 시단 1년」, 1935.12; 「기교파와 조선 시단」, 1936.2)을 발표했으며, 그것들은 갑자기 제기된 것이 아니라 「33년을 통하여 본 현대 조선의 시문학」(1934.1.1~12), 「1933년의 조선문학의 제 경향과 전망」(1934.1.1~14)의 문제의식을 이어받고 있다. 이 글들을 집필할 무렵 이미 임화는 낭만주의에서 시작된 조선의 근대시가 '퇴화'하고 있음을 직감했다. 이런 관점에서 임화는 전자(前者)의 글에서 봉건적 귀족의 언어와 한자어 등 민중의 언어에서 분리된 '보수적 복고주의', "낭만주의의 반역시주의적 분화과정 가운데 하나"인 '가톨리시즘', "중간적 소부르 인텔리 시인"이 주도하는 순수시와 주지주의, "동양적 낭만주의의 신비와 농촌적인 세계관"을 벗어나지 못한 '아세아적 낭만주의' 등을 극복의 대상으로 설정한 바 있다. 임화는 이러한 부정적 예감하에서 1934년 카프 제2차 검거사건을 경험했고, 그 맥락에서 「담천하의 시단 1년」에서 조선 시문학의 방향에 대해 질문했다. 이 글에 '조선의 시문학은 어디로?'라는 부제를 붙인 까닭도 여기에 있다. 이 글의 도입부에서 임화는 자신의 비통한 심정은 물론 암울한 정치적 분위기를 여과 없이 드러낸다.

> 우리 조선의 시문학이 지난해의 잠자리에서 눈을 부비고 창문을 열었을 때 을해(乙亥)의 시대적 하늘의 빛깔이란 매우 심상치 않았다. 지난해 수십 명의 시인, 작가, 비평가의 일단 위에 내린 무서운 뇌우는 결코 물러가지 않았을 뿐더러, 안개와 구름은 이상 더 농도를 깊이 하고 거치른 바람은 비가 올지 눈이 올지 전연 판별키 어려웠다. 포구를 향하여 배를 젓기에는 너무나 험한 천후(天候)이었다. 그러나 역사의 출항을 그만둘 수는 없는 것이다. 이곳에 우리들의 운명의 잔인함이 있고, 이 땅의 시문학의 눈물겨운 행로가 있다. 이 질풍과 노도가 물결치는 가운데서 지난 6월, 드디어 10년간의 고투사를 가진 이곳의 진보적 문학의 조직적 모체가 방기되고, 그 압력은 파도와 같이 모든 종류의 양심 있는 문학에 확대되었다. 지금에는 드디어 우리들이 생각하고 말하는 유일의 도구인 우리들의 언어가 위기 하에 서게 된다는 침통한 사실이 예술가의 앞에 전개되고 있다.[11]

여기에서 임화는 시인의 '명예'라는 표현을 강조하고 있다.[12] 비슷한 시기 임화는 「시와 시인과 그 명예」(『학등』, 1936.1)라는 글을 쓰기도 했는데, 두 글 모두에서 임화는 시인의 명예와 자격은 "그가 시대 현실의 본질이나 그 각각의 세세한 전이의 가장 민첩하고 정확한 인지자이며, 그 시대가 역사적 전진을 위하여 체현한바 시대적 정신의 가장 솔직 대담한 대변자"이므로 가능하다고 주장한다. 이런 입장에서 그는 조선의 시인들에게 "이 침통하고 심각한 시대적 현실을 감수하고, 그 중후한 기압 속에서 묵묵히 흘러가고 있는 시대정신의 물결 소리를 어떻게 자기의 시적 언어를 통하여 반영 표현하고 있는가"를 생각해보라고 주문한다. 하지만 당대 시단의 흐름은 임화의 기대와는 정반대로 흘러가고 있었다. 즉 복고주의가 유행하고, 낭만적인 민족주의가 잔존해 있고, 소위 '기교파의 시'가 부상하고 있었던 것이다. 임화는 '기교파'가 1930~1931년 무렵에 등장했으며, "시는 언어의 기술이다"라고 주장한 순수시 운동의 후예라고 판단하면서 그것을 "급진적 소시민의 주관적 환상의 산물"이라고 비판했다.

여기에서 문제는 두 가지이다. 하나는 임화에게 '기교파'는 "경향시가 통렬한 부자유 가운데 일시적으로나마 그 기식이 미약해갈 제, 시는 언어의 기교다라는 태도를 조선적인 방법으로 번역해가지고 나오는 교활한 조류"로 이해된다는 것이고, 다른 하나는 "현대의 혁명시인

11 임화, 「담천하의 시단 1년」, 『전집』 3, 481~482면.

12 임화는 이 글을 쓸 무렵에 「시와 시인과 그 명예」(『학등』, 1936.1)라는 글을 썼다.

이려는 이들 기교파의 시인들은 시의 내용과 사상을 방기하고 있다. 다만 있는 것은 언어의 표현의 기교와 현실에 대한 비(非)관심주의 그것"이라는 말처럼 '진보적인 시=내용과 사상', '기교파=언어'라는 도식적인 인식 태도를 보인다는 것이다. "오직 유일의 목적은 언어적 질서의 정리 그것이다"라는 단정적인 판단처럼 임화는 기교파가 정서, 감정, 사상, 생활 등의 가치를 부정하고 오직 '언어'에 집착하는 조류라고 판단했다. 1936년 무렵에 연이어 발표된 '언어'에 대한 임화의 평문들은 이런 맥락, 즉 '언어'를 앞세운 시적 경향에 반(反)하여 문학과 언어의 관계를 규명하려는 문제의식에서 출발한다.

①

문학은 어디까지든지 언어를 유일의 표출 수단으로 한다. 그러나 언어는 어디까지든지 하나의 표출 수단에 지나지 않는 것이고, 문학의 존재 그것의 유무를 제약하는 근원적인 무엇은 아니다. 다시 말하면 문학에 있어 언어는 내용적인 무엇에 상응하는 표출의 수단, 즉 부차의 일 속성에 불과하다. (…중략…) 언어가 만일 문학의 일 소재이고 속성이라면 문학은 다른 속성까지를 자기 가운데 종합 통일하고 있는 전체다. 즉 언어 이상의 무엇이다.[13]

13 임화, 「언어의 마술성」, 『전집』 3, 451~454면.

②

물을 담을 수 있는 그릇과 가루를 담을 수 있는 그릇과 기체를 담을 수 있는 그릇이 다르듯이 형식적인 것이란 그 내용에 의하여 각각 결과되는 물건이다. (…중략…) 문학 이전의 생활과 실천의 제 경험이 문학에게 주는 첫째의 구속은 직접으로 내용이고 간접으론 형식이다. 아무리 형식적인 것이 성취된 후에 일체의 사상, 소재가 영위되더라도 그것은 하등 이 사실을 부인하는 논거는 되지 않는다.[14]

③ 문학자에 있어서는 듣고 보고 알고 느끼고 생각하고 체험하는 일체를 언어로 번역할 줄 알아야 한다. 만일 이 직능이 그에게 철저치 못하다면 그는 위선 작가될 제일의 요건을 상실하는 것이다. (…중략…) 언어는 문학적 창작에 조금도 부족하지 않을 뿐더러 여분이 있을 만큼 충족한 것이다.[15]

카프 시기와 달리 위의 평문들을 쓰면서 임화는 '언어'에 대해 시종일관 부정적인 입장을 드러내고 있는데, 이는 이 글들이 '기교주의' 논쟁과 겹치는 시기에 집필되었기 때문에 생긴 현상이다. 그 때문인지 ①에서 임화는 '언어'와 '문학'을 대립적으로 설정하고, "언어는 어디까지든지 하나의 표출 수단에 지나지 않는 것"이라고 그 가치를 폄하

14 임화, 「언어의 현실성」, 『전집』 3, 471~472면.

15 임화, 「예술적 인식 표현의 수단으로서의 언어」, 『전집』 3, 478~479면.

하기까지 한다. 불과 2년 전에 "언어의 존재 없이 문학을 생각할 수가 없다는 것은 결코 역설적 논리가 아니라 진리의 일면을 말하는 것이며, 동시에 언어는 문학이 성립하고 존재하는 유일의 형식이라는 이해를 가능케 한다"(「언어와 문학」)라고 '언어'의 중요성을 강조했음에도 불구하고, 이제 그 자리에는 "문학에 있어 언어는 내용적인 무엇에 상응하는 표출의 수단, 즉 부차의 일 속성에 불과"하다는 냉소적인 태도만이 자리하고 있다. 이러한 태도 변화는 문학과 언어의 관계에 대한 생각의 변화가 아니라 '언어'를 전면에 배치한 '기교파'를 견제하려는 전략적 선택이라고 이해해야 한다. 한편 ②에서 임화는 내용과 형식의 관계를 '그릇'과 '물질'의 관계에 비유하면서 문학의 출발점인 생활의 경험이 내용에는 직접적으로, 형식에는 간접적으로 영향을 끼친다고 주장함으로써 형식에 대한 내용의 선차성을 강조한다. 이러한 논리는 「기교파와 조선 시단」에 나오는 논리 — "오직 이 '내용과 기교의 통일' 가운데는, 양자가 등가적으로 균형되어 있는 것이 아니라, 이 통일은 위선 전체로서의 양자를 가능케 하는 물질적 현실적 조건으로 성립하고, 그것에 의존하며, 동시에 내용의 우위성 가운데 양자가 스스로 형식 논리적이 아니라 변증법적으로 통일되는 것이다" — 와 맥락을 같이 한다. 문학 이전에 존재하는 생활(의 경험)이 문학의 출발점이며, 그것은 '내용'과 '형식' 모두에 영향력을 행사하지만, 결국 내용의 우위하에서 내용과 형식이 변증법적으로 통일됨으로써 문학이 가능해진다는 주장은 카프의 기본적 관점이기도 하다. 여기에는

'기교파'가 그토록 강조한 '언어'의 자리가 없다. 더 나아가 ③에서는 '문학'은 생활의 체험을 '번역'하는 '직능'이고, 생활세계의 일상어는 그 직능을 수행하고 남을 만큼 충분하다고 주장한다.

반면 「조선어와 위기하의 조선문학」(1936)과 「예문의 융성과 어문 정리」(1938), 「문학어로서의 조선어 — 일편의 조잡한 각서」(1939) 등에서 '언어'가 이야기되는 맥락은 다르다. 뒤의 두 편은 분량도 상당히 짧고 명확한 주장이나 입장을 드러내고 있지 않으므로 일단 논외로 하고 1936년에 발표된 글에 초점을 맞춰보자. 이 글은 투르게네프가 쓴 「노서아어(露西亞語)」를 인용하고 "러시아 말의 순수성을 보전하라!"라는 그의 유언(遺言)이 지닌 의미를 환기하는 것으로 시작된다. 이 글 곳곳에서 임화가 '민족어'의 중요성을 환기하고 있어서 자칫 민족어에 대한 옹호와 관심으로 해석될 여지도 없지 않다. 하지만 임화가 투르게네프의 유언을 인용한 까닭은 '민족어'를 옹호하기 위함이 아니라 "그가 문학상에서 심히 조건적으로나마 항상 진보의 정신의 프로파간디스트이고 생활의 창조자의 한 사람이었다는 일점에 무조건적으로 의존한다"라는 지적, 즉 그가 "진보의 정신의 프로파간디스트"였다는 사실을 강조하기 위해서였다. 그렇다면 왜 임화는 단도직입적으로 기술하지 않고 굳이 투르게네프의 시와 유언을 인용한 것일까? 그것은 다음의 논리적 연계를 통해 '언어-문학-정치' 현실을 환기하기 위함이다.

① "언어는 사유의 최중요의 유일한 도구이다."

② "조선어의 금일의 상태란 조선인의 생활 상태, 정치상 지위를 이야기한다는 사실을 부정할 자는 없을 것이다."

③ "따라서 조선에서 언어상 문제란 문화, 문학적인 문제이면서 항상 현실적 정치상의 문제인 것이다."

여기에서 임화가 지적하는 "조선어의 금일의 상태"란 "한 개 시사적인, 또 교육행정상의 문제인 일본 내지인과 조선인 학생의 공학제"를 가리킨다. 즉 임화는 '공학제' 문제가 시사적인 문제나 교육행정상의 문제만이 아니라 정치적인 문제라는 것을, '언어'가 사유의 최중요의 유일한 도구이므로 그것에 발생하는 변화는 조선인들의 사유와 생활 모두에 심각한 영향을 끼치리라고 경고하려는 것이다. 그렇다면 '문학'은? 임화는 이 새로운 조건을 "조선문학의 금일의 상태를 결정적으로 표현하는 일 지표"로 인식하거니와, 1936년 무렵의 문학적 상황을 이것에 대한 징후로 간주한다. "작년도로부터 연말로 가중해오던, 문학상에 내리누르던 소위 시대적 압력이라는 것이 상당한 정도로 달하여 문학의 진보적인 행로가 두색(杜塞)되다시피 옹색해지고, 현실의 발전 방향에 충실히 연행(沿行)하고 생활적 현실을 문학 본래의 정신을 가지고 추구, 표현하려는 성실한 노력이 갈수록 곤란해져서, 문학상에는 명확히 동요와 생활 현실로부터의 유리, 형식주의적 혹은 신비적 퇴화가 준비되고 있으며, 그 도래가 불가피의 것이라고 비명을 울리는 한편, 이러한 위기 현상의 구체적 인식의 결여는 이 위기를 일층 구할 수 없는 혼란 중에 함입(陷入)케 한다는 사실을 나도 지적한 일이 있다."[16]

이상의 논의를 요약하면 첫째, 조선어의 위기는 언어의 위기만이 아니라 조선 문학의 총체적 위기라는 것, 둘째, "일부의 감상주의자들이 떠드는 민족어"라는 개념과 달리 "완미한 조선어로 이야기된 문학"을 만들어야 한다고 말할 때의 '조선어'는 근대적・언어학적 의미에서 통일된 언어가 아니라는 것, 셋째, 춘원, 동인, 빙허, 상섭 등의 언어가 보여주는 한계, 즉 언어에 대한 태도는 그들의 "현실에 대한 태도"의 한계와 무관하지 않다는 것(이것이 투르게네프를 인용한 이유이다!), 넷째, "정확한 문학의 자기표현에 가장 적응하는 최대의 요건은 위선 민족의 말"인데, 그것은 "자기 나라 자기 지방, 자기 민족의, 자기 층의 생활과 감정은 자기의 말만이 가장 정확히 표현할 수 있"기 때문이라는 것, 다섯째, 이런 맥락에서 지금 논의되고 있는 '공학제' 문제에 대해 조선어학회와 조선어학연구회의 철자법 논쟁에 서명한 문학인들 모두가 "조선어의 운명에 대한 관심"을 가져야 한다는 것이다. 이처럼 임화에게 '문학 언어'와 '일상 언어'는 연속적이어서 "언어적 수단에 의한 사실적 형상의 구성"[17]이라는 표현처럼 '문학어'는 물론 일상어의 '문학적 사용'에 대한 사유가 거의 드러나지 않는다. 이것을

16 임화, 「조선어와 위기하의 조선문학」, 『전집』 4, 591~592면.

17 임화, 「낭만적 정신의 현실적 구조」, 『전집』 3, 22면.

문학이나 언어 대한 무지의 산물로 간주할 수는 없다. 낭만주의는 물론 다다이즘과 초현실주의의 영향을 받은 그가 유럽 현대문학이 '언어'에 대해 어떤 태도를 지니고 있었는지 몰랐을 리가 없다. 하지만 기교주의 논쟁에서 드러나듯이 그는 이러한 현대문학의 사조를 반동적인 것, 또는 소부르주아가 주도하는 인텔리적인 것으로 간주했으므로 '언어'에 대한 그들의 주장을 그대로 수용할 수 없었다. 심지어 그에게는 '문학 언어'와 '일상 언어'를 구분하려는 일체의 문학적 경향이 조선 문학의 위기를 드러내는 징후로 간주되었으니, 이는 "무조건적으로 문학작품은 생활적 필요와 이해를 같이하는 동족의 대다수를 위하여 쓰이는 것이다. 여하한 것임을 물론하고 자기가 느낀 것을 생활적 이해를 같이하는 사람과 같이 느끼고 또 자기가 생각한 것을 표현하고 전달하고 싶어서, 또 자기의 이상을 가지고 그 이상을 모르는 동이해자를 계몽, 교육하고 싶어서 쓰이는 것이다"라는 주장처럼 문학의 역할을 '계몽'과 '교육'에서 찾기 때문에 생기는 문제인 듯하다. 그러므로 그가 1930년대에 쓴 평문들에서 보여주는 것은 '문학의 운명=언어의 운명=민족의 운명'이라는 삼위일체이니, 이것을 '민족어'라는 코드로 회수하는 해석은 재고되어야 한다.

3. 김수영 — 시적 혁명으로서의 '언어'

'언어'는 김수영의 문학을 분석하는 중요한 주제 가운데 하나이다. 이와 관련하여 지금까지 혼성성, 국어, 번역, 하이데거의 존재론, 계량언어학[18] 등이 주목되었고, 최근에는 주로 '번역'("내 시의 비밀은 내 번역을 보면 안다")이나 '이중 언어' 상황을 중심으로 논의되고 있다.[19] 실제로 김수영은 시와 산문 모두에서 자신의 언어가 직면하고 있는 상황에 대한 자의식을 지나칠 정도로 빈번하게 노출시켰기 때문에 이런 해석은 어느 정도 불가피하다. 그는 자신이 "해방 후 20년 만에 비로소 번역의 수고를 던 문장을 쓸 수 있었다"라는 사실을 주저없이 고백한다. 또한 그는 "한국말이 서투른 탓도 있고 신경질이 심해서 원고 한 장을 쓰려면 한글 사전을 최소한 두서너 번은 들추어 보는데, 그동안에 생각을 가다듬는 이득도 있지만 생각이 새어 나가는 손실도 많다. 그러나 시인은 이득보다도 손실을 사랑한다. 이것은 역설이 아니

18 '언어'를 중심으로 김수영의 문학을 분석한 최근의 연구는 김용희, 「김수영 시의 혼성성과 다중언어의 자의식」, 『현대문학의연구』 24집, 한국문학연구학회, 2004; 임세화, 「김수영의 시와 시론에 나타난 시어로서의 '국어'와 '번역'의 의미」, 『인문학논총』 36집, 경성대 인문과학연구소, 2014; 최호영, 「김수영의 '언어' 인식에 관한 존재론적 고찰」, 『어문학』 141집, 한국어문학회, 2018; 전은진, 「김수영과 신동문 시의 계량언어학적 분석」, 『한국언어문화』 62집, 한국언어문화학회, 2017; 김혜진, 「김수영 문학의 '불온'과 언어적 형식」, 『한국시학연구』 55집, 한국시학회, 2018; 조연정, 「'번역체험'이 김수영 시론에 미친 영향」, 『한국학연구』 38집, 고려대 한국학연구소, 2011 등이 있다.

19 홍성희, 「김수영의 이중 언어 상황과 과오・자유・침묵으로서의 언어 수행」, 연세대 석사논문, 2015; 강계숙, 「김수영 문학에서 '이중언어'의 문제와 '자코메티적 발견'의 중요성」, 『한국근대문학연구』 27집, 한국근대문학회, 2013 등이 대표적인 연구이다.

라 발악이다"[20]라고 '사전'에 의지하여 시를 쓴다는 사실도 숨기지 않았다. 시에서는 "일본말보다도 빨리 영어를 읽을 수 있게 된, / 몇 차례의 언어의 이민을 한 내가 / 우리말을 너무 잘해서 곤란하게 된 내가"(「거짓말의 여운 속에서」)라고 너스레를 떨기도 하고, "담배를 피워 물지 않으면 아니 된다고 하였지만 / 나는 사실 담배를 피울 겨를이 없다 / 여기까지 내리썼고 / 일기의 원문은 일본어로 씌어져 있다"(「중용에 대하여」)라고 의도적으로 자신의 글쓰기에 대해 메타적인 진술을 시도하기도 했다. 한국어보다 일본어가 익숙한, 그래서 시작 노트나 일기는 한국어와 일본어를 함께 사용하고, 시는 사전을 찾아가며 서투른 한국어로 써야 했던, 또한 생계를 위해 '번역' 작업을 멈출 수 없었던, 그렇지만 번역과 창작 사이에 존재하는 '비밀'이 스타일이나 내용을 차용하는 수준은 아니었던 김수영의 복잡한 언어 상황은 "언어의 이민자"[21]라는 평가로 집약할 수 있다. 이러한 언어 상황이 김수영으로 하여금 '언어'에 예민하게 반응하도록 만든 것은 사실일 것이다. 그러나 김수영의 시와 산문에는 '번역'이나 '이중 언어'와 다른 층위에서 '언어'에 대해 진술하는 장면들이 훨씬 더 많이 등장한다.

김수영은 자신의 시(詩)에 대해 설명하면서 "시의 어머니는 어디까지나 언어. 따라서 나는 시의 내용에 대해서 고심해 본 일이 없고, 나

---

20 김수영, 「시작 노트 4」, 『전집』 2, 542면.

21 배개화, 「김수영 시에 나타난 '탈식민적 언어'의 양가성」, 『국어교육』 121집, 한국어교육학회, 2006, 443면.

의 가슴은 언제나 무(無)"[22]라고 쓰고 있다. 여기에서 '내용'이란 '종교'와 '사상'을 가리킨다. 그렇다면 '형식'에 관심을 둔 것일까? 그는 또 다른 곳에서 "나는 시의 형식 문제에 대해서 지극히 등한하다. 나의 경험으로 비춰볼 때 형식은 '투신'만 하면 간단히 해결될 수 있는 것이기 때문이다"라고 밝히고 있다. 그러면서도 정작 자신의 시어(詩語)는 "지극히 평범한 일상어뿐"이고, 그것은 "어머니한테서 배운 말과 신문에서 배운 시사어의 범위 안에 제한"되어 있다고 설명한다. 대부분의 시인들이 그렇듯이 김수영 역시 '언어' 문제에 깊은 관심을 갖고 있었다. 하지만 이때의 '언어'는 "모양"을 낸다는 의미가 아니고, 임화처럼 조선어 또는 민족어에 대한 문제의식도 아니었으며, '국어'처럼 표준화·규범화된 언어를 가리키지도 않는다. 그는 "민족주의는 문화에는 적용되어서는 아니 된다"라고 언어에 대한 민족주의적 시각을 경계했다. 그는 "시인은 2개 국어로 시를 쓰지 말아야 한다"라는 T.S. 엘리엇의 주장을 인용하지만 "내가 불만스럽게 생각하는 것은 이상(李箱)이 일본적 서정을 일본어로 쓰고 조선적 서정을 조선어로 썼다는 것이다. 그는 그 반대로 해야 했을 것이다"처럼 이(異)언어적 글쓰기를 긍정한다. 이러한 주장을 담은 '시작 노트' 자체를 일문(日文)으로 썼다는 것은 무척 흥미로운 대목이다. 임화에게 있어서 문학의 언어는 가장 편안한 조선어, 그것도 만인이 현재 사용하고 있는 민중 언어

22 김수영, 「시작 노트 2」, 『전집』 2, 530면.

이면 '충분'했으나, "Tension의 시론"을 고수한 김수영에게 문학은 낯선 언어, 그래서 '우리말'이 아니라 '번역 냄새'라는 비난과 '국어사전'에 의지해야 하는 수고를 고스란히 떠안아야 하는 힘겨운 작업이었다. 식민지 상황에서 임화에게 조선어로 쓴 문학은 안정감과 소통가능성을 확인시켜주는 장치였고, '언어'는 "자기가 생각한 것을 표현하고 전달"하는 작가적 '직능'의 문제로 이해되었지만, 낯설고 서투른 한국어로 시를 써야 했던 김수영에게 문학과 언어의 관계는 그런 것이 아니었다. 이는 임화에게 문학은 '교육'과 '계몽'의 문제였지만, 김수영에게 문학은 타인을 향한 것이기 이전에 자유, 즉 자신을 향한 것이었기에 생기는 차이이다. 이러한 사정은 일문으로 쓴 것을 잡지사측에서 번역해서 발표한 「시작 노트 6」의 한 대목에서 분명히 감지된다.

> 여기 게재한 3편 중에서 「눈」이 그것이라고 생각된다. 이 시는 '폐허에 눈이 내린다'의 여덟 글자로 충분하다. 그것이, 쓰고 있는 중에 자코메티적 변모를 이루어 6행으로 되었다. 만세! 만세! 나는 언어에 밀착했다. 언어와 나 사이에는 한 치의 틈서리도 없다. '폐허에 폐허에 눈이 내릴까'로 충분히 '폐허에 눈이 내린다'의 숙망(宿望)을 달(達)했다. 낡은 형(型)의 시다. 그러나 낡은 것이라도 좋다.[23]

23 김수영, 「시작 노트 6」, 『전집』 2, 554면.

"독창적이 되려는 버릇"을 시인들과 달리 김수영은 "언어에 밀착"하는 것, '언어'와 자신 사이에 한 치의 틈도 없는 완전한 밀착 상태를 지향하는 것에 관심을 집중했다. 이 '밀착'이 무엇인지, 그 과정에 등장하는 '자코메티적 변모'의 의미는 일단 제쳐두자.[24] 분명한 것은 "폐허에 눈이 내린다"라는 산문적 진술이 "폐허에 폐허에 눈이 내릴까"라는 진술로 바뀜으로써 시적 긴장이 발생하고, 그것은 '독창적'이어야 한다는 시류적인 요청보다 한층 중요한 것으로 인식된다는 사실이다. 이처럼 김수영에게 있어서 '언어'는 한국어, 일본어, 영어, 민족어, 표준어, 방언, 번역어 등의 층위와는 본질적으로 구분되는 어떤 것으로 이해된다. 그리고 이 '언어'의 문제를 통과하지 않은 진술을 그는 '시'라고 생각하지 않았다. "계급문학이니 앵그리문학이니 개똥문학이니 하기 전에 우선 작품이 되어야 한다고 나는 천만 번이라도 역설하고 싶다",[25] 그리고 박희진의 「즉흥적 각서초」를 가리켜 "이것은 결코 시가 아니다. 새로운 언어의 작용을 통해서 자유를 행사한 흔적이 없다"[26]라고 평가하는 장면에서 확인되듯이, 그에게 시는 사상이나 신념이 아니라 우선적으로 '언어'의 문제였다. 이런 그가 문학의 전제 조건을 언론의 완전한 '자유'에서 찾고, 나아가 그 '자유'를 위해

24 이에 대해서는 강계숙, 「김수영 문학에서 '이중언어'의 문제와 '자코메티적 발견'의 중요성」, 『한국근대문학연구』 27집, 한국근대문학회, 2013; 조강석, 「김수영의 시의식 변모 과정 연구—'시적 연극성'과 '자코메티적 전환'을 중심으로」, 『한국시학연구』 28집, 한국시학회, 2010 참고.

25 김수영, 「시의 뉴 프런티어」, 『전집』 2, 318~319면.

26 김수영, 「생활 현실과 시」, 『전집』 2, 356면.

싸운 것은 당연한 일이었다.

①

시를 쓰는 사람, 문학을 하는 사람의 처지로서는 '이만하면'이란 말은 있을 수 없다. 적어도 언론자유에 있어서는 '이만하면'이란 중간사는 도저히 있을 수 없다. 그들에게는 언론자유가 있느냐 없느냐의 둘 중의 하나가 있을 뿐 '이만하면 언론자유가 있다고' 본다는 것은, 쉽게 말하면 그 자신이 시인도 문학자도 아니라는 말밖에는 아니 된다.[27]

②

오늘날의 시가 가장 골몰해야 할 가장 큰 문제는 인간의 회복이다. 오늘날 우리들은 인간의 상실이라는 가장 큰 비극으로 통일되어 있고, 이 비참의 통일을 영광의 통일로 이끌고 나가야 하는 것이 시인의 임무다. 그는 언어를 통해서 자유를 읊고, 또 자유를 산다. 여기에 시의 새로움이 있고, 또 그 새로움이 문제되어야 한다. 시의 언어서술이나 시의 언어의 작용은 이 새로움이라는 면에서 같은 감동의 차원을 차지하게 된다. 따라서 우리의 생활현실이 담겨 있느냐 아니냐의 기준도, 진정한 난해시냐 가짜 난해시냐의 기준도 이 새로움이 있느냐 없느냐에서 결정되는 것이다. 새로움은 자유다, 자유는 새로움이다.[28]

---

27 김수영, 「창작자유의 조건」, 『전집』 2.

28 김수영, 「생활 현실과 시」, 『전집』 2, 355면.

김수영 문학의 핵심은 '자유'와 '사랑'이다. 전후 한국사회의 반공 이데올로기와 검열, 언론의 자유가 존재하지 않는 정치적 현실 하에서 시를 쓴 그에게 '자유'는 문학의 출발점이자 종착지로 간주되었다. 「모리배」라는 시에서, 또는 「시작에 있어서의 한자 문제」라는 산문에서 밝혔듯이, 김수영은 자신의 삶이 '하이데거'로 상징되는 '시-언어'와 자신의 팔-밥-다리를 지배하고 있는 '모리배'의 언어, 즉 '도구적 언어'로 분열되어 있다는 사실 때문에 고통스러워했다.[29] 그가 "생활과 언어가 이렇게까지 나에게 / 밀접해진 일은 없다"(「모리배」)라고 말할 때, 그것은 결코 긍정적인 의미가 아니었다. 이런 순간마다 그는 자신의 행위를 '매문'이라고 표현했다. "나는 지금 매문을 하고 있다. 매문은 속물이 하는 짓이다. 속물 중에도 고급 속물이 하는 짓이다."[30] 그는 자신을 겨냥해 '매문'과 '속물'이라는 비난을 서슴지 않았다. 그러나 '모리배'에 종속된 매문의 언어보다 그를 고통스럽게, 아니 절망스럽게 만든 것이 있었다. '시=언어'에 가해진 제한/검열이 그것이었다. 「거짓말의 여운 속에서」의 화자를 괴롭히는 것은 "언어의 이민"이 아니다. 그는 자신이 여러 나라의 언어를 구사하고 "우리말을 너무 잘해서 곤란"할 정도의 능력을 지녔음에도 불구하고 "정치

29 김수영의 '언어'에 대한 사유와 하이데거의 존재론 철학의 연관성에 대해서는 김유중, 「김수영 시의 모더니티(4) –'언어'에 대한 존재론적인 이해」, 『어문학』 82집, 한국어문학회, 2003; 김유중, 「하이데거 시 이해의 관점에서 본 김수영 문학의 근본 목표」, 『현대유럽철학연구』 19집, 한국하이데거학회, 2009 참고.

30 김수영, 「이 거룩한 속물들」, 『전집』 2, 188면.

의견"이라는 불어 단어에 해당하는 우리말이 생각나지 않는다고 토로한다. 그리고 그 진술에 "거짓말 거짓말"이라는 문장을 덧붙인다. 그러니까 "생각이 안 난다"라는 말은 거짓이고, '정치의견'이라는 단어를 발언하면 안 된다는 억압 때문에 생각나지 않는다고 쓴다는 것이다.

'언어'에 대한 금기/억압은 "이기붕이까지는 욕을 해도 좋지만 이승만이는 욕을 해서는 안 된다는 내규"[31] 때문에 작품 발표 자체를 발표할 수 없거나, "아주 발표하지 못하는 경우보다도 더 기분 나쁜 경우가 있다. 그것은 수정을 해서 내놓는 경우다. 죽는 것보다도 못한 것이 병신이 되는 것이다"[32]처럼 타협과 수정의 방식 등으로 다양하게 행해진다. 김수영은 1960년 10월 6일과 18일 일기에 "언론 자유에 대한 고발장"으로 「잠꼬대」라는 시를 썼고, 그 최초의 제목은 「김일성만세」였다고 기록하고 있다. 또한 그것을 시집 제목으로 하고 싶다는 개인적인 희망과 "미(美)는 선(善)보다 강하다"라는 경구도 적어두었다. 그해 12월 25일 일기에는 「나카다 겐지로」를 ××신문에서 퇴짜 맞았다는 기록도 등장한다. 사정이 이러했기에 ""김일성 만세" / 한국의 언론 자유의 출발은 이것만 / 인정하는 데 있는데 // 이것만 인정하면 되는데"(「김일성만세」)처럼 그에게 '김일성 만세'가 허락되는 것은 곧 '언론'의 자유를 의미하는 것이었다. 「시작 노트 4」에 등장하

31 김수영, 「치유될 기세도 없이」, 『전집』 2, 95면.
32 김수영, 「반시론」, 『전집』 2, 505면.

는 꿈 이야기, 즉 꿈에서 세계 여행을 했는데, "꿈속에서도 동구라파와 러시아와 중공은 보지 못하게 되어 있었기 때문에 착륙하지 못했다"[33]라는 진술은 그가 얼마나 '자유'와 '억압'에 예민했는가를 말해준다. 이어령은 이것을 이해하지 못했다. 김수영은 이어령을 비판하는 지면에 "문화의 본질이 꿈을 추구하는 것이고 불가능을 추구하는 것"이라고 전제하고, "나의 자유의 고발의 한계는, 이런 불온하지도 않은 작품을 불온하다고 오해를 받을까 보아 무서워서 발표를 하지 못하게 하는 것이 과연 무엇이냐 하는 것이다. 이것을 따져보자는 것이다."[34] 그에게 있어서 '자유'는 정도의 문제, 즉 양적인 문제가 아니라 유무의 문제였다. 시인에게는 '이만하면'이라는 중간사가 없다는 것이다. '난해시'나 '불온시' 논쟁에서도 이러한 태도는 그대로 견지된다. 그에게 시인은 "언어를 통해서 자유를 읊고, 또 자유"를 사는 존재이다. 그는 언어에 대한 금기/억압이 존재하는 곳에는 새로움이라는 것이 존재할 수 없다고 보았고, 따라서 어떤 시인의 작품이 새롭냐 아니냐는 것은 '언어'를 통해 가늠될 수 있다고 생각했다. "언어의 문화를 주관하는 것이 작가의 임무이며, 그 밖의 문화는 언어의 문화에 따르는 종속적인 것이며, 우리들의 언어가 인간의 정당한 목적을 향해서 전진하는 것을 중단했을 때 우리들에게 경고를 하는 것이 작가의 임무"[35]라

33 김수영, 「시작 노트 4」, 『전집』 2, 540면.
34 김수영, 「'불온성'에 대한 비과학적인 억측」, 『전집』 2, 309면.
35 김수영, 「히프레스 문학론」, 『전집』 2, 377면.

는 주장에는 시(인)에 대한 김수영의 모든 것이 담겨 있다.

> 언어에 있어서 더 큰 주는 시다. 언어는 원래가 최고의 상상력이지만 언어가 이 주권을 잃을 때는 시가 나서서 그 시대의 언어의 주권을 회수해주어야 한다. 그런 의미에서 모든 시간의 언어는 언어가 아니다. 그것은 잠정적인 과오다. 수정된 과오. 이 수정의 작업을 시인이 해야 하는 것이다. 그래서 최고의 상상인 언어가 일시적인 언어가 되어서 만족할 수 있게 해야 한다. 아름다운 낱말들, 오오 침묵이여, 침묵이여[36]

그는 시의 '내용'에 관심을 두지 않았지만 "내용을 인정하지 않는 사회에서는 형식도 인정하지 않"으므로 '내용'에의 자유가 무가치하다고 생각하지 않았다. 또한 그는 '참여시'라는 경향을 그다지 높이 평가하지 않으면서도 "참여시의 효용성"을 신용했다. 하지만 "요 시인 / 이제 저항시는 / 방해로소이다 / 이제 영원히 / 저항시는 / 방해로소이다"(「눈」)라는 구절처럼 내용의 층위에서만 '저항'을 사유하는 저항시는 오히려 저항에 방해가 된다고 생각했다. 마찬가지 이유에서 그는 "정치적 금기만 다치지 않는 한 얼마든지 '새로운' 문학을 할 수 있다"라는 말에도 동의하지 않는다. 위의 인용처럼 그에게 '언어'는 최고의 상상력, 또한 그것의 정점은 시이다. 여기서의 '언어'는 특

36 김수영, 「가장 아름다운 우리말 열 개」, 『전집』 2, 472면.

정한 맥락에 한정된 언어가 아니라 "앞으로의 언어"에 개방된 잠재적인 언어이다. '언어'에 내속하는 이 잠재성을 김수영은 "모든 언어는 과오다"라고 요약했다. 김수영은 문화의 핵심은 '언어'에 있고, 언어의 핵심은 '시'에 있다고 보았다. 그리고 어떤 이유에서 이 언어가 주권을 상실할 때, 그것을 회복시키는 역할이 '시(인)'에게 있다. 김수영에게 시인은 문화와 언어를 지키는 수호자이다. 다만 그 수호의 방식이 시간의 흐름을 부정하는 방식, 즉 회고주의적 방식이 아니라 "앞으로"라는 미래를 향해 열려 있음을 인정한다. 이것이 "시간의 언어는 언어가 아니다"라는 말의 의미이다. 오래된 것들을 유지・보존하려는 전통주의에 반하여 김수영은 "'아름다운 것'의 정의"는 바뀌며, 따라서 "진정한 아름다운 우리말의 낱말"은 회고주의자들이 선호하는 향수어린 옛 말들이 "진정한 시의 테두리 속에서 살아있는 낱말들"임을 강조한다. 「새로운 포멀리스트들」(시월평)에서 김수영은 동시대의 '포멀리스트들'에게 "현대시에 있어서의 언어의 순수성이 현대사회에 있어서의 시인의 순수고독과 동의어의 관계에 있다는 것은 (이것은 金의 「부호(符號)」나 「시(詩)」 같은 작품을 읽어보면 알 수 있을 것이다) 두말할 것도 없이 현대적인 시인이 이행하고 있는 언어의 순수성이 사회적 윤리와 인간적 윤리를 포함할 수 있을 만한 (혹은 배제할 수 있을 만한) 적극적인 것이어야 한다는 말이 된다"라는 의견을 제시한다. 한국의 포멀리스트들이 오해는 바와 달리 '언어의 순수성'은 소극적으로 방어해야 할 것이 아니라 "사회적 윤리와 인간적 윤리를 포함"할 수 있도록 적극적으로 주장되어야 한다는 것, 따라서 그것은 '언론의 자유'가 전제되지 않으면 불가능하다는 주장이다. '언어'에 대한 김수영의 사유에서 '순수'는 '정치'와 결코 분리되지 않는다. 그리고 시인은 그 '정치'적 투쟁을 '언어'를 통해 수행하는 문화의 파수꾼이다.

4. 나오며

이 글은 임화와 김수영이 문학에서의 '언어'를 어떻게 다르게 인식했는가를 밝힘으로써 문학에서 언어 문제가 우리의 상식적인 이해보다 한층 다양하게 전유될 수 있음을 드러내려는 문제의식에서 출발했다. 흔히 김수영의 '언어'에 대한 사유는 동시대의 시인인 김춘수의 그것과 자주 비교되고, 임화 또한 이상이나 박태원 등 동시대 모더니스트들의 '언어'에 대한 인식과 자주 비교 연구된 것이 사실이다. 이러한 연구경향에 비추어 볼 때 임화와 김수영의 문학을 '언어'를 중심으로 비교하는 작업에 내적 필연성이 부족하다는 지적이 제기될 수도 있을 것이다. 하지만 문학에서 '언어'가 중요하다는 점을 동일하게 강조하면서도 정작 '언어'에 대해서는 전혀 다른 맥락과 관점에서 접근하고 있는 두 시인 간의 차이는 '문학'의 차이가 문학론이나 이데올로기만이 아니라'언어'의 차이를 통해서도 규명될 수 있다는 지점을 보여주는 좋은 사례일 수도 있다. 김수영의 경우는 선행연구가 많기 때문에 '언어'에 초점을 맞춘 연구들이 많은 편이지만, 상대적으로 임화의 문학에서 '언어'의 위상에 관심이 집중한 연구는 드물다. 이는 시 연구의 대부분이 주제론 또는 시인론에 집중되어 있는 현실이 분명하게 보여주고 있다. 시의 진술적 층위에 주목함으로써 시적 진술을 시인의 삶이나 현실과 연결시켜 이해하는 것, 또는 특정한 이미지의 반복된 사용이나 일정한 주제에 대한 시인의 관심의 변화를 추적하는 작업이 현대시의 유력한 연구방법으로 통용됨으로써 '언어' 자체에 대한 이해나 논점은 상대적으로 주목받지 못한 것이다. 이는 상징주의 이후 유럽의 현대시에서 '언어'가 특별한 관심사가 된 것과는 사뭇 대조적인 것이라고 말할 수 있다.

앞에서 살폈듯이 임화는 문학이 '언어예술'임을 강조하고 문학 활동을 시작했지만 식민지 후반으로 갈수록 '언어'에 대한 관심보다는 소재와 주제, 계몽과 교육 등의 기능적 효과에 관심을 집중함으로써 결과적으로 '언어'의 중요성에 대한 사유를 펼치지 못했다. 최근 임화가 1930년대에 발표한 몇몇 평문을 대상으로 하여 '언어'에 대한 그의 관심과 인식을 해명하는 연구가 다수 등장했지만, 그때의 '언어'는 일본어와 조선어 가운데 어떤 언어를 선택해야 하느냐는 차원에서의 관심에 국한될 뿐 시의 '언어'가 어떤 기능과 특징을 갖는가에 대한 고민은 아니었다. 오히려 그는 '언어'를 강조하는 시적 경향을 기교주의라고 비판함으로써 점차 '언어'에 대한 관심에서 멀어졌고, 그 결과 초기와 달리 '언어'는 표현의 수단일 뿐 문학의 중심이 아니라는 인식에 도달했다. 한편 시인을 '언어'의 수호자로 규정한 김수영은 '언어'에 대한 무한한 자유가 시의 필요충분조건이며, 따라서 당대적 맥락에서 시인의 사명은 '언어'의 자유를 위해 싸우는 것이라고 주장했다. 이때 김수영에게 '언어'는 한편으로는 습관적으로 반복되어 사용되는 낡은 표현방식을 쇄신하는 '미학'의 문제였고, 다른 한편으로는 정치권력이 금지한 언어, 예컨대 '김일성 만세' 등을 사용함으로써 금기를 위반하는 '혁명'의 문제였다. 시인은 이런 모든 금지에 저항해야 하며, 저항과 자유에의 지향이 없는 시, 즉 언어는 시적인 가치가 없다는 것이 김수영의 생각이었다. 각각 사실주의와 모더니즘을, 해방 이전과 해방 이후를 대표하는 두 시인의 '언어'에 대한 인식의 차이는 궁극적으로 문학적 경향의 차이로 귀결되는 양상을 보인다. 현대시에서 시적 새로움에는 항상 '언어'에 대한 새로운 사유가 동반된다. 이런 점에서 '언어'에 대한 인식이야말로 현대시를 분석하는 중요한 범주의 하나일 수밖에 없다.

참고문헌

1. 1차 자료

김수영, 「'불온성'에 대한 비과학적인 억측」, 『김수영 전집』 2, 민음사, 2018.

______, 「가장 아름다운 우리말 열 개」, 『김수영 전집』 2, 민음사, 2018.

______, 「반시론」, 『김수영 전집』 2, 민음사, 2018.

______, 「생활 현실과 시」, 『김수영 전집』 2, 민음사, 2018.

______, 「시의 뉴 프런티어」, 『김수영 전집』 2, 민음사, 2018.

______, 「시작 노트 2」, 『김수영 전집』 2, 민음사, 2018.

______, 「시작 노트 4」, 『김수영 전집』 2, 민음사, 2018.

______, 「시작 노트 6」, 『김수영 전집』 2, 민음사, 2018.

______, 「이 거룩한 속물들」, 『김수영 전집』 2, 민음사, 2018.

______, 「창작자유의 조건」, 『김수영 전집』 2, 민음사, 2018.

______, 「치유될 기세도 없이」, 『김수영 전집』 2, 민음사, 2018.

______, 「히프레스 문학론」, 『김수영 전집』 2, 민음사, 2018.

임화, 「낭만적 정신의 현실적 구조」, 임화문학예술전집 편찬위원회 편, 『임화문학예술전집』 3, 소명출판, 2009.

____, 「담천하의 시단 1년」, 임화문학예술전집 편찬위원회 편, 『임화문학예술전집』 3, 소명출판, 2009.

____, 「언어의 마술성」, 임화문학예술전집 편찬위원회 편, 『임화문학예술전집』 3, 소명출판, 2009.

____, 「언어의 현실성」, 임화문학예술전집 편찬위원회 편, 『임화문학예술전집』 3, 소명출판, 2009.

____, 「예술적 인식 표현의 수단으로서의 언어」, 임화문학예술전집 편찬위원회 편, 『임화문학예술전집』 3, 소명출판, 2009.

____, 「조선어와 위기하의 조선문학」, 임화문학예술전집 편찬위원회 편, 『임화문학예술전집』 4, 소명출판, 2009.

2. 논문 및 단행본

강계숙, 「김수영 문학에서 '이중언어'의 문제와 '자코메티적 발견'의 중요성」, 『한국 근대문학연구』 27집, 한국근대문학회, 2013.

김명인, 『김수영, 근대를 향한 모험』, 소명출판, 2002.

김영범, 「1930년대 중후반 임화 비평의 언어적 모색과 좌절」, 『어문론집』 79집, 민족어문학회, 2017.

김예림, 「초월과 중력, 한 근대주의자의 초상－일제말기 임화의 인식과 언어론」, 『한국근대문학연구』 5권 1호, 한국근대문학회, 2004.

김용희, 「김수영 시의 혼성성과 다중언어의 자의식」, 『현대문학의 연구』 24집, 한국문학연구학회, 2004.

김유중, 「김수영 시의 모더니티(4)－'언어'에 대한 존재론적인 이해」, 『어문학』 82집, 한국어문학회, 2003.

______, 「하이데거 시 이해의 관점에서 본 김수영 문학의 근본 목표」, 『현대유럽철학연구』 19집, 한국하이데거학회, 2009.

김혜진, 「김수영 문학의 '불온'과 언어적 형식」, 『한국시학연구』 55집, 한국시학회, 2018.

나카바야시 히로카즈, 「조선총독부의 교육정책과 동화주의의 변천」, 연세대 박사논문, 2014.

박수연, 「1930년대 개정조선교육령과 조선문학의 전환」, 공주대 박사논문, 2015.

배개화, 「김수영 시에 나타난 '탈식민적 언어'의 양가성」, 『국어교육』 121집, 한국어교육학회, 2006.

백지은, 「역설의 일관성－임화의 언어론 연구」, 『동양학』 46집, 단국대 동양학연구원, 2009.

오문석, 『시는 혁명이다』, 깊은샘, 2005.

와타나베 나오키, 「'조선문학'이란 무엇인가－1930년대 중・후반의 임화의 견해를 중심으로」, 『한중인문학연구』 9호, 한중인문과학연구회, 2002.

____________, 「임화의 언어론－1930년대 중・후반의 견해를 중심으로」, 『국어국문학』 138집, 국어국문학회, 2004.

윤대석, 「1930년대 말 임화의 언어론」, 『우리말글』 45집, 우리말글학회, 2009.

임동현, 「1930년대 중반 임화와 홍기문의 사회주의 민족어 구상」, 『민족문화연구』 77집, 고려대 민족문화연구원, 2017.

임세화, 「김수영의 시와 시론에 나타난 시어로서의 '국어'와 '번역'의 의미」, 『인문학논총』 36집, 경성대 인문과학연구소, 2014.

전은진, 「김수영과 신동문 시의 계량언어학적 분석」, 『한국언어문화』 62집, 한국언어문화학회, 2017.

조강석, 「김수영의 시의식 면모 과정 연구－'시적 연극성'과 '자코메티적 전환'을 중심으로」, 『한국시학연구』 28집, 한국시학회, 2010.

조연정, 「'번역체험'이 김수영 시론에 미친 영향」, 『한국학연구』 38집, 고려대 한국학연구소, 2011.

최호영, 「김수영의 '언어' 인식에 관한 존재론적 고찰」, 『어문학』 141집, 한국어문학회, 2018.

홍성희, 「김수영의 이중 언어 상황과 과오・자유・침묵으로서의 언어 수행」, 연세대 석사논문, 2015.

하정일, 「임화의 민족문학론과 언어론」, 『한국근대문학연구』 23집, 한국근대문학회, 2011.

이식(移植) · 근세조선(近世朝鮮) · 후진성(後進性)

1970년대 근대문학 기점 논의를 위한 예비적 고찰

김동식

1. 1968년의 문학적 풍경 또는 '신문학(新文學) 60년'을 둘러싼 문제들

우리 신문학이 60년이라 하여 작년[1968년 – 인용자]에는 범사회 규모에서 관심을 불러일으켰다. 그 중에서도 문인협회의 이 대표작전집은 신문학 60년과 직접 관련된 출판물 가운데 가장 종합적 기획의 결과라 하겠다. 과연 우리는 이 여섯 권의 책 속에서 소위 신문학활동에 관여했던 유상무상(有象無象)의 수많은 작가들을 시, 소설, 평론, 희곡, 아동문학, 수필 등의 여러 분야에서 만나게 되고 또 이를 통하여 우리 문학이 지난 반세기 동안 걸어온 행상(行狀)의 일단을 구체적으로 보게 된다.[1]

1968년 한국문인협회는 『신문학 60년 대표작 전집』을 발간한다. 동양에서 갑년(甲年)이 가는 의미를 한국의 신문학에 적용하여 신문학 역사와 문학적 성과를 더듬어 보고자 하는 출판 이벤트라고 할 수 있을 것이다. 『신문학 60년 대표작 전집』에서 시의 경우에는 최남선의 「해(海)에게서 소년에게」가 첫 머리를 장식하였고, 소설의 경우에는 이광수의 「할멈」을 위시하여 김동인의 「감자」, 염상섭의 「임종」, 현진건의 「불」, 최서해 「탈출기」 등이 앞부분에 배치되었다. 총 6권으로 발간된 『신문학 60년 대표작 전집』의 체재 구성과 편집위원은 다음과 같다.

시 : 이은상, 모윤숙, 서정주, 신석초, 이동주

소설(2권) : 최정희, 황순원, 안수길, 최인욱, 이범선

평론 · 수필 : 백철, 조연현, 곽종원, 최태호, 조경희

희곡 · 아동문학 : 유치진, 차범석, 윤석중, 이원수, 장수철[2]

신문학 60년의 기원은 1908년 최남선이 주재한 잡지 『소년』의 창간에 두어졌는데, 같은 시기에 『소년』을 통해 많은 글을 발표한 바 있는 이광수의 활동도 함께 염두에 둔 것이었다. 또한 『신문학 60년 대표선집』의 평론 · 수필 분야에는 당대의 문학사가 백철과 조연현이

1 염무웅, 「신문학 60년 대표작 전집」, 『경향신문』, 1969.2.10.

2 「신문학 60년 기념 대표작 전집 발간」, 『경향신문』, 1968.7.24.

참여하고 있음을 눈여겨 볼 필요가 있다. 백철의 『조선신문학사조사』(1948)와 조연현의 『한국현대문학사』(1956)는 신문학의 기원을 최남선의 『소년』 발간과 신체시 발표, 그리고 이광수의 초기 소설에서 찾고 있다는 점에서는 의견의 일치를 보고 있었다. 당대의 가장 영향력 있는 문학사들이 공통적으로 승인하고 있는 신문학의 기원이었던 만큼, 『소년』의 발간을 신문학의 기원으로 삼았던 『신문학 60년 대표작 전집』은 당시의 지배적인 문학사적 통념과 관행을 반영하고 안정화하는 이벤트였던 셈이다.

①

신소설문학의 시기와 근접해서 육당, 춘원을 중심한 제1기의 신문학운동기가 왔다. 제1기 신문학운동의 기원을 융희 2년[1908년 – 인용자] 10월 1일 『소년』지가 육당 최남선 주재로 창간된 것을 잡으면 조선의 신문학운동은 신소설문학기와 병행해서 시작되었던 것이다.[3]

②

최남선의 「해에게서 소년에게」라는 신체시가 한국근대시의 효시였다면 그러한 의미에 있어서의 한국근대소설의 효시는 이광수의 「원한

3 백철, 『조선신문학사조사』, 수선사, 1948, 74면. 한글 표기로 전환하고 필요한 경우에는 괄호 속에 한자를 병기함. 또한 한자로 표기된 숫자는 아라비아 숫자로 전환하여 인용함. 이하 동일한 방식으로 인용함.

(怨恨)」이라는 단편이 된다. (…중략…) 이광수의 「나의 문단생활 30년」을 보며는[sic] 「소년의 비애」보다 9년이나 앞선 『소년』지 창간의 해인 4241년[서기 1908년 ― 인용자]에 이미 「원한」이라는 작품을 발표했던 사실을 알 수 있다.[4]

한국문인협회는 『신문학 60년 대표작 전집』을 편집・출판하는 데 그치지 않고 같은 해인 1968년 11월에 신문학 60년과 관련된 또 다른 기획을 내보이게 된다. 한국문인협회의 기관지 격인 『월간 문학』을 창간하고 2개의 특집을 의욕적으로 제시하는데, 첫 번째 특집의 주제는 '신문학 60년'이고 두 번째 특집은 '세계문학 60년'에 관한 것이었다.[5] 한국에서 신문학의 기원과 세계문학 수용의 공통적인 기원을 1908년에 마련하고자 하는 기획이었음을 알 수 있다.

한국문인협회가 1968년을 맞아서 주도한 『신문학 60년 대표작 전집』과 『월간 문학』의 '신문학 60년' 및 '세계문학 60년' 특집이 당시에 상당한 사회적 관심을 불러 일으켰던 것은 사실이다. 하지만 1908년을 신문학의 기원으로 설정하는 문제에 대한 이견(異見)들이 없을 수

4 조연현, 『한국현대문학사』, 현대문학사, 1956, 179면.

5 『월간 문학』 창간호(1968.11) 특집에 수록된 글들은 다음과 같다. '특집 I 신문학 60년' : 백철, 「신문학 육십년의 발자취」; 곽종원, 「한국소설의 특질」; 고(故) 조지훈, 「현대시의 계보」; 이형기, 「신시 육십년의 부감(俯瞰)」; 정창범, 「착각과 게으름의 역정(逆情)」; 차범석, 「희곡문학 60년」; 이철범, 「비평문학의 명맥」; 이원수, 「아동문학의 결산」. '특집 II 세계문학 60년' : 이가형, 「20세기의 소설」; 김종길, 「20세기 시의 특질」; 이어령, 「현대의 문학이론」.

없다. 염무웅은 "전집의 표제로 내걸어진 「신문학 60년」이 정말 무엇인지 검토해 볼 필요가 있다"면서 신문학의 성격 자체에 관한 문제를 제기한다. 그에 의하면 소위 60년을 맞은 신문학의 성격이란 식민지의 현실을 넘어서지 못하고 중도적 문화주의나 교양주의를 거쳐 친일적인 성격으로 귀결된 것에 지나지 않는다. 민족문학의 건설이라는 대(大)명제에 근거할 때 신문학은 민족적 현실의 형상화와 식민지 현실의 극복에 실패한 문학에 불과하다는 것이다.

> 소위 '신문학'은 민족의 예술적 감동을 문학으로 형상화하는 커다란 바탕에서 볼 때 하나의 표면, 하나의 피상적 흐름을 대변할 뿐이라고 생각하지 않을 수 없다. 이렇게 본다면 이른바 '60년'을 산정하는 기점으로서의 최남선의 출발이 얼마나 어설픈 것이요, 대체 '60년'이란 말이 **진정한 문학적 안목에서** 얼마나 허황한 것인지 깨달을 수 있다. 여기에는 우리의 과거가 이룩한 위대한 유산을 망각하고 우리의 현재가 밑바닥에 가진 근본적 고민을 외면했던 사실과 관련되어 있다. 다시 말하면 전통과 현실을 유기적 통일성으로써 투시하는 데 실패한 것이 우리의 신문학이었던 것이다.[6]

염무웅은 신문학 바깥에 놓여 있는 또는 신문학의 범위에서 배제

6 염무웅, 앞의 글. 이하 인용문에서 굵게 표시된 부분은 모두 인용자의 것임.

되어 있는 민족문학의 가능성들을 지속적으로 환기시키고자 한다. 또한 "소위 '신문학'"이라는 표현에서 알 수 있듯이 신문학이라는 용어 그 자체, 최남선의 『소년』을 신문학의 기원으로 삼는 문학사적 관행 및 통념, 신문학의 기점을 설정하는 문학사의 관점과 기준 등에 대한 문제를 제기함으로써, 신문학 60년 자체를 의심스러운 것으로 재규정하고자 한다.

또 다른 목소리는 『월간 문학』의 특집 '세계문학 60년'에 수록된 시인이자 영문학자인 김종길의 글에서 발견할 수 있다. 그는 「해에게서 소년에게」가 발표된 1908년의 문학사적 의미와 위상을 세계문학과의 관련성 속에서 파악하고 있다.

> 우리 신시(新詩)의 최초의 작품이 발표되었다고 하는 1908년은 프랑스의 수도 파리에서 앙리・마띠스가, 피카소와 브라끄가 영도하는 새로운 일군의 화가들을 '큐비즘'이라는 이름으로 조롱삼아 불러주고, 영국의 런던에서는 T. E. 흄이 처음으로 '시구락부(詩俱樂部)'를 조직하여 후일 '이미지즘' 운동의 토대를 마련한 해이다. 그 이듬해인 1909년에는 이태리인 F. T. 마리넷티가 초(草)한 첫 번째의 미래파선언이 파리의 「피가로」지에 발표되었고, 그로부터 2년 뒤인 1911년경에는 독일에서 '표현주의'라는 말이 처음으로 그림에 적용되었으며, 그 가음해인 1912년에는 런던에서 '이미지즘' 운동이 정식으로 발족하였다. 그러므로 우리 시가 '근대'로 접어든 무렵에 서구시(西歐詩)는 본격적인 '현대'로 접어든 셈이다.[7]

당시의 문학사적 통념에 의하면 1908년은 『소년』이 창간되고 최초의 근대시로 평가받는 신체시 「해에게서 소년에게」가 발표된 기념비적인 해이다. 1908년을 기점으로 해서 한국의 시는 근대로 접어들게 되는데, 바로 그때 서구의 시는 모더니즘 운동을 통해 현대로 나아가게 된다. 서구는 현대로 나아가고 있는데 같은 시기의 조선에서는 근대로 접어들기 시작했다는 것이다. 이를 두고 세계문학(=서구문학)사와의 편년체적 불일치라고 할 것인지, 아니면 한국문학의 역사적 후진성이라고 불러야 할 것인지, 오늘날의 관점에서도 명확한 용어를 찾기는 어렵다. 다만 김종길의 짧은 언급 속에는 한국의 신문학에 드리워진 그 어떤 역사적 무의식을 환기하고 있는 것만큼은 분명한 사실이다.

그렇다면 신문학 60년이 논의되었던 1968년의 문학적 풍경에 잠재되어 있는 물음을 구체화할 필요가 있을 것이다. 왜 1968년에 간행된 한국문학 선집과 잡지의 특집에 여전히 신문학이라는 용어가 사용될 수밖에 없었던 것일까. 달리 말하면 왜 근대문학 60년이라고 말할 수 없었던 것일까. 이 문제는 문학적 관행이나 문학사적 통념과 관련된 것일 수도 있다. 하지만 근대문학이 아니라 신문학을 표제로 내세웠던 역사적 감각의 원천을 묻지 않을 수 없으며, 여전히 신문학이라고 명명하는 것이 당연하거나 무난하다고 여겼던 감수성의 구조를 묻

7 김종길, 「20세기 시의 특질」, 『월간 문학』, 1968.11, 253면.

지 않을 수 없다. 더 나아가서는 신문학이라는 용어를 사용함으로써 근대문학이라는 용어를 회피 또는 우회하고자 했던(회피 또는 우회할 수 밖에 없었던) 역사적 무의식이 하나의 문학사적 주제로서 제시된다고 할 것이다. 이를 위해서는 당시의 지배적인 문학사 서술이었던 백철과 조연현의 문학사를 다시 검토할 필요가 있으며, 그 배후에 놓인 임화의 문학사를 넘겨다보지 않을 수 없을 것이라 생각된다. 임화의 「개설 신문학사」, 백철의 『조선신문학사조사』, 조연현의 『한국현대문학사』 사이에 마련된 해석과 재맥락화의 과정을 가시성의 영역으로 불러올리는 일은, 한국 신문학 또는 한국 근대문학의 자기 이미지와 역사적 무의식을 재구성하는 예비적 작업이 될 수 있을 것이라 생각한다.

2. 이식(移植)의 비(非)서구적 일반성과 Literature의 역어(譯語)로서의 신문학 — 임화

단테, 보카치오에서 기산(起算)한다면 7세기 6백 년이요, 17세기 고전주의 시대로부터 기산한다면 3세기 2백여 년, 실로 우리 신문학의 30년에 비한다면 장구하고 거창한 시간이다. 이것을 만일 근대 서구문학의 자연(自然)한 형성이 요(要)한 시일이라 할 것 같으면 그것을 이식(移

植)하고 모방하는 데도 백 년을 불하(不下)하리라는 것은 근대 일본문학사를 보아 명백하다. (…중략…)

다른 곳의 몇 백 년 혹은 근 백 년이 조선에서 약 30년으로 단축되어 창황(愴惶)히 지나간 것이다.[8]

임화의 「개설 신문학사」에 의하면, 서구에서는 르네상스 이후 600년 에 걸쳐 근대문학이 자연한 형성을 이루었고, 일본에서는 메이지 유신 이후 100년 동안 이식과 모방의 과정을 거쳤으며, 조선에서는 30년이라는 짧은 시간 동안 역사적 시간을 단축하며 이식이 이루어졌다. 임화는 서구의 자연한 형성과 일본 및 조선의 이식·모방을 분명하게 구분하여 말하고 있다. 또한 일본의 100년, 조선의 30년과 같이 시간의 단축을 가져온 요인이 이식과 모방의 운동성 달리 말하면 이식문화사의 일반적인 성격에 있음을 밝히고 있다.

임화는 조선의 신문학 30년이 가진 의미를 두 가지로 제시하고 있는데, 하나는 역사적 시간의 단축(압축)이고, 다른 하나는 서구의 근대문화를 이식하면서 동시에 서구의 20세기를 체험하는 이중의 복잡성이다.[9]

---

8 임화, 「개설 신문학사」, 임화문학예술전집 편찬위원회 편, 『임화문학예술전집』 2, 소명출판, 2009, 9~10면. 이 책의 「개설 신문학사」는 「개설 신문학사」(『조선일보』, 1939.9.2~10.31), 「신문학사」(『조선일보』, 1939.12.8~27), 「속 신문학사」(『조선일보』, 1940.2.2~5.10), 「개설 조선신문학사」(『인문평론』, 1940.11~1941.4, 4회 연재) 등을 하나의 글로 묶은 텍스트이다. 첨자로 표기된 한자를 괄호 속의 한자로 바꾸어서 인용한다. 또한 본문에 인용할 경우에는 괄호 속에 면수를 기입하는 방식으로 주석을 대신하였다.

이러한 역사적 시간의 단축은 이식문화사(移植文化史)의 한 특징이거니와 동시에 그 문화 내용의 조잡(粗雜)과 혼란은 필수의 결과로 연구자에게 막대한 곤란을 맛보게 하는 것이다.

더욱이 조선 신문학사의 30년이란 시일은 동양문화권 내의 일(一) 지방이 처음으로 서구문화에 접촉하고 그것을 이식한 기간의 전부요, 또한 그 기간 동안에 서구문화사상(西歐文化史上) 중대한 변화를 초래한 19세기부터 20세기에의 추이(推移)를 아울러 체험하였던 만큼 복잡성은 이중으로 배가(倍加)되어 있다.[10]

역사적 시간의 단축(압축)이 이식문화사의 일반적인 특징이라면, 서구의 근대문화를 이식하면서 동시에 서구의 20세기를 체험하는 이중의 복잡성은 이식문화사의 조선적인 특징이라 할 수 있다. 조선에서는 서구문화에 대한 이식과 모방을 통해 역사적 시간의 단축(압축)이 일어나며 또한 그 과정에서 서구의 14~19세기를 이식 모방하면서 동시에 서구의 20세기를 체험하게 된다는 것. 몇 줄 안 되는 짧은 구절이지만 이 대목은 향후 백철과 조연현의 문학사를 통해서 한국근대문학의 성격을 규정하는 중요한 장면으로 반복해서 재해석되고 있다는 점에서 주목에 값한다. 임화가 이 문제를 이식문화사의 일반성

9 또한 임화는 조선 신문학의 30년에는 조선왕조와 식민통치라는 상이한 정치체제가 겹쳐져 있어서 그 복잡성을 배가하고 있음을 지적하고 있다. 즉 봉건성의 극복이라는 근대지향성의 문제와 제국주의 지배에 의한 식민성의 문제가 겹쳐져 있음을 말하고 있는 것이다.

10 임화, 앞의 글, 10면.

과 관련해서 조선 신문학에 배가된 복잡성의 구조로 접근하고 있다면, 백철과 조연현은 후진성이라는 시간적 선후의 문제틀로 맥락을 바꾸어 해석하고 있다는 점에서 차이를 보인다.

①

이태리(伊太利)문학사의 르네상스(단테, 보카치오) 이후, 영국(英國)문학사의 엘리자베스조(시드니, 스펜서, 셰익스피어) 이후, 불란서(佛蘭西)문학사의 문예부흥기(라블레, 몽테뉴) 이후, 노서아(露西亞)문학사의 국민문학 수립기(푸슈킨, 레르몬도프, 고골리) 이후, 서반아(西班牙)문학사의 세르반테스 이후가 모두 우리 신문학사에 해당한다.[11]

②

시민정신을 내용으로 하고 자유로운 산문을 형식으로 한 문학, 그리고 현재 서구문학에서 보는 바와 같은 유형적으로 분립(分立)된 장르 가운데 정착된 문학만이 근대의 문학이다.[12]

신문학이란 무엇인가. 그리고 신문학과 근대문학의 관련성은 무엇인가. 임화가 참조한 "일반 문학사"(16면)의 예시에 의하면, 신문학의 시기는 서구의 14세기 르네상스부터 19세기 중반에 이르는 시기이

11 위의 글, 16면.
12 위의 글, 18면.

다.[13] 서구의 14~19세기는 중세문학과 구별되는 새로운 문학 즉 신문학이 등장한 시기이다. 신문학의 자연한 형성을 이루어낸 서구에서, 달리 말하면 신문학을 자생적으로 형성한 서구에서, 신문학은 근대문학이다. 서구의 중세문학과 구별되는 새로운 문학은, 근대적 정신과 형식을 갖춘 새로운 문학이었다. 따라서 서구에서 신문학은 근대문학이다. 서구=자연한 형성=신문학=근대문학. 임화의 「개설 신문학사」에서 근대문학은 신문학의 자연한 형성과 분리 불가능한 기호이며, 자생적으로 신문학을 형성한 경우에만 사용될 수 있는 기호이다.

그렇다면 14~19세기에 작성된 조선과 동양의 문학은 근대문학일 수 있을까. 임화의 주장에 의하면 재래의 문학은 어떠한 의미에서도 근대문학이라고 부를 수 없다. 조선과 동양에서 중세문학과 질적으로 구별되는 새로운 문학의 출현은, 서구와 같이 자연하게(자생적으로) 형성된 것이 아니라, 서구의 문학을 이식 모방하는 과정에서 가능했기 때문이다. "근대문학이란 단순히 근대에 쓰인 문학을 가리킴이 아니라 근대적 정신과 근대적 형식을 갖춘 질적으로 새로운 문학"(17면)인데, 조선과 동양에서는 서구문학의 이식과 모방을 통해서야 근대적 정신과 형식을 갖춘 새로운 문학을 출현시킬 수 있었다는 것이 임

13 임화가 거론한 주요한 문학자들의 생몰연대는 다음과 같다. 단테(1265~1321), 라블레(1483~1553), 몽테뉴(1533~1592), 세르반테스(1547~1616), 셰익스피어(1564년~1616), 푸슈킨(1799~1837), 고골리(1809~1852). 단테의 『신곡』(1304~1321)이 쓰인 시기를 고려하여 르네상스를 14세기로부터 잡는다.

화의 판단이다. 서구 신문학=근대문학의 이식과 모방은, 조선과 동양에서 신문학이 가져야 했던 새로움의 원천적 근거이다. 조선과 동양에서 신문학의 새로움은 자연히 형성된 것이 아니라 서구 신문학=근대문학의 이식과 모방을 통해서 형성된 것이다. "서구적인 형태의 문학을 문제 삼지 않고는 조선(일반으로는 동양)의 근대문학사라는 것은 존재하지 않고 성립하지 아니한다는 의미도 된다. 동양의 근대문학사는 사실 서구문학의 수입과 이식의 역사다."(17면) 따라서 조선과 동양에서 신문학은 서구 신문학=근대문학의 이식과 모방을 통해서 서구적인 형태와 내용을 갖추게 된 문학으로 규정된다. 따라서 조선과 동양에서 신문학은 근대문학과 등치될 수 없다. 조선과 동양에서 신문학은 이식과 모방의 흔적이 각인된 기호, 또는 이식과 모방의 근원적인 무의식을 동반하고 있는 기호이다. 놓치지 말아야 할 대목은, 임화가 말하는 이식문화사는 조선의 특수성이 아니라 일본과 중국을 포함한 비(非)서구사회의 일반성(일반적으로 적용되는 규정성)에 해당한다는 점이다. 조선(동양)=이식·모방=신문학≠근대문학. 이식과 모방의 일반적 규정성은, 조선의 신문학을 두고 근대문학이라고 말할 수 없게 하는 그 어떤 무의식으로 작동하고 있다.

㉰ 신문학사는 조선에 있어서의 서구적 문학의 이식으로부터 시작되는 것이다. 이 점이 다른 곳에서는 근대문학 혹은 현대문학으로 불리어지는 것이 조선에서는 통틀어 신문학으로 호칭되는 소이이다. (…중략…)

그러나 거듭 말하거니와 신문학사는 근대 서구적인 의미의 문학의 역사다.[14]

㉣ 이러한 개혁과 자각이 자력으로 수행되지 아니한 곳에서 이식문학을 가지고, 그곳에서 독자적으로 생성해야 했을 근대문학사에 대신하는 것은 당연한 일이다. 그러나 이러한 이식문학으로 자기나라에 독자적인 근대문학에 대신한 동양에서 우리가 특히 신문학이란 용어에 구애됨은 또하나 다른 이유를 들 수도 있다.[15]

서구에서는 근대문학으로 부를 수 있지만, 조선에서는 근대문학이라고 부를 수 없다. 이식과 모방의 과정을 거친 조선에서는 신문학이라는 용어에 구애될 수밖에 없다고, 임화는 표현을 달리하며 반복해서 말하고 있다. 따라서 신문학은 근대문학을 대체 또는 대리(代理)하는 것이다. 신문학은 서구의 근대문학에 대응하는 문학사적 위상을 갖는다. 하지만 신문학이 근대문학과 동일한 것일 수는 없다. 근대문학은 자력으로 개혁과 자각을 이루어낸 곳에서 생성된다. 반면에 독자적으로 근대문학을 생성하지 못한 곳에서는 이식문학으로 근대문학을 대체 또는 대리한다. 동양은 근대문학을 이식문학으로 대체·대리했다는 공통의 역사를 가지고 있다. 근대문학의 대체물로서의 이

14 임화, 앞의 글, 15~16면.
15 위의 글, 18면.

식문학이 조선과 동양의 신문학인 것이다. 이 사실을 몰각한 상태에서 조선과 동양에 근대문학이라는 용어를 사용할 수는 없는 것이다.

> 그러므로 동양 제국(諸國)은 공통으로 서구 근대사회의 촉발(觸發)과 수입과 이식으로 근대화될 운명 아래 놓여 있었다.
>
> 이것은 자주적 근대화의 조건이 결여된 모든 후진 사회의 공통한 운명(남북 아미리가[亞米利加] 대륙, 대양주[大洋州], 그타[他])이거니와 또한 정규의 사회사적 제계단(諸階段)을 통과했음에 불구하고 이른바 아세아(亞細亞)적 정체성 때문에 자주적 근대화의 조건이 미성숙한 동양 제국(諸國)의 필연한 운명이기도 하다.[16]

근대문학이 자생적인 근대와 대응하는 용어라면, 신문학은 수입과 이식을 통한 근대화와 대응하는 용어이다. 임화가 제시하는 세계의 이미지는 ① 근대를 자생적·자력적으로 형성한 서구(봉건사회의 성숙 과정을 거쳐 근대 자본주의의 성립을 자생적으로 이루어낸 서구), ② 자주적 근대화의 조건이 미성숙한 동양 제국(봉건사회에서 근대사회로 이어지는 사회 발전의 일반적인 단계를 거치기는 했지만 아시아적 생산양식 및 정체성의 구조에 의해 자주적 근대화의 역량을 완전하게 갖추지는 못한 동양), ③ 자주적 근대화의 조건이 결여된 후진 사회(사회발전의 일반적 단계에 따라 발전하지 못했고 자

---

16 위의 글, 26면.

주적 근대화의 조건이 원시적인 또는 고대적인 수준에 놓여 있었던 남북 아메리카, 오세아니아, 아프리카) 등으로 성층화되어 있었음을 알 수 있다. 이식문화론은 서구를 제외한 동양, 남미, 북미, 대양주 등 비(非)서구 사회에 일반적으로 그리고 필연적으로 적용되는 규정성(운명)이다. 그렇다면 조선과 동양에서 수입과 이식을 통한 근대화를 강제한 요인은 무엇인가. 임화에 의하면, 아시아적 생산양식과 그로 인한 정체성(停滯性)의 구조이다. "동양사를 장구한 동안 지배해 오던 아세아적 정체성이란 것은 결국 서구의 근대 사회제도를 수입 이식하지 않고는 봉건사회로부터 근대사회제에의 전화, 과도(過渡)를 불가능케 한 조건을 만드는데 결착되는 것이다."[17] 신문학이라는 용어의 저변에는 아시아적 생산양식과 정체성의 구조, 자주적 근대화를 위한 조건의 미성숙, 수입과 이식을 통한 근대화, 비(非)자생적 근대 등에 대한 인식이 가로 놓

17 위의 글, 25면. 임화에 의하면 아시아적 생산양식으로 인한 정체성은 동양 제국(諸國)의 공통한 운명이다. 아시아적 생산양식과 정체성의 구조는 원시사회가 충분히 성숙되지 않은 상태에서 붕괴되는 '원시사회 붕괴의 비(非)전형성'(24면)에서 비롯된다. 원시사회의 유제가 고대사회에 잔존하게 되고, 그 때문에 고대사회 또한 충분한 발전을 하지 못한다. 고대사회가 충분히 성숙하지 못한 상태에서 붕괴되고 봉건사회 또한 비전형적으로 성립하게 된다. 그 결과 동양의 봉건사회는 원시사회와 고대사회의 유제가 중첩적으로 잔존하고 교착된 상태에 놓이게 된다는 것이다. 1930년대 아시아적 생산양식론 및 조선사회성격논쟁에 관한 논의로는 방기중, 『한국근현대사상사연구 — 1930・40년대 백남운의 학문과 정치경제사상』, 역사비평사, 1992; 홍종욱(洪宗郁), 『戦時期朝鮮の転向者たち — 帝国/植民地の統合と亀裂』, 東京 : 有志舎, 2011; 김인수, 「일제하 조선의 농정 입법과 통계에 대한 지식국가론적 해석 — 제국 지식체계의 이식과 변용을 중심으로」, 서울대 박사논문, 2013, 219~294면; 박형진, 「1930년대 아시아적 생산양식 논쟁과 이청원의 과학적 조선학 연구」, 『역사문제연구』 38, 역사문제연구소, 2017, 239~273면 참조. 임화의 정체성론과 식민지사관의 정체성론 사이의 거리를 측정하는 일은 중요한 과제이다. 글을 달리하여 고찰하고자 한다.

여 있다. 신문학이 근대문학일 수 없는 이유이고, 조선과 동양에서는 근대문학이라는 용어를 회피 또는 우회하여 신문학이라는 용어가 사용될 수밖에 없는 이유이기도 하다.

[광무(光武) 3년 10월 30일 자 『황성신문』의 논설에서는-인용자] 즉 학문 일반의 의미로 문학이란 말이 사용되었다. 그러므로 신문학이라는 말은 곧 신학문의 별칭(別稱)이라 할 수 있다.

문학이란 말을 Literature의 역어(譯語)로 생각지 않고 자의(字義)대로 해석하여 사용한 당시에 있어 이 현상은 극히 자연스러운 일이라 아니할 수 없다. 이 '문학' 가운덴 시 소설 희곡 비평을 의미하는 문학, 즉 예술문학까지가 포함되어 있는 것은 물론이다.[18]

신문학=이식문학의 구체적인 면모는 무엇인가. 임화는 광무 3년 10월 30일 『황성신문』의 기사를 인용하면서 20세기 초반까지도 문학이라는 말이 학문 일반의 의미로 사용되었음을 지적하고 있다. 경서(經書)를 대종으로 하는 구문학(한문학)의 전통이 이어져 문학을 학문 일반의 의미로 이해하고 그 바탕에서 신문학을 신학문이라는 뜻으로 사용했다는 것이다. 그렇다면 서구문화에서 무엇이 이식되어서 조선의 신문학을 형성한 것일까. 경서 중심의 구문학(한문학)과 대립되는

18 임화, 앞의 글, 13면.

신문학의 새로움은 다른 곳에 있지 않다. 임화에 의하면, 신문학이란 Literature의 역어로서의 문학이다. Literature의 역어(譯語)로서 문학을 사용함으로써 문학에 대한 관념을 번역－이식하고, 그 과정을 통해서 Literature와 함께 결부되어 있는 양식적 분류 체계(시 · 소설 · 희곡 · 비평)을 이식하는 것. 신문학＝이식문학＝Literature의 역어로서의 문학과 문학 양식 체계의 이식. 따라서 조선의 신문학은 서구의 Literature가 문학으로 번역 이식되고 서구의 양식적 분류 체계가 이식되는 과정을 거쳐서 생겨난 서구적 의미의 문학으로 규정된다.

그러므로 신문학이란 말이 신학문의 의미를 떠나 문학예술의 한계(限界)내로 정착되기 위하여는 진정한 의미의 서구적인 문학이 형성될 육당(六堂), 춘원(春園)의 시대에 이르지 아니할 수 없다.

육당의 시와 춘원의 소설에서 새로운 의미의 문학은 실현되고 「문학이란 하(何)오」(대정 5년 11월 11～23일)라는 『매일신보』에 실린 춘원의 논문, 『청춘』 제 12호(대정 11년 3월)에 실린 「현상소설 고선여언(考選餘言)」 등에서 이론적으로 규정되었다고 할 수 있다.[19]

앞에서도 살핀 바 있지만 임화의 이식문학론은, 유럽을 제외한 비(非)서구사회 전반에 걸쳐 적용되는(될 수 있는) 일반적인 규정성이다.

---

19 위의 글, 14면.

따라서 임화의 「개설 신문학사」에서 이식문학론은 조선신문학의 특수성을 구명하는 방법이나 논리로 한정되지 않는다. 보다 섬세한 논의가 필요하겠지만 임화의 이식문학론은 비서구사회의 근대문학론의 일반적 이론이라는 의미를 유지하는 경우에만 조선 신문학의 특수성에 대한 논의로 이해될 수 있다. 이후에 고찰이 이루어지겠지만, 해방 이후에 쓰인 백철과 조연현의 문학사는 이식의 비(非)서구적 일반성을 조선문학의 특수성으로 재맥락화하는 경향을 보인다. 물론 임화의 문학사가 조선문학의 특수성으로 해석될 여지가 없다는 말은 결코 아니다. 다만 이식문학론에 배치되어 있는 세계사적인 조망과 이식의 일반성이 삭제되고 조선문학의 특수성이 후진성 또는 기형성으로 재문맥화되는 과정에 백철과 조연현의 문학사가 자리를 잡고 있다는 사실을 확인하고자 할 따름이다.

3. 근세 조선의 특수성과 지방변이(地方變異)적 근대의 후진성—백철

'근대문학사조사'라고 하면 너무 초기의 문학을 주(主)로 한 일면적인 해석을 하는 것 같고 '현대문학사조사'라고 하면 너무 전면(全面)으로 나선 부분적인 해석바께 되지 못 하는 것 같어서 편의상(便宜上) '신문학사조사'로 결정해 버렸다.[20]

백철은 『조선신문학사조사』의 첫 부분이다. 그는 저서의 제목을 '신문학사조사'로 삼은 이유에 대해 별다른 해명을 제시하지 않거나 제시하지 못하는 모습이다. 저서의 제목으로 근대문학사조사나 현대문학사조사를 선택하지 않은 이유도 막연하지만, '신문학사조사'라고 명명한 이유도 명확하지는 않다. 근대문학사조사나 현대문학사조사로 결정할 수 없는 머뭇거림의 상태와 신문학사조사로 결정하는 것이 오히려 마음 편하다는 고백이 중첩되어 있는 문장. 편의상이라고는 했지만 백철로서는 가장 정직한 명명법이기도 했을 것이다. 그렇다면 신문학사조사라는 명칭은 별다른 근거가 없는 것일까. 그렇지는 않다.

> 이번과 같이 사조(思潮)를 중심(中心)해서 문학사를 서술해 가려고 할 때에, 근대적인 사조가 조선에 들어온 근세를 일(一) 분수령으로 해서 그 이전을 고대문학이라고 하는 것과 ○위(位)해서 그 뒤의 문학을 신사조의 문학, 또는 신문학이란 이름으로 통용해 본다. 신문학사조사란 근대사조가 들어온 이후의 근세 및 현대의 조선문학사조사를 말하는 것이다.[21]

백철에 의하면 근대적인 사조의 유입은 한국사의 전개 과정에 있어서 획시기적인 사건이다. 근대사조의 유입을 전후로 해서 고대문

20 백철, 『조선신문학사조사』, 수선사, 1948, 1면.
21 위의 책, 1면.

학과 신문학으로 구분이 이루어진다. 백철의 용어 사용에 있어서 주목할 지점은 근대사조와 근세조선의 구분이다. 근대사조가 조선에 들어와서 분수령을 이룬 시기를 그는 근세조선이라고 부르고 있다. 『조선신문학사조사』를 세밀하게 살펴보아도 근세에 대한 백철의 규정을 찾아보기는 어렵다. 하지만 책의 전반에 걸쳐서 근대사조와 근세조선이라는 용어는 일관되게 사용되고 있다.

> 근대적인 의미의 신문학운동이 조선문학사상(朝鮮文學史上)에 등장된 것은 직접 근대사조라는 세계역사의 물결이 조선에 밀려 드러온 그 지반 위에 동기가 된 것이며 또한 그 근대사조의 변천에 의하여 조선의 신문학이 성장되고 발전되어 온 것이다.
>
> 그 의미에서 우리가 조선신문학사를 쓸 때엔 그 근대사조를 무시하고 쓸 수가 없을 뿐 아니라 근대사조의 변천과정에 대한 부단(不斷)의 관찰을 해가는 가운데 써나가는 것은 문학사를 쓰는 유일한 방법론이 되리라고 생각한다. 말하면 우리 신문학은 그 근대사조가 흘러가는 유역(流域), 그 강류(江流)의 좌우안(左右岸)에 배양(培養)된 수림(樹林)과 같은 것이다. 우리는 이 조류를 약간 급한 보조(步調)로 따라 내려가는 데서 그 문학수림(文學樹林)의 전경(全景)을 부감(俯瞰)할 수 있고 또 특수한 지역마다 군성(群盛)한 문학수림의 집단의 정체를 파악할 수 있을 줄 안다.[22]

22 위의 책, 10면.

임화가 문학적 종(種)의 이식 달리 말하면 Literature와 그 양식 체계가 번역·이식된 것을 조선을 포함한 동양 문학사의 일반적인 성격으로 보고 있다면, 백철은 조선의 문학적 묘목들 사이로 근대사조가 강물처럼 흘러 들어와서 형성된 수림으로 조선신문학사의 초기적인 이미지를 구성해 내고 있다. 단순화의 위험을 무릅쓰고 말하자면, 문학이라는 나무까지 조선에 이식된 것은 아니고 근대사조라는 세계사의 물결의 유입에 의해 배양된 수림과 풍경이라는 것이 백철의 주장인 셈이다. 임화의 이식문학론과의 미묘하지만 중요한 차이를 설정하고 있는 대목이다. 백철은 신문학의 발생과 형성과 변화의 핵심적인 계기는 '근대사조라는 세계역사의 물결'이며 근대사조는 조선의 역사로부터 자생적 자연적으로 생성된 것이 아니라 외부에서 주어진 것이라는 점을 여러 번 강조하고 있다. 백철의 문학사에 의하면 신문학의 주체는 근대사조이다.

> 본래 근대사조가 흐르는 연안(沿岸)에 무성한 구라파의 근대문학이라는 풍부한 풍경과 비교하면 조선의 신문학은 너무 수척하고 너무 키가 왜소한 수림 빈약한 풍경이다. (…중략…) 홍수가 일과(一過)한 뒤의 그 붉은 산록(山麓)에 점립(點立)한 빈약한 수림의 풍경![23]

23 위의 책, 11면.

그렇다면 근대사조라는 물결이 바꿔놓은 조선문학의 지형 달리 말하면 신문학의 지형은 어떠한 모습일까. 서구의 근대문학이 풍부한 풍경을 보여주었다면, 조선의 신문학은 왜소하고 빈약한 풍경을 형성했다. 한바탕 근대사조의 홍수가 지나간 뒤의 붉은 민둥산에 나무들이 띄엄띄엄 서있는 풍경. 백철이 말하는 홍수처럼 밀려온 근대사조의 물결이라는 이미지는, 임화가 말한 바 있는 역사적 시간의 단축(압축)을 대신하는 비유어이다. 3, 40년의 짧은 시간 속에 500년 동안의 서구 근대사조가 홍수처럼 밀려들어온 상황을 홍수로 비유하고 있는 것이다. 그렇다면 조선 신문학의 빈약하고 왜소한 풍경을 가져온 부정적인 원인은, 서구의 근대사조에 있는 것일까 아니면 조선의 역사적 현실에 있는 것일까. 귤이 회수(淮水)를 건너면 탱자가 되는 것(橘化爲枳)과 같이, 백철은 서구 근대사조가 조선의 역사적 현실 속에서 변형 내지는 굴절되는 원인에 초점을 맞추고 있다. 임화가 이식문화사의 일반성을 강조하면서 조선 봉건사회의 미성숙(아시아적 생산양식과 정체성의 구조)이 이식을 강제한 원인이었음을 지적했던 것과 비교한다면, 백철은 근대사조 유입(임화의 용어로는 이식)의 결과가 빈약함과 왜소함으로 귀결되었음을 강조하면서 그 이유를 조선의 역사적 현실에서 찾고자 한다고 볼 수 있다. 달리 말하면 백철은 근대사조 유입을 세계사적인 상수(常數)로 설정하고 조선에서 근대사조의 굴절과 변형에 주안점을 두고 있는 것이다.[24]

> 말하자면 조선 신문학의 운명은 결코 근대사조 그 자체 위에 배양된 것이 아니고 그 사조가 구라파에서와 같지 못하고 근세조선이란 역사적 현실 위에서 어떻게 대우(待遇)되고 발전되어 왔는가 하는 조선에서의 구체적인 성격 위에서 결정되였다. 근대사조는 일언(一言)하여 자유주의의 사조였다. 그런데 그 자유주의가 근대 구라파에서는 얼마나 자유스럽고 대담한 형식으로 전개돼 갔는가 하는 사실과 비교하여 우리 근세 조선에서는 그것이 어떻게 부자연(不自然)하게 어떻게 불구적(不具的)인 것으로 바께 전개되지 못하였는가에 의하여 결정될 문제다.[25]

조선신문학의 빈약한 풍경을 가져온 부정적인 원인은 근대사조에 있지 않다는 점을 분명하게 밝히고 있다. 근대 구라파에서 근대사조가 자유스럽고 대담한 형식으로 전개된 것과는 달리, 근세조선이라는 역사적 현실 속에서 근대사조는 부자연하고 불구적인 것으로 전개되었다. "무엇보다도 먼저 눈에 띄우는 것은 그것[근대사조－인용자]이 조선에 들어올 당초부터 근대사조에 대하여 조선은 극히 부자연한 환경이었다는 사실이다."(12면) 백철에 의하면, 근대는 구라파에 있는

24 위의 책, 14면. "그러나 근대사조의 문제는 하나의 조선적인 것보다도 훨씬 객관적인 그리고 세계역사의 필연적인 세력으로 조선 강해(江海)를 공격해온 것이었다. 조선 현실의 요구(要求)와 불요구(不要求) 응불응(應不應)에 불구하고 일방적으로 강요해온 지상명령적(至上命令的)인 사실이었다. 필경은 근대적인 것을 막는 그 장벽을 깨트리고 근대세력(勢力)은 조선에 유입(流入)되였으며 그리하여 하여튼 조선엔 근대적인 대(大)전환기가 도래한 것이었다."

25 위의 책, 11~12면.

것이며 조선은 근대가 아닌 근세에 해당한다. 원래대로라면 자유롭고 대담하게 전개되었을 근대사조를 부자연하고 불구적인 방식으로 전개하게 만든 부정적인 조건들. 임화의 자연이 자생적 근대와 관련되고 부자연이 비자생적(이식·모방) 근대를 지칭했던 것과는 달리, 물론 백철의 부자연이 자생적/비자생적이라는 의미망과 관련이 없는 것은 아니겠지만, 백철은 부자연이라는 말을 통해서 근세 조선의 미숙성으로부터 연유하는 억압과 반동과 역행(逆行)의 운동성을 강조하고 있다.[26] 달리 말하면 근세조선의 적대적·반동적 성격에 의한 근대사조의 왜곡된 전개 즉 불구성이 부각되고 있는 것이다.[27]

> 그것은 구라파에선 15, 6세기부터 생성되어 19세기 말에 종언(終焉)을 고(告)한 근대사조가 따라서 구라파로 보면 하나의 퇴조(退潮)가 흘러서 조선에 들어왔을 때에 19세기 말의 조선은 아직도 구라파 15,6세기의 조건을 가지고 그 사조을[를—인용자] 자연스럽게 받어들일 만치 성숙하지 못했다는 것이다. 이 부자연성을 지적하여 흔히 학자들은 구라파적인 것과 구별해서 아시아적이란 그 불역성(不易性), 특수성(特殊性)을 성(成)

26 부자연이라는 말은 조연현의 『한국현대문학사』에서도 사용된다. "즉 아직도 근대적인 조건이 성숙되어지지 못한 토양 위에 한국의 근대화는 시작되어나간 것이었다. 여기에 한국 근대사의 무리한 부자연성(不自然性)은 이미 약속되어 있었던 것이다." 조연현, 『한국현대문학사』, 현대문학사, 1956, 23면.

27 백철, 앞의 책, 14면. "이조(李朝) 말기 즉 근대로의 전환기를 직면한 시대의 정치적 사회적 조건은 도로혀 그 근대적인 것을 방어하려고 의식화된 형태로 역행(逆行)한 사정을 강하게 현상(現象)하였던 것이다. 그리하여 근세의 조선은 근대 사조에 대하여 그것을 받어들일 아무런 준비도 없었을 뿐 아니라 하나의 반동(反動)적인 현실을 일우고 있었다."

하여 설명하는 것은 우연한 일이 아니다. 이 학설의 계통을 받아 임화는 「신문학사」 서론 중에서 불임증(不姙症)이라는 점을 지적하여 조선의 근세적인 특수성을 다음과 같이 말하였다.[28]

백철은 임화의 이식문화사를 강제한 정체성(停滯性)에 관한 논의를 불임증으로 요약하고 있다. 임화는 봉건사회를 근대사회를 출산할 어머니에 비유하면서, 동아시아의 여러 나라는 근대사회의 어머니인 봉건사회가 미성숙했기에 자생적으로 근대를 창출할 역량을 갖추지 못했음을 지적한 바 있다. 근대사회를 자기 자신으로부터 산출한 조건을 갖추지 못한 조선 및 동양의 봉건사회를 두고, "아직 자녀를 생산할 만한 육체를 갖추지 못한 부인"에 비유한 것이다.[29] 자녀를 생산할 육체를 갖추지 못한 부인은 미성숙한 부인이다. 그녀에게는 아직

---

28 위의 책, 12~13면.

29 임화의 「개설 신문학사」에서 백철이 인용하고 있는 대목은 다음과 같다. "이러한 물질적 배경은 물론 신문학의 준비와 태생과 성립과 발전의 부단한 온상(온상)이 될 물질적 조건, 즉 근대적 사회의 제 조건의 성숙이다. 이러한 제 조건이 이조 봉건사회 내부에서 자생적으로 성숙, 발전되지 못한 것은 불행히 조선근대사의 기본적 특징이 되었었다. (…중략…) 왜 그러한 제 조건이 결여 미비되었었는가? 근대사회의 어머니인 봉건사회 자체가 충분히 성숙되어 있지 못했었기 때문이다. 근대사회로의 전화(轉化)를 위한 기본적인 제 조건, 예하면 상품자본의 축적, 산업자본에의 전화, 상품 유통의 확대와 그것을 가능하게 하는 생산력의 증대, 수공업의 독립, 매뉴팩처의 성장, 교통의 발달, 시민계급의 발흥 등은 자연경제(自然經濟)의 분열을 내포한 봉건사회 자체의 성장에 정비례하여 구비됨은 벌써 정식(定式)화된 사실이다. 따라서 이러한 제 조건이 충분히 성육(成育)되지 못한 사회를 우리는 성숙한 봉건사회라고 부를 수 없다. 아직 자녀를 생산할 만한 육체를 갖추지 못한 부인을 우리는 어머니라고 부를 순 없는 것이다. 비단 조선뿐이 아니라 서구 자본주의가 동점(東漸)하기 전 모든 동양사회가 이런 조혼(早婚)한 부인들이었다." 임화, 앞의 글, 22~23면; 백철, 앞의 책, 13~14면.

성숙을 위한 가능성이 있다. 하지만 불임증에 걸린 부인은, 미성숙이 아니라 불임(不姙) 또는 불모(不毛) 또는 불구성(不具性)의 상태와 관련된다. 생산 가능성이 근본적으로 결여되어 있는 병적인 신체. 임화가 "불임증"과 "조선의 근세적인 특수성"이라는 말을 사용한 적이 없음을 고려할 때, 불임증과 조선의 근세적인 특수성은 백철 자신의 문제의식 또는 사유 이미지를 압축적으로 대변하고 있는 말이라고 할 수 있다.

백철의 논의에서 눈여겨 봐두어야 하는 대목은, 임화가 이식문화사의 조선적인 성격으로 말한 바 있는 이중의 복잡성을 후진성으로 재맥락화하는 지점이다. 임화는 이식과 모방을 통해 역사적 시간의 단축(압축)이 일어나며 또한 그 과정에서 서구의 14~19세기를 이식 모방하면서 동시에 서구의 20세기를 체험하게 된다고 말한 바 있다. 임화가 이 문제를 이식문화사의 일반적인 복잡성 또는 복잡성의 이중 구조로 접근한 것은 앞에서 살핀 바와 같다. 백철의 경우에는 이 문제를 중층적인 구조가 아니라 시간의 선후로 재맥락화하고 있다. 근대사조는 15, 16세기에 시작되어 19세기에는 종언을 고한다는 것, 서구의 관점에서 볼 때 끝물에 해당하는 근대사조가 조선에 들어온 시기가 19세기였다는 것, 그리고 근대사조가 유입될 때 19세기의 조선은 서구의 15, 16세기의 조건을 갖추고 있었다는 것. 서구의 역사에서 근대사조의 종언과 조선이 근세로 전환되는 기원적인 장면이 겹쳐져 있다. 세계사(서구의 역사)와 조선의 역사가 빚어내는 주름 또는 근원적인 어긋남.

백철이 이 지점에서 본 것은 조선신문학사의 근원적인 후진성이었다. 이인직의 『은세계』에 등장하는 옥남의 말을 길게 인용하면서 백철이 드러내고자 한 대목도 바로 후진성이었다.[30] 조선의 근세적인 특수성과 후진성. 이 지점을 조금만 더 밀고 나가면 조선은 서구의 근대사조가 종언을 고하는 시점에서 근대에로의 기원적인 움직임을 시작하는 것이기에 서구의 근대와 공유하는 시기가 없다고 볼 수 있는 것이다. 따라서 백철이 일관되게 사용하고 있는 근세조선의 함의도 분명해진다. 일반적으로 근세는 서양의 중세와 근대 사이의 시기 또는 근대가 시작되기 이전의 시기(early modern period)로 파악된다. 이와 같은 근세의 일반적 규정과 무관하지는 않겠지만, 백철의 근세는 중세적(봉건적) 성격과 근대적 성격이 혼종되어 있는 시기라는 뉘앙스가 다분하다. 분명한 것은 백철의 근세조선이 근대에의 근원적인 미달상태, 서구의 근대와는 계통을 달리하는 아종(亞種) 근대, 또는 지역적 차이가 형질로 나타나는 지방변이(地方變異)적 근대 등과 같은 뉘앙스로부터 결코 자유롭지 않다는 사실이다. 백철이 명시적으로 말하고

30 백철이 인용하고 있는 『은세계』의 관련 부분은 다음과 같다. "만일 우리나라가 70년 전에 개혁이 되어서 진보를 잘하였더면 우리나라도 세계 1등국이 되었을 것이요 (…중략…) 만일 50년 전에 개혁이 되었다면 만주는 우리나라 범위에 들었을 것이요, 만일 40년 전에 개혁이 되였으면 우리나라 육해군의 확장이 아즉 일본만은 못하나 또한 당당한 문명국이 되었을 것이요, 만일 30년 전에 개혁이 되었으면 30년 동안 또한 중등 강국은 되었을 것이요 (…중략…) 개혁한 지 10년만 되었더라도 족히 국가를 보존할 기초가 생겼을 터이라." 백철, 앞의 책, 21면.

있지는 않지만 백철의 근세조선에는 근대 부재의 가능성이 가로 놓여 있다. 이 지점은 임화의 문학사에서 쓰이지 않은 채로 잠재되어 있었던 부분이라 할 수 있으며, 조연현의 문학사에서는 조선의 근대부재론이라는 명확한 표현을 얻게 되는 부분이다. 다만 임화의 이식문학사가 서구/비서구의 구분을 유지하고 하면서 이식문학의 일반이론을 향해 열려 있었다고 한다면, 백철의 경우에는 서구/한국의 지리적 공간적 분할 속에서 서구 근대사조의 보편성과 대비되는 조선의 중세적 특수성을 자신의 근거로 삼았다는 근본적인 차이는 고려되어야 할 것이다.

먼저도 말한 바와 같이 구라파에선 그 근대사조가 15세기에서 19세기까지 5, 6세기간을 통하여 성육(成育)된 사조인데 조선에선 불과 3, 40년간에 그 사조를 창황(愴惶)하게 받어들였다는 사실이다. (…중략…) 그만한 장구한 기간을 통한 역사적인 성장이기 때문에, 그들의 근대문학에 대해선 한 조류의 문학과 그 다음의 문학 간에 명확한 경계선을 그어 근대사조의 발전사(發展史)를 일목요연하게 관찰할 수 있는 대신 조선에서는 그것이 3, 40년이라는 짧은 동안에 근대적인 모든 사조가 거의 전후(前後)해서 혼류(混流)해 왔다는 사실이다. 한 사조가 들어와서 충분히 발육되는 시간을 기다려서 또하나의 사조가 유입된 것이 아니라 동시에 여러 가지 사조가 들어오고 혹은 그것이 대개는 일본문단에 현행(現行)되고 있는 사조를 그대로 받어들였기 때문에 순서가 전도(轉

倒)되어서 들어온 예도 있었는데 말하자면 여기선 모든 사조가 일시에 혼류(混流)되어 일견(一見) 그 선후(先後)와 질서를 구별한 수 없는 상태였던 것이다.[31]

아종 근대 또는 지방변이적 근대의 성격을 띠는 조선의 신문학은 어떠한 양상으로 나타나는가. 근대 사조의 계통적 발전을 반복하지 못하는 양상을 보이는 것은 어찌 보면 당연한 일일 것이다. 조선의 신문학은 근대사조의 계통적 반생을 개체적 수준에서 반복하지 못한다. 근대사조의 보편성과 조선의 근세적 특수성 사이에서 조선 신문학의 풍경은 혼류(混流)로 규정된다. 전도, 착종, 대체, 무질서의 혼류. 백철 문학사가 기록해야 할 "조선의 특수한 혼잡한 현실"(27면)이었다.

4. 근대 부재(不在)론과 이중(二重)의 후진성(後進性) ― 조연현

조연현은 「자서」(『한국현대문학사』)의 첫머리에서 저서의 제명을 결정한 이유를 다음과 같이 밝힌 바 있다.

31 위의 책, 23~24면.

본서는 갑오개혁(甲午改革) 이후로부터 오늘까지의 우리 문학의 변천과정을 역사적으로 정리해본 것이다. 본저의 제명(題名)을 「한국현대문학사」라고 한 것은 엄밀히 따진다면 서구적인 의미에 있어서의 근대적인 과정이 우리의 역사 속엔 없었기 때문이다. 갑오개혁이 우리의 근대적인 그 최초의 출발이었던 것은 확실하나 그러한 우리의 근대적인 발족(發足)은 곧 우리의 현대적인 과정과 혼류(混流)되어졌던 것이었다.[32]

서구적인 의미에 있어서의 근대적인 과정의 부재가, 『한국현대문학사』라는 제목을 결정하는 중요한 근거로 작용하게 된 연유를 어디에서 찾을 수 있을까. 근대적인 과정과 현대적인 과정의 혼류라고 구체적인 설명을 덧붙이고는 있지만 이 정도로는 막연할 수밖에 없는 상황이다. 조연현의 설명을 액면 그대로 요약한다면, 갑오개혁 이후의 한국문학의 변천과정은 서구적 의미의 근대적 과정이 한국사에 부재하기 때문에 달리 말하면 근대적인 발족이 현대적인 과정과 혼류되었기 때문에 『한국현대문학사』라고 명명했다는 것이 된다.

실제로 『한국현대문학사』에서 조연현의 문학사적 시기구분과 관련된 용어들을 보면 문학사 전체의 표제는 현대문학으로 제시되어 있지만, 장(章) 제목에는 근대문학의 태동 · 탄생 · 전개를 배치해 놓았으며, 절과 항의 제목 및 본문의 서술에서는 신문학운동을 지속적으

32 조연현, 『한국현대문학사』, 현대문학사, 1956, 3면. 한글 표기로 전환하였으며 필요한 부분만 한자를 병기함. 또한 한자로 표기된 숫자는 아라비아 숫자로 바꾸어서 인용함.

로 사용하고 있다.[33] 조연현이 근대문학을 지향하고 형성해 가는 움직임을 신문학운동이라고 범칭하고 있다는 점에서, 장 제목을 근대문학의 태동・탄생・전개로 배치해 놓은 것은 크게 이상하지 않다.[34] 하지만 근대문학의 태동・탄생・전개를 서술한 문학사의 표제가 한국현대문학사가 되는 것은 쉽게 이해할 수 있는 대목은 아니다. 조연현이 「자서」에서 밝혀놓은 근대적 과정의 발족과 현대적 과정의 혼류의 의미심장함을 감안하지 않으면 안 될 것으로 보인다.

> 한국의 근대적인 과정을 「갑오경장」부터라고 해석하는 것은 모든 사학가들의 일치된 견해이다. 우리가 「근대」라는 개념을 봉건적인 것과 구별되는 개명(開明)의 뜻으로 해석한다면 한국의 근대적인 출발이 갑오경장을 비롯해서 시작되었다는 것은 분명하고 확실한 것이 아닐 수 없다. 그것은 이조(李朝) 말엽까지의 우리의 역사적인 과정이 비록 시간적으로는 구라파의 근대에 해당된다 하드라도 그 사회적인 양식의 봉건적인 기반 위에서 생성되어지고 있었던 것이며 이러한 이조사회의 전통으로부

33 『한국현대문학사』의 목차에서 주요한 부분을 제시하면 다음과 같다. "제1장 근대문학의 태동(胎動) (…중략…) / 제2장 근대문학의 탄생－1. 신문학운동의 사회적 배경과 그 윤곽, 2. 근대시의 출현, 3. 근대소설의 등장 (…중략…) / 제3장 최남선과 이광수의 문학 (…중략…) / 제4장 근대문학의 전개－1. 후기(後期)신문학운동의 전개, 가. 그 정치적 문화적 배경과 기간, 나. 동인지의 속출(續出)과 그 경향, 다. 순(純)문학운동으로서의 후기신문학운동." 위의 책, 9～14면.

34 조연현의 문학사에서 신문학운동은 근대문학운동과 동일한 의미를 갖는다. 하지만 조연현은 신문학운동이라는 용어를 지속적으로 사용한다. "한국의 최초의 근대문학운동이었던 이상(以上)의 전기(前期)신문학운동은 그것이 또한 한국의 근대문단을 형성하는 그 최초의 움직임이 아닐 수 없는 것이다." 위의 책, 144면.

터 벗어 나려고 한 갑오경장 이후의 우리 민족생활의 구체적인 방향이 근대적인 과정을 밟기 시작한 14, 5세기 구라파의 그것과 같은 양식이었기 때문이다.[35]

임화와 백철이 한국사의 근대적 또는 근세적 기원을 개국(1876)과 갑오개혁(1894)에 이르는 기간에 포괄적으로 설정했음을 감안할 때[36], 조연현이 갑오개혁을 한국에서 근대의 출발점으로 지정하고 있다는 점은 매우 특징적이다. 널리 알려진 대로 조선은 갑오개혁을 통해서 정치적으로는 조선이 주권국임을 분명히 했고, 사회적으로는 신분제의 폐지 · 연좌법(緣坐法) 및 노예제의 폐지 · 조혼의 금지 · 부녀재가(再嫁)의 자유 보장 등과 같은 변화를 가져왔으며, 경제적으로는 은본위(銀本位)의 통화(通貨)제 실시 · 국세 금납제(金納制) · 은행의 설치 등의 개혁을 실시한 바 있다. 조연현은 갑오개혁을 "갓 쓰고 가마 타던 세상에서 양복입고 자동차 타는 세상으로 전환"된 일대의 사건으로 평가한다. 하지만 한국에서 근대의 출발점인 갑오개혁은, 근대에 접

35 조연현, 『한국현대문학사』, 현대문학사, 1956, 19면. 갑오개혁에 대해 임화는 "명치유신(明治維新)에 비교할 만큼 획시기적(劃時期的) 혁신이다. 비록 갑오개혁이 곧 수구파의 손으로 와해되었다 하나 사회를 이전으로 회귀시킬 수는 없었다"(임화, 앞의 글, 47면)라고 평가하면서도 갑오 이후에 "오로지 구미(歐米) 문화의 일방적인 이식과 모방의 과정이 되"(57면)었다고 지적하고 있다. 또한 백철은 "특히 1894년의 갑오년간(甲午年間)은 조선이 근대적으로 전환하려는 의견을 역사가 제시한 중요한 일(一) 과정이었다. 갑오는 개화(開化)의 해이었다. (…중략…) 이것은 얼마나 근대적인 혁신이었던가. 근대적인 청상(淸爽)한 바람이 하로 아침 이 반도에 불어온 순간이었다". 『조선신문학사조사』, 18~19면. 라고 기술한 바 있다. 갑오개혁에 관해서는 유영익, 『갑오경장연구』, 일조각, 1997 참조.

36 임화, 앞의 글, 26~47면; 백철, 앞의 책, 18~20 · 30~33면 참조.

어들기 시작한 14, 5세기의 구라파에 대응하는 사건이기도 하다. 임화와 백철의 문학사를 고려할 때, 낯설지 않은 문제 제기이다.

①

더욱이 조선 신문학사의 30년이란 시일은 동양문화권 내의 일(一) 지방이 처음으로 서구문화에 접촉하고 그것을 이식한 기간의 전부요, 또한 그 기간 동안에 서구문화사상(西歐文化史上) 중대한 변화를 초래한 19세기부터 20세기에의 추이(推移)를 아울러 체험하였던 만큼 복잡성은 이중으로 배가(倍加)되어 있다.[37]

②

그것은 구라파에선 15, 6세기부터 생성되여 19세기 말에 종언(終焉)을 고(告)한 근대사조가 따라서 구라파로 보면 하나의 퇴조(退潮)가 흘러서 조선에 들어왔을 때에 19세기 말의 조선은 아직도 구라파 15, 6세기의 조건을 가지고 그 사조을[를-인용자] 자연스럽게 받어들일 만치 성숙하지 못했다는 것이다. 이 부자연성을 지적하여 흔히 학자들은 구라파적인 것과 구별해서 아시아적이란 그 불역성(不易性), 특수성(特殊性)을 성(成)하여 설명하는 것은 우연한 일이 아니다.[38]

37 위의 글, 10면.
38 백철, 앞의 책, 12~13면.

③

갑오경장을 선포한 고종 31년은 서기 1894년에 해당된다. 19세기말의 구라파는 14세기부터 개시된 그의 근대적인 과정을 완성 청산하고 현대적인 20세기의 새 아침을 준비하고 있었던 때다. 여기에 우리는 한국의 근대화가 구라파에 비하여 4, 5백년이나 뒤떨어져 있었음을 발견하게 된다. (…중략…) 그러나 중요한 것은 이러한 한국 근대사 출발의 후진성은 그 출발과 함께 4, 5세기나 앞선 구라파의 현대사적인 과정과 교류되지 않을 수 없었다는 사실이다. 즉 구라파의 14세기를 형성해 가야 할 시기에 20세기 구라파와 마주친 것이다. 여기에서 한국의 근대적인 후진성이 다시 기형성(奇形性)을 띠우게 된 필연적인 조건이 조성된 것이다. 그것은 4, 5세기에 긍(亘)한 구라파의 근대적인 과정을 일시에 형성하면서 다시 구라파의 새로운 현대를 소화해 드려야 한다는 전후(前後)의 순서가 착란되고 교착된 현실에 직면한 까닭이다. (…중략…) 그러나 민족과 국가를 초월해서 휩쓸기 시작한 세계를 대표하는 구라파의 문명은 이러한 한국의 특수한 조건을 돌보지 않고 하나의 회오리바람처럼 한국의 근대를 이끌고 갔으며 한국의 근대 역시 자기의 역량 및 가능 불가능을 무릅쓰고 그러한 구라파에 숨가쁘게 매달려가지 않을 수 없었다. 한국의 근대사적인 과정이 기형적으로 형성되어지지 않을 수밖에는 다른 도리가 없었던 것은 이러한 사정에서였다.[39]

39 조연현, 앞의 책, 23～24면.

인용문 ①는 임화, ②는 백철, 그리고 ③는 조연현의 글이다. 조연현의 문학사 서술은, 백철의 문학사가 임화의 문학사에 대한 해석적 맥락을 구성하고 있었던 것과 마찬가지로, 임화와 백철의 문학사에 대한 재서술의 차원을 포함하고 있다. 임화는 조선의 신문학 30년은 서구의 14~19세기를 이식하는 동시에 서구의 20세기를 체험하는 시기라고 지적한 바 있다. "복잡성은 이중으로 배가(倍加)"된다는 표현에 알 수 있듯이, 임화는 서구의 14~19세기와 서구의 20세기가 동시적·중층적·병행적으로 놓이게 되면서 조선의 신문학 30년이라는 시기의 내부에 생겨나는 복잡성의 증대(이중으로 배가)를 암시하고 있다. 반면에 백철은 이 부분을 시간의 선후에 근거해서 재맥락화하고 있다. 서구의 근대사조는 15, 16세기부터 생성되어 19세기 말에는 종언을 고했다. 조선에 근대사조가 유입된 것은 19세기 말이었는데, 19세기 말의 조선의 상황은 15, 16세기의 서구에 대응한다. 백철에 의하면 19세기 말은 서구 근대사조의 종언(완성)과 조선의 근세로의 출발이 분할되는 지점이다. 이 지점에서 서구의 근대와는 계통적으로 구별되는 조선적 근세가 논의될 수 있었음은 앞에서 살핀 바와 같다.

조연현의 경우 임화와 백철의 논의를 보다 섬세하게 재서술하고 있다. 조연현은 갑오개혁(1894) 당시의 조선이 "근대적인 과정을 밟기 시작한 14, 15세기 구라파의 그것과 같은 "(19면) 상황과 수준에 놓여 있다고 제시한 바 있다. 이러한 주장은 인용문 ㉯에서 확인할 수 있듯이, 서구의 근대사조가 "조선에 들어왔을 때에 19세기 말의 조선은 아직도 구라파 15, 16세기의 조건을 가지고" 있었다는 백철의 주장과 동일한 것이다. 조연현은 조선의 근대가 "구라파의 14세기를 형성해 가야 할 시기에 20세기 구라파와 마주친 것"이라고 재서술하면서, "한국의 근대화가 구라파에 비하여 4, 5백년이나 뒤떨어져 있었"다는 입론을 통해서 한국근대사 출발의 후진성을 정식화한다. 또한 근대 사조의 무질서한 착종과 혼류에 대한 백철의 논의를 자신의 맥락 속에서 첨예화하면서, 조선에서는 근대의 초기부터 서구의 근대와 현대가 착종 및 혼성(混成)되는 기형성을 제시하는 지점에까지 이르고 있다. 조연현은 문학사 서술의 방법론으로 한국문학에 대한 애정을 제시한 바 있는데, 그가 『한국현대문학사』를 집필하면서 처음부터 끝까지 지켜갔던 유일한 원칙이 있다면 그것은 다름 아닌 14~19세기는 서구의 근대이고 20세기는 서구의 현대라는 시기구분이었다. 이러한 시기구분이 갖는 보편성은 조연현의 입장에서는 입증할 필요조차 없는 것이기도 했다. 백철의 후진성과 불구성 논의를 기형성으로까지 첨예화할 수 있었던 동력 또한 서구의 근대와 현대를 나누는 편년체계였다.

조연현은 14~19세기를 서구의 근대, 20세기 또는 1차 세계대전 이후를 현대로 바라보는 편년체적인 감각을 일관되게 적용하고 있다. 한국의 근대가 시작된 19세기 후반 즉 1894년의 갑오개혁은 서구의 근대가 완성되는 시점이고, 서구의 현대가 시작하는 1차 세계대전(1914~1918)은 한국의 1919년 3·1운동에 대응한다. 그렇게 본다면 한국의 근대는 갑오개혁(1894)부터 1919년까지의 25년에 불과하게 된다. 단 25년 동안의 단기(短期) 근대를 통해서 서구 500년의 근대적 경험을 추체험하거나 후행학습하기도 어려울 뿐만 아니라 25년의 짧은 기간을 두고 근대라는 역사적 명칭을 부여하기도 곤란한 일이다. 이 지점에서 조연현의 단기 근대론 및 근대 부재론이 문학사적 테제로서 제시된다.

> 한국 근대사 과정의 기형성을 가장 단적으로 설명해 주는 그 하나는 엄밀한 의미에서 보면 한국엔 「근대」가 없었다는 점이며 그 또 하나는 한국의 현대적인 과정을 엄밀히 분석하면 그것은 구라파의 근대적인 과정에 지나지 않는다는 점이다. (…중략…)
>
> 이 짧은 한 순간[1894년부터 1919년까지의 25년－인용자]을 「근대」라는 일(一) 역사적인 관념으로서 확정지운다는 것이 엄격한 사관(史觀)으로서는 허용될 수 없는 노릇이다. 더우기 3・1운동이 조성되기 이전의 몇 년부터가 이미 구라파의 현대적인 과정과 교류되면서 있었다는 사실을 고려할 때 구라파적인 의미에 있어서의 근대사가 한국에서는 없었다고 보는 것이 오히려 실제적인 해석이 된다.[40]

조연현에 의하면 한국의 근대는 갑오경장부터 3・1운동까지의 25

40 위의 책, 24～25면.

년이다. 현대는 3·1운동 이후이다. 문제는 3·1운동 이전에도 서구의 현대적 과정과 교류되는 측면이 있었다는 것이다. 따라서 근대는 25년보다 더 짧아진다. 반면에 3·1운동 이후의 문학사의 전개를 살펴보면 자연주의와 낭만주의와 같은 근대 사조들이 배치된다. 달리 말하면 1919년 이후 한국현대문학사를 채우고 있는 실질적 내용은 근대의 사조들인 것이다. 달리 말하면 한국의 근대는 현대에 의해 잠식당하는 양상이고 한국의 현대는 근대적 사조에 의해 장악된 상태인 것이다. 조연현은 명시적으로 표현하고 있지 않지만, 한국의 역사에서 근대와 현대의 경계선은 명확하지 않고 번져 있는(blurred) 양상이라고 보면 크게 틀리지 않을 것이다. 한국의 역사에서 근대와 현대의 경계는 느슨하고 번져있는 모습을 하고 있다. 달리 말하면 한국은 근대의 시기가 대단히 짧을 뿐만 아니라 근대의 하한선(근대와 현대의 경계선)도 불명료하다. 따라서 불명료한 근대/현대의 경계선을 사이에 두고 근대와 현대의 혼성(混成)이 일어나는 것은 당연한 일이 된다. 이 지점을 조연현은 근대부재론을 명시적으로 제시한다. 또한 근대의 부재로 인한 근대와 현대의 혼성을 기형성이라고 명명한다.

그렇다면 우리 한국에 있어서는 엄격한 의미에 있어서의 근대가 없었을 뿐만 아니라 한국의 현대적인 과정도 따지고 보면 구라파의 근대적인 과정을 벗어난 것이 아니였음을 알 수 있게 된다. 그러므로 한국의 근대사적인 과정은 그 출발과 함께 구라파의 현대적인 과정과 교류되였기 때문에 한국의 근대사적인 과정은 그것이 한국의 현대사적인 과정이기도 했으며 한국의 현대사적인 과정은 그것이 한국의 근대사적인 과정이기도 했던 것이다. 즉 구라파적인 근대와 현대가 명료한 구별없이 혼성(混成)되고 병행(竝行)된 것이 한국의 근대 및 현대사 과정의 형성요소였던 것이다. 이것이 한국근대사의 후진성과 기형성을 설명해 주는 근본적인 개념이다.[41]

조연현에 의하면, 조선은 갑오개혁에 이르러 근대적 움직임을 향한 발걸음을 내딛기 시작했다. 하지만 19세기 후반에 속하는 갑오개혁의 시기는 서구에서 근대가 완성 및 종언에 도달했던 시기였다. 이 지점은 백철이 『조선신문학사조사』를 통해 정식화한 후진성에 해당한다. 이 지점을 후진성 ①이라고 하자. 이 지점에서 조연현은 14세기~19세기는 서구의 근대이고 20세기 또는 1차 세계대전 이후는 현대라는 편년체적 원칙을 적용한다. 조선의 근대는 1894년부터 1919년까지의 25년 동안으로 설정되고, 한국에서 근대는 부재한다는 근대부재론이 제시된다. 그렇다면 1919년 이후의 현대는 어떠한가. 1919년 이후 한국의 현대는 그 실질적인 내용을 근대적인 것으로 채우고 있다. 왜 이런 일이 벌어지는가. 근대의 부재가 현대를 관철하면서 현대를 근대의 부재를 보충하는 또는 근대를 후행학습하는 시기로 만들었기 때문

41 위의 책, 26면.

이다. 편년체적 기준에 의하면 현대를 살아가야 할 시기에, 한국은 여전히 근대를 살아가거나 근대의 부재를 보충하며 살아간다. 한국의 현대 내부에는 근대의 부재로 인한 후진성이 구조화되어 있다는 것. 이를 두고 후진성 ②라고 하자. 조연현은 명시적으로 말하고 있지 않지만, 이 지점에서 한 걸음만 더 나아가게 되면 한국은 근대뿐만 아니라 제대로 된 현대마저도 갖지 못한 사회가 된다. 한국에는 엄밀한 의미에서의 근대도 없고 엄밀한 의미에서의 현대도 없다. 다만 근대와 현대가 혼종된 시대, 말하자면 서구적 근대의 아종적인 양상으로 살아가거나, 세계사의 일반적인 행정과는 근원적으로 탈구되어 계통적으로 상이한 시대를 살아가고 있는 것이 된다. 후진성의 이중구조 또는 이중으로 구조화된 후진성. 조연현이 기형성을 말한 지점은 바로 여기이다.

5. 유예된 물음 또는 한국문학은 근대문학인가?

사회 오늘 우리에게 주어진 토론의 주제는 근대문학의 기점에 관한 것입니다 말하자면 우리 문학사의 시대구분문제로써[서–인용자] 근대문학의 기점을 어디에 둘 것이냐 하는 문제인데 이것은 먼저 기간(旣刊)의 문학사에 대한 검토부터 해야겠지요.

> 제가 알기로는 우리 신문학사가 처음 쓰여진 시기는 1935년 무렵에 임화가 『중앙일보』와 『조선일보』에 썼고, 「문장」에 그 연속을 몇 해에 걸쳐 끝낸 것 같습니다. 이것은 초창기에서부터 신소설이 등장한 시기까지이고 이 다음에 나온 문학사로서는 백철 선생이 해방 후에 쓴 것과 조연현 씨가 1950년대에 쓴 것이 있습니다. 우리는 우선 백철 선생과 조연현 선생이 쓴 문학사에 어떤 문제점이 있는가 하는 것을 검토해 보아야겠습니다. 먼저 정병욱 선생님께서 말씀해 주십시요.[42]

1971년 『대학신문』이 마련한 한국 근대문학의 기점 좌담회는, 널리 알려진 바와 같이 1970년대 한국 근대문학 기점 논의를 촉발하고 그 방향성을 제시한 좌담회였다. 사회를 맡은 김윤식이 가장 먼저 제기한 문제는 기존 문학사에 대한 검토였고, 그 대상은 임화, 백철, 조연현의 문학사였다. 하지만 좌담회에서는 이들의 문학사에 대한 구체적인 검토가 이루어지는 않는다. 하지만 한국문학사의 시대구분 문제로서 근대문학의 기점을 논의하기 위해서는 임화, 백철, 조연현

42 정병욱 · 정한모 · 김현 · 김주연 · 김윤식(사회), 「한국근대문학의 기점」, 『대학신문』, 1971.10.11. 좌담회(1971.10.1)의 내용과 함께 김용직의 「근대문학기점의 문제점」와 염무웅의 「근대문학의 의미」이 함께 게재되었다. 『대학신문』은 이 좌담회 기사의 헤드라인을 "우리 古典文學에서 起點 발견해야 / 文學에서 「近代=西歐化」는 잘못된 개념 / 辭說時調, 燕巖의 小說은 近代的 / 金萬重의 國文意識은 國文學上 탁월한 發想"으로 뽑았다. 임화의 「개설 신문학사」에 대한 서지적 사항에는 몇 가지 부정확한 점이 있다. 임화의 문학사 서술에 관한 서지적 사항은 이 장의 각주 9를 참조.

의 문학사에 대한 검토가 필요하다는 문제의식은 여전히 유효성을 갖고 있다. 아울러 1970년대 한국문학 기점 논의를 위한 예비적 고찰로서 쓰인 이 글이 개입하여 보충하고자 하는 지점이기도 하다.

임화, 백철, 조연현의 문학사를 길게 인용하며 다시 읽어간 이유는, 다른 곳에 있지 않다. 임화와 백철 그리고 조연현의 문학사 사이에는 해석과 재맥락화의 운동성이 개재되어 있으며, 세 문학사 사이의 해석과 재맥락화의 운동성을 통해서 일종의 담론적 사실의 구성에 이르렀다는 점을 간략하게나마 확인하기 위함이었다. 달리 말하면 신문학이라는 용어에 들러붙어 있는 이식, 모방, 아시아적 생산양식, 정체성, 조선의 근세적 특수성, 혼류, 후진성, 근대와 현대의 혼성, 기형성 등의 기호와 무의식들이 한국문학의 신체(corpus)를 구성하고 있었음을 확인하기 위함이었다. 세 권의 문학사로부터 울려나오는 목소리는, 물론 이률적이지는 않지만, 다음과 같다. 근대는 서구에 있으며 서구의 고유한 역사적 경험이다. 조선에는 근대는 없고 근세만 있다. 조선의 근세는 서구의 근대와는 계통을 달리하는 아종적 또는 지역변이적 근대일 수 있다. 한국은 서구적 의미에서의 근대가 부재하며 한국의 현대는 근대의 부재를 후행적으로 보충하는 과정이다. 한국의 현대는 근대와 현대가 뒤섞인 기형적인 면모를 보인다. 1960년대의 한국은 근대와 현대가 뒤섞인 기형적인 현대를 살아간다. 한국에는 엄밀한 의미에서의 근대도 없고 제대로 된 현대도 없다. 한국의 역사와 문학사는 세계사 또는 보편사로부터 탈구된 상태를 지속하고 있다

등등. 직접적인 진술이든 암시적인 진술로부터 상상된 것이든, 한국문학의 신체를 구성하고 있는 기호와 무의식들을 고려하는 것이 필요할 것이라고 판단된다. 세 편의 문학사에 의하면 조선 신문학의 주체는 근대 자본주의이거나 근대사조이거나 근대의 부재(결핍)이다. 따라서 한국문학은 신문학을 거쳐 근대문학에 이르렀는가 또는 한국문학은 근대문학인가에 대한 답변은 그 당시로서는 유보 내지 유폐되어 있는 상황이었던 것이다. 어쩌면 1970년대의 근대문학 기점 논의, 그리고 김윤식・김현의 『한국문학사』(1973)는 이 물음들에 대한 답변일 수도 있을 것이다.

참고문헌

구중서, 「한국문학사 방법론 비판－김윤식・김현의 새 『한국문학사』에 대하여」, 『월간 중앙』, 1974.8.

김영호, 「보고－경과・논문요약 및 문제점」, 한국경제사학회, 『한국사시대구분론』, 을유문화사, 1970.

김인수, 「일제하 조선의 농정 입법과 통계에 대한 지식국가론적 해석－제국 지식체계의 이식과 변용을 중심으로」, 서울대 박사논문, 2013.

김종길, 「20세기 시의 특질」. 『월간 문학』, 1968.11.

박형진, 「1930년대 아시아적 생산양식 논쟁과 이청원의 과학적 조선학 연구」, 『역사문제연구』 38, 역사문제연구소, 2017.

방기중, 『한국근현대사상사연구－1930・40년대 백남운의 학문과 정치경제사상』, 역사비평사, 1992.

백철, 『조선신문학사조사』, 수선사, 1948.

염무웅, 「신문학 60년 대표작 전집」, 『경향신문』, 1969.2.10.

이기백, 「한국사의 시대구분 문제」, 한국경제사학회, 『한국사시대구분론』, 을유문화사, 1970.

임화, 「개설 신문학사」, 임화문학예술전집 편찬위원회 편, 『임화문학예술전집』 2, 소명출판, 2009.

정병욱・한모・김현・김주연・김윤식(사회), 「한국 근대문학의 기점」, 『대학신문』, 1971.10.11.

조연현, 『한국현대문학사』, 현대문학사, 1956.

홍종욱, 『戦時期朝鮮の転向者たち－帝国/植民地の統合と亀裂』, 東京：有志舎, 2011.

2부

생활, 대중, 젠더

1930년대 프로문학의 재구성과 임화

생활의 경험과 자기 모색의 글쓰기

최서해의 예술론과 후기 소설 재독(再讀)

최은혜

1. '경험의 서사화'와 최서해 후기 소설의 연속성

최서해에게 소설쓰기란 무엇이었는가. 이러한 질문이 유독 최서해에게 중요한 이유는 그가 자신의 실제 경험을 녹여 소설을 창작했다는 데에 있다. 그간의 최서해 연구에서 '체험소설'이라는 용어는 그의 소설을 이해하는 데 중요한 참조점이 되어왔다. 실제로 최서해의 초기 소설에는 그가 빈민으로서 경험한 다양한 노동의 어려움이나 간도 생활의 궁핍함 등이 나타나 있다. 최서해 본인이나 박상엽, 김동환 등이 남긴 기록에서처럼 국수집 머슴, 콩자루 짐지기, 나무바리 장수,

두부 장수 등의 경험은 최서해 소설의 등장인물들이 처한 상황과 유사하거나 일치한다.[1] 그럼에도 불구하고 최서해의 초기 소설을 '체험 소설'이라는 범주로 묶어 이야기할 수 있는 것은, 그러한 체험이 날 것 그대로 문자화된 것이 아니라 소설로서 서사화되는 과정을 거쳤기 때문이다. 기존의 연구사가 최서해 소설이 경험의 서사화를 통해서 창작되었다는 점에 대해 공통적으로 합의하고 있다면, 이로부터 다시 질문되어야 할 것은 최서해는 이러한 과정을 거쳐서 왜 소설을 썼는가와 같은 물음이다. 그리고 이러한 물음은 이 논문이 궁극적으로 규명하고자 하는 지점과 맞닿아 있다.

최근의 연구에서는 단순히 최서해가 자신의 빈민 체험을 소설에 녹여냈다는 확인의 차원을 넘어서 '빈민 작가'가 쓰는 소설의 의미와 그러한 작가가 탄생하게 된 문화사적 배경에 대해서 설명하려는 시도가 있었다. 장성규는 '비문해자들의 문학사'라는 개념을 정초하는 가운데에 최서해의 소설을 위치시키고[2] 이후 고인환과의 공동 연구에

---

1 "서해는 간도에서 보통 사람들이 상상도 할 수 없는 고생을 한 모양이다. — 어떤 때는 상투잡이가 되어 나무바리 장수도 하여 보고, 산으로 나무하러 갔다가 되놈한테 붙들리어 죽을 고비도 넘겨보고, 두부장수도 하여 보고 노동판에서 십장 노릇도 하여 보고, ××단에 따라다니노라고 총을 메고 눈 쌓인 얼음 벌판도 헤매다가 총에 맞아 죽은 동지의 시체를 혼자서 얼음 벌판에서 밤을 새워가며 지켜보기 등등" 김동환, 「살풍경한 짧은 생애」, 『조선중앙일보』, 1932.6.12; "어떤 곳에선 두석 달 혹은 3, 4년씩 머물렀다. 그 사이에 남의 음식점 국수틀에 올라앉는 머슴꾼도 되어 보고 정거장 구내에서 콩자루 메는 목도꾼 인부도 되어 보고 또는 어떤 때는 산사에 엎드려 도포 입고 경 읽는 승이 되기도 하였다." 박상엽, 「서해와 그의 극적 생애 — 그의 사후 삼수년을 당하여」, 『조선문단』, 1935.8. 162면.

2 장성규, 「식민지 시대 소설과 비문해자들의 문학사」, 『현대소설연구』 56호, 한국현대소설학회, 2014, 514~517면.

서 간도 디아스포라, 즉 서발턴으로서 최서해가 체험과 픽션 사이에서 기존의 장르 개념으로 환원될 수 없는 내러티브를 만들어냈다는 점을 밝혔다.[3] 이 연구들이 빈민의 경험을 담은 최서해 소설의 서사적 의미를 밝히는 데 집중되어 있다면, 유승환은 더 실증적인 차원에서 빈민 생활을 하던 최서해가 어떻게 작가가 될 수 있었는지에 초점을 맞추어 무학(無學)의 노동자들이 교양과 지식을 쌓아가는 당대적 맥락을 재구성했다.[4]

경험의 서사화라는 작가의 창작 방법으로부터 얻을 수 있는 가장 중요한 효과이자 이와 관련해 그동안 최서해의 소설이 주목받아 왔던 주된 요소는, 바로 '묘사의 핍진성'이다.[5] 가난한 삶의 사실적인 묘사는 최서해가 처음 소설을 쓸 무렵부터 지금까지 꾸준히 핵심적인 특징으로 이해되어 왔다. 최서해의 작품이 문단에서 두각을 나타내기 시작한 것은 『조선문단』의 합평회를 통해서 인데[6] 여기에서 소위 프

3 "최서해의 경우 자신의 체험을 내러티브화 하는 과정에서 이를 특정한 대문자 서사에 결합시키는 문화자본을 지니지 못했다. 이러한 상황에서 그가 선택한 전략이 체험의 핍진성을 강조하는 것이었다. 「탈출기」, 「기아와 살육」을 거쳐 「백금」까지 이어지는 그의 체험적 내러티브가 이를 증명한다." 고인환 · 장성규, 「식민지 시대 재만 조선인 디아스포라의 발화 전략–최서해와 강경애의 텍스트를 중심으로」, 『한민족문화연구』 46권, 한민족문화학회, 2014.

4 유승환, 「1923년의 최서해–빈민 작가 탄생의 문화사적 배경」, 『한국현대문학연구』 52권, 한국현대문학회, 2017.

5 최서해가 작품을 창작하던 당대에서부터 지금까지 대체로 최서해 문학의 이러한 지점에는 공통적으로 동의하고 있지만, 이 부분에 대해서 본격적으로 규명한 대표적인 연구로는 이경돈의 논문을 들 수 있다. 이경돈, 「최서해와 기록의 서사화」, 『반교어문연구』 15집, 반교어문학회, 2003.

6 『조선문단』의 합평회와 『개벽』의 월평 사이에서, 최서해 소설이 문단의 관심을 받게 된

로 문학가들과 반대 진영에 있던 양건식, 염상섭, 현진건 등은 「탈출기」의 장면 묘사에 대해서 극찬했다. "다른 사람들이 프로 계급을 쓴 데는 실감이 없던데 여기는 실감"[7]이 있다며 「탈출기」를 호평하던 현진건의 발언은, 최서해 사후(死後) "빈곤한 환경 아래서 어려서부터 무수한 고생과 쓰라림을 겪은 사람"으로서 "철저한 최저계급의 생활을 그"릴 수 있는 유일한 작가를 잃었다며 슬퍼하는 김동인의 발언으로까지 이어진다.[8] 최서해의 문학이 가진 묘사의 절실함을 절박했던 체험과 연결 짓고 있는 것이다.

진영상으로는 그 반대편에 있었다고 할 수 있는 임화가 프로문학을 중심에 둔 문학사를 서술하는 과정에서 신경향파 문학의 두 경향으로, '박영희적 경향'과 '최서해적 경향'을 분류했다는 것은 주지의 사실이다. 이러한 구도하에서 "주제의 적극성=사회성과 높은 세계관에 의하여 특징화 되어 있는" 박영희적 경향에 비할 때, 최서해적 경향은 "자연주의문학으로부터의 확고한 예술적 전진"이며 "리얼리즘의 전(全) 발전"의 의미를 지닌다.[9] 다시 말해, 박영희적 경향이 이

경위와 의미를 밝힌 박현수의 논문을 참고할 수 있다. 박현수, 「최서해 소설의 승인 과정과 에크리튀르의 문제－조선문단합평회와 『개벽』 「월평」을 통해 본 1920년대 중반 문단의 지형도」, 『반교어문연구』 26집, 반교어문학회, 2009.

7 「조선문단합평회 제2회 삼월창작소설총평」, 『조선문단』 7호, 1925.4. 81면.

8 김동인, 「소설가로서의 서해」, 『동광』 36, 동광사, 1932.8(곽근 편, 『최서해전집』 下, 문학과지성사, 1995, 370~371면에서 인용. 이하 최서해 전집을 인용할 때에는 괄호 안에 『전집』 上 혹은 下와 면수만을 밝히겠다).

9 임화, 「조선신문학사론 서설」, 『조선중앙일보』, 1935.10.9~11.13(임규찬 편, 『임화문학예술전집』 2, 소명출판, 2009, 435~437면에서 인용).

념과 세계관에 의해서 특징지어진 것이라면, 최서해적 경향은 세계의 리얼한 묘사에 초점이 맞춰져 있다. 현진건이나 김동인 등과는 도달하는 지점이 다를지언정 임화 또한 현실에 대한 핍진한 묘사를 최서해 소설의 정수로 판단하고 있는 것이다. 이렇듯 임화 문학사의 구도에는 최서해의 소설이 가난과 빈곤의 생활을 다루는 방식이 지극히 현실적이라는 당대적 판단이 개입되어 있었다. 이것을 최서해의 '경험'과 떨어뜨려 생각할 수 없음은 물론이다.

그런데 임화가 최서해의 소설을 '신경향파 문학'의 일부로 구조화한 이래로, 지금까지도 이러한 프레임은 최서해 문학에 대한 이해를 돕는 결정적인 주춧돌이면서도 한편으로는 그 전모의 파악을 어렵게 하는 걸림돌로 작용해왔다. '신경향'이라는 용어는, 가난과 그것을 야기한 사회 제도에 대한 불만을 토로한 일련의 작품들이 등장한 1920년대 초중반의 문학사적 지평 속에서 최서해의 소설을 용이하게 이해할 수 있게 한다. 하지만 그러한 이해의 용이함으로 인해 자연주의에서 리얼리즘으로 가는 과도기적 경향으로서 방화, 폭력, 살인 등의 극단적 결론을 되풀이 한다는 일종의 문학사적 편견에 기대어 손쉽게 최서해 문학의 전모를 재단할 가능성을 떠안게 된다. 그리고 바로 이런 맥락, '신경향'이라는 테두리를 인식하는 것으로부터 최서해 연구들은 주로 초기 소설에 편중되어왔다고 할 수 있다.

2000년대부터는 임화적 도식으로부터 벗어나 최서해의 문학을 규명하려는 문제의식으로 연구사의 흐름이 형성되어 있다고 해도 과언이 아니지만, 그럼에도 불구하고 그러한 연구의 경향성 또한 다시 임화의 도식으로 포섭되는 양상을 띠고 있다. 리얼리즘으로 가는 과도기적 양식이라는 규정에서 벗어나 최서해 소설이 가지는 감정적 자질들과 그로 말미암은 서사적 화소들을 분석하는 2000년대 이후의 연구들, 이를 테면 공포와 분노, 파국의 상상력이 지니는 서사적 의미가 무엇인지 규명하는 작업들이나[10] 연애와 혁명이 어떻게 관계를 맺으면서 서사를 추동하는지를 살피는 작업 등[11]은 모두 '신경향파'라는 표식에서 비롯된 최서해 문학의 단선적인 이해로부터 벗어나기 위한 시도였다고 할 수 있다. 이와 같은 흐름은 임화 문학사에 결박되어 왔던 최서해 문학 본래의 의미를 되찾아주려 한다는 데 중요한 의미가 있다. 그렇지만 신경향파로 분류되는 작품들로 연구의 범위가 한정되면서 임화가 설정했던 문학사적 범주 안에서 그것들을 더 섬세하게 설명하고 그 틀을 공고히 하는 효과이자 한계를 지니기도 한다.

이렇듯 지금까지 최서해 소설에 대한 연구는 주로 최서해가 작품 활동을 시작한 1920년대 중반부터 카프를 탈퇴할 무렵인 1928년까지의 기간에 집중되어 왔다. 물론 1932년 서른한 살의 젊은 나이에 생을

10 특히 2010년대 중반부터 본격적으로 시작된 이러한 흐름 속에 있는 연구는 다음과 같다. 김재영, 「최서해 초기 소설에 형상된 '공포'와 '파국의 상상력'」, 『현대문학의 연구』 55호, 한국문학연구학회, 2015년; 한수영, 「'분노'의 공(公)과 사(私)－최서해 소설의 '분노'의 기원과 공사(公私)인식을 중심으로」, 『한국문학이론과비평』 68집, 한국문학이론과비평학회, 2015; 최병구, 「운명과 행복, 근대(인)의 자기인식과 그 매개－최서해 소설을 중심으로」, 『국제어문』 72집, 국제어문학회, 2017 등.

11 손유경, 「최서해 소설에 나타난 '연애'의 의미」, 『우리어문연구』 32집, 우리어문학회, 2008.

마감하면서 그의 작품 활동이 중단됐다는 점을 염두에 둘 때, 후기로 분류되는 1928년 이후의 소설들의 양이 전기에 비해서 많지 않은 것도 사실이다. 하지만 최서해는 작가로서 문단에 이름을 올리기 시작한 이후 공백기 없기 꾸준히 소설을 창작했으며, 위병에 시달리다 죽음에 이르게 되는 1920년대 후반까지도 역시 쉬지 않고 소설을 썼다. 1923년부터 1930년까지 8년이라는 길지 않은 시기를 전기와 후기로 양분해서 전기의 작품들에만 연구사적 관심이 쏠려있었던 데에는, 실제로 최서해 소설이 '전환'되는 사정이 맞물려 있다. 빈민의 삶에 대한 핍진한 묘사와 그러한 상황으로부터 벗어나려 저항하는 인물들이 초기 소설의 주를 이루었다면 후기 소설로 분류되는 작품들에는 기자나 지식인 등의 등장인물이 겪는 내적 갈등이 중요하게 나타난다. 그리하여 빈민 작가의 핍진한 묘사와 강렬한 저항의식이 나타난 초기 소설에 비해, 후기의 '지식인 소설'은 작가 정신의 퇴보이자 현실에의 안주라는 측면에서 거의 주목받아오지 못했던 것이다.

하지만 실제로 최서해가 소설을 쓰고 문단 내에서 주요 작가로 거론되기 시작하면서 주로 신문 기자 생활을 했다는 점을 염두에 둘 때, 그리고 그가 죽기 전까지 꾸준히 글을 썼다는 점을 더불어 생각해볼 때, 최서해는 사실 전기 소설뿐 아니라 후기 소설에서도 자신의 체험을 서사화하고 있다고 볼 수 있다. 1925년 문단에서 이름을 알리고 조선문단사에서 일을 하기 직전까지 최서해는 노동자 생활을 했지만, 이때를 기점으로 주로 잡지사나 신문사에 몸을 담고 생활의 기반을 잡아갔다. 1925년에서 1927년까지는 조선문단사에서 입사와 퇴사를 반복했고, 1928년 『중외일보』 기자로 근무하는가 하면, 1929년부터는 매일신보의 학예면을 담당하고 학예부장을 맡기도 했다. 죽기 직전까지 작가이자 기자로서 생활을 꾸려갔던 점을 고려한다면, 후기 소설에 빈번하게 등장하는 '글 쓰는 사람'의 형상 역시도 초기 작품과 마찬가지로 자신의 생활이 반영된 글쓰기였다고 할 수 있다. 초기 소설에서 직접 경험한 빈민 생활을 소설화 했듯, 작가와 기자로서의 정체성을 체화하게 됐을 때는 그 경험이 소설에 등장하게 된 것이다.

그렇기에 최서해 문학의 전모를 설명하기 위해서 새로 물어야 할 것은, 최서해에게 소설쓰기란 무엇이었는가와 같은 질문이 된다. 최서해의 소설은 전기와 후기를 막론하고 그의 실제 경험과 떼려야 뗄 수 없는 관계를 형성하고 있었으며, 그랬을 때 그의 작품을 작가 최서해로부터 완전히 독립된 텍스트가 아니라 작가의 삶과 그에 대한 인식을 단적으로 보여주는 소산물로 볼 수 있기 때문이다. 이러한 질문에 답할 수 있다면, 임화가 제시한 신경향파라는 도식을 벗어나려 하지만 다시금 그러한 틀로 포섭되어버리는 순환의 고리로부터 벗어나 전시기를 망라해 최서해의 소설을 폭넓게 이해할 수 있는 실마리를 마련할 수 있을 것이다. 그리고 더 근본적으로는 작가에게 작품은 어떤 의미 아래 쓰일 수 있는가에 대한 여러 해답 중 하나를 내놓을 수 있으리라 생각한다.

이를 해명하기 위해서 이 글은 그동안 거의 연구사적 관심을 받지 못했던 최서해 후기 소설을 전기 소설과의 연속선상에서 재독하고자 한다. 2절에서는 최서해의 평론과 에세이로 대상을 넓혀 소설쓰기에 대한 그의 직접적인 생각을 추출해내고, 3절에서는 '인도주의적 경향'으로 일축되어 평가된 후기 소설을 지식인으로서의 생활 기반을 마련하게 된 최서해의 소설쓰기라는 관점에서 새롭게 읽어볼 것이다.

2. '자기표현'으로서의 예술—생활, 감정, 그리고 인격

최서해에게 소설쓰기란 무엇이었는가를 묻는 것은 필연적으로 그의 예술관을 규명하는 작업과 연결된다. 최서해의 예술관을 밝히기 위해서는 그가 예술, 혹은 문학에 대한 생각을 직접적으로 노출한 에세이나 평론을 살펴볼 필요가 있는데, 실제로 그는 1926년 최초의 단행본 『혈흔』을 묶어 내면서 쓴 「창작집서(創作集序)」를 비롯해서 그 이후의 다양한 글들을 통해서 문학과 예술에 대한 자신의 견해를 서술한 바 있다. 그리고 일련의 글들을 통해서 밝힌 예술관은 그의 소설 창작 활동과 밀접하게 결부되어 있었다.

> 예술 본능은 예술을 제작하는 예술가에게만 있는 것이 아니라, 식욕 본능이나 성욕 본능과 같이 예술이란 어떤 것인지 解치 못하는 예술권

외의 사람에게도 있는 본능이다. 사람은 누구나 물론하고 자기를 드러내려는 욕심을 가지고 있는 것이다. (…중략…) 필연적 의식에서 유로되는 절박한 감정의 파동이 있어야만 되는 것이니 그것이 자기 표현욕이다. 나는 그것을 가리켜서 예술 본능이라고 부르고 싶다.[12]

노동자였던 최서해가 작가로서 글을 쓸 수 있었던 것, 즉 '빈민작가'가 탄생할 수 있었던 데에는 노동자들의 교양이 실현 가능했던 문화사적인 맥락이 숨어있기도 하지만[13] 한편으로는 노동의 경험을 소설로서 다루고 싶어 하는 최서해 개인의 욕망이 작동하기도 했을 것이다. 위의 인용문에서 단적으로 드러나듯, 최서해는 예술이 본능의 영역에서 시작되는 것이라 파악한다. 예술을 할 수 있는 자격을 작가나 지식인들에게만 있다고 보는 것이 아니라, 마치 "식욕 본능이나 성욕 본능과 같이 예술이란 어떤 것인지 해(解)치 못하는 예술권 외의 사람에게도 있는" 것이라고 보는 것이다. 그리고 이와 같은 본능을 '자기 표현욕'이라고 단정하는데, 이는 자기 자신을 표현하고자 하는 욕구만 있다면 누구나 예술가가 될 수 있다는 것을 강조하는 표현이기도

12 최서해, 「문단시감」, 『현대평론』 6호, 1927.7.1(『전집』 下, 324면).

13 앞서 살펴봤듯 유승환은 그동안 섬세하게 고찰하지 않았던 이러한 맥락, 회령에서 노동을 했던 최서해가 어떻게 작가가 될 수 있었는가에 주목하는 연구를 진행했다. "1923년의 회령은 당대 활발히 전개되었던 청년・사회 운동이 산출한 다양한 미디어들이 존재했던 공간이었으며, 최서해와 같은 정규 교육과정을 밟지 못한 가난한 노동자들에게도 이러한 미디어를 활용하여 그 나름의 지식과 교양을 쌓아나갈 수 있는 경로가 존재했다는 점을 확인할 수 있다."(유승환, 앞의 글, 222면)

하다. 빈민 노동자 출신으로서 소설을 썼던 최서해의 경험을 떠올려 볼 때, 왜 이로부터 예술의 시작을 논하는지에 대해서 납득하게 하는 대목이다.

더욱이 그러한 자기표현욕을 통해 발현되는 예술이 "생활을 기초로 한다"고 보는 태도는, "'참인간'의 '참생활'이란 목표 아래서 내가 옳다고 믿는 것이며 고기가 찢기고 뼈가 부스러져서 피투성이가 되더라도 해 보려고 한다"[14]는 첫 단행본 『혈흔』의 서에서부터 지속적으로 견지되고 있다. 최서해의 소설에는 공통적으로 생활을 제대로 꾸려갈 수 없는 인물들, 생활로부터 곤란을 겪는 인물들이 등장한다. 초기 소설들의 인물들은 모두 극심한 빈궁 속에서 끼니를 제대로 해결하지 못하거나 돈이 없어 병을 치료하지 못하거나 정착하지 못해 간도 등지를 떠돈다. 「탈출기」의 박 군은 간도에서 극심한 빈곤 속에서 온돌장이, 두부장수, 나무지기 등을 하지만 벗어날 길이 없어 가족을 버린 채 ××단에 가입하고, 「기아와 살육」의 경수의 병든 아내는 약도 써보지 못한 채 타향에서 죽어갔으며, 그 어머니는 경수의 아내를 위해 좁쌀을 얻으러 다니다 중국인의 개에 물리게 된다. 이때 최서해에게 생활의 문제란 더 구체적으로는 의식주를 제대로 영위할 수 없는 상황을 의미하며, 그것은 자연히 생존의 절박함과 연결된다.

김동식이 탁월하게 명명한 것처럼 '끼니의 유물론'[15]이라고 볼 수

14 최서해, 「創作集序」, 『혈흔』, 글벗집, 1926(『전집』 上, 11면).
15 김동식은 유물론에 기반한 프로문학의 과도기적 형식이라는 기존의 구도에서 벗어나 끼

있는 초기 소설들의 이러한 정황들은 후기 소설에서도 등장인물의 직업이나 그가 놓인 여건 등을 달리한 채 이어진다. 후기 소설에서는 빈궁한 처지에 놓여있는 노동자들의 생활이 직접적으로 등장하지는 않지만, 지식인 유형의 인물들이 가난해 끼니를 굶고 있거나 혹은 가난과 가난한 자들에 대해서 발화하는 장면들이 빈번하게 나타나기 때문이다. 최서해는 에세이나 평론류의 글에서 또한 이러한 생각을 직접적으로 드러낸다. "선결 문제는 결국 밥으로 돌아가고야 만다. (…중략…) 밥에만 집착하고 밥에만 백 퍼센트의 정력을 들이라는 것은 결코 아니지만 백 퍼센트의 정력을 밥에다가 깡그리 허비하고도 부족이 되어서 쩔쩔매는 것이 우리 없는 사람들의 생활"이라는 것이다.[16]

니의 무의식이 최서해를 포함한 1920년대 중반의 소설가들에게 사회를 바라보는 데 중대한 영향을 끼쳤으며 그러한 지평에서 사회주의를 상상할 수 있었다는 점을 규명한다. "끼니의 위기는 최서해 소설의 주인공들을 사회주의 사상으로 이끌었다. 하지만 동시에 끼니의 무의식은 사회주의 사상을 자신의 논리 내부에 포괄한다. 이 장면은 최서해의 사상적 취약성을 보여주는 것이기도 하지만, 그와 동시에 끼니의 무의식이 사회주의 사상의 유물론적 토대라는 점을 보여주는 것이기도 하다. 밥의 우선성, 끼니의 유물론이야말로 1920년대 중반 한국 근대문학에 내재되어 있던 소박한 차원에서의 '유물론의 유물론'이었던 것이다. 김동식, 「1920년대 중반의 한국문학과 '끼니'의 무의식」, 『문학과 환경』 11권 1호, 문학과환경학회, 2011, 201면.

16 최서해, 「綠陰涼話—近感」, 『동아일보』, 1928.8.10(『전집』 上, 239면). 특히 지식인에게 있어 생활의 문제에 대한 최서해의 의견을 엿볼 수 있는 서술은 다음과 같다. "우리 문단 진흥책에 대하여도 여러 가지의 의견을 말하는 거보다는 솔직하게 말하자면 빵 문제가 선결 문제라 생각합니다. 사람이 붕어와 같아서 물만 먹어도 산다면이거니와 입으로 밥을 먹고 몸에 옷을 걸치고 또 처자 권속을 다 부양할 의무가 있는 이상에야 어찌 가만히 앉아서 붓대만 놀린다든지 책만 본다고 문제가 해결될 것입니까. (…중략…) 결국은 그것도 조선 전체의 근본 문제로 돌아가겠지요……."(최서해, 「결국은 '빵' 문제」, 『별건곤』, 1929.1(『전집』 下, 276면)).

낙천적 주인공의 큰 웃음 속에 참담한 푸로의 生苦가 절실히 보인다. 첫장면에 나타난 ××회관의 朝景이라든지 L에게서 실패를 당하고 C를 찾고 T를 찾는 장면은 활동사진의 장면이 바뀌듯이 좀 평면에 흐른 느낌이 없지 않으나 주인공의 생활 일부를 넉넉히 엿볼 수 있으며 배고플 것을 염려하여 이빨을 닦지 않았다는 것은 푸로가 아니면 느껴 보지 못할 처참한 고백이다. 만일 나의 상상을 허용한다면 작자는 자기 체험의 일부분을 그리지 않았는가 싶도록 **구구절절에 곡진한 묘사는 독자의 가슴에 실감을 부여해 준다.**[17](강조는 인용자)

자기표현욕구에 따라 자신의 생활 문제를 예술의 범주로 옮겨 왔을 때, 발생하는 효과는 "구구절절에 곡진한 묘사"이며 이러한 점이 독자의 가슴에 실감을 부여해준다고 최서해는 판단한다. 위의 인용문은 1927년 8월 『신민』에 실렸던 최독견의 「푸로 수기」를 평가한 최서해의 월평 중 일부이다. 굶주린 프롤레타리아 H가 밥을 얻어먹기 위해 여러 차례 계획을 세워 시도하지만 노력하지만 결국 실패로 돌아가는 이 소설에서 최서해가 주목한 것은 "푸로가 아니면 느껴보지 못할" "주인공의 생활 일부"다. 생활 묘사의 핍진성이 가능할 수 있었던 것을 '체험'과 연결시키고 있는 이 부분은 최서해의 소설 창작과 견주어 주목해볼 만하다. 다른 작가의 텍스트를 평가하는 기준이 체

17 최서해, 「7 · 8월 소설」, 『동아일보』, 1926.8.14(『전집』 下, 321면).

험을 녹여 그것을 서사화했던 자신의 경우와 맞물려있기 때문이다.

나아가 최서해는 체험이 예술화되었을 때 예술은 단순히 자기표현 욕구의 실현 수단을 넘어서 독자의 가슴에 '실감'을 부여해준다는 점을 강조하고 있다. 작가의 생활에서 비롯된 자기표현 욕구에서 예술은 시작되지만 그 귀결점은 대중적 실감의 차원에 있어야 한다는 최서해의 주장은 조선 문단의 진보적 진영 사이에서 진행됐던 대중화론이 본격적으로 화두에 오르기 직전인 1927년도의 글에서도 그대로 다음과 같이 되풀이된다. "비로소 현실을 튼튼히 밟고, 대중을 목표로써 모든 주의(主義)나 주장을 세워야 할 것이다. 오늘의 대중 운동이 이러한 견지와 목표 속에서 진전되는 것은 위에 말한 바를 튼튼히 좌증(左證)하는 것이다. 그러므로 문예(문학)도 마땅히 이렇게 나아가야 할 것이다."[18] 그렇기에 최서해가 독자의 실감을 염두에 둔다고 했을 때, 그때의 독자란 단순히 전반적인 문예의 수용층을 의미한다기보다는, 프롤레타리아 대중을 의미하는 것이라고 할 수 있다.

정리하건대 최서해는 예술의 시작이 생활의 부조리에 대한 자기표현욕에서 비롯되었다면 그 결과는 읽는 이로 하여금 실감을 느끼게 하고 잘못된 현실을 바로잡을 수 있는 동력을 부여하는 데로 나아가야 한다고 생각했다. 이러한 기조를 유지한 채, 최서해가 예술을 추동하는 두 가지 토대로 보았던 것은 '감정'과 '인격'이다. 특히 최서해의

18 최서해, 「문예시감 · 1」, 『현대평론』 8호, 1927.9(『전집』 下, 333면).

초기 에세이와 평론에서 강조되는 감정의 역할이, 후기로 갈수록 인격과 양심의 역할에 대한 강조로 대체된다는 점은 특기할 만하다. 물론 여기서 더 눈 여겨 보아야 할 것은 최서해가 단순히 '감정'과 '인격'을 강조했다는 점 자체보다는 그 내포가 무엇이냐는 데 있을 것이다.

> 나는 예술을 동경한다. 나는 내게 예술적 천재가 없는 것을 잘 안다. 하지만 나는 문예를 사랑하며 문예를 짓는다. 내 글은 세련이 없고 미숙하며 내 글은 현란이 없고 난삽하며 내 글은 푸른 하늘 밝은 달 같은 맛이 없고 흐린 못 진흙같이 틉틉한 줄 나는 잘 안다. 그런데 나는 문예를 지으려고 애쓴다. 나는 다만 내 가슴에 서리서리 엉킨 정열을 쏟으면 그것으로 족할 뿐이다. 세상이야 욕하거나 웃거나 나는 내 아들을 사랑한다. 그것은 내 아들이 잘나서 사랑하는 것이 아니다. 내 아들은 세상에 보이기 무섭게 못났다. 그러나 내 고통을 말하여 주는 것은 오직 내 아들[創作]뿐인 까닭이다.[19]

> 감정을 움직이는 힘이 없으면 문예 작품으로서의 가치는 소멸되는 것이다. 감정은 전연히 不顧하고 어떠한 사상만 편중하는 경향이 근래 우리 문단에 보이나 이것은 편견이라고 생각한다. 문예 작품에 위대한 사상이 필요치 않은 것이 아니지만 그 사상을 절실히 느끼게 하는 원동력인 감정의 힘이 더 필요한 것이다. 필연적 의식에서 유로되는 감정으로

19 최서해, 「創作集序」, 『혈흔』, 글벗집, 1926(『전집』 上, 14면).

부터 나온 작품이라야 독자를 움직이는 것이다.[20]

위의 인용문은 모두 최서해가 문단에서 주목받기 시작한 직후인 1926년도에 쓰인 글의 부분으로, 이를 통해 그가 생각한 문학과 감정을 관계를 유추할 수 있다. 첫 번째 인용문에서는 작가로서 최서해가 예술을 하게 된 계기로서 고통의 힘에 대해서 서술하고 있다면, 두 번째 인용문에서는 그러한 감정이 독자의 감정을 움직이는 힘으로 이어질 수 있다는 점을 강조하고 있다. 물론 이런 식의 직접적인 서술을 염두에 두지 않더라도, 지금까지 최서해의 소설에서 감정이 지니는 의미에 대한 연구는 꾸준하게 이루어져 왔다. 최근에는 고통스러운 삶과 그것이 개선될 수 없을 것 같다는 파국에 대한 공포에 집중하거나[21] 이러한 사회적 조건에 대해서 분노하는 것이 지니는 서사적 의미에 대해[22] 규명하는 연구들이 있었다. 최서해의 예술관에서 작가가 가지는 감정의 역할이 중요한 위치를 차지하고 있는 만큼 그의 소설 속 등장인물들이 느끼는 감정은 중요한 서사적 역할을 하고 있다. 최서해는 여기에서 나아가 독자가 느끼게 되는 감정과 그것이 야기하게 될 수용의 효과까지를 염두에 두고 있었다.

---

20 최서해, 「7·8월 소설」, 『동아일보』, 1926.8.14(『전집』 下, 321면).

21 김재영은 "세상의 망함, 세상의 뒤집힘, 즉 '파국' 또는 '전복'에 대한 상상과 최서해의 공포는 연관되어 있다"며 최서해 소설에 나타난 공포의 의미와 파국의 결과를 연결하여 그의 근원적인 세계관이 파국적이며 비관적인 세계 인식에 기대어 있다고 설명한다. 김재영, 앞의 글, 311면.

22 한수영, 앞의 글.

빈민의 생활에 대한 핍진한 묘사 속에서, 그와 같은 생활을 벗어나는 것을 상상할 수 있게 하는 동력은 빈곤한 생활에 저항하는 감정으로부터 생긴다.[23] 이러한 감정은 리얼한 묘사와 대척되는 환상성의 경향이 최서해의 서사 속에 양립할 수 있게 하는 기반이 되기도 한다. 현실에 대한 분노는 현재의 생활로부터 벗어날 수 있다는 상상을 가능하게 하고, 그러한 해방적 상상의 산물로서 환상성은 오히려 현실을 직시할 수 있도록 주체의 전환을 꾀한다는 점에서 '현실'적인 면이 있다.[24] 빈민의 경험이 단순히 사실을 기술하는 차원에서가 아니라 소설을 창작하는 차원에 녹아들 수 있었던 데에는, 그리하여 '경험의 서사화'로서 최서해의 초기 소설을 평가할 수 있는 이유는, '현실'을 대하는 '감정', '핍진성'을 마주하는 '환상성', 혹은 그 반대의 측면에서 찾을 수 있다.

그러나 이렇듯 초기의 글과 소설에서 특징적으로 나타났던 감정에 대한 강조는 뒤로 갈수록 점차 줄어든다. 에세이나 평론에서 더 이상

23 "나는 차라리 울지언정 아첨의 웃음은 웃고자 하지 않는다. 나는 차라리 가슴을 치고 엎드려 궁글지언정 남이 기분에 뛰고자 하지 않는다. 나는 차라리 반역에 죽을지언정 불합리한 제도에 순종하고자 하지 않는다." 최서해, 「創作集序」, 『혈흔』, 글벗집, 1926(『전집』 上, 15면).

24 이와 관련해 유승환은 "사건과 환상이 서로 하나씩 병치되는 구조를 취하고 있"는 「기아와 살육」, 「큰 물진 뒤」, 「십삼원」 등을 분석하면서 이러한 환상적 장치들이 "작중 인물이 겪는 사건의 경험적인 강렬함을 보증함으로써 사건의 진실성을 환기 시키며, 사건과 사건 사이의 연결을 담당하는 핍진성을 만들어내고, 또한 작중 인물의 경험 능력의 비약적인 증대를 통하여 작중 인물의 존재를 변이시키면서 사건 전개의 와중에 쌓여왔던 갈등 등을 해결하는 결말로서 기능한다고 분석하기도 했다. 유승환, 「1920년대 초중반의 인식론적 지형과 초기 경향소설의 환상성」, 『한국현대문학연구』 23권, 한국현대문학회, 2007.

문학과 감정의 역할에 대해서 논하지 않게 된 것은 물론이고, 주지하다시피 1928년 이후 소설의 경향 역시 초기 소설과는 판이하게 달라진다. 분노와 같은 감정적 자질이나 환성성이라는 서사적 화소는 더 이상 소설 속에 등장하지 않게 된다. 서론에서 전제했듯 전 시기를 막론하고 최서해의 소설이 실제 자신의 생활 경험을 통해서 나온 것이라면, 소설을 쓰고 신문사나 잡지사 일에 관여하던, 즉 빈민에서 인텔리로 삶의 방식과 생활의 터전이 달라져버린 시기의 최서해 소설에 대해서도 그에 응하는 해석과 평가가 이루어져야 한다. 이런 맥락에서 후기 소설에 대한 이해의 지평을 넓히기 위해, 이 시기 최서해가 썼던 글들을 경유하여 그가 문학에 대해 생각하고 있었던 단면을 재구성하는 것이 필요하다.

> 예술은 생활을 기초로 한다. 생활은 써 인격을 훈련하고, 陶冶하는 까닭이다. 이렇게 생활을 기초로 한 예술은 그 생활에 훈련되고 도야된 작자라는 非自然인 한 인격을 통하여 표현되는 것이다. (중략) 다시 말하면 다같이 사람이라는 인격을 통하여 나왔고 생활을 기초로 한 것이다. 이러므로 생활이 없이는 인격이 있을 수 없고 인격이 없이는 예술이 있을 수 없는 것이다. 생활・인격・예술은 각각 다르면서도 서로 유기적 관계를 가지고 연대적으로 활동하게 되는 것이다. (중략) 자기의 인격을 조성하는 자기의 생활에 가장 가깝고 적절한 사실을 보는 때에 받게 되는 추상적 관념이 아니요, 구상적 실감이다. 실감이라야만 情意를 움직

이는 것이요, 정의를 움직여야 예술이 나오게 되는 것이다. 그러니 위대한 예술가가 되려면 위대한 인격자가 되어야 할 것이요, 위대한 인격을 조성하려면 위대한 생활을 하여야 할 것이다.[25]

작가로서 일정한 주견 없이 어떠한 생활이든지 창작의 제재를 삼는다는 것은 실재 그대로를 표현한다는 사실주의의 작가의 작품에서도 볼 수 없는 것이외다. 암만 실재 그대로를 표현한다고 해도 결국은 작가라는 한 인격을 통하여 나오는 이상 그 인격의 주견을 벗지 못하는 것이 사실입니다.[26]

위의 인용문에서 최서해는 문학과 인격의 관계에 주목하고 있다. '인격'은 1925년에서 1920년대 말까지 최서해의 글에서 지속적으로 등장하는 용어 중 하나다. 최서해는 예술이나 문학에 대한 자신의 생각을 전개할 때 빠지지 않고 인격의 중요성을 강조하는데, 이와 관련된 내용은 그간 거의 주목받아오지 못했다. 그도 그럴 것이 물질적 토대에 대한 문제제기와 그것의 변화를 요구하는 입장에서, '인격'은 계급을 초월하여 존재하는 이질적인 개념인 것처럼 보이기 때문이다. 한편으로는 이러한 점이 자연스럽게 인도주의적이라고 평가되는 최서해의 후기 소설의 경향과 맞물려 주목의 대상이 되어오지 못해 온

25 최서해, 「문예시감 · 1」, 『현대평론』 8호, 1927.9(『전집』 下, 330~331면).

26 최서해, 「제재 선택의 필요」, 『중외일보』, 1928.8.2(『전집』 下, 344면).

바 크다. 그럼에도 불구하고, 최서해가 계속해서 '인격'이라는 말을 사용했다면, 그것의 표면적 의미를 따라 읽는 것보다 그것이 지칭하고자 하는 내포와 지향하고 있는 맥락을 함께 독해하는 것이 더 중요할 것이다. 다시 말해, 그의 예술관에 있어서 인격이 무엇을 함의하고 있으며 어떤 위상에 놓여있는지가 섬세하게 규명되어야 할 것이다.

첫 번째 인용문에서 최서해는 생활과 인격, 그리고 예술이 "서로 유기적 관계를 가지고 연대적으로 활동한다"는 점을 밝히고 있다. 이를 통해 최서해가 상정한 예술관의 전체적인 구도를 확인할 수 있다. 앞서 살펴보았듯 최서해는 예술이 생활이라는 경제적 토대의 문제를 '실감' 속에 담아야 한다고 보았으며 그것을 가능케 하는 작가의 표현욕구와 생활 체험에 대해 언급했다. 최서해는 이러한 양자적 구도 속에서, 그 사이를 매개하는 항으로서 '인격'을 설정하고 있다. 인용문에서 드러나듯, 그는 생활로부터 인격이 배태되며 또한 그렇게 배태된 인격으로부터 예술이 가능하다는 주장을 펼친다. 그렇게 볼 때, 생활과 예술을 매개하는 '인격'은 일종의 '주체'로서의 의미를 전제하는 것이라고 할 수 있다. 그에게 인격은 인간으로서 마땅히 갖추어야 할 덕목과 같은 것이라기보다는 생활을 변화시키려는 의지와 그것을 예술로 표현하려는 욕구 사이에서 형성되는 것을 의미한다. 생활을 진단하고 그것을 변화를 시키기 위한 실천적인 주체, 그리고 적극적으로 현실 상황 밖을 상상할 수 있는 예술적 주체를 상정했던 것이다. 반복하건대, 최서해의 문학론에서 개진되는 '인격'이라는 개념은 고정된 도덕적 관념이나 지향해야 할 당위가 아닌, 주체의 상정, 혹은 주체적 태도 그 자체로 이해될 수 있다.

이를 고려해 본다면 인격은 작가가 지녀야 할, 그리고 지니기 위해 노력해야 할 조건이라고 할 수 있다. 위대한 예술가가 되기 위해 위대한 인격자가 되어야 한다는 서술에는, 인격이 이미 완성된 것이 아니라 완성되어 가는 과정 속에 있는 것이라는 점이 전제되어있다. 최서해에게 "양심에 부끄럽지 않은 글"을 쓰기 위한 방법은 "경험 없는 것은 쓰지 않는 것", "자기의 생활에 가장 가깝고 적절한 사실을 보는 것"이면서 한편으로는 "좋은 작을 얻으려고 애쓰기 전에 좋은 인격을 얻으려고 애"쓰는 것이다. 즉 생활을 객관적으로 묘사하면서도 현상을 바라보는 올바른 작가적 주관을 갖추기 위해 '애쓰는 것' 자체를 강조하고 있는 것이다.

그런데 인격을 갖추는 것의 중요성을 강조하고 있으되 정작 "좋은 인격", "위대한 인격"이 무엇인지에 대한 서술을 생략하고 있다는 점은 주목을 요한다. 최서해는 그에 대해 답을 내리는 것을 유보한 채, 그것에 다다르기 위한 노력의 중요성만을 계속해서 강조한다. 이는 최서해가 프로소설가로서 가질법한 작가적 주관에 대해 손쉬운 해답을 가지지 않았다는 것으로 독해될 수 있다. 여타의 경향소설과 다르게 최서해의 소설이 계몽적이며 시혜적 태도를 견지하고 있지 않았다는 사실은 이러한 해석을 방증한다. 한수영이 지적했듯 "'사적 영역'과 '공적 영역'의 위계를 결정짓지 못하고 주저"하지만 그렇기 때문에

"왜 혁명이 당장 실현되지 않는가"에 대한 질문을 소설적 형식으로 떠안을 수 있었던 초기 소설의 맥락은[27] 그 이후에도 여전히 유효하다. 예술에서의 감정이 지니는 역할을 강조하는 초기 글쓰기의 지향과 멀어지면서 최서해의 예술관에는 인격과 창작과의 관계가 더 뚜렷하게 드러나게 된다. 물론 이때의 인격은, 앞서 지적했듯 유물론적인 기반 위에서 형성되는 주체의 의미를 포함하고 있다. 다음 장에서는 이러한 맥락에서 최서해의 후기 소설이 지니는 의미를 재독하고자 한다.

3. 지식인으로서의 생활과 자기인식의 서사

그동안 최서해의 후기 소설[28]은 빈민 생활의 핍진하게 그려내고

27 한수영, 앞의 글, 392면.

28 보통은 최서해의 초기 소설의 경향이 달라지기 시작한 기점을 1928년 「갈등」과 「부부」 등으로 본다(신춘호, 『최서해-궁핍과의 문학적 싸움』, 건국대 출판부, 1994, 26면). 한수영은 최서해의 문학 활동에 대해서 정치한 시기 구분을 시도한다. 첫 번째는 "『학지광』 등에 시나 수필 등을 발표하는 10대 후반"까지의 시기, 두 번째는 만주에서 "귀국 직후부터 '홍염'을 발표할 무렵까지"로 "흔히 서해 소설에서 가장 이채롭다고 평가받는 작품들"이 발표되는 시기, 세 번째는 "소설의 결말이 살인이나, 방화, 광란과 같이 즉자적이고 개인적인 반항과 파괴로 치닫지 않고 그 나름의 합리적인 현실변혁의 전망을 모색하는" 작품이 창작되던 시기, 네 번째는 "반성적인 소시민의 의식을 집중적으로 드러내 보이는 말년"의 작품들이 나오던 시기이다. 이렇듯 네 부분으로 시기 구분을 하면서, 특히 마지막 시기의 작품들을 후기 소설로 보고 있다. 한수영, 「돈의 철학, 혹은 화폐의 물신성(物神性)을 넘어서기-최서해의 장편 『호외시대』론」, 『현대문학의 연구』 4권, 한국문학연구학회, 1993, 115면.

현실에 대한 저항의식을 가진 전기 소설, 이른바 신경향파로 분류되는 소설들에 비할 때 함량 미달로 평가 절하되어 왔다. 안용희의 지적처럼 물론 전기와 후기 소설을 명확하게 나눠 논의할 수 없는 부분이 있기는 하지만[29] 그럼에도 불구하고 실제로 최서해 소설의 통시적인 경향은 분명 전기와 후기가 다른 양상을 보인다. 그동안 크게 연구사적 주목을 받지 못한 후기 소설들에는 공통적으로 기자나 편집자, 소설가 등의 지식인들이 주요 등장인물로 등장한다. 「탈출기」의 나, 「기아와 살육」의 경수, 「홍염」의 문서방 등 전기 소설의 등장인물이었던 노동자나 농민, 머슴, 거지 등 하층계급의 자리를 대체한 것이었다. 등장인물의 유형이 달라지면서 서사 내용상의 핵심적인 특징도 변화했다. 전기 소설에서 등장했던 하층민의 궁핍한 생활에 대한 핍진한 묘사는 지식인의 생활에 대한 묘사로 바뀌었으며 환상성이나 강렬한 저항 의식, 그리고 그로 인한 살인, 방화, 폭력 등의 결말이 사라

29 안용희는 앞선 한수영의 시기구분법에서 누락된 지점들을 지적하며, 최서해 소설의 시기를 구분하는 것이 지니는 한계에 대해서 말한다. "첫 번째 시기에 발표된 시, 수필 등에 드러나는 계몽적 정조는 이후 발표된 글들에서도 마찬가지로 노정"되고 있을 뿐만 아니라 이미 "간도를 배경으로 '신경향파'적 내용을 취하는 작품이 그다지 많지도 않"기 때문에 일부 초기 소설들을 최서해 문학의 본령으로 볼 수 없다는 것이다. 안용희는 차라리 "소설의 서사구성을 내용이 아니라 모티프의 구조화라는 차원에서 바라볼 때, 최서해 소설에서는 일정한 서사구조가 반복하고 있음을 알 수 있다"는 점을 적실하게 지적하고 있다. 이는 후기 소설에 대한 평가를 재고해야 한다는 입장을 견지하는 것이기도 한데, 본 논문 또한 이러한 안용희의 문제의식을 일정 부분 공유하고 있다고 할 수 있다. 그러는 한편으로 모티프의 구조화라는 차원에서만 최서해 소설 전체를 바라보게 될 때, 통시적으로 변화하는 작품들의 경향을 섬세하게 독해하지 못하게 될 염려가 있기 때문에, 전·후기의 변화를 인정하되 그 사이의 연속과 단절을 함께 살펴보고자 한다. 안용희, 「'그늘에 피는 꽃', 최서해 문학의 아포리아」, 『민족문학사연구』 57권, 민족문학사학회, 2015, 21~23면.

지고 지식인의 내적 갈등이 주를 이루게 된다.

그러나 중요한 것은 후기 소설들에 등장하는 지식인의 생활이 전기 소설의 등장인물들보다 더 나은 생활을 영위하는 것은 아니라는 점이다. 후기 소설에 등장하는 '글을 쓰는 인물'들도, 전기 소설의 등장인물들과 마찬가지로 모두 돈이 없어 가난에 허덕이고 끼니와 생활을 걱정한다.[30] 「먼동이 틀 때」의 허준이는 집세를 내지 못하고 주림을 참는 처지로 상부회라는 대중 조직을 어떻게 이끌어갈까를 고민하고, 「인정」의 승현은 "전당에 들어갔던 것을 겨우 찾아 입은" 양복 단 한 벌을 도둑맞을 위기에 처하기도 한다.[31] "몇 가지 남은 책을 집어 내어다 팔"[32] 정도로 궁핍한 생활을 이어나가는 「전기(轉機)」의 박인환, "이런 글을 써서 뭘 하나! 차라리 지게를 지고 있지"[33]라고 말하는 「무명초」의 박춘수, "병과 가난은 부부"[34]라고 말하며 죽어갔던 K 앞에서 자신과 주변 동료들의 처지 또한 다르지 않음을 느끼는 「같은 길을 밟는 사람들」의 나 등은 모두 잡지사나 신문사에서 근무하거나 글을 쓰는 인물들이다. 등장인물들이 놓인 위치는 다를지언정, 최서

30 김병구는 이와 관련해 "그가 가난이라는 인간 외적인 조건이 인간의 심리에 미치는 파장을 일관되게 소설적 문제의 대상으로 올려 놓고 있다는 점에 주목해 보아야 한다. 왜냐하면, '가난'의 문제가 동시대 작가들에 의해 빈번히 다루어지던 소설적 주제라고 하더라도, 최서해만큼 궁핍한 현실의 문제를 서사적 인식의 대상으로 일관되게 파헤쳐 들어 간 작가도 드물기 때문이다"라고 지적한 바 있다. 김병구, 「최서해 소설의 (탈)식민성」, 『최서해 문학의 재조명』, 국학자료원, 2002, 31~32면.

31 최서해, 「인정」, 『신생』, 1929.2(『전집』 下, 97면).

32 최서해, 「轉機」, 『신생』, 1929.11(『전집』 下, 157면).

33 최서해, 「무명초」, 『신민』, 1929.8(『전집』 下, 145면).

34 최서해, 「같은 길을 밟는 사람들」, 『신소설』, 1929.12(『전집』 下, 157면).

해 소설에서 가난과 궁핍한 삶에 대한 관심은 전후기를 망라하고 지속되고 있다.

이러한 서사적 연속과 단절에는 최서해의 전기적인 요소가 반영되어 있다. 실제로 최서해는 1923년 간도에서 귀국한 후 방인근의 집에 머무르며 『조선문단』의 편집을 도우면서 1927년 남진우가 조선문단사를 인수한 이후까지도 조선문단사에서 글을 쓰고 일을 했다. 1928년에는 『중외일보』에 입사하여 기자 생활을 했으며, 1929년에는 『매일신보』의 학예부장을 맡게 됐다. 조선문단사에서 일할 때는 물론이고 『중외일보』에서 기자가 된 후에도 "2년 동안을 한 달 치밖에 월급봉투를 손에 쥐어 본 일이 없"었었으며[35] 문단에 자리를 잡고 여러 소설을 쓴 뒤에도 "밥거리가 없어서 굶어본 적이 한 두 번이 아니었"[36]다는 박상엽의 회고를 통해, 최서해가 '글을 쓰는 직업'을 본격적으로 갖게 된 이후에도 늘 빈곤과 궁핍한 삶을 살았던 것을 확인할 수 있다. 여러 막노동을 했던 그가 '글 쓰는 사람'으로서의 자의식을 갖게 되었던 것이 소설 속 등장인물들의 성격과 서사의 구성에 변화를 가져왔지만, 그러한 가운데에서도 가난과 궁핍한 생활 자체에 대한 관심은 지속됐다. 반복하건대, 이런 부분은 실제 최서해의 삶과 떨어뜨려 생각할 수 없다. 후기 소설도 전기 소설이 독해되는 것과 같이 '경험의 서사화'라는 측면에서 읽을 수 있는 단초가 마련되는 것이다.

---

35 박상엽, 「감상의 7월—서해 영전에」, 『매일신보』, 1933.7.26.

36 위의 글.

후기 소설에는 '빈민'작가에서 빈민'작가'로 변화해가는 최서해의 정체성 변화가 나타난다. 이런 맥락에서 1931년 삼천리사에서 발행된 단행본 『홍염』은 최서해 소설의 연속과 단절을 동시에 설명하는 데 있어 문제적인 작품집이다. 1926년 발행된 최서해의 첫 작품집 『혈흔』에 수록된 작품들이 전형적으로 초기 소설의 경향을 공유한다. 이와 비교할 때, 두 번째 작품집 『홍염』에는 전후기를 관통하는 최서해 문학 세계의 특징이 오롯이 드러나 있다. 『홍염』에 실린 「홍염」, 「저류」, 「갈등」 세 편의 텍스트는 공통된 문제의식이나 기조로 묶여 있지 않다. 서간도의 조선인 밀집지역 빼허를 배경으로 하고 있는 「홍염」은 중국인 지주 인가에게 딸을 빼앗긴 문 서방이 딸을 찾기 위해 인가의 집에 불을 지르고 그를 죽인다는 내용의 소설이다. 서간도라는 공간의 설정, 궁핍한 생활의 묘사, 그것을 견인하는 부조리한 현실에 대한 분노, 그리고 분노를 해결하기 위한 방화라는 해결 방식까지, 「홍염」은 전형적인 초기 소설의 특징을 공유하고 있다. 이에 반해 「갈등」은 XX문화협회 임원으로 일하고 있는 지식인 박춘식이 아내의 권유로 집에 어멈을 들이게 되고 여러 차례 어멈들을 '부리고' 바꾸면서 겪게 되는 지식인의 내적 갈등과 자기 폭로의 이야기를 담아내고 있다. 지식인이 주요 등장인물로 등장하고 그 때의 심리적 반응 살핀다는 점에서 「갈등」은 후기 소설의 창작을 예고한다.

헌데 나는 무슨 까닭에 『홍염』을 문제 삼으려고 하는가? 그것은 이 작품집에 수집되어 있는 세 개의 단편 「홍염」 「저류」 「갈등」을 통하여 그 근저에 숨어 있는 중대한 시간적 이동의 복선이 강렬하게 나의 흥미를 도발한 까닭이다. 그것은 작품집인 동시에 한 개의 속일 수 없는, 일 인텔리겐차의 한 인간사인 까닭이다. 즉 지식 계급 그것의 변이의 제 단계인 그 대표자로서의 서해 세 계층의 시간적 발전 — 혹은 퇴화라고 해도 좋다 — 의 인간 기록 『홍염』을 통하여 여실하게 그려져서 우리들의 가슴을 굳세게 때리는 것이었다. 또한 일찍이 지식 계급의 가장 ××적 사상이었던 인도주의가 현실 조건의 성숙을 따라 지식 계급의 생활의 결정적 변화에 의하여 어떻게 냉각해 버리여 이윽고 차디찬 灰燼으로 化하는가?의 한 예시가 있다.[37]

김기림 또한 『홍염』에서 소설적 경향의 변화, 그리고 그것을 견인하는 작가의 변화를 감지한다. 그들 작품에 "시간적 이동의 복선"이 드러나 있으며, 그러한 이동에는 한 "인텔리겐차의 한 인간사", "지식 계급의 생활의 결정적 변화"가 전제되어 있다는 것이다. 작품집 내에서 나타나는 소설들 간의 차이와 최서해의 생활상 · 정체성상 변화를 함께 설명하면서 『홍염』을 징후적인 텍스트로 평하는 김기림의 독해 방식에는 일면 타당한 측면이 있다. 앞서 설명했듯 최서해의 소설의 그의 경험과 떨어뜨려 놓고 생각할 수 없기 때문이다. 그러나 그 변화

37 김기림, 「『홍염』에 나타난 의식의 흐름」, 『삼천리』, 1931.9(『전집』 下, 367면).

를 "퇴화"로 보는 관점에 대해서는 다시 생각해볼 필요가 있다. 김기림이 말하는 퇴화는 무엇으로부터의 퇴화인가. 퇴화를 상정하면서 전제되는 발전된 형태는 무엇인가. 그리고 그러한 관계 설정과 규정은 정당하며 적당한 것인가. 이러한 질문에 대한 답을 마련하지 않은 채 형성된 구도를 최서해의 소설 전체를 이해하는 틀로서 받아들이는 것에는 문제가 있다.

김기림은 "지식 계급의 생활의 결정적 변화"를 이유로 「갈등」이 퇴행했다고 판단할 뿐, 그것이 어떻게 퇴행일 수 있는지에 대해서는 설명하고 있지 않다. 이러한 시각은 "「갈등」 등은 태작이라고 본다. 걸작을 쓰기는 그가 서울에 와서 고생하는 초기에 나온 것이고 가작을 쓰기는 생활에 조금 안정을 얻은 때의 일이고 태작을 쓰기는 실로 청빈을 버린 이후에 집필한 것이다"[38]라는 김동환의 진술에서도 나타난다. 왜 후기 소설들의 작품적 완성도가 떨어지는지를 정치하게 설명하지 않은 채, 단순히 최서해가 넉넉한 생활을 영위했기 때문에 예전과 작품을 못 쓴다고만 설명하고 있는 것이다. 이는 소설 자체에 대한 정당한 평가라기보다는 작가 의식의 변화라는 단순한 표식에 의해서 소설을 이해하는 방식에 지나지 않는다. 당대부터 지금에 이르기까지 최서해의 후기 소설들은 주로 이러한 관점에 의해서 이해되어 왔다. 그러나 전술했듯 최서해는 마지막까지 가난과 궁핍의 부조리함

38 김동환, 「살풍경한 짧은 생애」, 『조선중앙일보』, 1934.

에 대한 관심을 거두지 않았다.

> 돈? 돈! 돈! 천하를 움직일 만 한 돈으로도 못 살, 사서는 안 될 인정이언만 오늘날은 돈에 빼앗기고야 만다. 이렇게 생각하니 나는 어멈이 더욱 가긍스러웠다. 나는 어멈이라는 경계선을 뛰어넘어서 내 아내나 내 이우처럼 나와 가장 가까운 사람처럼 느껴지었다. 이렇게 되면 남의 일이 아니라 내 일이다. 나는 내 앞에 어멈이 있으면 그를 껴안아 대고 위로해 줄 만큼 흥분이 되었었다.
>
> 끓어올랐던 흥분이 고요히 갈앉은 뒤 비판에 눈뜨는 내 이성은 지식계급인 체 하고 가만히 앉아서 모든 것을 정관하는 내 태도가 얄미운 동시에 그렇게 생각하면서도 그런 사람(어멈)을 부리는 것이 죄송스러웠다. 나는 어찌하여 이런 것 저런 것 다 집어치우고 그런 무리에 뛰어들어가서 그네들과 함께 울고 웃지 못하는가? 나는 이 갈등에 마음이 괴로웠다.[39]

확실히 「갈등」은 "지식계급" 박춘식의 내적 갈등을 중심으로 하고 있다. 박춘식의 내적갈등을 촉발시키는 것은 아내의 권유에 따라 들이게 된 "어멈"의 존재이다. 처음 집에 어멈을 들일 때의 박춘식은 그것을 달가워하지 않는 듯하면서도 내심 누군가를 '부린다는 것'에 대한 기대를 가지기도 한다. 이 양가적인 마음이 박춘식의 내적 갈등의

39 최서해, 「갈등」, 『홍염』, 삼천리사, 1931(『전집』 下, 54면).

내용을 형성하게 되는 것이다. 박춘식과 그의 아내는 조신하지 않은 말투나 비굴한 태도 등을 이유로 어멈들이 들어오는 족족 그들을 마음에 들어 하지 않고 계속해서 다른 어멈을 들이게 된다. 그렇게 수차례 어멈들을 만나게 되는 과정에서 박춘식은 마음이 편치 않은 듯 생각에 잠기곤 하지만, "시계를 잡혀서 월급을 주면서도 어멈을 부리려는 생활"을 멈추지 않는다.

주목해야 할 것은 이처럼 기만적이고 위선적인 모습이 등장하는 장면에서 서술자가 보이는 비판과 조소의 태도이다. "지식계급", 혹은 "중간계급"의 허위성을 폭로하고 고발하고 있는 것이다. 박춘식은 지방에 내려가는 어멈을 안쓰러운 마음으로 배웅하는 과정에서 문득 그와 자신이 마치 연인 관계처럼 보일까, "양복에 구두를 신었더면 하는 후회"를 하는가하면, 열차에서 우연히 만난 친구들에게 어멈을 배웅하는 중이라며 먼저 그 관계를 서둘러 말하기도 한다. 박춘식은 "지식계급인 체" 하면서 그렇게 생각하고 행동하는 스스로를 조소한다. 마음과 사유, 행동 사이의 불일치를 괴로워하며 갈등을 겪는 것이다. 이와 같은 내적 갈등이 지속될수록 오히려 지식계급의 허위성에 대한 자기 폭로는 증폭된다. 폭로가 반복될수록 박춘식은 스스로에 대한 조소의 시선을 거두고 점차 자신의 객관적 계급적 위치와 태도에 대해서 고민하게 된다.

그 반복 운동 속에서 박춘식은 어멈들을 "어멈계급"이라고 지칭한다. "어멈계급"은 지식인으로서 자신의 위치를 자각하고 돌아보게끔 한다. 중산 계급으로서 '행위하는 나'를 메타적으로 바라봄으로써, 계급문제를 객관적으로 생각하게 되는 것이다. 그리하여 소설의 마지막에서는 "그네(어멈)의 세상이 되어야 일 만 사람의 고통이 한 사람의 영화와 바뀌일 것"이라는 생각에 이르게 된다. "중산 계급에서 방황하는 내 심리를 예리한 해부도로써 쪼갠다면"[40]과 같은 표현들은 최서해가 중산 계급의 삶을 긍정하는 소설을 쓴 것이 아니라 오히려 그것을 객관화하여 바라보려했다는 점을 보여준다. 이러한 서사의 저변에 실제로 '빈민'작가에서 빈민'작가'로 입장이 변화함에 따라 달라질 수밖에 없는 스스로의 정체성에 대한 최서해의 고민이 담겨있다는 것은 어렵지 않게 짐작할 수 있다. 간도에서의 노동 경험을 서사화 하던 최서해에게 이제 더 중요해진 것은, 현재 자신이 처한 조건 안에서 어떻게 가난과 궁핍의 문제를 바라볼 수 있느냐는 데 있게 된 것이다.

「갈등」은 빈곤하지 않은 지식인이 주요 인물로 등장하는 유일한 소설이다. 이를 기점으로 그 이후 최서해의 소설에는 빈민의 가난한 삶과 결코 다르지 않은 궁핍한 생활을 하는 지식인 유형의 인물들이 주로 등장한다. 「먼동이 틀 때」의 허준이는 친구 김관호의 회사에 취직하기 위해 그 이전에 일하고 있던 김 씨의 자리를 빼앗는 상황에 놓이게 된다. 그 상황에서 허준이가 겪게 되는 내적갈등은, 저와 같이 가난과 배고픔에 시달리는 처지의 김 씨를 내쫓고 그 자리에 들어가

40 최서해, 「갈등」, 『홍염』, 삼천리사, 1931(『전집』 下, 39면).

야 하는가, 김관호로부터 받은 돈을 상부회의 동료들과 함께 나누지 않고 자신의 배만을 채우는 데 쓰는 것이 어떨까 하는 등의 문제와 관련되어 있다. 이것은 박춘식이 느끼는 내적갈등과는 다소 결이 다르다. 가난한 생활 속에서 공생하는 것에 대한 윤리적 물음 앞에서 겪게 되는 갈등에 가깝기 때문이다. 허준이가 김관호의 회사 일을 포기하고 김 씨를 상부회의 구성원으로 끌어들이며 소설이 끝나는 것은, 앞선 윤리적 질문 앞에서 최서해가 내린 답이기도 하다. 「무명초」의 박춘수는 돈도 안 되는 원고를 쓰면서 온 가족이 끼니를 거르고 집세도 못 내는 형편에 딸이 병에 걸리자 "피차 편하게 어서 죽으라"고 해버린다. 그러나 가난한 생활 속에서 갖게 되는 이러한 부정적인 생각들은 고스란히 박춘수의 마음속에 독백으로 남겨질 뿐, 초기 소설의 주인공들처럼 살인이나 방화 등의 극단적 행동으로 치닫지 않는다. 최서해 후기 소설의 인물들은 빈곤의 상황과 그 조건들을 직시하면서 남겨진 삶을 어떻게 살아가야 할지에 대해서 질문을 던진다.

이처럼 후기 소설의 주인공들은 '글 쓰는 사람들'이라는 자신의 정체성을 받아들이되, 어떻게 빈곤한 생활을 어떻게 이어나가야 하는가에 대해서 진지하게 고민한다. 그리고 그러한 고민은 '내적 갈등'의 형태로 드러난다. 그 속에서 등장인물들은 돈과 계급과 관계, 그리고 앞으로의 삶에 대한 생각들을 개진하고 정리해나간다. 초기 소설의 화두였던, 누군가가 배부를 때 누군가는 가난할 수밖에 없는 계급적 현실의 부조리에 대한 관심이 여전히 주인공들에게 중요함은 물론이다. 그런 의미에서 그들은 단 한 번의 혁명을 통해 생활 자체가 완전히 달라질 것이라고 생각하지 않는 인물들이기도 하다. 다만 가난을 극복하기 위한 공동체를 어떻게 꾸려갈 것인가에 대한 윤리적 질문을 던지고, 그 다음을 천천히 모색해 나갈 뿐이다.

현실에 대한 분노가 전기 소설식의 행동으로 바로 표출되지 않았다고 해서, 작품성과 작가의식이 퇴보했다고 할 수는 없을 것이다. 이러한 점에서 후기 소설이 '인도주의'적으로 경도되어 있다고 비판하는 것은, 가난과 계급, 그리고 그 속에서 형성되는 삶의 다양한 관계들의 단면만을 이해하는 것과 다르지 않다. 이와 같은 입장에서 물러서 있는 최서해 후기 소설의 주인공들은 지식인이면서도 민중 계도의 경향으로 포섭되지 않는다. 오히려 지식인이면서도 민중이 된다. 이는 그러한 주인공들을 창조한 작가, 최서해 자신이 처한 생활의 문제를 대하는 작가 의식의 소산이라고 할 수 있다. 마치 '인격'을 지향하는 태도 자체를 강조하면서도 정작 그 인격이 무엇인지에 대해서 고정해 말하기를 거부하는 문학론에서의 방식과 유사하다. 앞서 살펴봤듯, 최서해의 문학론에서 '인격'은 생활의 변화를 추동하고 예술을 통해 자신이 표현하려는 주체의 의미를 지니고 있었다. 그렇다면 최서해의 후기 소설의 경향은 최서해가 예술을 통해 자신의 위치에서 어떻게 생활의 조건들을 비판적으로 인식하고 변화해나갈 수 있는가를 묻는 솔직한 반응이었다고 할 수 있다.

4. 빈민에서 중간계급으로, 혹은 그 사이에서의 글쓰기

최서해에게 소설쓰기란 무엇이었는가. 더 넓은 의미에서 최서해에게 글쓰기란 무엇이었는가. 이 논문은 최서해의 에세이나 평론을 통해서 그의 문학론을 점검하고, 이를 바탕으로 전기 소설에 비해서 저평가되어 왔던 후기 소설을 재독하는 데 목적이 있었다. 그리고 이를 통해서 궁극적으로는 최서해에게 소설쓰기와 글쓰기가 무엇이었는가를 규명하고자 했다. 최서해의 소설은 전후기를 막론하고 기본적으로 자기 반영성을 띠고 있다는 것을 확인할 수 있었다. 이를 전제로 초기에는 핍진한 묘사를 통한 강렬한 존재 증명을 꾀했다면, 후기 소설에서 최서해는 지식인이라는 중간계급으로 정체성이 변화하면서 겪게 되는 다양한 내적 갈등을 드러냈다. 실제로 최서해는 잡지 편집에 관여하거나 신문기사 등을 쓰면서 더 이상 막노동 등을 하는 등 빈민의 생활을 하지 않게 되었지만, 그럼에도 불구하고 가난에 허덕이는 생활을 지속했다. 생활의 터전이 변화했으되 궁핍이라는 내용에는 결코 변화가 없었던 것이다. 후기의 글쓰기에는 '빈민'에 방점이 찍힌 작가로서의 존재 증명은 덜 중요한 문제가 되었다. 빈민으로 시작했으나 '작가'에 방점이 찍히게 된 당시의 상황에서 오히려 작가와 지식인으로서의 존재 증명에 대한 망설임이 나타난다. 그러한 망설임 속에는 자기 모색의 과정이 포함돼있다.

따라서 최서해가 인텔리겐차의 생활을 안일하게 영위했고, 그러한 입장의 변화로 인해서 작품성이 떨어진 것이라는 기존의 평가는 재고되어야 한다. 3절에서 살펴보았듯, 오히려 최서해의 소설은 인텔리겐차의 생활에 대해서 날카로운 비판의 칼날을 들이대고 그것을 객관적으로 인식하기 위한 글쓰기 행위에서 비롯된 것이었다.

> 내가 이 세상에 태어난 곳을 말하면 보잘 것 없는 조선 땅이고 문벌이나 돈도 없는 가난한 집안의 자녀이었던 관계로 삼십도 채 못 되는 오늘날까지에 벌써 갖은 고생을 겪어 왔건마는 그래도 나는 내 고생이 아직 부족한 것 같이 생각된다. 아주아주 그야말로 초근목피로 겨우 살아가는 그런 농가에 태어나서 이 세상의 최하층 계급인으로 겪어야 할 온갖 고통을 다시 한 번 맛보다 보고 싶은 생각이 불붙듯 일어난다. 그런다면 나의 정신에는 크나큰 불꽃이 뛰고 의식상에도 놀라운 비약이 있어질 터이련만.
>
> 그런 뒤에 뼈에 사무치는 이 실제의 체험을 토대로 하고 불쌍한 이들의 해방 운동에 뛰어나가고 싶다. 지금 처하여 있는 이 '인텔리겐차'라는 지위가 여간 미지근한 것이가. 그러면서도 나는 이 자리를 용이히 떠나지 못하고 만다.[41]

위 인용문은 후기 소설들이 쓰인 1929년도에 진행된 앙케이트의

41 최서해, 「내가 다시 태어난다면? 아주 가난한 농민 노동자의 자녀로」, 『삼천리』, 1929.6.12 (『전집』 下, 277~278면).

한 부분이다. '다시 태어난다면 무엇이 되고 싶냐'는 물음에 최서해는 '아주 가난한 농민 노동자의 자녀'라고 답변한다. 이는 한편으로, 자신이 빈민과 인텔리겐차 그 중간 어디쯤에서 정착하지 못하고 있다는 것을 스스로 인식하고 있다는 것을 보여주기도 하는 것이다. 초기 소설의 경향과 같이 "불꽃"과 "비약" 등을 강조하면서도, 그러나 이제는 인텔리겐차라는 미적지근한 지위 하에 있다는 사실, 더 이상 극단적인 분노와 행동으로 치달을 수 없다는 것 등을 냉정하게 인식하고 있다. 그럼에도 불구하고 가난한 농민 노동자의 자녀로 태어나고 싶다고 말하는 부분을 통해서, 최서해 후기 문학을 단순히 인도주의에 기운 함량미달의 것으로 이해하는 것이 아니라 다른 의미를 통해서 독해될 수 있다는 것을 인정하는 방향으로 나아가야 한다. 후기 소설에서 최서해는 빈민에서 중간계급으로의 전이, 혹은 그 사이에서의 글쓰기를 전개하고 있다.

정리하건대 최서해에서 소설쓰기란 빈민으로서의 자기표현욕구를 충족해주는 예술적 수단이자 감정과 상상을 통해 자신의 현실을 직시하고 그를 뛰어넘을 수 있게끔 한 새로운 주체 인식의 계기였다. 후기로 갈수록 최서해에게 소설쓰기는 지식인으로서의 자기반영이자 그것을 냉정히 들여다볼 수 있는 기회로 작용했다. 후기의 소설쓰기는 지식인으로서 앞으로 어떻게 살아나가야 할 것인가에 대한 모색이나 성찰을 담고 있었다. 물론 이것이 이전의 현실 인식과 동떨어져 있지 않았다. 전 시기에 걸쳐 최서해는 계급에 대한 생각을 지속적으로 해왔으며 이때의 계급이란 사회주의 사상이 전제하는 것이라기보다는 생활 감각에 기반해 있는 것이었다. 이에 따라 지식인의 자기반영적 소설쓰기, 이른바 지식인소설의 계열 속에서 최서해 소설의 위치를 규명할 필요가 있다. 최서해의 소설이 여타의 지식인 소설들과 어떤 변별점과 공통점을 갖는지에 대한 부분은 차후의 과제로 남겨두겠다.

참고문헌

1. 1차 자료

『매일신보』

『조선문단』

임규찬 편, 『임화문학예술전집』 2, 소명출판, 2009.

곽근 편, 『최서해전집』 上・下, 문학과지성사, 1995.

2. 단행본 및 논문

고인환・장성규, 「식민지 시대 재만 조선인 디아스포라의 발화 전략－최서해와 강경애의 텍스트를 중심으로」, 『한민족문화연구』 46, 한민족문화학회, 2014.

김동식, 「1920년대 중반의 한국문학과 '끼니'의 무의식」, 『문학과 환경』 11-1, 문학과환경학회, 2011.

김재영, 「최서해 초기 소설에 형상된 '공포'와 '파국의 상상력'」, 『현대문학의 연구』 55, 한국문학연구학회, 2015.

박현수, 「최서해 소설의 승인 과정과 에크리튀르의 문제－조선문단합평회와 『개벽』 「월평」을 통해 본 1920년대 중반 문단의 지형도」, 『반교어문연구』 26, 반교어문학회, 2009.

손유경, 「최서해 소설에 나타난 '연애'의 의미」, 『우리어문연구』 32, 우리어문학회, 2008.

안용희, 「'그늘에 피는 꽃', 최서해 문학의 아포리아」, 『민족문학사연구』 57, 민족문학사학회, 2015.

유승환, 「1920년대 초중반의 인식론적 지형과 초기 경향소설의 환상성」, 『한국현대문학연구』 23, 한국현대문학회, 2007.

______, 「1923년의 최서해－빈민 작가 탄생의 문화사적 배경」, 『한국현대문학연구』 52, 한국현대문학회, 2017.

이경돈, 「최서해와 기록의 서사화」, 『반교어문연구』 15, 반교어문학회, 2003.

장성규, 「식민지 시대 소설과 비문해자들의 문학사」, 『현대소설연구』 56, 한국현대소설학회, 2014.

최병구, 「운명과 행복, 근대(인)의 자기인식과 그 매개－최서해 소설을 중심으로」, 『국제어문』 72, 국제어문학회, 2017.

한수영, 「돈의 철학, 혹은 화폐의 물신성(物神性)을 넘어서기－최서해의 장편 『호외시대』론」, 『현대문학의 연구』 4, 한국문학연구학회, 1993.

______, 「'분노'의 공(公)과 사(私)－최서해 소설의 '분노'의 기원과 공사(公私)인식을 중심으로」, 『한국문학이론과비평』 68, 한국문학이론과비평학회, 2015.

적색농민의 글쓰기

1930년대 울진 적색농민조합 수사 자료를 중심으로

유승환

1. 1930년대 비합법적 '노동자 글쓰기'의 실재성에 대하여

최근 들어 아래로부터의 '노동자 글쓰기', 즉 노동자 · 농민 · 빈민 (그리고 여성) 등 흔히 '하위주체'로 범주화되는 존재 스스로에 의해 쓰인 자기재현적 '문학' 텍스트[1]에 대한 관심이 다시 높아지고 있다. 이

1 이러한 텍스트들을 포괄적으로 지칭하기 위해 어떤 용어를 사용해야 할지 망설여진다. 기존 연구에서 가장 많이 쓰이는 용어는 (노동/노동자) '수기', '생활글' 등이지만, 이는 1970~1980년대라는 특정한 시기에 '노동자 글쓰기'의 지배적인 양식으로 등장한 특정한 글쓰기 양식을 지칭하는 한정된 개념이라는 점에서 문제가 있다. 적지 않은 연구에서 명확한 의미 규정 없이 사용하고 있기는 하지만, '노동자 글쓰기'라는 조금 더 포괄적인 개념을 대안으로 생각해 볼 수 있다. 그러나 이 경우에도 '노동자'라는 개념이 함의하고 있는 한정성

러한 최근의 논의[2]는 '노동자 글쓰기'에서 나타나는, 대체로 '민중'이

이 문제가 될 수 있는데, 특히 '노동자'를 조직화되거나 조직화될 가능성이 있으며 근대 사회의 변혁을 위한 계급 의식을 담지하거나 담지할 가능성이 있다고 생각되는 근대적 공장 노동자, 즉 '프롤레타리아'로 파악할 때 그러하다. '노동자'의 번역어로 'working class', 즉 글쓰기와 거의 관계가 없는 육체적 노동으로 일상의 대부분을 보내는 노동 계급 일반을 지칭하는 용어를 선택한다면 이러한 문제는 조금 완화될 수 있다. 이 글에서는 이러한 점을 고려하여 '노동자 글쓰기(writings of working class)'라는 용어를 사용하지만, 아직 충분한 논의가 이루어지지 않은 잠정적 용어라는 점에서 작은따옴표 안에 표기하기로 한다. 한편, 이러한 '노동자 글쓰기' 및 그 하위 범주들이 가지고 있는 개념적인 난맥상에 대해서는 특히 '생활글'이라는 용어의 애매함에 대한 한영인의 언급(한영인, 「글쓰는 노동자들의 시대－1980년대 노동자 '생활글' 다시 읽기」, 『대동문화연구』 86, 성균관대 대동문화연구원, 2014, 13면, 각주6)을 참조할 수 있다. 천정환의 지적대로 '노동자 글쓰기'를 비롯한 "'쓰이지 않은' 혹은 '쓸 수 없는' 문학과 문학의 역사가" "'문학사'의 '구성적 외부'"였다고 한다면(천정환, 「서발턴은 쓸 수 있는가－1970~80년대 민중의 자기재현과 '민중문학'의 재평가를 위한 일고」, 『민족문학사연구』 47, 민족문학사학회, 2011, 228면), 비단 1970~1980년대에 한정되지 않고 장기적으로 존재했고, 여전히 존재하는 이러한 영역의 글쓰기를 지칭할 수 있는 용어가 무엇이 될 수 있을지에 대한 진지한 논의가 필수적이라 생각된다.

2 '노동자 글쓰기'에 관한 최근의 논의에 대해, 이 글은 다음의 논의들을 염두에 두고 있다. 신병현, 「70년대 지배적인 담론구성체들과 노동자들의 글쓰기」, 『산업노동연구』 12-1, 한국산업노동학회, 2006; 홍성식, 「민중문학의 주체와 노동자 수기」, 『한국문예비평연구』 26, 한국현대문예비평학회, 2008; 김성환, 「1970년대 논픽션과 소설의 관계 양상 연구」, 『상허학보』 32, 상허학회, 2011; 천정환, 앞의 글; 김성환, 「1970년대 노동 수기와 노동의 의미」, 『한국현대문학연구』 37, 한국현대문학회, 2012; 장성규, 「1980년대 노동자 문집과 서발턴의 자기재현전략」, 『민족문학사연구』 50, 민족문학사학회, 2012; 박수빈, 「1980년대 노동문학(연구)의 정치성－연구자의 무의식과 노동자의 글쓰기를 중심으로」, 『상허학보』 37, 상허학회, 2013; 홍성식, 「서발턴에 대한 진실한 기록, 1970년대 르포」, 『한국문예비평연구』 42, 한국현대문예비평학회, 2013; 김예림, 「어떤 영혼들－산업노동자의 심리 혹은 그 너머」, 『상허학보』 40, 상허학회, 2014; 한영인, 앞의 글; 김대성, 「역사적 합창으로서의 노동자 글쓰기」, 『문화과학』 90, 문화과학사, 2017; 오창은, 「민중의 자기서사와 한국 노동현실의 증언」, 『한국문학이론과비평』 21-3, 한국문학이론과비평학회, 2017. 홍성식(2008・2013)과 오창은의 논의는 각각 1980년대 수기, 1970년대 르포, 전태일의 유고 등 각 논문에서 관심을 두고 있는 대상 텍스트의 소개 및 평가에 주안점을 두고 있다. 박수빈과 한영인의 논의는 1980년대 '노동자 글쓰기'와 당대 비평의 관계를 중심으로 '노동자 글쓰기'의 담론화에 개입하는 기성 문단의 다양한 욕망과 기획들 및 '노동자 글쓰기'의 등장에 따른 문학 개념의 외연과 내포의 변화, 그에 따라 새롭게 형성되는 '문학의 정치성' 등의 문제를 검토하고 있다. 장성규의 논의는 1980년대 노동자 문학회에

라는 상상적 개념으로 환원되지 않는 노동자의 고유한 정체성을 강조하는 방식을 통해 1970~1980년대 '민중문학론'의 맥락 속에서 이루어진 '노동자 글쓰기' 논의에 대한 비판적 거리감을 확보하며, 하위주체의 자기정체성 구성·문학 개념의 변동 가능성·문학의 정치성·문해력과 작문 능력을 가진 대중의 등장과 그에 따른 출판 시장의 변화 등의 다양한 맥락들을 논의 속에 끌어오고 있다.

그러나 보다 근본적인 차원에서는 이러한 최근의 논의 또한 1970~1980년대의 논의와 유사한 점이 있다고 생각한다. 즉, 누구나 자신의 문학을 가져야 한다는 생각, 다른 누구에 의해서가 아니라 자기 스스로에 의해서 자신을 재현할 수 있어야 한다는 생각, 그리고 바로 그렇게 될 때 문학은 지금과는 다른 어떤 새로운 의미와 의의를 가질 수 있게 된다는 생각, 요컨대 '문학의 공공성', 혹은 '문학의 민주화'로 요

서 펴낸 노동자 문집을 대상으로 문학사 인식, 문학 양식 문제 등 다양한 지점에서 드러나는 '노동자 글쓰기'의 고유성을 논하고 있다. 신병현, 김성환(2012), 김예림의 논의는 특히 당대 지배적 이데올로기 혹은 지식 체계와의 관계를 염두에 두며, 이와 대별되는 노동자의 자기정체성이 '노동자 글쓰기'에 의해 구성되는 국면에 주목하고 있는데, 특히 '경영학'이라는 이름으로 도입된 '노동/노동자'에 대한 지식 체계와의 관계를 주목하고 있는 김예림의 논의는 매우 예리하다. 천정환과 김대성의 논의는 '노동자 글쓰기'가 1980년대라는 어느 한 시점에 국한된 것이 아니라는 점을 밝히면서 '노동자 글쓰기'의 역사를 제도적인 민족·민중문학(론)과의 관계에서가 아니라 그 자체로 재구성할 수 있는 관점을 도출하는 것에 관심을 갖는다. 천정환의 논의가 '노동자 글쓰기'와 '제도적인 문학'의 관계, '노동자 글쓰기' 내부에 존재하는 다양성을 모델화하며, 1990년대 이후 '노동자 글쓰기'의 문제가 폐기되는 과정과 논리에 대해 문제제기를 하는 형태를 취한다면, 김대성의 논의는 석정남과 신경숙을 마주 세움으로써, 독자적 양식으로서의 '노동자 글쓰기'의 생산·유통 과정을 평가하고, '노동자 글쓰기'의 개별 텍스트를 의미화할 수 있는 관점을 예시적으로 보여주는 것을 주안점으로 삼는다. 그 외 1970년대 각종 수기류의 생산과 당대 저널리즘과의 관계를 다룬 김성환(2011)의 논의 또한 주목할 수 있다.

약될 수 있는 문학에 대한 어떤 꿈은 그때나 지금이나 '노동자 글쓰기'에 대한 관심을 촉발시키며, 문학이 무엇을 할 수 있는지를 다시금 상상하고 기획할 수 있게끔 만들었던 중요한 동력이라고 생각한다. '노동자 글쓰기'에 대한 최근의 논의들이 거의 공통적으로 노동자 스스로에 의한 자기 재현 혹은 자기 정체성 구성을 '노동자 글쓰기'의 중요한 의미로 강조하고 있다는 점, 또한 많은 논의들이 '노동자 글쓰기'의 등장에 따른 문학이라는 개념의 변동, 문학을 생산・향유하는 새로운 구조의 발생을 지적하며, 이를 다시 '노동자 글쓰기'가 발생시킨 '문학의 정치성'에 대한 새로운 사유의 가능성으로 수렴시키고 있다는 점[3]은 '노동자 글쓰기'에 대한 모든 논의의 배후에 놓여 있는 문학에 대한 어떤 꿈을 짐작케 한다.

이점에서 최근의 논의들이 주로 1970~1980년대 활발히 생산되었던 노동자 수기류에 집중되어 있는 점은 다소 아쉽다.[4] 왜냐하면 이러한 꿈은 사실 무척 오래전부터 존재했던 것이기 때문이다. 기본적으

3 천정환, 앞의 글, 250~252면; 한영인, 앞의 글, 32~40면; 김대성, 앞의 글, 231~235면.

4 이와 관련, 김대성은 1960년대에 작성된 전태일의 수기 등을 언급하면서, "1987년 6월 항쟁이라는 한국 사회의 구조적인 변동의 기점과 노동자 글쓰기의 역사를 포개어놓은 통념은 재고될 필요가 있다"라고 지적하며, "중요한 것은 한국 노동자들의 글쓰기 역사의 기점을 앞으로 당기는 것이 아니라 제대로 된 연대기조차 가지고 있지 못한 노동자들의 글쓰기 역사를 어떻게 (재)구성할 것인가에" 대한 "논의가 보다 다양한 관점으로 활발히 이루어져야 한다는 점"이라고 주장한다(김대성, 앞의 글, 219면). 충분한 설득력을 가지고 있는 문제제기지만, 이 글의 입장에서 몇 가지 보충될 필요는 있다. '노동자 글쓰기'의 역사를 재구성하기 위한 관점에 관한 논의는 비어있는 '연대기'를 채워나가며, '노동자 글쓰기'의 기점을 앞으로 당기는 작업과 당연하지만, 결코 분리될 수 없다. 이때 '노동자 글쓰기'의 기점을 최소한 1930년대까지 소급할 수 있는 근거가 분명히 존재한다는 점은 이 글의 주요 논점 중 하나이다.

로 검열을 대하는 입장에 대한 논쟁[5]이라고 할 수 있는, 1929년 김기진과 임화의 소위 '대중화 논쟁'에서 이와 매우 유사한 생각이 발견된다. 김기진의 대중화론이 "우리들의 작품의 수준을 현행검열제도하로" 떨어뜨리는 "의식적인 퇴각"[6]이었다는 임화의 비판에 김기진이 "압수당할 소설, 금지당할 영화나 연극"[7]을 가지고는 문학운동을 할 수 없다고 응답한 것을 임화가 다시 비판하는 다음의 장면이 그러하다.

> 군이 『동아일보』나 『중외일보』로 예술운동을 하는 대신 우리는 견고한 (…중략…) 가졌다. 거기는 군이 기절할 맹렬한 문구로 (그러나 노동자, 농민은 어떻게 좋아하는지) 가득찼다. 그리하여 군이 언제나 타협해 가며 나아가라는 ××× (…중략…)
>
> 그러면 군은 물을 것이다. 동경은 일본이 아니냐고? 옳다. 동경도 일본이다. 그러나 동경이 고정지가 아니다. 정세에 의하여 이것은 ×××× 갈 수 있고 대판으로도 갈 수 있다.[8]

여기에서 임화는 검열에 구애되지 않는 비합법적 매체를 통해, 그

5 김기진의 대중화론을 검열의 존재를 의식하고, 이를 승인한 상태에서 프로문학운동이 합법적으로 진행될 수 있는 가능성을 찾기 위한 김기진의 시도라고 보는 관점으로 한기형의 논의(한기형, 「선전과 시장」, 『대동문화연구』 79, 성균관대 대동문화연구소, 2012)를 참고할 수 있다.

6 임화, 「탁류에 항하여」, 임규찬・한기형 편, 『제1차 방향전환론과 대중화논쟁』, 태학사, 1989, 604면.

7 김기진, 「예술운동에 대하여 2」, 『동아일보』, 1929.9.21.

8 임화, 「김기진군에게 답함」, 임규찬・한기형 편, 앞의 책, 613면.

리고 "노동자, 농민"과의 보다 직접적인 관계 속에서 생산・유통되는 또 다른 문학의 존재를 — 아이러니하게도 검열로 인한 복자로 가득 찬 글을 통해 — 암시적으로 말하고 있다. 물론 임화의 이러한 자신감은 당시 임화의 도쿄 체험과 관련지어 검토해봐야 하는 것이겠지만, 이런 '다른 문학'의 존재를 이야기하고 있는 사람은 비단 도쿄의 임화뿐만은 아니었다. 4년 뒤 임화의 동지 김남천은, 잘 알려져있듯 단편 「문예구락부」(1934)를 통해 이런 무언가 다른 문학의 존재를 보다 구체적으로 표현한다.[9] 공장 노동자들이 자율적으로 조직한 '문예구락부'에서 그들 자신의 생활을 소재로 그들 자신이 직접 글과 노래를 짓고, 그것을 나누는 모습은 '노동자' 스스로에 의해 창작되고, 유통되는, 전혀 새로운 의미와 기능을 가진 문학의 존재에 대한 상상을 보여준다. 그리고 작품에 달아놓은 김남천의 '부기(附記)'에 의하면 공장 노동자의 '문예구락부'를 다룬 이 이야기는 "엇젓든" "인호와 동무들의 인물"과 같은 작품에 등장하는 노동자들에 "의하여 더욱 발전될 이야기다".[10]

그런 것이 그 시대에 정말로 있었을까? 검열로 인한 자료의 부족, 다시 말해 임화가 "견고한" 그 무엇이 정확히 무엇이라고 말할 수 없었던 사정은 김기진에 대한 임화의 비판이 과연 유효한 것인지 계속 의심하

9 김남천의 「문예구락부」를 식민지 시대 소설에서 "비문해자들이 구상한 '다른' 문학을 보여주는 구체적인 실례"로 부각시킨 사례로 장성규의 논의(장성규, 「식민지 시대 소설과 비문해자들의 문학사」, 『현대소설연구』 56, 현대소설학회, 2014, 511면)를 참조할 수 있다.

10 김남천, 「문예구락부(8회)」, 『조선중앙일보』, 1934.2.2.

게 되는 이유이자, 동시에 '아래로부터의 글쓰기'에 대한 최근의 논의들이 쉽게 그 이전 시기로 소급되지 못하는 중요한 이유일 것이다.

이 글은 그런 것이 이 시기에 분명히 존재한 흔적이 있었다고 주장하기 위해 쓰였다. 물론 그것은 가혹한 검열과 금지 아래에서 흔적으로만 남아 있기는 하다. 그럼에도 이 글은 임화와 김남천이 제시했던 꿈이 이념에 매몰되어 나타난 관념적 환상이 아니라, 그 자체가 1930년대의 시점에서 비합법적으로 이루어진 '노동자' 스스로의 글쓰기가 실재했다는 것을 보여주는 하나의 흔적이었다고 생각한다. 물론 다른 흔적들을 더듬는 과정에서 생각한 것이다. 이 글에서 다루려고 하는 1930년대 중반 강원도 울진의 '적색농민조합'에 관한 일본 경찰 수사 자료[11]는 그런 것이 실재했다는 가능성을 보여주는 또 하나의 중요한 흔적이다.

1931년부터 활동하다 1934년에 100여 명에 대한 대규모 검거[12]로 귀결된 울진적색노동조합 운동[13]에 관한 수사 자료는 사건의 개요에

---

11 이 자료는 〈그림 1〉과 같이, 수기(手記)로 기록된 일본어 자료로, 1935년에 생산된 「江保司」 393호의 「중요범죄보고」에 노트 220매 분량으로 묶여있다. 다시 『강보사』 393호는 1933년~1935년에 전국 각지에서 일어난 주요 사상 사건에 관한 기록을 묶은 『사상범죄철』(경무국 경무과, 1935)에 묶여있다. 현재 이 자료는 국가기록원 사이트에서 온라인으로 확인할 수 있다(http://theme.archives.go.kr/next/government/viewGovernmentArchives.do?layerFlag=2&page=1&id=0001563973). 한편 이 자료에는 노트 2매를 1면으로 하여 면수가 각 면의 상하단에 각각 다른 숫자로 기재되어 있는데, 이 글에서는 자료를 인용할 때 상단에 기재된 면수를 기준으로 한다. 또한 이 자료를 인용할 때에는 편의상 『강보사』로 표기하고, 해당 면수만을 제시하기로 한다.

12 「검거자 백여명이든 울진적농조 사건」, 『조선일보』, 1934.12.7.

13 울진적색농조의 조직과 활동에 대해서는 김점숙의 논의(김점숙, 「1920~1930년대 영동지역 사회운동」, 『역사와 현실』 9, 한국역사연구회, 1993) 및 조성운의 논의(조성운, 『일

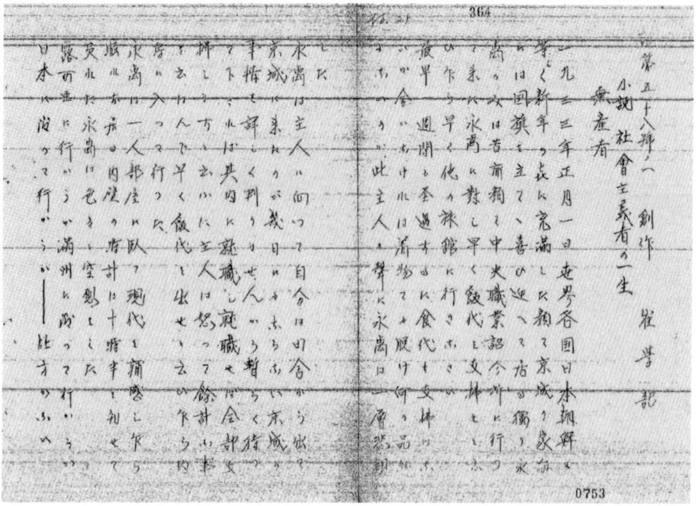

〈그림 1〉「江保司」 393호에 번역 · 수록된 '노동자 글쓰기' (소설)의 예

대한 경찰 조서 이외에 몇 가지 흥미로운 자료가 첨부되어 있다. 그 하나는 주요 관련자에 대한 압수 증거물 목록(차압품 목록)이다. 이 목

제하 농촌사회와 농촌운동—영동지방을 중심으로』, 혜안, 2002)를 참고할 수 있다. 조성운의 논의 쪽이 보다 상세하며, 특히 현지 주민들의 구술을 확보하며 문헌 자료에서 명확하지 않았던 몇 가지 점들을 해명하고 있다는 점을 눈여겨볼 수 있다. 아울러 울진적색농민조합 수사자료에 이들이 썼던 소설 등의 문학 텍스트가 포함되어 있다는 사실을 알게 되고, 『강보사』 393호에 주목하게 된 것도 조성운의 논의를 통해서였다는 점을 밝힌다. 한편, 독자의 편의를 위해 울진적색농조의 조직 변화 과정만을 간단하게 일별하면 다음과 같다. 수사자료에 의하면 울진적색농민조합은 이우정(李愚貞) 등을 중심인물로 하여 1931년 7월 '울진노농공작당'이라는 이름으로 처음 조직되었으며, 이후 '극동공산주의자동맹'(1931.8)로 변경되었다가, 1931년 12월 이우정을 중심으로 한 간부파와 주유만(朱有萬), 남왈성(南曰星) 등의 반간부파의 대립으로 해산한다. 이후 반간부파를 중심으로 1932년 2월 '사회과학연구회'가 새롭게 조직되었으며, 이는 1년 뒤인 1933년 3월 '울진적색농민조합'으로 확대된다. 울진적색농민조합은 1년 정도 야학회 등을 중심으로 활동하다, 1934년 3월 일본경찰에 의해 일제 검거됨으로써 해산된다(조성운, 앞의 책, 131~134면; 『강보사』, 290~296면).

록에는 사회주의 관련 서적을 중심으로 한 대량의 서적 목록과 함께, 이들이 야학 · 기관지 발행 등의 활동에 사용했을 것으로 추정되는 여러 비품들이 기재되어 있다. 즉 이 목록은 이들이 어떤 책들을 읽고, 또 그렇게 얻은 '지식' 혹은 '앎'을 어떻게 공유했는지, 다시 말해 이들이 적색농민으로 의식화되는 과정에서 자율적으로 진행했던 '배움'의 방법들을 추정할 수 있는 자료가 된다. 그러나 더욱 흥미로운 것은 이들이 발행했던 기관지에 수록하거나 수록하고자 했던 원고들을 일본어로 번역한 글들이 이 자료에 같이 묶여 있으며, 그 중에는 시(노래 가사)나 소설과 같은 문학 텍스트로 볼 수 있는 글들이 포함되어 있다는 점이다. 즉, 이들 적색농민들은 사회주의를 배우는 것과 동시에 자신의 매체를 통해 자신들 스스로에 의한 글쓰기를 시도했으며, 그 글쓰기는 적색농조 활동을 위한 실용적 도구의 차원을 떠나 '문학'이라는 영역까지도 겨냥하고 있었다.

비록 일본 경찰에 의해 선별적으로 편집 · 번역되었다는 형태로, 즉 어디까지나 그 원래의 형태가 아닌, 일종의 흔적으로 남아있는 것이기는 하지만, 이 글에서 바로 그 흔적을 더듬으며 하고자 하는 것은 바로 그러한 '적색농민의 글쓰기', 즉 임화나 김남천이 이야기했던 비합법적인 '노동자 글쓰기'가 1930년대의 시점에서 이미 있었다는 것을 보고하는 것이다. 물론 동시에 이 글은 그러한 것이 어떻게 있을 수 있었는지의 문제에 대해서도 관심을 갖는다. 이에 따라 이 글은 이들 적색농민들이 어떤 책들을 읽었고, 그렇게 얻은 '앎'들을 공유하기 위해 어떤 기술적·조직적 지반을 도모했는지에 대해서도 관심을 갖는다. 그러나 동시에 이 글에서 최종적으로 문제삼고자 하는 것은 이들의 배움과 글쓰기가 '문학'으로까지 나아갔다는 것인데, 결국 조직과 기술로만 환원될 수 없는, 이들이 '글쓰기'에 대해서 가졌던 욕망 혹은 '문학'을 통해서 얻고자 했던 것이 무엇인지 살펴보는 작업 또한 이 글의 주요 내용에 포함될 것이다.

그러니까 그런 것들이 '있었다'는 것을 강조하고 싶다. 적색농민조합을 통해 시행된 독서회, 야학회 등을 통해 조직원들은 지배 담론에 귀속되지 않는 지식을 자율적으로 배우고 나누는 방법들을 확보할 수 '있었으며', 기관지 발행과 원고의 집필을 통해 이러한 배움을 자신 혹은 자신이 속한 공동체에 적용해볼 수 '있었으며', 다시 '문학'을 통한 자기인식과 재현의 시도로까지 나아갈 수 '있었다'. 이러한 것들이 '있었던' 흔적이 '있었기' 때문에, 임화와 김남천은 다시 이러한 것들이 '있었던' 흔적이 '있었다는' 흔적을 남기는 방식으로 문학에 대한 자신들의 사유를 확장시켜 나갈 수 '있었고', 그로부터 한국 근대문학은 그 나름의 의미들을 획득해 나갈 수 '있었던' 것은 아닐까. 이미 그때부터 누구나 자신의 문학을 가져야 할 뿐 아니라, 실제로 가질 수 있었다는 믿음이 '있었고', 실제로 가지려는 노력이 '있었다는' 것을 보여주는 흔적이 '있었다는' 것을 이야기하는 것은, '노동자 글쓰기'에 대한 모든 논의가 환기하는 문학에 대한 꿈의 원형과 함께, 그러한 꿈을 꾸는 것이 가능할 수 '있다는' 하나의 근거를 제시할 수 있을 것이다.

2. 적색농민의 서가

울진 적색노동조합 수사자료에 수록되어 있는 압수 서적 목록은 이들 적색농민들이 구체적으로 어떤 책을 보면서 사회주의라는 사상을 접했는지를 확인할 수 있다는 점에서 흥미롭다. 차압품 목록 중 서적만을 따로 정리하면 〈표 1〉과 같다.

〈표 1〉 울진 적색농민조합 관련자 차압 서적 목록[14]

<table>
<tr><th>소유자</th><th>나이</th><th>서명</th><th>언어</th><th>비고</th></tr>
<tr><td rowspan="7">李愚貞</td><td rowspan="7">29</td><td>唯物史觀解說</td><td>일본어</td><td>ヘルマン ゴルテル 著, 堺利彦・山川均 共編, 大鐙閣, 1920(レッド・カヴア叢書 2)</td></tr>
<tr><td>赤い星</td><td>일본어</td><td>アボクタツフ 著, 大宅壯一 譯, 新潮社, 1926
혹은 無産社에서 발행한 일본어 잡지일 수도 있음</td></tr>
<tr><td>マルクス資本論</td><td>일본어</td><td>小木曾三郎 譯述</td></tr>
<tr><td>ボルシェビキは
權力を維持し得るか</td><td>일본어</td><td>レーニン 著, 小林明 譯, 共生閣, 1928(レーニズム叢書 : 第3册)</td></tr>
<tr><td>青年運動の
根本的諸問題</td><td>일본어</td><td>青年コンミンテルン 編, 須田昭雄 譯, 白揚社, 1927
1931년 12월부로 발매금지</td></tr>
<tr><td>日本無産青年運動</td><td>일본어</td><td>花村菊夫 著, 労働問題研究所, 1929</td></tr>
<tr><td>宗教について</td><td>일본어</td><td>レーニン 著, 佐野學 譯, 希望閣 1927</td></tr>
</table>

14 『강보사』, 331～334면의 내용을 토대로 정리한 것이다. 이때 '비고'에 밝힌 서지사항 중 밑줄 친 부분은 일본 국회도서관(http://www.ndl.go.jp/) 및 한국 국회도서관, 국립중앙도서관 사이트 검색을 통하여 추정한 내용을 적어놓은 것이며, 밑줄을 치지 않은 부분은 수사자료에 기재되어 있는 내용을 그대로 옮긴 것이다. 기타 '비고'란의 서지사항을 다른 방식으로 추정한 경우는 각주를 달았다.

소유자	나이	서명	언어	비고
李愚貞	29	社會學	일본어	『社会学 : 史的唯物論』, 無産者自由大学編輯部 編, 南宋書院, 1929(無産者自由大学 : 第 7 講座)일 가능성이 있음
		マルクス主義と修正主義	일본어	レーニン 著, 正木康 譯, 共生閣, 1928 (レーニズム叢書 : 第10册)
		ロザの手紙	일본어	堺真柄 編, 無産社, 1926(無産社パンフレット 8)
		勞動組合論	일본어	レーニン 著, 共生閣, 1928
		パリコミユンの經驗	일본어	レーニン 著, 安田仁 譯, 共生閣, 1927 (レーニズム叢書 : 第7册)
		辨證法的唯物論とは何か	일본어	山川均 著
		無産自由大學	일본어	安田徳太郎, 山本宣治, 堺利彦 共著 3册(『天文・地文』(堺利彦 著, 南宋書院, 1927(無産者自由大学 : 第1講座); 『生物・人類』(山本宣治 著, 南宋書院, 1927(無産者自由大学 : 第2講座); 『生理・心理』(安田徳太郎 著, 南宋書院 1927(無産者自由大学 : 第3講座) 이상의 3책으로 추정됨)
		天文地文	일본어	堺利彦 著, 南宋書院, 1927 (無産者自由大学 : 第1講座)
		賃金労働及資本	조선어	민중사 판(1923) 혹은 사회과학연구사판(1927) 번역서[15]로 추정됨
		古代日本の奴隷制度	일본어	白柳秀胡 著, 南宋書院, 1927 (無産者大学パンフレット)
		日本勞動小史	일본어	日本労働小史(『日本労働運動小史』, 浅野研真 著, 進め社, 1926으로 추정)
		プロレタリア文化	일본어	石達新三郎 著

15 박종린에 의하면 『賃金労働及資本』은 민중사 편집부의 번역으로 1923년 민중사에서, 박형병의 번역으로 1927년 사회과학연구사에서 각각 번역본이 출간되었다(박종린, 「1920년대 전반 사회주의 사상의 수용과 맑스주의 원전 번역」, 『한국근현대사연구』 51, 한국근현대사학회, 2009; 박종린, 「1920년대 사회주의사상의 수용과 사회과학연구사」, 『역사문제연구』 26, 역사문제연구소, 2011). 이 차압 목록에 있는 책은 日書가 아니라 번역본일 확률이 높다. 『賃金労働及資本』의 일본어 판본은 『マルクス 全集』 10권에 포함된 경우

소유자	나이	서명	언어	비고
南曰成	28	インターナショナル	일본어	田所輝明 著
		労働資本	일본어	『労働と資本』, マルクス 著, 堺利彦 譯, 無産社, 1922(無産社パンフレット (2)로 추정됨)
		社会主義大意	일본어	『社会主義大意』, 堺利彦 著, 無産社, 1928(無産社パンフレット (6)으로 추정됨)
尹斗鉉	35	批判	조선어	조선어 잡지 『批判』으로 추정
朱孟錫	28	我等	조선어	조선어 잡지 『我等』으로 추정
		新少年	조선어	조선어 잡지 『新少年』으로 추정
		マルクス社会学	불명	
		メーデー	불명	山川菊榮 著, 『メーデー』일 가능성이 있음[16]
		社会民主党の農村綱領	일본어	レーニン 著, 荒井真次 訳, 希望閣, 1927
崔學韶 · 崔在韶	19 · 21	ルウソー民約論	일본어	藤田浪人 解説(藤田浪人 訳, 新鋭堂書店, 1919으로 추정)
		懺悔録	일본어	ルッソオ 著, 大杉栄 訳 二冊(1915년 新潮社판으로 추정)
		理論闘争	일본어	北条一雄 著, 白揚社, 1926
		我等	조선어	조선어 잡지 『我等』으로 추정
崔學韶 · 崔在韶	19 · 21	無産自由大學	일본어	山本宣治, 伊藤靖, 堺利彦, 安田徳太郎 共著 4冊 『天文・地文』(堺利彦 著, 南宋書院, 1927 (無産者自由大学; 第1講座) 『生物・人類』(山本宣治 著, 南宋書院, 1927(無産者自由大学 ; 第2講座)) 『生理・心理』(安田徳太郎 著, 南宋書院 1927 (無産者自由大学 ; 第3講座)) 『物理・化学』 (伊藤靖 著, 南宋書院, 1927 (無産者自由大学; 第4講座)) 이상 4책으로 추정됨

소유자	나이	서명	언어	비고
田碩鳳	21	朝鮮之光	조선어	조선어 잡지 『朝鮮之光』으로 추정
		批判	조선어	조선어 잡지 『批判』으로 추정
		我等	조선어	조선어 잡지 『我等』으로 추정
		婦人必讀	불명	
		新少年	조선어	조선어 잡지 『新少年』으로 추정
		唯物史觀解說	조선어	朴光世 譯, 2冊, 허만 고터 原著, 時文社, 1927
		階級意識論	조선어	趙冀永 譯
		マルクス資本論解說大意	조선어	康永原 譯
南敬郎	23	新少年	조선어	조선어 잡지 『新少年』으로 추정
		無産自由大學	일본어	
		労働讀本	불명	
		朝鮮農民	조선어	조선어 잡지 『朝鮮農民』으로 추정
		農村青年의 活躍	조선어	朴俊均 著
南相悳	21	階級闘争の必然性	불명	『階級闘争の必然性と其の必然的転化』, 河上肇 著, 弘文堂書房, 1926일 가능성이 있음
		新少年	조선어	조선어 잡지 『新少年』으로 추정
張世均	21	プロレタリアの使命	불명	
		批判	조선어	조선어 잡지 『批判』으로 추정
張祐明	20	新生命	조선어	조선어 잡지 『新生命』으로 추정
		人生創造	불명	
		朝鮮農民	조선어	조선어 잡지 『朝鮮農民』으로 추정

를 제외하면 『賃金労働と資本』 혹은 『労働と資本』이라는 제목을 취하고 있기 때문이다. 박종린, 「1920년대 전반 사회주의 사상의 수용과 맑스주의 원전 번역」, 『한국근현대사연구』 51, 한국근현대사학회, 2009, 309면.

16 『조선지광』 1927년 5월호에 수록된 사회과학연구사의 책 광고에 山川菊榮의 『メーデー』 광고가 등장한다. (『조선지광』 67, 1927.5, 권두광고) 이 책은 번역본이 아닐 확률이 높다. 같은 광고에 수록된 다른 번역서들의 저자명이 모두 '原著'로 표기되어 있는 데 반해, 이 책의 경우에는 "山川菊榮 著"라고만 표기되어 있기 때문이다. 박종린은 이 책이 사회과학연구사의 번역 간행 예정 도서 목록에는 포함되어 있지만, 실제로 발행되지는 않았

이 표는 1930년대 조선에서, 지방의 좌경화된 농민・룸펜 프롤레타리아들, 즉 '적색농민'의 서가를 부분적으로나마 보여준다는 점에서 그 자체로도 매우 흥미롭다. 목록이 주로 사회주의 서적으로 점철된 것은 물론 울진적색농민조합 사건이 좌익 사상사건으로 취급되면서 치안 당국의 증거물품 압수 및 기록에 이에 따른 취사선택이 이루어졌기 때문일 것이다. 그러나 주목할 만한 점은 이 목록에 수록된 책들의 동일성이 아니라 다양성이다. 똑같은 사회주의 서적이라고 하더라도, 이 목록의 책들은 몇 가지 상이한 유형으로 나누어 살펴볼 수 있으며, 동시에 책의 소유자에 따라 소유하고 있는 책의 유형이 비교적 명확하게 갈린다는 점도 눈여겨볼 수 있다.

적색농민의 서가를 유형화할 수 있는 기준은 책의 언어 및 내용에 있어서의 시류성이다. 먼저 언어는 책의 언어가 일본어인지, 조선어인지를 묻는 것으로, 당연히 일본어 책의 경우 보다 접근 장벽이 높고 보다 높은 수준의 문해력을 요구할 것이다. 두 번째 기준인 내용에 있어서의 시류성은, 해당 서적이 당대 사회주의의 주류라고 할 수 있는 마르크스/레닌주의 중 마르크스주의 서적에 가까운지, 레닌주의 서적에 가까운지, 그렇지 않으면 마르크스레닌주의와 별로 관련이 없는지를 묻는 것이다. 원칙적으로 마르크스주의와 레닌주의를 서로 수준의 차이가 있다거나, 혹은 후자를 전자에 대한 극복과 발전의 구

다고 언급한다. 박종린, 「1920년대 사회주의사상의 수용과 사회과학연구사」, 『역사문제연구』 26, 역사문제연구소, 2011, 214~216면.

도로 단순하게 바라보는 관점은 성립하기 어렵다. 그러나 "사회운동이 발전함에 따라 과학적 이론에 대한 요구"가 등장한 1926년 이후의 상황에서 종래와 같이 마르크스의 저작이 아닌 "레닌의 저작을 통해 맑스주의의 체계를 이해하려 했던" 경향이 나타났다는 점[17]을 고려할 때, 적어도 당대의 상황에서는 레닌주의 쪽이 훨씬 더 최신의 이론으로 생각되었다는 점을 고려할 필요는 있다. 때문에 레닌주의 및 소련발의 여러 이론서들은 마르크스주의 원전 번역서 및 마르크스주의 교양서와는 구분되며, 전자에 접근하기 위해서는 조금 더 높은 수준의 교양이 필요했던 것으로 생각된다.

이러한 기준에 따라 차압 서적 목록의 유형화 방법을 표로 제시하면 〈표 2〉와 같다.

〈표 2〉 차압 서적 목록의 유형 분류 기준표

기준	레닌 원전 및 소련의 사회운동이론서	마르크스 원전 및 마르크스주의 교양서	마르크스주의와 큰 관련이 없는 서적
일본어	유형 ①	유형 ②	
조선어		유형 ③	유형 ④

이러한 기준에서 가능한 유형은 총 6가지이지만, 일본어-비마르크스주의 서적은 최학소・재소 형제가 소유하고 있던 루소 번역서 2책[18] 뿐이며, 조선어-레닌 원전의 경우 위 목록에 존재하지 않는다는

17 박종린, 「1920년대 사회주의사상의 수용과 사회과학연구사」, 『역사문제연구』 26, 역사문제연구소, 2011, 221면.

점에서 이 목록은 총 4가지 유형으로 분류될 수 있다.

첫 번째 유형(유형 ①)은 주로 1927년 이후에 출판된 레닌 저작에 대한 일본어 번역서 및 소련에서 들어온 운동 이론에 대한 일본어 번역서이다. 〈표 1〉에서는 주로 이우정이 소유하고 있는 책으로 가령, 『볼세비키는 권력을 유지할 수 있는가(ボルシェビキは權力を維持し得るか)』, 『종교에 관하여(宗教について)』, 『마르크스주의와 수정주의(マルクス主義と修正主義)』, 『사회민주당의 농촌강령(社会民主党の農村綱領)』, 『청년운동의 근본적 제문제(青年運動の根本的諸問題)』 등이 그러한 예이다.

두 번째 유형(유형 ②)은 1920년대 조선에서의 마르크스주의 수용에 있어 주요한 전신자의 역할을 담당했던[19] 사카이 도시히코(堺利彦)와 야마카와 히토시(山川均) 등에 의해 번역・집필된 마르크스주의 원전에 대한 일본어 번역서 혹은 마르크스주의 해설서로서의 성격을 가지는 일본어 서적, 몇 차례나 반복해서 등장하는 『무산자유대학(無産自由大學)』[20]을 비롯한 마르크스주의적 관점에서 집필된 일본어 자연・사회과학 교양서적도 여기에 해당된다. 출간 시점은 1920년에서 1928

18 특히 그 중 『참회록』의 경우 번역자가 무정부주의자인 오스기 사카에(大杉栄)라는 점에서 압수품 목록에 포함되었을 가능성이 있다.

19 사카이 도시히코의 영향과 사카이 도시히코 저술의 조선어 번역 과정에 대해서는 앞서 언급한 박종린의 두 논문과 함께, 박종린의 박사논문(박종린, 「일제하 사회주의 사상 수용에 관한 연구」, 연세대 박사논문, 2007)의 91~96면에 비교적 자세하게 언급되어 있다.

20 『무산자유대학』 문고는 그 일부가 1920년대 후반 『조선지광』에 번역 게재(김소익 역, 「자유대학강좌 생물과 인류」, 『조선지광』 77~85(총9회 연재), 1928.4~1929.6. 이 글은 표1에서 이우정과 최학소가 소유하고 있는 山本宣治의 『生物・人類』를 번역한 글이다)되기도 하는 등, 당대 조선에서 중요한 교양 자료로 평가되었던 듯 하다.

년까지 다양하게 분포되어 있다. 〈표 1〉에서는 『노동자본(労働資本)』, 『유물사관해설(唯物史観解説)』, 『사회주의대의(社会主義大意)』, 『변증법적유물론이란 무엇인가(辨證法的唯物論とは何か)』, 『천문지문(天文地文)』 같은 책이 여기에 해당한다.

세 번째 유형(유형 ③)은 조선어로 번역된 마르크스주의 해설서 및 사회주의 계열의 조선어 잡지 등이다. 이 중 일부는 위의 두 번째 유형과 겹친다. 예를 들어 『임금노동과 자본(賃金労働及資本)』은 마르크스의 『임금노동과 자본』을 번역한 것인데, 이때 번역의 저본으로 사카이가 번역한 『노동과 자본(労働と資本)』이 쓰였을 가능성이 존재한다.[21] 또한 박광세가 번역한 『유물사관해설』과 같은 책은 역시 위의 두 번째 범주의 『유물사관해설(唯物史観解説)』[22]의 번역본으로 파악된다. 사회주의 계열의 종합지로는 여러 명이 소유하고 있었던, 당대 발행 중이던 『비판』[23]이 눈에 띄며, 그 외 1931년까지 발행되다 폐간되

21 박종린, 「1920년대 전반 사회주의 사상의 수용과 맑스주의 원전 번역」, 『한국근현대사연구』 51, 한국근현대사학회, 2009, 314~315면.

22 ヘルマン ゴルテル, 堺利彦・山川均 編, 『唯物史観解說』, 大鐙閣, 1920.

23 엄밀히 따지면 발행 중이었다고 보기 어려울 수 있다. 1930년대의 대중적 사회주의 종합지인 『비판』은 1931년부터 1940년까지 10년 정도 꾸준히 발간된 잡지이지만, 23호(1933년 6월호)와 24호(1935년 11월호) 사이에 약 1년 반 정도의 휴간 기간이 있었다. 경찰 수사 자료에 의하면 울진적색농민조합의 출범은 1933년 3월이고, 검거는 1934년 3월이기 때문에, 울진적색농민조합 출범 이후 『비판』은 곧 휴간이 되었던 셈이다. 한편 김근수는 『비판』이 1940년 3월 통권 114호로 종간되었다고 지적하는데(김근수, 『한국잡지사』, 청록출판사, 1980, 180면) 이는 여러 연구자에 의해서 반복되고 있는 오류이다. 현재 입수할 수 있는 『비판』의 마지막호가 1940년 3월호인 것은 사실이지만, 1939년 9월호가 59호인 상황에서 40년 3월호가 114호가 될 수는 없기 때문이다.(1940년 3월호의 총호수는 인쇄 상태 문제로 식별하기 어렵다)

었던 『조선지광』도 보인다. 아동잡지인 『신소년』과 같은 경우 논란이 있을 수 있는데, 여기서는 이 잡지가 좌우합작노선의 민족주의 계열의 잡지였다는 최근의 연구성과[24]를 고려하여 일단 이 유형에서는 제외하기로 하자.

마지막 유형(유형 ④)은 마르크스주의와는 큰 관계가 없다고 할 수 있는 조선어 책들로 주로 소년지 · 종교지 · 농민지 등의 잡지가 여기에 해당한다. 앞서 유형 ③에서 제외한 소년지 『신소년』, 계몽적 농민지로서의 성격을 지닌 『조선농민』과 『아등』, 기독교잡지로 추정되는 『신생명』[25] 등이 이 유형에 속하며, 정확히 파악하기 어렵지만 전석봉의 소유로 되어 있는 『부인필독(婦人必讀)』과 같은 책도 이 유형의 책으로 짐작된다.

이상의 유형분류를 중심으로, 각 소유자별 압수 서적을 유형별로 다시 정리하면 〈표 3〉과 같은 결과를 얻을 수 있다.

〈표 3〉은 울진 적농 사건과 관계된 '적색농민'들의 독서 성향이 상당히 불균질적이라는 점을 드러낸다. 또한 완전히 일관된 결과가 나타났다고 보기는 어렵지만, 각 개인별로 살펴보았을 때 소유하고 있었던 도서의 목록이 위 표의 유형 ①~④의 가로축상에서 한 칸에서

24 장만호, 「민족주의 아동잡지 『신소년』 연구」, 『한국학연구』 43, 고려대 한국학연구소, 2012, 213~215면; 원종찬, 「『신소년』과 조선어학회」, 『아동청소년문학연구』 15, 한국아동청소년문학학회, 2014, 108~109면.

25 실물 잡지의 확인 없이 김근수가 정리한 호별 목차 내용을 보고 판단한 것이다. 김근수, 『한국잡지개관 및 호별목차집』, 한국학연구소, 1988, 336~338면.

〈표 3〉 관련자별 압수 서적 유형표[26]

소유자(나이) 학력/직업	유형①	유형②	유형③	유형④	판단불가
李愚貞(29) 고보 4년 중퇴/무직 (전 신문기자)	マルクス主義と修正主義 등 7책	唯物史觀解說 등 11책	賃金労働及資本		
朱孟錫(28) 제동학교 중퇴/농업	社会民主党の農村綱領	メーデー 등 2책(추정)		잡지 我等, 新少年	
南曰成(28) 제동학교/농업		社会主義大意 등 3책			
崔學韶(19) 고보 1년 중퇴/농업 崔在韶(21) 보통학교/농업		無産自由大學 등 2책		잡지 我等	ルウソー民約論, 懺悔録
張世均(21) 미상/농업		プロレタリアの使命(추정)	잡지 批判		
田碩鳳(21) 제동학교 중퇴/농업			マルクス資本論解說大意 등 5책	잡지 我等, 新少年	婦人必讀
尹斗鉉(35) 서당/농업			잡지 批判		
南敬郞(23) 미상/농업		無産自由大學		잡지 新少年 등 3책	労働讀本
南相悳(21) 미상/농업 및 행상		階級闘争の必然性		잡지 新少年	
張祐明(20) 미상/농업				잡지 新生命, 朝鮮農民	人生創造
합계	8책	20책	8책	11책	3책

두 칸 정도가 합쳐진 짧은 직선의 형태를 보이며 분포하고 있다는 점을 발견할 수 있다. (유형 ③과 유형 ④를 합쳐서 본다면 이는 조금 더 확실하게 드러날 것이다.) 가령 유형 ①에 해당하는 도서의 경우, 주맹석이 소유하고 있었던 '농촌 문제'에 관한 레닌의 저서 1권을 제외하면 모두 적

26 인물의 학력과 직업은 『강보사』, 299~303면의 관련자 일람표 및 304~307면의 주요 관계자 경력에 대한 서술을 토대로 정리했다.

농의 전신인 울진 노농공작당 시기 지도자의 역할을 수행했던 이우정에게서만 발견된다. 관계자 중 가장 많은 책을 압수당했던 이우정의 경우 조선어번역본으로 추정되는 『임금노동과 자본』 한 권을 제외한다면 압수 도서는 모두 유형 ①·②에 해당하는데, 이 점에서 이우정은 일본어로 된 사회주의 이론서들을 비교적 체계적으로 수집하면서, 상대적으로 최신의 이론으로 생각되던 레닌주의를 집중적으로 학습하고 있었던 것으로 추측된다.

그에 비해 울진 적농이 창립된 1933년 초순부터 활동을 시작했으며, 뒤에 발간되는 기관지의 가장 중요한 필자가 되는 최학소와 그의 형 최재소 형제의 경우, 유형 ②의 비중이 대부분이다. 만일 루소의 책 2권을 포함시킨다면 유형 ②의 비중은 더 커진다. 최학소 형제의 경우 유형 ② 이외에는 농민 잡지 『아등』이 유일하게 보인다. 이러한 사정은 남왈성의 경우에도 유사하다.

전석봉과 같은 경우는 유형 ①·②에 해당하는 일본어 서적이 전혀 발견되지 않는다. 그 대신 마르크스주의 이론서의 조선어 번역본 3권과 1920년대 후반과 1930년대 초반을 대표하는 사회주의 종합지인 『조선지광』과 『비판』이 포함된 유형 ③이 압수서적의 대부분을 차지하며, 그 외 유형 ④에 속하는 계몽적 조선어 잡지들이 포함되어 있다. 전석봉의 경우는 이우정이나 최학소 형제 등과는 달리 사회주의 이론과 교양을 거의 대부분 조선어를 통해 학습했던 경우로 생각된다. 장우명의 경우는 조금 더 극단적으로, 그의 서가는 유형 ④에 해당하는 서적들을 중심으로 구성되어, 사회주의 관련 서적 자체가 거의 보이지 않는다.

이와 같은 결과는 조합의 주요 구성원들 사이에서도 사회주의를 학습하는 경로와 방법, 사회주의 이론과 교양에 대한 이해의 수준 정도가 상이했다는 점을 말해준다. 유형 ④에서 유형 ①로 갈수록, 해당 유형에 대한 진입 장벽의 수준이 높아진다는 점에서 짐작 가능한 것이기도 하지만, 이러한 차이는 곧 각 조직원이 받은 교육 수준의 차이와 이에 따른 문해력의 차이와도 밀접하게 연동된다.

실제로 이들의 교육 수준은 조금씩 달랐다. 유형 ①·②에 해당하는 서적을 다수 보유하고 있었으며, 비교적 체계적으로 사회주의 이론을 학습했던 것으로 보이는 이우정은 이들 중 가장 높은 학력이라고 할 수 있는 경성 중앙고보 4학년 중퇴의 학력을 지녔다.[27] 유형 ②에 해당하는 서적을 중심으로 서가를 구성했던 최학소의 경우에는 유복한 가정환경에도 불구하고, 경성 중동고보 1학년 1학기를 다니다 중퇴한다.[28] 최학소와 서가 구성이 유사한 남왈성의 경우 울진 지역의 사립학교인 사립 제동학교[29]를 졸업했다.[30] 이 점에서 최학소와

27 『강보사』, 304면.

28 위의 책, 307면.

29 사립 제동학교는 울진에 세워졌던 사설 강습소가 1925년 사립학교로 변경되면서 설치된 학교이다(「강습소를 학교로」, 『조선일보』, 1925.5.9). 조성운은 울진 주민들의 구술을 토대로 제동학교를 "소학교를 졸업하거나 서당에서 수학한 나이가 많은 사람들이 선진학문을 공부하는 곳"으로 "당시 울진지역의 인재들이 몰리는 곳"이었다고 언급한다(조성운, 앞의 책, 137면).

30 『강보사』, 305면.

남왈성의 경우는 보통학교 졸업자를 조금 상회하는 학력을 갖춘 것으로 판단된다. 유형 ③·④에 해당하는 책들을 보았던 것으로 짐작되는 전석봉은 적농이 조직한 동리별 야학회 책임자 중 한 명이었으며, 1933년 당시 사립 제동학교에 재학 중, 수사자료에 의하면 적농의 개입으로 일어났다고 하는 동맹휴업에 연루되어 퇴학당하는 경우이다.[31] 요컨대 이우정-최학소와 남왈성-전석봉의 학력에는 고보4년 중퇴－고보1년 중퇴 혹은 사립학교 졸업-사립학교 중퇴라는 격차가 존재하며, 이 격차는 다시 유형 ①·②(이우정)－유형 ②(최학소·남왈성)－유형 ③·④(전석봉)라는 서가 구성의 차이에 반영된다.

동시에 이러한 서가 구성의 차이가 공간적 경험의 차이와도 연관될 수 있다는 점도 지적할 수 있다. 역시 이우정의 경우가 가장 극적인데, 이우정은 중앙고보 중퇴 이후 만주를 방랑하며 몇몇 조선인 사립 소학교에서 교사 생활을 하기도 하였다. 즉, 이우정의 공간적 경험은 울진－경성－만주까지 넓게 펴져있었다. 그리고 이러한 넓은 범위의 공간에 대한 체험 속에서 자연스럽게 보다 최신의 사회주의 사상을 습득했을 가능성이 적지 않다. 최학소의 경우, 중동고보에 재학 시절 짧은 시간 동안 경성을 체험했을 것이며, 실제로 최학소의 경성 체험은 뒤에 다룰 소설 「사회주의자의 일생」에 반영되어 있다. 남왈성과 전석봉의 경우는 울진 이외의 공간에 대한 체험이 발견되지 않는다.[32]

---

31 위의 책, 324면.

32 다만 상대적으로 나이가 많았던 남왈성의 경우, 1929년부터 울진청년회 및 신간회 울진지

이들 '적색농민'들의 서가에서 발견되는 차이는 곧 이들의 학력과 문해력, 공간적 체험의 범위 등과 관련되는 것으로, 이점에서 이러한 차이는 곧 이들 '적색농민'들의 사상적 경향이 단일하지 않았음은 물론이고, 이들의 문화적 · 계급적 정체성의 불균질성까지 암시하고 있다는 점에서 흥미롭다. 적어도 '적색농민'의 서가만을 생각할 때, 이들이 가진 '사회주의'에 대한 관심이라는 유사성은 가족유사성적인 것에 가깝다.

이 점에서 울진적색농민조합의 경우, 그 구성원이 단일한 계급적/문화적 정체성을 지니지 않는 불균질한 구성원들의 연합체의 형태를 가지고 있는 것이 아닌가 추측해 볼 수 있는 가능성까지 있다. 실제로 이들 중에는 사실상 광범위한 의미의 '노동자'에 속한다고 보기 어려운 인물들도 많았다.[33] 뒤에 언급할 기관지에서 가장 중요한 필자였다고 생각되는 최학소의 경우가 특히 그러하다. 최학소 형제의 아버지인 최익한(崔益翰)은 "천석꾼"[34] 지주였으며, 1920년대 중반 일본 유학 중 일월회에서 활동하였으며, 이후 1928년 제3차 공산당 사건에

부에 가입하여 활발하게 활동한 경력이 있다는 점을 고려해야 할 것이다. (위의 책, 305면)

33 조성운이 수집한 울진 주민들의 증언에 의하면, 이 사건 관련자의 대부분은 "울진지역의 '인물'로 생각"되는 사람들로서, "대부분이 울진지역의 향반 출신"이며, "대부분이 지주 또는 부농층"이었다. 조성운은 이 증언을 토대로 사건의 주요 관련자들이 "울진지역의 지식인"이었다고 판단한다. 다만, 이러한 증언이 곧바로 이러한 해석으로 이어질 수 있을지는 조금 더 생각해 볼 여지가 있다. 또한 '대부분이 지주 또는 부농층'이었다는 증언에서 '대부분'이라는 애매한 표현이 문제가 된다. 조성운이 증언을 토대로 부농 혹은 지주였다고 판단하는 인물은 전영경, 주진황, 황택룡, 최재소, 최학소, 남석순, 장호명의 7명이다.(조성운, 앞의 책, 138면)

34 위의 책, 138면.

연루되어 6년의 실형을 선고받은 당대의 중요한 사회주의 지식인·활동가였다.[35]

그렇다고 적색 농조의 구성원의 '노동자·농민'으로서의 '순수성'을 힐문하는 것은, 이를테면 천석꾼 지주이자 사회주의 지식인의 아들이지만 중등교육을 이수하는 데 실패한 최학소의 글쓰기를 '노동자 글쓰기'로 볼 수 있는지를 따지는 것은 '순수한 노동자 정체성'이라는 관념적인 문제에 대한 소모적인 논쟁을 유발할 뿐이다. 중요한 것은 이렇게 서로 조금씩 다른 계급적/문화적 정체성을 가지고 있는 조합원들이 비합법적인 공통의 조직을 결성하고, 비합법적인 매체를 통해 서로가 가지고 있는 약간씩 다른 지식을 나누고 배우는 활동에 열중했다는 점이다. 경찰 조서에 의하면 이들은 권총을 가지고 경찰서를 습격한다든가 하는 과격한 행동을 계획하고 있었고, 또한 사립제동학교의 동맹휴학이나 인근 사방공사장 노동자들의 태업에도 관여한 흔적이 있으나,[36] 근본적으로 이들의 사업의 중심은 농민들의 교양에 있었다. "독서회 내지 야학회를 설립하여 농민의 계급적 자각을 촉진하고 동지를 양성하기 위한 노력"[37]은 조합 창설 당시 "최급무"로 상정되었다. 독서회와 야학회의 경우, 회의 당시 "의식이 불충분한

---

35 식민지 시기 최익한의 사회주의 수용 및 활동에 대해서는 송찬섭의 논의(송찬섭, 「일제강점기 최익한의 사회주의 사상의 수용과 활동」, 『역사학연구』 61, 호남사학회, 2016)를 참조할 수 있다. 또한 그는 사회주의 계열의 중요한 학자인 이청원의 장인으로 알려져 있기도 하다.

36 『강보사』, 290면.

37 위의 책, 317면.

청소년을 바로 독서회에 가입"시킬 수 있는지의 문제에 대한 토론이 이루어질 정도로[38] 사실상 동일하지 않은 이념을 가지지 않은 사람에게도 폭넓게 개방되어 있었던 것으로 보인다. 관심의 대상이 되는 것은 이러한 활동의 구체적 방법이다.

3. 독서회, 야학회, 기관지—배움과 글쓰기의 조직적 · 기술적 지반들

1931~1934년 사이의 활동 기간 동안 이들의 실질적 활동은 농민 교양에 집중되어 있었으며, 독서회 및 각 동리별로 조직되어 독서회 멤버들에 의해 지도되는 야학회는 농민을 교양하고 조합원을 조직하는 핵심적 조직 기반이었다.[39] 독서회에서는 좌익서적, 즉 사회과학 서적을 공동구매하고, 윤독 후 강연 · 토론하는 방식으로 진행되었다. 공동구매 도서의 선정을 위해서는 주로 백양사(白揚社)의 출판도서목록을 이용했다고 한다.[40]

주로 사회주의 서적을 출판했던 백양사가 이 시기 출판했던 방대한 도서 목록[41]을 나열하기는 어렵다. 다만, 1928년 백양사에서 출간

38 위의 책, 321면.

39 일본 경찰이 재구성한 울진적색농민조합의 조직도는 위의 책, 298면에서 확인할 수 있다.

40 위의 책, 322면. 이와 관련 주맹석과 최재소 · 최학소 형제에 대한 압수품 목록에서 "도서목록"이 보임을 확인할 수 있다(331~334면).

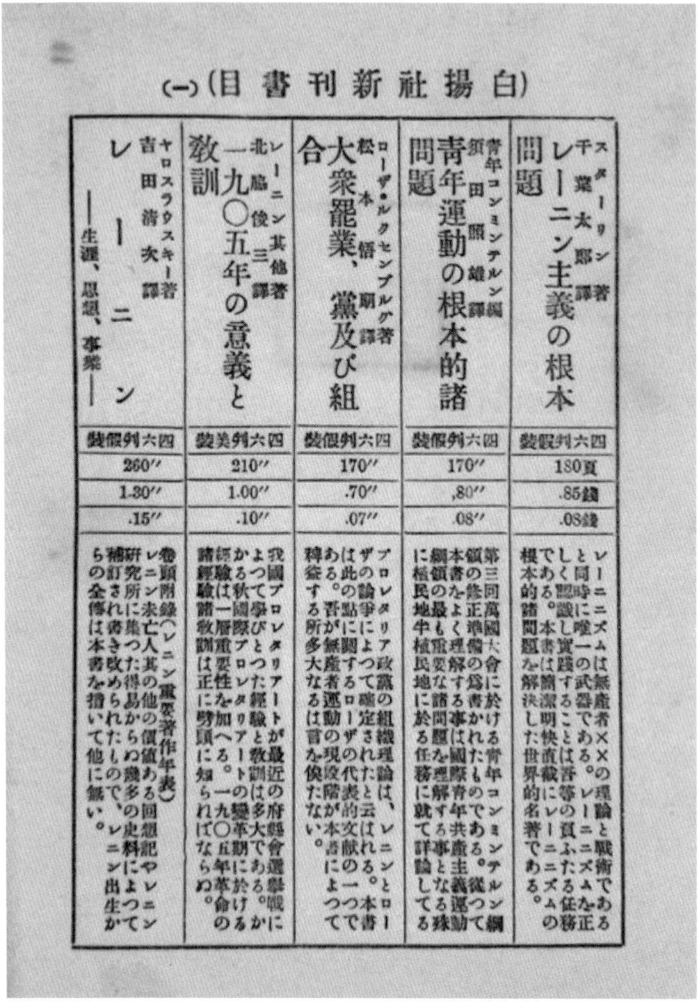

白揚社新刊書目(一)

著者・譯者	書名	體裁	頁數	定價	送料	内容
スターリン著 千葉太郎譯	レーニン主義の根本問題	四六判假裝	180頁	.85錢	.08錢	レーニニズムは無產者××の理論と戰術であると同時に唯一の武器である。レーニニズムを正しく認識し實踐することは吾等の負ふたる任務である。本書は簡潔明快直截にレーニニズムの根本的諸問題を解決した世界的名著である。
青年コンミンテルン編 須田照雄譯	青年運動の根本的諸問題	四六判假裝	170〃	,80〃	.08〃	第三回萬國大會に於ける青年コンミンテルン綱領の修正準備の爲め書かれたものである。從つて本書をよく理解する事は國際青年共產主義運動綱領の最も重要な諸問題を理解する事となる殊に植民地半植民地に於ける任務に就て詳論してる。
ローザ・ルクセンブルグ著 松本悟朗譯	大衆罷業、黨及び組合	四六判假裝	170〃	.70〃	.07〃	プロレタリア政黨の組織理論は、レーニンとローザの論爭によつて確定されたと云はれる。本書は此の點に關するローザの代表的文獻の一つである。吾が無產者運動の現段階が本書によつて裨益する所多大なるは言を俟たない。
レーニン其他著 北脇俊三譯	一九〇五年の意義と教訓	四六判美裝	210〃	1.00〃	.10〃	我國プロレタリアートが最近の府縣會選擧戰によつて學びとつた經驗と教訓は多大である。かかる秋國際プロレタリアートの變革期に於ける經驗は一層重要性を加へる。一九〇五年革命の諸經驗諸教訓は正に劈頭に知らればならぬ。
ヤロスラウスキー著 吉田清次譯	レーニン ——生涯、思想、事業——	四六判假裝	260〃	1.30〃	.15〃	卷頭附錄(レーニン重要著作年表) レーニン未亡人其の他の價値ある回想記やレーニン研究所に集つた得易からぬ幾多の史料によつて補訂され書き改められたもので、レーニン出生からの全傳は本書を措いて他に無い。

〈그림 2〉 1928년도 백양사(白揚社) 신간도서 소개

41 일본 국회도서관에서는 울진 적농의 활동기간인 1931～1934년 사이 白揚社에서 출판한 도서 목록으로 총 285건이 검색된다.

된 한 책의 권말 도서 목록[42](〈그림 2〉)에 의하면 1920년대 후반의 시점에서 백양사에서 신간도서로 광고를 하던 책은 『레닌주의의 근본문제(レーニン主義の根本問題)』, 『레닌(レーニン)』과 같은 레닌주의를 소개하는 책이거나 『대중파업, 당 및 조합(大衆罷業, 黨及び組合)』와 같은 실천이론에 관한 책으로, 앞 절의 분류에 의하면 유형①에 해당하는 책들이다. 이점에서 당시 사회과학 도서목록 및 구입처를 비교적 쉽게 찾을 수 있음[43]에도, 백양사 도서목록이 문제시되는 이유를 짐작할 수 있을 것이다.

실제로 이 시기 발간되었던 기관지 원고의 곳곳에서 레닌주의, 특히 레닌의 제국주의론을 수용한 흔적이 드러난다. 가령, "조선농촌의 현상은 특히 최근 일본제국주의의 전적 무대를 점령한 재벌들이 급격히 식민지 진출"을 하고 있는 현상과 관련이 깊다는 지적[44]이나 「발기문」에 나타난바 "식민지 재분할 전쟁"에 맞서는 "각국 프롤레타리아 운동 및 식민지 피압박대중의 맹렬한 발달은 제국주의 열강"의 가장 큰 위협 중 하나가 될 것이라는 지적[45] 등이 대표적이다. 앞 절에

42 エンゲルス, 堺利彦 譯, 『社會主義の發展』, 白揚社, 1928, 白揚社新刊書目(1).

43 가령 『비판』 창간 초기에는 판매 중인 대량의 사회주의 계열 사회과학 도서 목록을 포함하는, '민중서원' · '비판사' 등의 서점 · 출판사 광고가 수록된다. 광고에 수록된 도서목록은 언어별(조선어/일본어/러시아어) 혹은 주제별(예술/종교/법률/농촌문제/부인문제 등)로 분류되어 있다. (『비판』 6, 비판사, 1931.10, 권두광고 등)

44 「朝鮮の農村の狀況と我々か當面任務」, 『강보사』, 337면.

45 「蔚珍赤農創立發起文」, 위의 책, 342면. 경찰 조서에 의하면 이 발기문은 1933년의 농민조합 설립 초기에 지도적 역할을 했다가, 경북 봉화에서 다른 사건에 연루되어 검거된 최양술에 의해 작성된 것이다.

서 검토한 이들의 서가를 고려한다면, 이우정 정도만 가지고 있었던 레닌주의적 관점은 이 시기 최학소 등을 비롯한 조직원 일반으로 확산되며, 동시에 이러한 관점을 현재 조선의 현실에 적용해보려는 노력들이 적극적으로 이루어지고 있었던 것이다.

야학회에서 읽었던 것은 조금 다른 책들인 듯하다. 야학회는 독서회의 하부조직이자 조합의 대중조직으로서, 기본적으로는 '문맹 퇴치'를 모토로 보통학에 해당하는 교양 교육을 시행했던 것으로 생각된다. 그러나 경찰 기록에 의하면 이들은 "보통학을 교양하는 한편 기회를 틈타 계급의식을 주입했다".[46] 이때 그 방법은 이를테면 "『사회주의대의』 등을 텍스트로 하여 평이하게 강의하는 한편 그간 몇 차례에 걸쳐 부역부담반대, 농촌진흥운동은 당면한 사기정책이라는 등의 역선전을 시도"[47]한다든가, "노동독본을 교재로 좌익적으로 지도하여 소련의 국정을 예찬하는 강연을 한다든가, 혹은 현하 농촌이 피폐해진 원인을 전부 자본주의가 배태한 것인 듯 극론을 펼친다든가"[48] 하는 것이었다.

위의 기록이 조작되었을 가능성을 간과할 수 없다. 그러나 식민지 시기 제도권 바깥의 사설 교육기관이 불온한 지식들의 주요 생산처 중 하나였다는 사실[49]을 같이 염두에 두면서 일단 수사 기록을 신용

46 위의 책, 323면.
47 위의 책, 323면.
48 위의 책, 324면.
49 사설 교육기관의 강의 내용이 문제가 되는 경우는 당대의 언론 보도에서 자주 확인할 수

하면서 논의를 진행하자. 울진 적농 야학회에서 가르쳤던 것은 기본적으로 일본어[50](그리고 어쩌면 조선어)를 읽고 쓰는 법이었으며, 그 교재는 『노동독본』, 『사회주의대의』와 같은 노동과 사회주의의 문제에 대해 비교적 평이하게 언급하고 있는 텍스트였다. 중요한 점은 야학 교재와 일본 경찰에서 주장하는 실제 강의 내용 사이의 거리이다. '부역부담반대'나 '농촌진흥운동 반대', '소련에 대한 예찬'은 『사회주의대의』와 『노동독본』을 통해 직접 연역될 수 없는 내용이다. 즉, 각 동리별 야학회의 책임을 맡아 강의를 진행하는 독서회원들은 학습 내용을 논리적이든 아니든 농촌의 실제 현실에 대한 비판과 이상향에 대한 상상적 전망과 연관시키고 이를 기초로 야학 강의를 진행했던 셈이다.

독서회와 야학이 당대의 대중들이 공교육의 영역에서 벗어나 스스로를 교양하기 위한 가장 일반적인 방식에 해당하는 것[51]이었다면, 이들이 이러한 일반적인 방식을 넘어 '글쓰기'의 영역, 즉 기관지 발행에 대한 시도로까지 나아갔다는 점은 흥미롭다. 수사자료에 의하면 기관지의 발행은 1933년 4월, 울진적농 창설 한 달 뒤에 열린 간부회의에서 이미 결의가 된 사안으로[52] 각 조직원에게서 모아온 원고를

있다. 가령, 황해도 안악의 한 사설 강습소 강사가 학생들에게 '적화사상 및 레닌주의'를 가르쳤다는 이유로 검거된 사건에 대한 1927년의 보도를 떠올릴 수 있다. (「명륜강습사건 공판 우복 연기」, 『조선일보』, 1927.2.2)

50 전석봉이 지도하던 호월리 야학회의 구성원이었던 전홍두의 압수품 목록에 '국어필기장'이 있다는 점에서 이를 짐작할 수 있다.

51 천정환, 『대중지성의 시대』, 푸른역사, 2008, 305면.

취합・편집하여 발행하는 책임은 진기열(陳基烈)이 맡았다. 기관지는 총 2호가, 1호는 1933년 5월 25일에, 2호는 6월 20일에 각각 발간되었다.[53] 다시 수사자료에 의하면 이 기관지 2호분에 실린 글은 "어떤 내용도 불온교격(不穩矯激)하여" "일지사건 등을 계급적으로 논평하고 일본제국주의를 배경하는 프롤레타리아의 결속 투쟁을 종용하는 것으로서 상당한 효과를 거두었"다.[54]

사상범죄 사건을 꾸며내려는 경찰의 호들갑에도 불구하고, 실제 이 기관지가 그렇게 큰 효과를 발휘했으리라고 생각하기는 어렵다. 무엇보다 기술적인 문제로 이 기관지는 1, 2호 모두 각각 2부씩만 발간되었기 때문이다.[55] 조합 차원에서 등사기를 확보하지 못했기[56] 때문에, 편집자 진기열은 수작업을 통해 기관지를 발행해야 했던 것으로 보인다. 진기열에 대한 압수목록에는 '골필', '복사지', '복사용 철판' 등이 있다.[57] 즉, 이들의 기관지는 후면에 잉크가 묻어있는 복사지 2장을 철판 위에 덧대고, 그 위에 원고 내용을 골필로 필사하는 방식으로 겨우 2부가 제작되었던 것으로 생각된다. 이렇게 만들어진 2부의 기관지는 다시 수사 자료에 의하면 "간부를 통하여 다수 동지들

52 『강보사』, 318면.

53 위의 책, 319면.

54 위의 책, 320면.

55 위의 책, 319면.

56 수사 기록에 의하면 조합 결성 이후, 간부회의에서 등사기 구입에 대해 논의하고, 실제로 등사기를 구입하려고 시도했으나 비용 문제 때문에 포기한 것으로 되어 있다(위의 책, 320면).

57 위의 책, 332면.

에 윤독되었"다.[58]

1부의 원고를 손으로 베껴내어 겨우 2부를 만드는, 기관지 발행의 풍경은 매우 인상적이다. 이러한 번거롭고 비효율적인 방식을 써서라도 이들이 기관지를 발행하고 소유하고자 했다는 점은 이들 '적색농민'들이 가진 글쓰기에 대한 강렬한 욕망과 의지를 그 자체로 증거하기 때문이다. 말하자면 이들은 독서회와 야학회 활동을 통하여 새로운 지식들을 습득·분배하는 것에 그치지 않고, 그와 동시에 이들은 이러한 학습의 과정 속에서 얻어낸 자신들의 인식과 감각과 전망을 글로 써내는 한편, 이를 한데 모아 종합하고, 다시 그것을 같이 확인해보려고 했다. 골필로 겨우 2부를 베껴내는 방식으로 만들어진 아주 작은 것이라고 할지라도, 이 기관지는 이들이 각자의 글쓰기를 생산하고, 취합하고, 유통할 수 있는 매체로서 이들에게 있어 아주 중요한 기술적 지반으로 기능했던 것이다.

실제로 이 2부짜리 기관지가 발행되면서, 기관지에 원고를 투고하는 것은 조합 구성원들의 '의무'로까지 언급된다. 아마도 기관지 1호에 수록된 것으로 추측되는 한 논설의 말미에는 논설의 내용과 하등 관계없이 다음과 같은 통보가 첨부된다.

> 그리고 말미에는 이번 달부터 매월 1회 이것을 발행할 것이니, 각자 의무적으로 원고를 보내기를 바란다.[59]

58 위의 책, 320면.

다시 예의 차압품 목록을 살펴보면, 이러한 요구에 적지 않은 조직원들이 응답하여 실제 원고를 준비하고 있었음을 알 수 있다. 수사자료의 차압품 목록에서 조직원들의 '글쓰기'와 관련하여 의미가 있는 것으로 생각되는 것만을 따로 추려 정리하면 〈표 4〉[60]와 같다.

〈표 4〉 원고 관련 차압품 목록

소유자	나이	압수품목
田元江	24	발기문
田元江	24	불온가사
李愚貞	29	노농공작당 창립에 응용할 원고
李愚貞	29	잡지발췌
李愚貞	29	원고
李愚貞	29	추도문
陳基烈	23	스크랩북
崔在韶	21	기관지 원고
崔在韶	21	연구자료
崔學韶	19	필기장
崔學韶	19	일기장
崔學韶 · 崔在韶		필기장
崔學韶 · 崔在韶		잡지 발췌 기타 연구자료
崔學韶 · 崔在韶		스크랩북
崔學韶 · 崔在韶		통신안
田碩鳳	21	잡기장
南敬郎	23	통신
田永璟	39	통신
南相悳	21	필기장

59 「朝鮮の農村の狀況と我々か當面任務」, 『강보사』, 338면.

60 〈표 1〉과 마찬가지로, 위의 책, 331～334면의 압수목록표를 토대로 정리했다.

소유자	나이	압수품목
張世均	21	일기장
崔景韶	20	필기장
朱秉權	24	時代像
朱秉喜	19	時代像
田弘斗	미상	잡기장

〈표 4〉에 나타난 차압품 목록이 모두 기관지 발행과 관계가 있는 것이라고 보기는 어렵다. 가령 이우정의 '노농공작당 창립에 응용할 원고'는 그 제목으로 볼 때, 1931년 울진노농공작당 설립과정에서 쓴 원고로 보이며, 1933년에 이루어진 적농의 기관지 발행과는 관계가 없는 것으로 짐작된다.

그럼에도 〈표 4〉는 조합의 여러 구성원에 의해 다양한 방법으로 글쓰기가 이루어졌음을 보여준다. 기관지 원고와 함께 필기장, 잡기장, 일기장이 압수된 것에서, 기관지에 원고를 내라는 요구에 대해서 적지 않은 조합원들이 응답하면서, 실제로 원고를 준비하고 있었다는 정황을 보여준다.

한 가지 더 눈여겨보아야 할 점은 이 표에 스크랩북, 발췌 등의 자료가 포함되어 있다는 점이다. 이는 '적색농민'들이 신문 · 잡지나 다른 도서를 읽는 과정을 통해 얻어낸 지식을 후에 다른 목적으로 활용하기 위해 수집 · 분류 · 편집하는 일들을 수행했다는 것을 말해주며, 동시에 이들의 글쓰기가 많은 경우 자료의 조사, 수집, 발췌, 인용이라는 번거로운 과정을 수반하여 이루어졌음을 보여준다. 실제로 수사자료의 후반부에 번역되어 첨부된 원고들을 살펴보면, 이러한 발췌 및 스크랩을 통해 수집한 자료가 원고의 작성을 위해 직접적으로 활용되고 있는 모습을 발견할 수 있다.[61]

이처럼 울진적색농조 기관지 발간과 이를 위한 원고의 작성은, 단순히 운동전략에서의 필요성뿐만 아니라, 독자적인 매체의 보유와 글쓰기에 대한 욕망과도 관련을 맺는다. 윤독과 토론을 중심으로 한 학습이 중심이 되는 조직적 활동이 시작됨과 동시에 글쓰기에 대한 욕망이 발생했고, 단 2부만이 만들어진 기관지는 이러한 욕망을 실현하기 위한 기술적 지반이었다고 보는 것이 타당하다. 기관지에 수록되었거나, 수록될 예정이었던 것으로 보이는 원고를 실제로 검토할 경우, 이들의 글쓰기가 단순히 선전・선동을 위한 도구적 수단에 머무르지 않고 글쓰기에 대한 보다 복잡한 욕망과 관계를 맺고 있다는 점은 선명하게 드러난다.

〈표 5〉 압수 · 번역되어 수사자료에 수록된 원고 목록[62]

저자 혹은 소유자	제목	비고
陳基烈	卷頭言	기관지 제1호 원고, 권두언
	朝鮮の農村の狀況と我々か當面任務	논설
崔學韶	發芽期に在る蔚珍プロレタリア運動と我等の任務	논설
南曰星	帝國主義の侵略と彈壓政策	논설
所有者 田範秀	蔚珍赤農創立發起文	발기문

61 이러한 모습이 가장 잘 드러나는 글은 이우정의 것으로 추정되는 「社會進化も一偶然」(『강보사』, 358면)으로 이 글에서는 자본주의적 착취를 뒷받침하는 종교에 대한 비판이 대체로 다른 글에서의 발췌 인용을 통하여 이루어지고 있다.

저자 혹은 소유자	제목	비고
田範秀	不合理歌	가사
田範秀	露國○○唱歌	가사
李愚貞	암호문	암호 해독표
李愚貞	蔚珍公普校員家	논설
李愚貞	社會相	논설
李愚貞	私立學校許可制撤廢に關する件	논설
李愚貞	追悼文	추도문
李愚貞	社會進化も一偶然	발췌문
崔學韶	對農村無産階級	논설
崔學韶	風災民救濟資金二千圓補償に對して	논설
崔學韶	敬畏せる兄さん	서간문
崔學韶 (無產者)	社會主義者の一生	소설
崔學韶	主義者の一生	소설
崔在韶	ブルジョア政治勢力と無産階級の政黨	논설
崔學韶	제목없음(1)	논설
崔學韶	團體組織に對てる注意	논설
崔學韶	朝鮮學生思想團體三大傾向と吾人の態度	논설
崔學韶	제목없음(2)	논설

〈표 5〉의 목록에 해당하는 모든 글들이 기관지에 수록된 원고라고 보기는 어렵다. 가령 「암호문」과 같은 경우는 기관지 원고가 아닐 확률이 높으며, 다른 글들 또한 기관지 투고가 아닌 다른 목적으로 생산되었을 가능성을 배제할 수는 없다. 또한 번역문에 표기된 이름이 저자를 뜻하는지, 아니면 압수 당시에 해당 원고를 소유하고 있던 사람을 지칭하는지도 확실치 않다. 가령 앞서 언급했듯 「울진적농창립발

62 『강보사』, 335~388면에 수록된 번역 원고들을 목록화한 표이다.

기문(蔚珍赤農創立發起文)」은 수사자료에 의하면 최양술이 쓴 것인데, 이를 믿을 수 있다면 전범수(=전원강)[63]는 실제로 수사자료에 "소유자 전범수"[64]라고 강조되어 있듯이 발기문의 작성자가 아니라 압수 당시 문건의 소유자이다. 그러나 등사기를 갖추지 못한 울진 적농의 경우, 삐라 살포 등의 활동은 찾아볼 수 없다는 점[65] 등을 고려하면, 확실히 기관지 원고가 아닌 것으로 보이는 글을 제외하면, 기관지에 수록되었거나, 기관지 수록을 염두에 두고 쓰였을 확률이 높다고 전제하자.

〈표 5〉의 원고 목록에는 다양한 유형의 글쓰기가 발견된다. 가장 많은 비중을 차지하는 것은 역시 논설이다. 논설은 다시 마르크스주의 이론 및 레닌주의의 관점에서 파악된 세계·국내 정세를 언급하며 프롤레타리아 운동의 당위성 혹은 원칙을 논하는 글과 울진 지역의 구체적 현안에 대해 논평하고, 울진 지역 프롤레타리아 운동의 전망을 논하는 글로 구분된다. 독점자본의 극단적 발달 과정에서 식민지에 대한 수탈의 심화와 식민지 재분할 전쟁의 가능성을 이야기하는

---

63 전범수는 〈표 4〉에 등장하는 전원강의 다른 이름이다.(위의 책, 300면)

64 위의 책, 342면.

65 독서회, 야학회, 기관지 발행 이외 수사자료는 신문지국을 이용한 적농의 활동을 언급한다. 수사자료에 의하면 울진 적농은 1933년 3월 진기열을 조선중앙일보 울진지국 기자로 입사시킨 뒤, 독자방문·기사채집 등의 명목으로 농민들과 대면 접촉을 한다든가, 지국 확장을 빙자하여 적농의 자금을 조성한다든가, 배달되는 신문에 통신문을 끼워넣는 방식으로 조직원들끼리 연락을 취한다든가, 빈농의 생활을 조사하여 동정심을 유발하는 기사를 낸다든가 하는 방식으로 활동했다(위의 책, 320~321면). 신문이라는 대량 발행되는 매체를 활용하면서도 이를 간부들 사이의 통신에만 활용하고, 문건이나 삐라를 대량으로 배포한다든가 하는 활동을 하지 않았던 점을 눈여겨 볼 수 있는데, 이는 적농 내부에서 인쇄물을 대량으로 생산해낼 수 있는 기술적 수단을 갖추지 못했기 때문이었던 것으로 추측된다.

「제국주의의 침략과 탄압 정책(帝國主義の侵略と彈壓政策)」, 자유라는 이름 아래 임금노동이 강제되고 계급적 착취 및 갈등이 심화되고 있는 상황을 이야기하는 「사회상(社會相)」과 같은 글이 전자에, 월사금을 납부하지 못하는 학생에 대한 공립보통학교 교원의 위압적인 태도를 비판하는 「울진공보교원가(蔚珍公普校員家)」, 당국의 재해민 대책의 문제점을 이야기하는 「재해민 구제자금 이천원 보상에 대하여(風災民救濟資金二千圓補償に對して)」와 같은 글이 후자에 해당한다. 이 중 후자의 글은 이들의 배움과 글쓰기가 이들이 놓인 구체적 현실에 대한 인식·발견 및 문제제기로 이어지고 있음을 잘 보여준다. 같은 맥락에서 「발아기에 있는 울진 프롤레타리아 운동과 우리들의 임무(發芽期に在る蔚珍プロレタリア運動と我等の任務)」의 경우, 울진 지역의 사회 운동을 나름대로 역사화시켜 파악하려는 태도를 보이고 있다는 점도 눈여겨 볼 수 있다.

그런데 한 가지 주목할 수 있는 점은 이러한 논설들에서 강조되어 있는 피압박민들의 정서에 대한 표현이다. 「울진공보교원가」가 대표적이다. 이우정이 쓴 글로 추측되는 이 글은 공립보통학교 월사금 납부에 대한 교사의 모욕적인 독촉을 비판하고 이를 중단하는 것을 촉구하는 글이다. 그런데 글이 반복적으로 문제 삼는 것은 월사금 자체의 과도함이나, 월사금 납부 문제에 스며있는 계급성, 그리고 그로부터 이어지는 교육의 공공성과 같은 문제가 아니라, "천진난만한 아이를" "채무자로 만드는 것에서 비애를 맛"보게 하는 아이의 정서이다.[66] 이러한 측면은 「사회상」에서도 유사하게 나타난다. 「사회상」은 자유라는 이름 아래 임금노동이 강제되는 상황 속에서 계급의 대립이 심화된다는 이론적인 주제를 다루고 있는 글로서, 몇 가지 점에서 마르크스의 「임금노동과 자본」을 떠올리게 한다. 그러나 이 글은 노동의 자유롭고 공정한 매매라는 관념이 노동의 착취를 은폐하는 가상을 창출하는 장치하는 마르크스의 핵심적 주장에 닿지 않는다. 그 대신 이 글이 강조하는 것은 '자유'라는 허울 좋은 이름 아래에 피를 빨리는 "자본주의 노예"로서의 생활을 강요당하며 느끼는 분노의 감정이다. '자유', '평등'과 같은 자유주의의 가치들이 가지는 허구성은 임노동과 자본의 정교한 메커니즘에 대한 설명 속에서 드러난다기보다, "유산계급 놈들은 배를 두드리게 되고 노래를 천추만대 계속해서 부르는데 가난한 자는 굶주리는 입장을 저주"한다는, 따라서 "노동력을 팔고 있는 사람들은 평등을 조소"[67]할 것이라는 강렬한 분노 자체를 통해 드러난다.

말하자면 '적색농민'들이 스스로 작성한 이러한 논설은 단지 사회주의 이론을 정확히 옮기고, 이를 바탕으로 현실을 정확히 진단하고, 사회적 변혁을 효율적으로 추동하기 위해서만 쓰였던 것은 아니다. 이 논설 속에서 사회주의 이론을 수용하고, 그 이론을 통해 자신을 프롤레타리아로 호명하는 것은 자신의 생활 속에서 형성되는 복잡한 감

66 위의 책, 349면.
67 이상 「社會相」에 대한 인용은 모두 위의 책, 351면.

정과 희망을 개념적으로, 혹은 비유적으로 포착하여 보편화하기 위한 탁월한 방법 중 하나가 된다. 월납금 독촉을 받은 아이의 모습은 농촌에 만연한 채권-채무의 일반적인 관계 속에 채무자의 위치에 놓여 있는 다수의 사람들이 느끼는 비애를 표현하기 위한 수단이며, 임금노동자라는 마르크스주의의 용어는 부단한 노동에도 불구하고 빈곤의 수렁에서 나오지 못하는 대다수의 사람들을 호명하고, 그들의 분노를 보편화하기 위해 차용하는 용어이다. 이점에서 '적색농민'에게 수용되는 사회주의, 그리고 적색농민조합이라는 결사체는 가혹하고 폭력적인 세계와 자기 자신의 관계를 새롭게 모색하기 위한 방법적 도구이며, 이때 글쓰기는 이러한 모색 자체를 위한 구체적 실천으로서 중요한 의미를 획득한다.

이러한 글쓰기의 과정은 자신의 삶에 대한 새로운 전망을 상상하는 과정으로 이어진다. 이 점에서 〈표 5〉의 목록에 시가・소설과 같은 문학적 텍스트와 함께 서간문이라는 유별난 글쓰기 유형이 포함되어 있는 이유를 생각해 볼 수 있다. 서간문 「경외하는 형에게敬畏せる兄さん」는 최학소가 쓴 것으로 추측되며, 그 내용은, 아마도 최학소의 친형인 최재소를 가리키는 것이 분명한 '형'이 범한 극좌적 오류에 대한 해명과 청산을 요구하는 것이다. 하지만 이 글에는 형의 잘못된 행동이 무엇인지에 대한 구체적 설명이 없다. 때문에, 이 편지가 메시지의 사적 전달이 아니라 '원고'로서 쓰였다는 전제 아래에서, 이 글의 의미는 친형에 대한 사적인 메시지를 적색농민조합 조직의 내부의 공적

인 맥락으로 옮겨왔다는 것 이외에는 존재하지 않는다. 그러나 바로 이 행동을 통해 '형'과 '나'와의 관계는 종래의 가부장적인 가족 질서를 벗어나 적색농민조합이 제공하는 공적인 관계 속에서 재설정된다. 말하자면 그 구체적인 내용이 존재하지 않는다고 하더라도, 친형의 '잘못'이라기보다는 운동선상에서의 '오류'를 비판하는 편지를 기관지 원고의 형태로 구상하는 것은 조직을 통해 새롭게 구성되는 자기의 위치를 염두에 둔, 삶에 대한 새로운 비전을 상상하는 수단이 된다.

요컨대 '적색농민'의 글쓰기는 적농 운동을 위한 도구적인 차원을 넘어, 자신의 존재 및 세계와의 관계를 다시 설정하는 한편, 그로부터 파생되는 새로운 전망들을 상상하고 재현하기 위한 중요한 장치이다. 바로 여기에서부터 〈표 5〉의 목록에 '문학'이 포함되어 있는 상황을, 다시 말해 '적색농민'의 글쓰기에 대한 욕망이 '문학'이라는 영역을 겨냥하고 있는 까닭을 이야기할 수 있을 것이다. 왜냐하면 우리가 문학에서 기대할 수 있는 것이 대개 그러한 것이기 때문이다.

4. 적색농민의 소설 '쓰기'와 '고쳐쓰기'

〈표 5〉의 목록에서 문학으로 분류할 수 있는 것은 가사 「불합리가(不合理歌)」, 「노국○○찬가(露國○○唱歌)」와 소설 「사회주의자의 일생

(社會主義者の一生)」 및 「주의자의 일생(主義者の一生)」이다. 수사 자료에 실려 있는 원고가 일역본이기 때문에 그 정확한 모습을 알기 어려우나, 두 편의 '불온가사'는 '가사'라는 표제명이 붙어있다는 점에서, 그리고 4음보 율격을 기본으로 한 정형시의 형태를 띠고 있다는 점에서 말 그대로의 가사 혹은 창가, 즉 노래로 부를 것을 염두에 두고 만들어진 시가로 생각된다. 「문예구락부」의 원찬이 시가 아닌 창가를 창작하듯이, 적색노동조합 기관지에 수록되거나, 혹은 다른 경로를 통해 배포된 시가들 또한 노래 가사의 형태를 취하고 있다는 점이 눈에 띈다.

가사의 내용은 ㉠ 부르주아의 폭압과 계급차에 의한 불평등을 이야기하며, ㉡ 프롤레타리아의 봉기를 촉구하는 내용으로 크게 나누어 볼 수 있다. 4연으로 된 「불합리가」는 ㉠에 해당하는 내용이 조금 더 강조되어 있다. 허울좋은 '자유'와 평등'으로 꾸며진 이 세상은, 사실 "자본과 권리에 썩어버린 냄새"가 진동하는 곳이며, 노동자들의 노동은 "그들 부르주아의 배를 두드"리며, 이때 부르주아들은 "악마의 신사들"로까지 묘사된다. 즉, 이 가사는 근대 자본주의 사회의 형식적인 자유와 평등의 허위성과 함께, 그 이면에 숨어있는 계급적 착취와 억압이 노골적으로 제시된다.

자유를 따르는 자유의 세상
자유와 평등이 모두에게 있다면

자본과 권리에 썩어버린 냄새
불의한 관습은 여전히 굳건하다 (1연)

노동자들만이 있는 농장들은
그들 부르주아의 배를 두드린다
노동자의 뼈와 땀으로 만든 정자 안에는
악마의 신사들이 노래를 부르고 (2연)[68]

동시에 이 시는 현존하는 계급적 착취를 은폐하고 정당화시키는 부르주아 이데올로그들의 존재를 명확히 이야기하고 있다는 점도 특징적이다. 즉, "가장한 도덕가는 최면을 베풀고 / 음흉한 정치가는 죄의 문을 연다"(3연). 이러한 상황의 극복에 대한 전망은 "영원한 봄빛은 멀리서 온다"(4연)라는 수준으로 암시적으로만 언급된다.

전체 8연 구성으로, 제목으로 미루어 봤을 때 발췌 혹은 번역일 가능성이 없지 않은 「노국○○창가」는 「불합리가」에 비하면 조금 더 분명하게 계급적 착취를 분쇄하기 위한 프롤레타리아의 봉기를 이야기한다. 이는 작품의 서두에서부터 "기립하라 기근에 떠는 친구들아"[69](1연)와 같은 명령형의 문장으로 직접 제시된다. 동시에 그 봉기는 '무장'을 통한 폭력적 봉기라는 점도, 봉기에 나선 농민과 노동자의

68 위의 책, 345면. 「不合理歌」에 대한 인용은 모두 같은 면에서 했다.
69 위의 책, 346면.

무장한 모습을 통해, 즉 "농부들은 농구를 무기로 들고 나오고/여성 방적노동자는 사이(サイ)를 무기로 들고"[70](6연) 나오는 모습을 통해 분명하게 제시된다.

이 두 시가는 자본주의 사회의 계급적 불평등, 착취 및 이러한 불평등과 착취 자체를 은폐하는 가상들을 이야기하고, 최종적으로 여기에 맞서 싸우는 노동자・농민의 투쟁을 몇 가지 상투적인 이미지를 통해 제시한다. 계급적 적대에 대한 의식을 요구하고, 직접적인 폭력투쟁을 고취하는 이러한 시가들이 적색농민조합 운동의 맥락에서 생산・유통되는 것은 사실 크게 이상한 일이 아닐 것이다.

이상한 것은, 그래서 조금 더 자세히 들여다봐야 하는 것은 소설이다. 압수 자료에는 「사회주의자의 일생」, 「주의자의 일생」, 두 편의 미완 소설 원고가 일본어로 번역되어 실려있다. 최학소의 창작으로 보이는[71] 이 두 편의 작품은 별개의 작품이 아니고, 「주의자의 일생」

70 위의 책, 347면.

71 두 원고 번역본에 모두 최학소의 이름이 기재되어 있는데, 「사회주의자의 일생」의 경우 저자의 이름이 따로 "無産者"라고 기재되어 있다. 따라서 두 편의 원고에 기재되어 있는 최학소라는 이름은 이 원고가 최학소로부터 압수된 것이라는 점을 뜻한다고 보아야 한다. 물론 이 경우에도 원고의 저자는 최학소일 확률이 높다. 위의 〈표4〉의 압수품 목록에서 최학소의 압수품이 필기장・스크랩북 등이라는 점을 고려하면, 이 원고는 최학소가 소유하고 있던 필기장에 수기로 적혀있는 원고일 확률이 가장 높기 때문이다. 다시 이 원고가 미완의 상태로 필기장에 적혀있는 원고라는 점으로 미루어본다면, 그리고 「主義者の一生」이 「社會主義者の一生」의 개작이라는 점을 고려한다면, 이 원고는 아직 기관지에 수록되지 않은 원고일 가능성이 있다. 다만 「社會主義者の一生」이 1933년 정월 풍경에 대한 묘사로부터 시작한다는 점을 생각하면, 이 두 원고의 집필 시점은 1933년~1934년 3월 검거 이전까지의 어느 시점, 즉 적색농민조합이 창설되어 활동하고 있던 시기일 가능성이 높다. 이점에서 이 원고의 집필은 적색농민조합 활동과 어떠한 방식으로든 관련을 맺고

이 「사회주의자의 일생」을 개작한 작품으로 판단된다. 두 작품은 모두 직업을 구하려 상경한 빈민 청년 '영설'(「사회주의자의 일생」), '영석'(「주의자의 일생」)을 주인공으로 삼아, 직업을 구하지 못한 주인공이 식대에 졸리우는 모습과 함께, 비슷한 처지로 여관생활을 하는 빈민 여성과 마주치는 장면을 그려내고 있다.

이처럼 이 작품은 울진의 농민이 아니라, 경성의 농촌 출신 빈민을 주인공으로 내세우면서, 이러한 사람들의 삶을 — 비록 완성되지는 않았지만 — '사회주의자의 일생'으로 구성하려는 의도를 가진다. 말하자면 이 작품은 현실의 구조적 모순을 폭로하고, 그 변혁을 촉구한다기보다, 사회주의 학습과 적색농민 조직을 기반으로 하여 만들어진 '사회주의자'의 표상으로 제시되는 삶의 방식에 대한 새로운 전망과 실제 현실에서 이러한 전망이 실현되는 과정을 상상적으로 재현하는 것에 주안점을 두고 있다. 그리고 바로 이점은 '적색농민'의 글쓰기가 '소설'의 창작으로까지 나아갈 수 있는 동력이 된다.

이러한 맥락에서, 「주의자의 일생」에서 「사회주의자의 일생」에 대한 개작이 이루어지고 있다는 사실은 매우 중요하다. 이는 한편으로 이들의 '소설쓰기'가 일회적인 것에 머물지 않고, 자신의 글쓰기에 대한 반성적 사유를 바탕으로, 보다 전체적인 삶의 양상을 인식하고 포착하려는, 어쩌면 모든 글쓰기에 수반되는 과정을 이들의 글쓰기

있다고 보는 것이 옳을 것이다.

또한 밟아나가고 있다는 사실을 보여주기 때문이며, 동시에 다른 한편으로 이러한 개작의 구체적 양상에 대한 검토는 새롭게 설정된 세계와의 관계 속에서 새롭게 확보할 수 있었던 삶의 전망들을 재현하려는, '적색농민'의 글쓰기가 가진 욕망들을 보다 분명하게 드러내기 때문이다.

두 작품에서 크게 달라지는 점은 우선 분량이다. 수사자료에 첨부된 번역문 기준 노트 4매 분량의 미완작품이었던 「사회주의자의 일생」은 똑같이 미완 작품인 「주의자의 일생」에 오면서 노트 24매 분량[72]으로 내용이 큰 폭으로 확충된다. 분량의 확대는 최초에 단편적으로만 생각되었던 '사회주의자'로서의 삶의 전체적 경로에 대한 구상이 글쓰기 안에 들어오게 됨을 의미한다. 이점에서 눈여겨볼 수 있는 것은 「주의자의 일생」의 서두에 작품의 목차 혹은 개요가 삽입된다는 점이다.

1. 영석의 출옥 상경
2. 동지규합
3. 농민지도
4. 좌익소아병자 공격
5. 이론투쟁

72 노트 1매는 13행이며, 1행은 18자이다. 따라서 노트 1매는 220～234 정도의 분량이다. 이렇게 추산했을 때 노트 4매는 900자 내외, 노트 24매는 5,400자 내외로 파악할 수 있다.

6. 재경유학

7. ○○당 조직

8. 암중모색[73]

이러한 개요 혹은 목차는 중동고보를 1학기 만에 중퇴하고 귀향하여, 사회주의를 학습하는 한편 적색농민조합 운동에 참여하고 있었던 최학소가 상상했던 전형적이거나 이상적인 사회주의자의 삶의 경로를 요약적으로 제시한다. 동시에 「사회주의자의 일생」과 「주의자의 일생」이 매우 유사한 모티브를 활용하고 있음에도 불구하고, 이러한 개요가 본문의 앞부분에 삽입되면서 소설의 서술이 처음부터 다시 이루어지고 있다는 점은 이 두 작품의 집필이 전혀 다른 수준의 구상에서 시작되었음을 의미한다. 「사회주의자의 일생」이 사회주의자의 삶을 그려내겠다는 막연한 수준의 구상에서 집필이 시작되고 있다면, 「주의자의 일생」에 있어서는 현실에서의 사회주의자의 전형적 혹은 이상적 삶에 대한 전체적인 구도를 먼저 상상한 뒤에 세부적인 집필이 시작되는 것이다. 서사의 성립 가능성, 즉 사건의 발생과 전개에 대한 서술의 가능성은 당연히 후자의 경우에 더욱 높아진다.

구상 수준의 차이는 물론 실제 텍스트의 구성과 텍스트가 발휘하는 효과에 반영된다. 「사회주의자의 일생」은 그 분량이 「주의자의 일

73 『강보사』, 365면.

생」에 비해 훨씬 짧으면서도, 소설의 서술이 장면화를 중심으로 훨씬 더 상세하게 이루어진다. 이 작품은 경성 중앙직업소개소에서 직업을 구하려 했던 주인공 '영설'이 허탕을 치고 여관으로 돌아오는 시점에서 이야기가 시작된다. 이어 영설이 여관 주인에게 식대 독촉을 받다가 방으로 돌아온 뒤, 우연히 옆 방에 투숙한 시골 출신의 여자가 병으로 앓아 누운 것을 알게 되고, 그녀를 찾아가 음식을 주는 장면에서 중단된다. 즉 이 작품은 매우 짧은 이야기 시간을 장면화하여 보여주는 것에 집중하는데, 이 과정에서 전면화되는 것은 여관주인의 독촉에 졸리우는 가난한 인물들의 불안한 감정과 비참한 삶의 모습, 이를테면 여관주인의 독촉을 받은 뒤 방에 돌아온 '영설'의 불안이나 물을 달라는 여자의 요청을 비웃는 여관 하녀의 태도에 대한 영설의 분노와 같은 것들이다. 다시 말해 「사회주의자의 일생」에서 표현되는 것은 물질적 결핍과 사회적인 천대에 시달리는 빈민들이 느끼는 불안과 분노라는 즉자적 감정이다. 물론 이러한 감정의 표현은 그 자체로 충분한 의의가 있는 것이지만, 동시에 이 작품이 서사적 사건의 연쇄적 발생, 즉 소설적 구성에 의해 '사회주의자의 일생'의 의미를 밝히려는 시도로까지 나아가지 못하고 있음을 지적해야 할 것이다.

그에 비해 「주의자의 일생」은 확대된 분량에도 불구하고 이야기의 세부를 건너뛰어 가며 이야기의 경개 및 이야기의 진행에 있어 필수적인 것이 되는 인물들 사이의 만남을 요약적으로 서술하는 것에 집중하고 있다. 작품은 서두에 제시된 목차 중 '2. 동지규합'의 과정을 서술하던 중에 중간을 생략하고 '3. 농민지도'의 시작 부분에 해당하는 것으로 추정되는 수확기의 농촌 풍경으로 건너뛴 뒤에 미완으로 중단된다.

작품은 '영식'이 후에 동지가 되는 것으로 추측되는 두 명의 인물, 즉 여관에서 만난 시골에서 상경한 여성인 '복실'과 직업소개소에서 만난 의문의 남자와의 만남을 서술하는 것에 치중한다. 「사회주의자의 일생」이 '복실'의 원형으로 생각되는 시골 출신 여성과 만나게 된 계기를 공들여 서술하는 것에 비교한다면, 「주의자의 일생」의 경우, 다음과 같이 복실과의 만남의 계기는 매우 간략하게 서술하며, 이러한 만남을 통해 두 사람이 가지게 되는 동질감을 강조한다.

> 영석과 마찬가지로 여관에 함께 같은 모양으로 머무는 복실이라는 여자가 있었다. 그녀도 물질의 악마에 습격을 받아 경성에 왔던 것이었다. 영식은 복실에게 자기가정의 내용을 일일히 들려주었다. (…중략…) 그 두 사람의 사이는 마치 십년을 만나지 못했던 친구가 만난 것과 같은 느낌이 있었다.[74]

이러한 만남을 통해 두 사람은 급격히 가까워진다. 영석은 복실을 학교에 다니게 하기 위해 직업을 가지겠다고 결심하고, 복실은 영석의 옷을 꿰메어 준다거나, 취직에 실패하고 돌아온 영석을 위로해주

---

74 위의 책, 366~367면.

기도 한다. 이후의 이야기는 영석이 직업소개소에 갔다가, 직업을 얻기 위해 모인 실업자 군상들을 조소하는 이상한 남자를 만나 그와 주소를 교환한 뒤, 다시 여관에 돌아온 영석이 식대를 빌미로 복실을 여관의 하녀로 만들려고 했던 여관 주인의 계획을 알게 된 뒤, 복실을 데리고 여관을 탈출하는 부분까지 진행된다.

「주의자의 일생」은 이러한 이야기를 전개하면서, 여관방에 고립된 채 식대에 졸리는 영설의 우울한 심정을 토로하는 데 그쳤던 「사회주의자의 일생」과는 달리, 주인공 영석이 외부의 세계, 즉 복실 및 직업소개소에서 만난 남자와 교류하고 교감하는 모습에 대한 서술에 이르는데, 이러한 서술은 물론 뒷날 '사회주의자'로서 재탄생하는 영설의 삶의 전체적인 경로를 상상적으로 재구성하고, 그 중 '동지규합'의 과정을 문제시함으로써 이루어질 수 있었다. 이 경우 '사회주의자'의 표상은 사회주의의 수용을 통해 얻은 삶의 새로운 전망을 삶의 전체적인 과정 속에서 적용하여 상상적으로 재현하기 위한 매개물로 기능한다. 그리고 '사회주의자'의 표상이라는 매개물을 통해 삶에 대한 전망을 새롭게 구성하여 재현하기 위한 구체적 장치는 이 경우 '문학' 그 중에서도 '소설'이라는 양식이 된다.

소설이 세계와 자아와의 관계를 문제시하는 양식이라는 고전적인 장르론을 떠올려도 좋을 것이다. 「사회주의자의 일생」에서 단지 불안에 휩싸인 채 여관방에 유폐되어, 자신을 고립된 존재로 느껴왔던 영설이, 복실을 비롯한 동지들과의 교감을 바탕으로 '주의자의 삶'으로 나아가는 영석으로 변화하는 소설 개작의 양상은, '적색농민'의 글쓰기가 '소설쓰기'까지 나아갔던 이유를 잘 보여준다. 이 경우 '적색농민'의 소설 '쓰기'와 '고쳐쓰기'는 모두 세계 및 세계 내의 다른 존재들과 자신과의 관계를 재설정하고, 이로부터 획득할 수 있는 삶의 방식에 대한 전망을 상상적으로 구성하기 위한 장치이며, '사회주의' 혹은 '사회주의자의 표상'은 이러한 상상적 구성의 과정에 개입하는 중요한 매개물로서의 의미를 지닌다.

이 점에서 이 두 편의 소설이 모두 울진 농촌사회라는 공간적 범위에서 벗어나 보다 넓은 사회, 즉 축자적으로도 비유적으로도 '세계'와 자신의 관계를 처음부터 전제하면서 쓰이고 있음을 부기할 필요가 있다. 두 작품의 서두가 모두 다음과 같이 '세계'에 대한 언급으로부터 시작한다는 점은 흥미롭다.

> 1933년 정월 1일 세계 각국, 일본과 조선에서도 신년의 장엄함에 충만한 얼굴로 경성의 각 가정에서는 국기를 세워 그 기쁨을 맞이하고 있었다.[75]
>
> 지구가 돌고 돌면서 세계의 시장에는 실업군이 산더미처럼 나타났다. 그 영향은 조선에도 불어와서 구직을 위해 경성에 모인 자는 수백명에 달하는 것이었다.[76]

75 無産者, 「社會主義者の一生」, 위의 책, 364면.

76 「主義者の一生」, 위의 책, 366면.

뿐만 아니라, 비록 쓰이지는 않았지만 「주의자의 일생」의 경우, '사회주의자' 영석의 일생이 경성과 고향인 농촌을 지속적으로 왕복하는 것으로 설정되어 있다는 점도 지적할 수 있다. 영석은 작품의 시작에 경성의 여관에 있지만, "동지 규합" 이후 영석은 다시 고향인 농촌으로 내려온다. 개요로 짐작해본다면, 영석은 여기서 "농민 지도"와 "좌익소아병자 공격"과 "이론 투쟁"을 한 뒤, 다시 "재경 유학" 이후 "○○당"(공산당) 건설에 참여하고, 탄압을 받아 "암중모색"의 시기를 거치는 바, 이렇게 경성과 농촌을 왕복하면서 당 건설로 귀결되는 활동가의 삶을 살아가는 것이 의식화된 '적색농민'이 상상한 이상적인 '사회주의자의 일생'이었던 것이다. 이러한 상상 속에서, 고향 농촌 마을과 식민지 조선의 정치적 중심지 조선, 조금 더 넓게 본다면 '세계' 전체는 유기적으로 연결되어 있는 하나의 단일한 세계에 대한 상상 속에 통합된다. 다시 이 상상에 '사회주의자'로 명명된 한 개인의 삶의 전체 경로를 접붙혀 나가는 과정이 곧 '적색농민'의 글쓰기가 소설쓰기로 나아가는 과정이 된다.

이와 같은 울진 적색농민조합의 소설은, 우리가 흔히 떠올리는 '노동자 글쓰기'의 일반적인 형태와는 조금 다르다. 이 소설들에서는 우리가 통상 기대하는 바, 때때로 비가시적이고 불가해적이라고까지 여겨지는 '노동자'의 삶의 모습에 대한 사실적 재현을 찾아볼 수 없기 때문이다. 1970~1980년대 저널리즘 · 민중문학론 · 노동자 조직과의 복잡다단한 관계 속에서 수기 · 생활글 등이 '노동자 글쓰기'의 효율적이며 지배적인 양식으로 등장하는 사정과는 달리, 1930년대 중반 울진 적색농민조합의 조직원들은 자신들에게 적합한 고유한 문학 양식을 찾지 못했다고 지적할 수도 있을 것이다. 그럼에도 이들 '적색농민'의 소설은 여전히 자기 재현적이다. 왜냐하면 이들의 소설에는 이들이 자율적인 학습을 통해 구성하고 상상한 세계에 대한 인식과 삶에 대한 전망이 드러나기 때문이다. 이들의 소설은 김남천이 「문예구락부」에서 언급한, 자신의 생활의 모습과 이에 대한 감정을 솔직하게 기록한 '인호'의 '감상문' 같은 것과도 조금 다른 형태를 취하고 있지만, 여전히 1934년의 김남천이 말했던 문학에 대한 어떤 꿈, 즉 '노동자' 스스로, 스스로에 대해 말하는 문학을 위한 구체적 실천이 아주 은밀한 곳에서나마 분명하게 존재하고 있었음을 보여준다.

5. 두 가지 후일담

두 가지 후일담을 말하며 글을 마무리하려 한다. 첫 번째는 1946년의 일이다. 1934년 3월 울진 적색농민조합 사건 관련자가 대거 검거되고, 1년여의 심리 끝에 1935년 7월 주동자 14명에 대한 실형이 선고됨[77]으로써 짧은 기간 동안 진행되었던 '적색농민'의 글쓰기는 중단된다. 하지만 울진 적색농민조합 활동의 유산은 해방 후로 이어진다. 울진 적농의 핵심 인물이자, 소설을 비롯, 적농에서 생산한 원고의 주요 필자 중 한 명이었던 최학소는 해방 이후 다시 농민운동가로 활동하면서 1946년 『농민조합조직론』[78]이라는 책을 저술한다. 최학소는 이 책에서 농민 교양을 위한 방법으로 기관지, 독서회, 야학회의 중요성을 다시 한 번 강조한다.

이 책에서 "농민문고"의 창립, "신문, 잡지 기타 간행물의 공동구입", "체계있는 윤독", 구체적인 "의견교환, 호상비판 등"으로 이루어지는 "독서회는 농촌에 있어서의 진실한 이론의 연구회"이며, "일면에 있어는 진실한 농민대학교적 기능"까지도 가진 것[79]으로 사고된다. 또한 야학회는 농민 대중의 "일상생활의 불평불만"이 모이는 장소로서, 이때 농민조합은 이러한 불평불만을 "지도 계몽 급 상담"[80]함으로써 대중적 기반을 획득할 수 있다. 기관지의 중요성은 아래와 같이 보다 상세하게 진술된다.

우리는 방방곡곡에 펏트러진 우리 기관지의 배포망을 통하야 우리들

77 사건의 심리는 함흥 지방법원에서 담당했으며, 가장 많은 6년형을 언도받은 윤두현을 비롯한 기소자 대부분에 대한 판결 언도는 1935년 7월 1일에 이루어졌다(「울진농조사건 구형한대로 판결」, 『조선일보』, 1935.7.9). 다만 취조 중 정신이상 증세를 보인 주유만에 대한 판결은 이보다 조금 늦은 12일에 이루어졌다(「분리심리중이든 울진적농사건 주유만에 이년형」, 『조선일보』, 1935.7.14).

78 최학소, 『농민조합조직론』, 사회과학총서간행회, 1946. 이 책은 1987년 돌베개에서 재간행되었다.

79 위의 책, 79~80면.

80 위의 책, 81면.

은 전농촌의 연락을 확립할 수 있으며 전농촌의 상세한 상황도 구체적으로 알 수 있게 된다.

이와 같이 기관지의 독자가 증가될수록 이와같은 독자층으로부터 새로운 멤버—를 획득할 수 있으며 동시에 그 역작용으로서의 교호관계는 곳 조직의 확대강화를 결과하게 된다.[81]

1946년의 최학소에 의하면 이처럼 기관지의 중요성은 "선전자인 동시에 선동자로서의 역할"에서가 아니라 오히려 "집합적 조직자로서의 임무"를 하고 있다는 점[82]에 있다. 때문에 기관지에 수록되는 원고 또한 "몇 사람의 간부들만 쓸 것"이 아니라 "광범하게 일반대중층으로부터 투고하도록 하여야 한다".[83]

농민조합의 활동으로서 독서회, 야학회, 기관지의 역할에 대한 강조는 물론 똑같은 활동을 중심으로 이루어졌던 1930년대 울진 적색농민조합 활동의 경험이 반영된 것으로 판단된다. 이때 1930년대의 활동을 경유하여 최학소가 다시 진술하는 농민조합운동의 원칙에 농민 대중의 자율성에 대한 신뢰가 깔려있다는 점은 인상적이다. 최학소에 의하면 해방 이후 인민공화국 수립이라는 좌익 정치운동의 목표를 달성하는 데 있어 중요한 것은 그 정당성과 필요성을 위에서부터

81 위의 책, 69～70면.
82 위의 책, 68～69면.
83 위의 책, 75면.

계몽하는 것이 아니다. 이를 위해서는 오히려 독서회를 조직하고, 서적 및 정기간행물의 공동 구매를 실시하고, 보다 중요하게 상호 토론과 비판을 시행할 때에만 농촌의 당면 문제들은 "더욱 진전되며 구체화"되어, 심지어 농촌에 퍼져있는 "공소반공적관념(恐蘇反共的觀念)도 불식"[84]될 것이다. 농민들의 상호 연락과 조직을 위한 기술적 지반으로 기관지가 반드시 필요하며, 이때 이 기관지의 투고 원고는 가능하면 간부들이 아닌 농민 대중의 자율적이고 자발적인 글쓰기에 의해서 생산되어야 한다는 입장도 이와 같은 맥락에 놓인다.

1946년 최학소의 이러한 진술은 결국 농민 대중이 확보하고 있는 배움과 글쓰기의 기술과 방법 및 농민 대중이 이를 통해 배우고 쓸 수 있는 능력에 대한 신뢰에 기반을 두고 있는 것으로, 이점에서 랑시에르가 『무지한 스승』에서 이야기한 "보편적 가르침의 원리",[85] 즉 "모든 인간은 평등한 지능을 갖는다는 원리"[86]에 따라 조직되는 배움의 방식을 떠올리게 한다.

다시 『무지한 스승』의 몇몇 문장을 인용해보자. "손과 인민의 앎들, 도구와 노동자의 지능을 학교의 학식이나 엘리트의 수사학과 맞세우는 것이 중요한 게 아니다." "반대로, 두 가지 지능은 없음을 인정하고, 인간의 기술이 들어간 모든 작품은 동일한 지적 잠재성이 실행

---

84 위의 책, 79면.

85 자크 랑시에르, 양창렬 역, 『무지한 스승 – 지적 해방에 대한 다섯 가지 교훈』, 궁리, 2008, 48~49면.

86 위의 책, 42면.

된 결과임을 인정하는 것이 중요하다."[87] '적색농민'의 글쓰기에는 동일한 '인간의 기술'이 활용된 동일한 인간의 노동이 축적되어 있다. 다시 말해, '적색농민'은 글을 쓰기 위해, 책을 읽었고, 책에 대한 이야기를 나누었고, 글쓰기에 활용하기 위해 책의 일부 내용들을 발췌하고 정리해두었으며, 글을 쓰고, 쓴 글을 서로 돌려보고, 심지어 글을 고쳐서 쓰기까지 했다. "보편적 가르침의 첫 번째 원리는 다음과 같다. 무언가를 배우고, 그것을 나머지 전체와 연관시켜야 한다."[88] 바로 그것이 — 보통 그렇듯이 — '적색농민'의 글쓰기를 '문학'으로까지 나아가게 한 원리였다. 때문에 랑시에르식으로 이야기한다면, '적색농민'의 글쓰기는 일반적인 문학과 "동일한 지적 잠재성"을 가지고 있는 것으로서, 위계화시켜 파악해야 할 대상이 아니다.

이 점에서 최학소가 보여주는 신뢰를, '적색농민'의 책읽기와 글쓰기를 길게 살펴본 이 글의 결론으로 삼을 수 있을 것이다. 즉, '적색농민'의 글쓰기는 지능과 능력의 차이로 위계화되지 않는 배움과 글쓰기가 '있을 수 있었으며', '있었다'는 것을 보여주며, 동시에 이러한 원리로 조직되는 문학에 대한 어떤 꿈에 대한 구체적인 실천이 존재했던 흔적을 보여준다는 것이다.

한편 두 번째 후일담은 2017년의 일로 위와는 조금 다른 종류의 것이다. 방금 이 글은 랑시에르의 작업을 인용하며 '적색농민'의 글쓰기

---

87 위의 책, 79면.
88 위의 책, 48면.

의 의미를 평가했는데, 이는 별로 새로운 방식은 아니다. '노동자 글쓰기'에 관한 최근의 논의 중 상당수가 랑시에르를 평가의 관점으로 원용하고 있기 때문이다. 랑시에르의 작업에 대한 평가와는 별개로, 최근의 논의에서 랑시에르가 이렇게 빈번하게 차용되는 것은 '노동자 글쓰기'의 문제를 다루기 위한 한국 문학연구 및 비평의 이론적 입장이 아직 충분히 논의되지 않았기 때문이다. 이는 연구 풍토나 연구 역량의 문제로만 바라볼 수 있는 것은 아니다. 오히려 이는 한국문학 연구자들의 경우, 랑시에르가 수행했던 작업, 즉 문서고에서 19세기 전반 프랑스혁명기의 노동자들이 쓴 텍스트들을 장기적으로, 그리고 대량으로 검토하는 작업[89]을 한국의 연구자들이 수행하기 어려웠기 때문이다. 단적으로 말해 특히 1970년대 이전의 한국문학에 있어서는, 이러한 노동자 글쓰기가 모여 있는 '노동자의 문서고'라고 할 수 있는 것이 거의 존재하지 않았다.

울진 적색농민조합의 글쓰기가 일본 경찰에 의해 발췌·번역된 수사 자료로서만, 즉 '흔적'으로서만 남아있는 상황은 이러한 '노동자의 문서고'가 마련될 수 없었던 정황을 잘 보여준다. '노동자 글쓰기'의 생산을 위한 조직적·기술적 지반들이 계속해서 검열과 탄압의 대상이 되는 와중에, 「주의자의 일생」이 끝내 완성될 수 없었던 것처럼

89 정의진, 「문학개념의 역사적 재구성과 노동자 글쓰기－1830~1850년대 프랑스 노동자들의 텍스트와 전태일의 유고에 대한 비교연구 시론」, 『한국학연구』 45, 인하대 한국학연구소, 2017, 525면.

'노동자 글쓰기'는 장기적으로 지속되기 어려웠으며, 또한 이미 생산되었던 '노동자 글쓰기' 또한 사라지거나, 울진 적농 수사 자료의 경우와 같이 그 흔적만이 겨우 남아있는 상황이었던 것이다.

이 글에서 다루고 있는 것과 비슷한 유형의 다른 자료들이 더 존재할 가능성에 대한 기대와 함께, 일본경찰에 의해 재구성된 수사자료 및 원고의 내용을 얼마나 신뢰할 수 있을지에 대한 의문은 울진 적색농민조합의 글쓰기를 검토하는 내내 비워낼 수 없는 생각이었다. 특히 후자의 경우는 '보인다', '생각된다', '판단된다' 등의 서술어로 점철된 이 글의 약점과 직결된다. 울진 적농 사건의 관련자 스스로가 "공산주의 사회 실현의 목적을 가진 결사체"를 만들었다는 혐의를 "강경히 부인"하는 상황[90]에서, 이 글의 곳곳에서 이루어지고 있는 추정들이 확실하다고 이야기하는 것은 어려울 수 있다는 점을 인정할 수밖에 없다. 이러한 '흔적'들이 더 존재할 가능성 및 이러한 자료의 신뢰성에 대한 의문이라는 두 가지 문제에 대해 현재로는 확신할 수 없다고 유보적으로 답할 수밖에 없을 것이다. 이러한 문제에 대해서는 이처럼 흔적으로만 남아 있는 식민지 시대의 자료까지도 포함하는 '노동자의 문서고'를 마련하는 앞으로의 장기적인 작업으로부터 해답을 도출할 가능성을 찾아야 할 것이다.

정치적 금제들이 어느 정도 해소된 지금 현재의 상황에서도 '노동

90 「미결신음 1년 반 울진 적농 공판 개정」, 『조선일보』, 1935.6.23.

자의 문서고'는 충분하게 구축되었다고 보기 어렵다. 현재의 시점에서 '노동자의 문서고'로서의 성격을 어느 정도 가지고 있다고 판단할 수 있는 아카이브는, 가령 민주화운동 기념사업회의 아카이브와 같이 국가에 의해 승인되어 공식적 역사에 편입된 자료들을 중심으로 준-국가기관에 의해 만들어진 것이거나, '노동자의 책'[91]과 같이 이 문제에 대해 관심을 가지고 있는 개인의 힘겨운 사적 노력에 의해 만들어진 것 밖에는 없다.

그리고 2016년 1월, '노동자의 책' 이진영 대표가 국가보안법 위반 혐의로 구속되었다. 비록 1심에서 무죄 판결을 받고 방면되었으나, '노동자의 문서고'가 마련되기까지는 아직도 적지 않은 시간이 필요해 보인다.

91 http://www.laborsbook.org/

참고문헌

1. 1차 자료

『비판』, 『조선일보』, 『조선지광』

『사상범죄철』, 경무국 경무과, 1935.

김남천, 「문예구락부(8회)」, 『조선중앙일보』, 1934.2.2.

최학소, 『농민조합조직론』, 사회과학총서 간행회, 1946.

2. 논문 및 단행본

김근수, 『한국잡지사』, 청록출판사, 1980.

______, 『한국잡지개관 및 호별목차집』, 한국학연구소, 1988.

김기진, 「예술운동에 대하여 2」, 『동아일보』, 1929.9.21.

김대성, 「역사적 합창으로서의 노동자 글쓰기」, 『문화과학』 90, 문화과학사, 2017.

김성환, 「1970년대 논픽션과 소설의 관계 양상 연구」, 『상허학보』 32, 상허학회, 2011.

______, 「1970년대 노동 수기와 노동의 의미」, 『한국현대문학연구』 37, 한국현대문학회, 2012.

김예림, 「어떤 영혼들－산업노동자의 심리 혹은 그 너머」, 『상허학보』 40, 상허학회, 2014.

김점숙, 「1920～1930년대 영동지역 사회운동」, 『역사와 현실』 9, 한국역사연구회, 1993.

박수빈, 「1980년대 노동문학(연구)의 정치성－연구자의 무의식과 노동자의 글쓰기를 중심으로」, 『상허학보』 37, 상허학회, 2013.

박종린, 「일제하 사회주의 사상 수용에 관한 연구」, 연세대 박사논문, 2007.

______, 「1920년대 전반 사회주의 사상의 수용과 맑스주의 원전 번역」, 『한국근현대사연구』 51, 한국근현대사학회, 2009.

______, 「1920년대 사회주의사상의 수용과 사회과학연구사」, 『역사문제연구』 26, 역사문제연구소, 2011.

송찬섭, 「일제강점기 최익한의 사회주의 사상의 수용과 활동」, 『역사학연구』 61, 호남사학회, 2016.

신병현, 「70년대 지배적인 담론구성체들과 노동자들의 글쓰기」, 『산업노동연구』 12-1,

한국산업노동학회, 2006.
오창은, 「민중의 자기서사와 한국 노동현실의 증언」, 『한국문학이론과비평』 21-3, 한국문학이론과비평학회, 2017.
원종찬, 「『신소년』과 조선어학회」, 『아동청소년문학연구』 15, 한국아동청소년문학학회, 2014.
임규찬・한기형 편, 『제1차 방향전환론과 대중화논쟁』, 태학사, 1989.
장만호, 「민족주의 아동잡지 『신소년』 연구」, 『한국학연구』 43, 고려대 한국학연구소, 2012.
장성규, 「1980년대 노동자 문집과 서발턴의 자기재현전략」, 『민족문학사연구』 50, 민족문학사학회, 2012.
______, 「식민지 시대 소설과 비문해자들의 문학사」, 『현대소설연구』 56, 현대소설학회, 2014.
정의진, 「문학개념의 역사적 재구성과 노동자 글쓰기－1830～1850년대 프랑스 노동자들의 텍스트와 전태일의 유고에 대한 비교연구 시론」, 『한국학연구』 45, 인하대 한국학연구소, 2017.
조성운, 『일제하 농촌사회와 농촌운동－영동지방을 중심으로』, 혜안, 2002.
천정환, 『대중지성의 시대』, 푸른역사, 2008.
______, 「서발턴은 쓸 수 있는가－1970～1980년대 민중의 자기재현과 '민중문학'의 재평가를 위한 일고」, 『민족문학사연구』 47, 민족문학사학회, 2011.
한기형, 「선전과 시장」, 『대동문화연구』 79, 성균관대 대동문화연구원, 2012.
한영인, 「글쓰는 노동자들의 시대－1980년대 노동자 '생활글' 다시 읽기」, 『대동문화연구』 86, 성균관대 대동문화연구원, 2014.
홍성식, 「민중문학의 주체와 노동자 수기」, 『한국문예비평연구』 26, 한국현대문예비평학회, 2008.
______, 「서발턴에 대한 진실한 기록, 1970년대 르포」, 『한국문예비평연구』 42, 한국현대문예비평학회, 2013.
Rancière, Jacques, 양창렬 역, 『무지한 스승－지적 해방에 대한 다섯 가지 교훈』, 궁리, 2008
エンゲルス, 堺利彦 譯, 『社會主義の發展』, 白揚社, 1928.

가부장적 억압과 혁명성의 경계에 선 여성들

『카프 시인집』 수록 시편들의 여성 청자와 화자

배상미

1. 들어가며

이 글은 1931년 카프 문학부에 의해 간행된 시집 『카프 시인집』에 청자 혹은 화자로 나타나는 혁명 투사로서의 여성들을 이 시집이 간행된 사회적 맥락 안에서 분석하는 것을 목적으로 한다. 1931년 11월에 카프 문학부가 출간한 『카프 시인집』은 '카프'라는 단체의 이름을 건 첫 출판물이다. 이 시집은 카프 문학을 대중들에게 보급하려는 목적을 가지고 출간되었던 것으로 보인다. 이 시집의 2쇄 광고[1]에 따르면, 이 시집은 초판으로 수천 부를 간행하였으나 몇 달 만에 매진되었고 1932년에 이어서 2쇄를 출간했을 만큼,[2] 대중들에게 성공적으로 카프의 시를 알리는 역할을 수행했다. 이 시집의 시들은 카프가 어떤 시를 대중들에게 보급할만하며 대중들의 호응을 받을 만한 시라고 생각했는지 보여주는 하나의 사례가 될 수 있다.

『카프 시인집』은 김창술, 권환, 임화, 박세영, 안막이 창작한 총 20편의 시를 수록하고 있다. 이 시집은 모두 1929년과 1931년 1월 사이에 다른 매체에 발표되었거나 한 번도 발표된 적이 없는 시들을 소개한다. 이 중에서 여성 청자나 화자를 적극적으로 활용하여 혁명적 시의식을 구현한 시편은 총 6편이다. 동시기에 창작된 프롤레타리아 시들이 주로 남성을 염두에 둔 성 중립적 표현이나 남성형 대명사[3]를 활용하여 혁명적 시의식을 표현한 것과 비교해보았을 때 기존의 경향과는 다른 시들이 많이 수록되었다는 것을 확인할 수 있다. 왜 카프 문학부는 당시 프롤레타리아 시 및 카프 시의 주요 경향과는 다른 작품들을 카프의 대표적인 시를 소개하는 이 시집에 집중적으로 수록하였을까? 어떤 요인이 카프 시에 여성 청자와 화자의 등장을 유도하였을까? 이 논문은 이와 같은 질문에서 출발한다.

1929년 전에 창작된 프롤레타리아 시편들은 물론이고, 1929년에

1 조선프롤레타리아예술동맹 문학부 편, 『카프작가 칠인집』, 집단사, 1932, 196면.

2 그러나 『조선출판경찰월보』 54호(1933.3)에 따르면 1933년 2월에 2판이 출판법에 의해 유통금지 당하고(「조선문 출판물 차압 목록」(2월분), 『조선출판경찰월보』 54, 경무국 도서과, 1933.3), 1933년 5월에는 1판 역시 유통금지 당한다(「조선문 출판물 차압 목록」(5월분), 『조선출판경찰월보』 57, 경무국 도서과, 1933.6).

3 대표적인 대명사로는 벗, 동무, 그대, 동지, 젊은이, 청년, 우리 등이 있다.

창작된 프롤레타리아 시들은 주로 화자와 청자를 남성으로 상정하였다. 이 시는 연대의 대상도, 적대의 대상도 모두 남성이고, 간혹 여성을 성적 대상으로 언급하면서 자본가, 소부르주아, 변절자 등의 향락적 생활을 비판하기 위한 표상으로 사용하기도 한다. 여성이 시의 화자로 등장하는 경우는 많지 않으며, 간혹 남성의 투쟁의지를 더욱 강고히 다져나가겠다는 결의를 듣는 여성 청자[4]가 등장하기도 한다. 그러나 흥미롭게도 이 시기에 창작된 시 중 『카프 시인집』에 수록된 여섯 편의 시는 여성 청자와 여성 화자를 사회 변혁과 관련된 주제의식을 논하기 위해 사용한다.

임화의 「우리 오빠와 화로」와 김창술의 「가신 뒤」는 예외적으로 여성을 화자로 사용한 시편들이다. 두 시의 여성 화자는 그들보다 먼저 혁명운동에 뛰어든 남성 가족구성원의 뜻을 이어받아 혁명운동을 지속하겠다는 의지를 표출한다. 권환의 「우리를 가난한 집 여자라고」의 여성 화자는 공장 노동자로서 자기 자신을 자각하고, 긴 노동시간과 열악한 노동환경을 비판하며 자신들을 노동운동의 주체로 명명한다. 여성 청자를 다룬 세 편의 시 중 임화의 「네거리의 순이」와 「우산받은 요꼬하마의 부두」는 남성 화자들이 여성 청자들에게 앞으로 혁명운동에서 두 여성들이 맡은 일을 성실하게 해 줄 것을 당부하는 내용을 다룬다. 박세영의 「누나」는 남성 화자가 여성 청자에게 그

4 김해강, 「어머님」, 『동아일보』, 1929.3.19; 임화, 「어머니」, 『조선지광』, 1929.4; 이환, 「아츰의 어느 시악씨에게」, 『조선강단』, 1929.12; 김해강, 「애송」, 『조선문단』, 1929.12.

녀가 겪는 부당한 일들이 자본주의 사회의 모순과 관련되어 있으므로 노동자가 되어 자본에 맞서 싸우는 주체가 되라고 독려한다.

1929년부터 프롤레타리아 시에 조금씩 등장하기 시작한 여성 청자와 화자들은 1930년에 들어서면 조금 더 자주 나타나기 시작한다. 여성 청자는 남성 화자의 강력한 투쟁 의지 선언을 드러내기 위한 대상,[5] 노동 착취 및 성 착취의 피해자[6]로 나타나는 등 남성의 강한 투쟁 의지를 나타내기 위한 대상으로 등장하는 경우가 대부분이다. 그러나 예외적으로 남성 화자의 시선으로 여성 청자의 계급의식이 성장하는 과정을 보여주는 박세영의 시,[7] 여성 화자가 변절한 남편을 비판하며 투쟁 의지를 다지는 김해강의 시[8]는 그동안의 프롤레타리아 시에서 찾아보기 어려운 여성 청자 및 화자의 형상을 보여준다. 이러한 여성 청자 및 화자의 변화는 새로운 시인들이 여성 표상을 새롭게 활용하면서 나타난 것이 아니라 기존의 시인들이 시 안에서 여성 표상을 다르게 활용하면서 나타났다.

앞서 언급한대로, 식민지 조선의 문인들이 창작한 프롤레타리아 시가들은 여성들을 주로 성적 대상이나 수동적인 대상으로 묘사하였

5 로아, 「누이야 도라오라」, 『학생』, 1930.2; 이정구, 「어머니시어!」, 『조선일보』, 1930.7.19.
6 김대준(김해강의 본명), 「누나의 임종」, 『대중공론』, 1930.7; 공호길, 「공장의 엄마」, 『조선일보』, 1930.12.9.
7 박세영, 「바다의 여인」, 『음악과 시』, 1930.8.
8 김해강, 「변절자여! 가라!」, 『동광』, 1931.3(이상의 시 목록은 김성윤 편, 『카프시전집 1 - 1920~1929년대』, 시대평론, 1988; 『카프시전집 2 - 1930~1935년대』, 시대평론, 1988을 참고했다).

다. 여성을 대상화, 특히 성적 대상화하는 시각은 프롤레타리아 문학에서만 발견되는 특수한 현상이 아니라 식민지 조선에서 여성을 재현하는 매체에서 일반적으로 발견된다. 특히 1920년대 말부터 『별건곤』을 중심으로 높은 학식을 갖추지 못하고 서구적 외모를 하고 향락적 근대 문화를 향유하는 여성을 '모던걸'이라고 부르는 논의들이 유행하기 시작한다.[9] 모던걸에 대한 담론들은 대부분 '모던걸'로 명명되는 여성들을 성적 대상으로 재현하고, 이들의 외모와 소비적 문화를 비판하기에 바빴다.[10] 물론, '모던걸'과 관련된 담론이 유행하던 1920년대 말과 1930년대 중반에 여성에 관한 담론에서 '양처현모'도 주요 주제였다. 그러나 이 두 담론 모두 여성의 목소리를 직접 듣기보다 여성을 대상화한다는 공통점을 가진다.

식민지 조선의 미디어에서 여성들은 주로 대상화될 뿐 주체로 재현되는 경우는 드물었다. 또한 여성은 주로 섹슈얼리티나 가정, 가족과 같은 사적 영역의 문제와 결부되어 재현되는 경우가 일반적이었다. 『카프 시인집』에서 이루어진 혁명적 여성 재현도 당시 문학에서 여성을 재현하던 경향과 완전히 동떨어져 있지는 않았다. 이 시집의 여성들은 투사이면서 동시에 아내, 딸, 혹은 애인으로 호명되며, 그녀들 스스로도 투사라는 정체성에 더하여 가정 내의 가족관계 하에서

9 김수진, 『신여성, 근대의 과잉－식민지 조선의 신여성 담론과 젠더정치, 1920～1934』, 소명출판, 2009, 281면.

10 위의 책, 279～344면; 서지영, 『경성의 모던걸－소비 · 노동 · 젠더로 본 식민지 근대』, 여이연, 2013, 65～92면.

부여된 역할을 수용한다. 『카프 시인집』에서 드러난 혁명적인 여성 청자 혹은 화자는 수동적이고 물화된 식민지 조선의 여성 재현의 연장선상에 있는 것으로만 보이기도 한다. 그러나 여성의 전통적 성역할은 여성을 소외시키고 억압한다는 고정적 프레임에서 벗어나 이러한 여성 재현을 다른 시각으로 재조명할 필요성도 존재한다.

이 연구에서 시도하는 바와 유사하게, 프롤레타리아 시에 나타난 젠더가 시의 주제의식의 구현에 어떻게 기여하는지 살펴본 선행연구로는 최현주와 배상미의 것이 있다. 최현주[11]는 마르크스주의 페미니즘의 방법론으로 여성을 재현한 카프 시를 분석하여 여성인물을 활용한 카프 시가 당대 여성문학의 한 축을 담당하였다고 의미를 부여하였다. 배상미[12]는 임화의 단편서사시를 중심으로 임화의 시가 성차별적 시각으로 여성 인물들을 주제의식 구현을 위해 사용하였다고 논의하였다. 두 연구는 모두 카프 시의 여성 인물에 주목하여 여성인물이 카프 시의 주제의식에 중요한 역할을 하고 있음을 밝혔다. 두 연구는 프롤레타리아 시 연구에 젠더 관점을 도입하였다는 의의를 가진다. 하지만 최현주의 연구는 시가 여성 노동자를 포착했다는 그 자체에 주로 주목함으로서 여성 노동자의 시적 형상화를 집중적으로 분석

11 최현주, 「카프 시에 대한 페미니즘적 접근」, 『태릉어문연구』 7, 서울여대 국어국문학과, 1997, 187~215면.

12 배상미, 「식민자와 피식민자의 연대(불)가능성 – 나카노 시게하루의 「비내리는 시나가와역」과 임화의 「우산 받은 요꼬하마의 부두」」, 『민족문학사연구』 53, 민족문학사학회, 2013, 38~72면.

하지 못했다는 아쉬움을 남긴다. 배상미의 연구는 임화 시에 드러난 성차별주의에 주목하여 이 시에서 혁명운동가로서의 여성 노동자 형상에 대해서는 소략하게 논하였다. 이 연구는 두 연구가 주목하지 못한 프롤레타리아 시가들에서 드러난 여성 노동자 및 여성 투사들의 혁명적인 모습을 마르크스주의 페미니즘의 방법론으로 분석해보고자 한다. 이 방법론을 통해 한편으로는 성차별주의와 여성의 성역할을 재생산하는 것처럼 보이는 프롤레타리아 시가들이, 다른 한편으로는 가부장적 사회질서의 균열을 드러내고 여성들을 혁명적 주체로서 적극적으로 포섭하는 지점들을 독해해보고자 한다.

이탈리아의 마르크스주의 페미니스트인 레오뽈디나 포르투나띠는 '생산'과 '자본주의적 생산관계'를 임금노동 영역에만 존재하는 것으로 상정하는 마르크스주의 이론들을 비판하고, 혈연과 결혼과 같은 '사적관계'로 얽힌 가족을 '자본주의적 생산관계' 안에 있다고 해석하였다. 포르투나띠는 사적 영역의 재생산 노동, 즉 가사노동, 성노동, 돌봄노동 등이 가족 구성원들의 노동력을 '생산'하여 다시 임노동 시장에서 노동할 수 있게 하는 방식으로 자본주의적 생산관계를 지탱하는 중요한 '생산' 영역으로 분석하였다.[13] 이 이론에 따르면 가정 내에서 노동하는 사람들도 자본주의적 착취 질서 안에 있으며 이들도 노동 과정에서 자본주의적 착취를 직접적으로 경험한다. 결과적으로

13 이상의 내용은 레오폴디나 포르뚜나띠, 윤수종 역, 『재생산의 비밀』, 박종철출판사, 1997 참고.

이 이론은 가정 내에서 재생산 노동의 담당자들도 그들의 노동과정을 통해 계급의식을 키워나갈 수 있으며, 나아가 노동운동의 투사가 될 만한 자격을 갖춰나간다는 것을 강조한다. 이 논문은 자본주의적 생산관계를 인식하는 포르뚜나티의 시각을 참조하여『카프 시인집』에 실린 여성이 화자 혹은 청자로 등장하는 시편들을 분석해보고자 한다. 이를 통해 이 여성들을 단순히 성차별적이고 이분법적 성역할에 갇힌 대상으로 읽어내는 대신에, 적극적인 혁명 주체로서의 가능성을 담지한 주체로서 읽어내고자 한다. 이러한 독법은 카프 시에서 여성 화자 및 청자들을 분석하는 새로운 시각을 제시하고, 한국의 프롤레타리아 시사에서 여성 혁명가 표상의 계보를 구성하는 시발점이 될 것이다.

2.『카프 시인집』의 간행을 둘러싼 카프 내부의 상황과 사회적 조건

1931년 11월 집단사에서 간행한『카프 시인집』은 카프에 소속된 시인인 김창술, 권환, 임화, 박세영, 안막 총 다섯 명의 시인들이 쓴 20편의 시들로 구성되어있다. 시인별로 수록한 시편의 수를 살펴보면, 김창술은 네 편, 권환은 일곱 편, 임화는 여섯 편, 박세영은 한 편, 안막은 두 편이다. 이 다섯 명의 시인들 중 당시 가장 활발하게 활동하던 시인은 박세영이었음에도 불구하고, 박세영의 시는 한 편밖에 실려 있지 않고, 당시 시단에서는 거의 신인이나 다름없는 권환이 일곱 편, 『카프 시인집』에 수록된 시를 제외하고는 한 번도 시를 발표한 적 없는 안막의 시가 두 편이 실려 있는 것으로 보아 이 시집은 당시 카프의 패권을 쥐고 있던 카프 도쿄지부의 영향력이 고스란히 반영되어 있다고 할 수 있을 것이다. 이들이 수록한 시들 역시 기존 프롤레타리아 시 창작 경향과도 완전히 일치하지 않는 것이었다. 안막을 제외하고 네 시인이 수록한 시 중에는 여성 화자 혹은 여성 청자를 활용한 시가 한 편 이상 포함되어 있다.[14] 이제까지 카프 소속 작가들이 발표해온 시적 경향을 대표하는 시가 아닌, 여성 인물을 활용한 시를 각 시인의 시적 세계를 대표하는 시로서 게재한 것은 주목해볼만한 특징이다. 이 시들을 게재한 이유를 『카프 시인집』이 간행된 당시 카프의 상황 및 사회적 상황과 결부시켜 이해해볼 수 있다.

우선 『카프 시인집』이 간행될 당시의 출판제도를 둘러싼 사회적 상황을 살펴볼 필요가 있다. 이 시기에 식민지 조선인들이 발행인이 되어 출판물을 간행할 경우, 출판물을 간행하기 전에 총독부 경무국 소속의 도서과에 출판물을 납본한 뒤, 도서과의 허가를 받아 출판물을 간행해야 했다.[15] 우연의 일치로, 『카프 시인집』 역시 카프에 대한

14 임화의 세 편의 시를 포함하여 김창술의 「가신 뒤」(『조선강단』, 1929.9), 권환의 「우리를 가난한 집 여자라고」(『조선지광』, 1930.6), 박세영의 「누나」(『카프 시인집』, 1931)가 이에 해당한다.

15 정근식 · 최경희, 「도서과의 설치와 일제 식민지출판경찰의 체계화, 1926~1929」, 『한국

탄압과 검열이 최고조를 달리던 시기를 거쳐 출간되었다. 『카프 시인집』의 출간일은 1931년 11월이지만, 경무국 도서과에서 간행한 『조선출판경찰월보』 35호에는 1931년 7월 10일에 이 시집에 실렸던 시 「우리들은 우리들은(我等は 我等は)」이 삭제되었다는 기록이 있다.[16] 이 시집은 7월 혹은 그 즈음 출간을 목표로 경무국에 출판 예정본을 납본했고, 예정본에 실린 한 편의 시가 삭제처분을 받았던 것이다. 이 시집이 경무국의 허가를 받아 합법적으로 유통되기 위해서는 삭제지시를 받은 시가를 제외한 새로운 판본을 만들지 않고서는 불가능했다. 그러나 엎친 데 덮친 격으로, 카프는 1931년 7월부터 10월 사이에 불어 닥쳤던 카프 1차 검거사건으로 카프의 주요 구성원들의 다수가 기소되는 혼란을 겪는다. 카프 1차 검거사건과 『카프 시인집』 수록 시가의 검열은 이 시집의 간행이 지연되는 주요 원인이 되었다.[17]

카프 내부의 상황 역시 이 시인집의 간행과 관련이 있다. 『카프 시인집』이 간행되기 이전인 1928년부터 1930년 사이에 카프 내부에서

문학연구』, 동국대 한국문학연구소, 2006, 103~169면 참고.

16 「カップ詩人集(一冊)」, 『조선출판경찰월보』 35, 조선총독부 경무국 도서과, 1931.8.

17 카프 소속 작가들의 문학 출판과 검열의 문제는 카프 내의 대중화 논쟁 과정에서 김기진에 의해 언급된 바 있다. 그의 '검열을 우회한 문학 대중화' 전략은 카프 도쿄지부 성원들에게 강력한 비판을 받았다. 그러나 흥미롭게도, 카프 문학부의 편집으로 간행된 『캅프작가칠인집』(집단사, 1932)의 서문을 쓴 박영희는 카프 문학이 노동자와 농민들과 호흡하기 위해서는 보다 많은 출판이 중요함에도 불구하고, 현재 출판 수준이 저조한 이유를 '검열'에서 찾는다.(조선프롤레타리아예술동맹 문학부 편, 『캅프작가 칠인집』, 집단사, 1932, 1면) 박영희는 카프 문학을 대표하는 단행본에서까지 '검열'의 문제를 거론하여, 검열은 당시 카프 문인들이 그들의 문학활동 과정에서 부정하고 싶어도 부정할 수 없는 명백한 현실적 조건으로 존재하는 장애물이었다는 것을 보여준다.

는 카프 문학을 보다 많은 대중들에게 보급할 필요가 있다는 소위 '대중화론'이 적극적으로 논의되었다. 당시 카프 맹원 중 도쿄지부 출신이었던 김두용, 안막, 권환, 임화 그리고 카프 초기멤버로서 활발히 활동해온 김기진이 이 논쟁에 주요 참여자였다.[18] 당시 도쿄지부 성원들과 김기진 사이에는 '어떤' 카프의 문학을 '어떻게' 대중들에게 보급할 것인지를 두고 이견이 있었지만, 이들 모두가 카프 문학을 보다 많은 대중들 특히 노동계급에게 보급해야 할 필요성에 대해서는 공감하였다. 『카프 시인집』에 수록된 시들이 1929년 초 임화가 본격적으로 시도한 '단편 서사시'의 양식을 가지고 있다는 점도 주목해보아야 한다. 김기진은 대중화 논쟁 당시 임화의 이야기 시 양식을 '단편 서사시' 양식이라고 명명하고, 이 시 양식이 현실적이고 구체적인 묘사를 통해 독자들의 정서에 효과적으로 호소하는 장점을 지닌다고 분석했다.[19] 김기진은 대중화 논쟁 당시에는 카프의 패권을 장악해나가고 있었던 카프 도쿄지부와 대립하고 있었으나, 『카프 시인집』 간행을 주도할 만큼 여전히 카프문학의 '대중화'운동의 선두에 있었다.

---

18 한설야, 「1928년의 대중간의 문예관계는 어떻게 진전될까」, 『조선지광』, 1928.1; 김동환, 「신춘잡감」, 『조선지광』, 1928.2; 김기진, 「변증적 사실주의 : 양식문제에 대한 초고」, 『동아일보』, 1929.2.25~3.7; 김기진, 「단편 서사시의 길로 : 우리의 시의 양식 문제에 대하여」, 『조선문예』, 1929.5; 김두용, 「우리는 어떻게 싸울 것인가?」, 『무산자』, 1929.7; 권환, 「무산예술운동의 별고와 장래의 전개책」, 『중외일보』, 1930.1.10. 안막, 「프로예술의 형식문제 : 「프롤레타리아 리얼리즘」의 길로」, 『조선지광』, 1930.3; 안막, 「프로예술의 형식문제」 2, 『조선지광』, 1930.6; 권환, 「시평과 시론」, 『대조』, 1930.6. (이상의 목록은 임규찬 · 한기형 편, 『제1차 방향전환론과 대중화론』, 태학사, 1989를 참고하였다.)

19 김기진, 「단편 서사시의 길로―우리의 시의 양식 문제에 대하여」, 『조선문예』, 1929.5.

『카프 시인집』은 카프 맹원들 사이에서도 카프의 시를 대중들에게 소개하는 성공적인 매개체가 되리라는 기대를 한 몸에 받았다. 시집 간행에 참여한 한 사람인 박세영은 "우리는 …앞에서도 일어났고 반동파(反動派)의 중상(中傷) 급(及) 전(全) 데마도[sic] 불구하고 전진"[20]했다는 증거로 고평한다. 그는 이 시집에 게재된 박세영, 권환, 김창술, 안막의 시가 가지는 가치와 이 시에 적절한 독자들을 일일이 열거하여 시가 대중들에게 어떤 효과를 불러일으킬 수 있는지 분석한다. 박세영은 『카프 시인집』에 대한 평가 말미에 "이상의 작품(作品)은 그 전부(全部)가 작품(作品)의 대중화(大衆化) 작품(作品)의 ××××화(化)를 주안(主眼)으로 한 것을 잊어서는 안 된다"고 덧붙여 이 작품집이 대중들에게 카프 문학작품을 알리기 위한 목적을 가졌다는 것을 다시 한 번 강조한다.[21] 같은 날 같은 지면에 실린 「1931년의 출판계, 문예적 생산은 얼마?(그들의 활동은 어떠한가)」라는 기사도 비록 거듭 기관지 발행에 실패해온 카프이지만, 『카프 시인집』을 간행하여 프롤레타리아 창작의 "금자탑"을 달성했다고 고평한다.

박영희[22]는 「1931년판 『캅푸 시인집』을 읽고」(『중앙일보』, 1931.12.15)

20 박세영, 「1931년 시단의 회고」, 『중앙일보』, 1931.12.7, 4면.

21 박세영은 이 글에서 "반카프 사건을 취체 취급"한 자신의 시 「반동기」도 『카프 시인집』에 게재된 시편 중 하나로서 다루고 있으나 간행된 단행본에는 수록되어있지 않다. 『조선출판경찰월보』에는 「반동기」가 삭제되었다는 기록이 없어 이 시가 검열 과정에서 삭제되어 수록되지 못했는지, 편집과정에서 다른 문제가 있었는지는 정확히 알기 어렵다. 이 시는 『시대공론』(1931.9)에서 이미 한 번 발표되었다.

22 박영희는 1932년에 카프에서 출간한 카프 소속 작가들의 소설 선집인 『카프작가 칠인집』의 서문을 작성한다. 이 서문에서 박영희는 "예술운동에 있어서 문학부문의 활동은 무

에서 『카프 시인집』은 카프가 당면한 어려움에도 불구하고 처음으로 간행한 시집이라는 의의를 강조한다. 그는 이 시집이 독자들에게 처음으로 프롤레타리아 시의 모범이 될 만한 시는 어떤 것이며 노동자와 농민들을 위한 내용을 갖춘 시는 무엇인지 보여주기 때문에 중요하다고 평가한다. 이 평론은 이 시집에 수록된 시의 작가를 두 부류로 나누어 각각 다르게 평가하고 있다. 우선, 안막, 권환의 시는 정치적 사상의 시적 형상화를 보여주어 프롤레타리아 시의 성장을 보여주었으나, 김창술, 임화, 박세영의 시는 정서의 형상화가 앞서 있어 "근로대중의 감정을 조직하기에는 너무도 무기력한 서정시"에 머물고 말았다고 평가한다.[23] 박영희는 후자와 같은 경향의 시가 처음에는 노동자들의 관심을 끌기 쉽지만 시간이 지날수록 향상해가는 노동자들의 의식은 이 시들을 잊어버리게 될 것이라고 전망하면서 이 시집이 "근로대중의 생활이 관념화하고 그 정서적 조화가 긴밀치 못"[24]했다고 비판한다. 그는 『카프 시인집』의 서정적 경향을 대중적이기는 하지만, 카프가 궁극적으로 지향해야 할 이상(理想)으로는 보지 않았던 것이다.[25]

엇보다도 출판과 그것의 광범한 분포가 급무이었다"(조선프롤레타리아예술동맹 문학부 편, 앞의 책, 1면)라고 언급할 정도로 카프 문예의 성공을 위해 대중적 출판의 중요성을 강력하게 주장하였다.

23 회월, 「1931년판 『캅푸 시인집』을 읽고」, 『중앙일보』, 1931.12.15, 3면.

24 위의 글.

25 『카프 시인집』에 수록된 작품에 대한 박영희의 부정적인 평가는 박영희가 쓴 『카프작가칠인집』의 서문과 겹쳐보아도 흥미로운 점이 나타난다. 박영희는 이 책의 서문에서 "여기 모은 작품은 전연히 역사적 사실에 귀착시키지 않고 현금에 있어도 과히 손색이 없을 작

『카프 시인집』에 대한 두 카프 맹원들의 평가는 이 시인집이 당시 카프의 문학을 대중화하기 위한 과정에서 중요한 위치를 차지하고 있었음을 보여준다. 이들은 이 시집에 실린 시들이 대중들에게 보다 친숙하게 다가가기 위한 시도로서 창작되었음을 강조하고, 이 시도가 한계를 지닐지라도 카프문학을 대중화하기 위해서는 필수불가결하다는 것을 인정한다. 박세영은 각 시편들이 어떤 독자들에게 적절한가를 들어 각각의 독자군들에게 이 시인집에 관심을 기울일 것을 촉구하였으며, 박영희는 이 시인집에 수록된 시편들에 완전히 만족하지 않으면서도 이것이 대중들에게 호소력을 지닌다는 것을 인정하였다. 이렇듯 이 시인집은 카프 내부에서 기존의 카프 시보다 서정성이 강화되었다는 점이 지적되는 동시에, 대중들이 카프의 시에 주의를 기울이도록 유인할 수 있을만한 유용한 시집으로서 그 가치를 인정받고 있었다.

대중화론 이후로 실권을 잃어버린 인물로 종종 거론되는 김기진이[26] 이 시집 출간에 깊이 관여하였다는 사실은 이 시집이 카프 문학을 대중들에게 보급하기 위해 기획되었다는 가설을 뒷받침한다. 김

품도 그 중에 있는 것이다"라고 언급하였다. 박영희는 그가 서문을 쓰는 소설집에서조차 모든 작품이 매우 훌륭한 작품이라고 찬사를 보내지 않고 "그 중"이라고 한정함으로서 작품 선택에 완전히 만족하지 못하는 그의 심리를 드러낸다. 이 부분은 당시 카프 내부에서 모두가 같은 목소리를 내지 않고 있었다는 것을 반영하는 부분이기도 하다.

26 김철, 「1920년대 한국프로문학의 전개와 사회운동과의 관계 : 방향전환론 및 대중화론을 중심으로」, 『비평문학』 3, 한국비평문학회, 1989, 67~80면; 김영민, 「문학대중화 논쟁과 예술운동의 볼셰비키화」, 『한국문학비평논쟁사』, 한길사, 1992, 175~223면; 김재용·이상경·오성호·하정일, 『한국근대민족문학사』, 한길사, 1993, 597~603면.

기진은 카프 1차 검거사건에 연루되어 1931년 9월에 기소되었다가 1931년 10월 중순에 출감한 이후,[27] "문학에 대한 정렬과 사상운동에 대한 의욕은 거의 송두리째 없어진 상태"[28]에 이르렀고 결국 그는 1932년 5월 카프에서 탈퇴한다. 이런 김기진이 1931년 12월 『카프 시인집』의 출판기념회에 주관자의 자격으로 참여하고, 탈퇴 직전인 1934년 4월에 개최된 재판 기념회에도 그 얼굴을 내민다.[29] 김기진은 『카프 시인집』에 수록된 시를 편집한 문학부 소속도 아닌데도 불구하고 이 시집의 출판기념회에 초판 및 재판에 이르기까지 계속 출석한 것이다. 이는 김기진이 이 시집의 출판 및 유통과 관련하여 중요한 관계자 중 한 사람이라는 것을 의미한다. 김기진은 1920년대 말에 카프 내부에서 진행되었던 대중화 논쟁 과정에서 어떤 카프 맹원보다도 적극적으로 대중적으로 인기 있는 문학 양식을 분석하고 카프 내에서 등장한 새로운 문학 창작 양식을 평가하여 검열을 피해 카프 문학을 대중화할 방안을 고민했다. 대중화 논쟁에서 김기진의 논조를 비판한 후, 카프 패권을 쥔 도쿄지부 성원들도 김기진과는 다른 문학상을 지향했음에도 불구하고, 검열과 카프의 문학이 대중에게 외면당한

27 권영민, 『한국 계급문학 운동사』, 문예출판사, 1998, 222면.

28 김기진, 「나의 회고록」, 홍정선 편, 『김팔봉 문학전집』 2, 문학과지성사, 1988, 238면.

29 『카프 시인집』의 출판기념회는 12월 22일 김기진, 이기영, 윤기정, 김병제, 박영희, 송영 주최로 개최되었다(「캅푸 시인집 출판기념회일」, 『동아일보』, 1931.12.21, 3면). 이 시집은 발간 5개월 만에 카프 문학으로는 이례적으로 재판까지 발행하는데, 김기진이 카프 탈퇴를 앞두고 있던 시점임에도 불구하고 역시 재판기념 주최자로 이름을 올리고 있다(「캅프 시인집 재판 기념의 밤」, 『동아일보』, 1932.4.16, 5면).

당시의 사회적 상황 안에서 카프 문학의 대중화 방안을 적극적으로 고민한 김기진의 문제의식을 어느 정도 승인했다는 것을 알 수 있다.

『카프 시인집』이 박세영과 박영희가 언급한 '대중성', 그리고 '서정성'을 획득할 수 있던 배경에는 여성인물들을 적극적으로 활용한 시들이 있었다. 시 속의 여성들은 아내, 누나, 딸, 어머니 등 가족 구성원으로 그려지면서 가족 구성원 사이의 애정, 돌봄, 그리움 등이 시의 소재로 등장하도록 도왔다. 프롤레타리아 시의 남성 청자와 화자 사이에서는 등장하지 않았던 사적 영역의 문제들과 서정성이 갑자기 시의 소재로 전면화된 것이다. 이것은 김기진이 그의 평론에서 카프 시가 지향해야 할 방향으로 지적한 것이기도 하다.[30]

『카프 시인집』 이전에도 당시의 프롤레타리아 문학에서 여성들은 독자들의 흥미를 불러일으키기 위한 소재로 활용된 경우가 종종 등장했다. 박영희는 카프 성원중의 한 명인 엄흥섭의 작품 「출범전야」에서 남성 감독들이 '결혼하지 않은' 어촌 여성들을 강간하는 장면을 두고 신경향파가 연상되는 클리셰인데다가, 현실에서도 대상으로 취급받는 여성들이 소설에서조차 또 한 번 희생자로 대상화되어버린다고 비판한다.[31] 박영희에 따르면, 당시 프롤레타리아 문학 진영은 지배계급 남성이 피지배계급 여성을 강간하는 장면에 남성 노동자들이 분

30 김기진, 「단편 서사시의 길로—우리의 시의 양식 문제에 대하여」, 『조선문예』, 1929.5; 임규찬 · 한기형 편, 『제1차 방향전환론과 대중화론』, 태학사, 1989, 542면.

31 박영희, 「카프 작가와 그 수반자의 문학적 활동」, 이동희 · 노상래 편, 『박영희 전집』 3, 영남대 출판부, 1997, 483면.

노하여 지배계급에 맞서는 소설 구도를 "프롤레타리아 에로티시즘"으로 불렀다고 한다. 당시 문학에서 여성인물은 남성 노동자들의 분노를 자극하는 대상이자 선정적인 장면을 재현하기 위한 대상으로 취급되기도 했던 것이다. 『카프 시인집』 역시 이러한 문학들처럼 여성들을 활용하여 시의 대중성을 높였다는 공통점을 가진다. 그러나 이 시집은 기존의 프롤레타리아 문학과는 달리 여성을 성적 대상화하는 대신 혁명의 주체로 내세워, 사적 영역의 문제들이 혁명적일 수 있다는 것을 보여주었다는 차이점을 가진다.

프롤레타리아 문학은 여성들을 소재로 삼아 섹슈얼리티와 가족 관계와 같은 사적 영역의 이슈들을 그림으로서 앞서 언급한 엄흥섭의 작품에서처럼 (남성) 대중들의 관심을 불러일으켰다. 그러나 『카프 시인집』의 시편에 등장하는 여성 인물들은 단순한 대중들의 흥밋거리가 아닌 시의 혁명적 정치의식을 구현하는 주요 매개이다. 『카프 시인집』이 (남성) 독자들이 흥밋거리로 향유하는 문학 속 여성인물들을 적극적으로 차용하면서 역설적으로 여성인물들을 혁명적 정신을 표현하는 매개로 어떻게 구현하였는지 시편들을 분석하여 그 구체적인 방식을 살펴보겠다.

3. 『카프 시인집』의 여성 화자 재현양상

— 새로운 투쟁방식의 제시와 가부장적 가족구조의 허위 폭로

『카프 시인집』에서 여성 화자 혹은 여성 청자를 활용한 단편서사시로는 김창술의 「가신 뒤」, 권환의 「우리를 가난한 집 여자라고」, 임화의 「네거리의 순이」, 「우리 오빠와 화로」, 「우산받은 요꼬하마의 부두」, 박세영의 「누나」가 있다. 이 논문에서는 이들 시들을 여성이 화자인 시(「가신 뒤」, 「우리를 가난한 집 여자라고」, 「우리 오빠와 화로」)와 화자는 남성이고 여성이 청자인 시(「네거리의 순이」, 「우산받은 요꼬하마의 부두」, 「누나」)로 나누어 분석해보고자 한다. 여성이 화자일 때와, 남성 화자에 의해 불리는 청자일 때에는 전자는 행위자, 후자는 특정 행위를 요청받는 대상이라는 차이가 존재한다. 이 차이가 시 안에서 어떻게 나타나는지 살펴보겠다.

여성이 화자인 시들은 노동운동 혐의로 구속된 남성 가족구성원을 그리워하는 동시에 그의 뜻을 계승하여 투쟁하겠다는 의지를 내보이거나, 성별화된 노동시장에서 여성들이 겪는 문제를 드러낸다. 김창술의 「가신 뒤」와 임화의 「우리 오빠와 화로」는 각각 노동운동으로 구속된 남편과 오빠를 그리워하는 시이다. 두 시의 여성들은 모두 남성들의 뜻을 계승하겠다는 의지를 밝히지만, 계승 방법은 그 남성들이 투쟁했던 방법과 같지 않다.

나는 근로하는 청년 굳센 동지…… 기개 용감한…… 당신을 사랑하였고

당신도 아내라기보다 약하나마 동지로서 나를 사랑하시지 않았습니까 (7연)

용감한 동지를 찾아서 나아갈 일을 꾀하였고

어느 날 밤에 당신이 쓰시던…………………박았어요

그리고도! 온 팔뚝이 아픈 줄을 몰랐었세요 (10연)

우리들의……을 그린 이………는

모든 동지의 포켓 속에서 고춤 속에서 작은 피오닐의 책상 속에 안기었세요

어느 날 밤 음악회장에서……………

그리고 돌아오면서 『적련』 속의 히로인 바실리사를 사모했습니다

칠월의 태양이 불사르는 대지를 밟으며

나도………가게 되었나이다[32] (11연)

— 김창술, 「가신 뒤」

32 김창술, 「가신 뒤」, 조선프롤레타리아 예술동맹문학부 편, 『카프 시인집』, 집단사, 1931 (편집부, 『한국 대표 시인 초간본 총서 – 카프 시인집』, 열린책들, 2004, 20~22면). 이하 원문은 현대어로 고쳐 표기하되, 시인의 특징적인 어말어미나 표현 등은 원문 그대로 표기한다. 또한 인용한 판본에서는 원본에는 ×자로 표시되어 있는 부분을 시의 맥락을 살펴 재구하였으나, 이 글에서는 이 부분을 모두 원문대로인 ×로 표기하였다.

7연에서 이 시의 화자는 청자인 남편과의 사랑이 동지적인 사랑이었다고 명명한다. 그러나 화자는 자신을 "약하나마 동지", 그리고 남편을 "근로하는 청년 굳센 동지" "기개 용감한"이라고 표현한다. 남편은 강인하고 대범하게 노동운동에 참여하는 노동자의 형상인 반면, 화자는 남편에 비해 소극적인 운동 참여자로 제시된다. 남편보다 사회운동가로서 자질이 부족한 아내의 형상은 남편이 아내를 지도한다는 가부장적인 가족 질서가 운동의 영역에서도 유사한 구도로 반복되어 나타나는 것처럼 보인다. 그러나 남편이 구속된 후, 화자는 좌절하지 않고 스스로 운동가로서 성장하려고 노력한다. 10연은 화자가 다른 '동지'를 만나 남편이 진행하던 사업을 이어나가려는 시도를 보여준다. 이 연의 2행은 긴 말줄임표로 인해 정확한 내용을 확인할 수는 없다. 하지만 화자가 남편이 사용하던 '무엇'을 "박"다가 "팔뚝이 아픈 줄을 몰랐"고, 11연에서 다른 사람들이 아내가 산포한 '무엇'을 받았다는 시구를 통해, 화자가 선전문을 제작하고 이것을 등사하여 다른 동지들에게 배포하는 활동을 남편으로부터 이어받았음을 추측할 수 있다. 남편의 부재는 오히려 화자가 더 열심히 운동에 참여하는 계기가 된다. 화자는 이전보다 더 적극적으로 활동하면서 자신을 운동가의 한 사람으로 정의하고, 자신이 등사한 선전물이 동지들의 품 안에 안기는 것을 보면서 성취감을 느낀다.

화자는 이와 같은 경험을 거치면서 자신의 활동을 '아내'로서 남편의 활동을 계승하는 것이 아닌, 한 명의 활동가로서 적극적으로 운동에 참여하는 것으로 이해한다. 11연에 언급된 "『적련』 속의 히로인 바실리사"는 남편과는 동지관계를 맺고, 나중에는 남편과의 사랑에 연연하지 않고 활동가로서의 자신의 삶에 집중하는 모습을 보인다.[33] 바실리사는 사랑과 혁명운동 사이에서 갈등하기도 하지만, 끝내는 사랑과는 관계없이 스스로의 신념에 따라 활동하는 운동가를 지향한다. 화자는 이런 바실리사를 추종하면서, 남편을 여전히 사랑하기는 하지만 남편보다 운동에 더욱 집중하겠는 의지를 내보인다. 남편의 부재는 화자를 슬프게 만들지만은 않고 오히려 독립적인 활동가가 될 기회를 부여한 것이다. 이 시는 사회주의 운동가 부부를 소재로 삼아 그들의 정치활동을 그려내고, '아내'였던 여성이 '운동가'로 거듭나는 경위를 보여준다. 그럼에도 불구하고 이 시는 전체적으로 애상적인 분위기를 띠며 남편에 대한 '아내'의 깊은 그리움을 통해 서정적 성격이 강조된다. 이 시는 여성 화자를 차용하여 부부의 정치활동을 아내의 사랑과 결부시켜 성공적으로 형상화하는 것으로도, 아내의 사랑의 깊이를 위해 부부의 정치활동을 이용한 것으로도 읽히는 양가적인 성격을 띰으로서, 정치활동을 그린 시만으로 읽히지 않는 효과를 낳는다.

임화의 시에서도 여성 화자는 정치활동의 성공적 형상화를 이루는 중요한 요소이다.

---

33 A.콜론타이, 김제헌 역, 『붉은 사랑』, 공동체, 1988 참고.

오빠 오늘 밤을 새어 이만장을 붙이면 사흘 뒤엔 새 솜옷이 오빠의 떨리는 몸에 입혀질 것입니다 (10연)

이렇게 세상의 누이동생과 아우는 건강히 오늘날마다를 싸움에서 보냅니다 (11연)[34]

— 임화, 「우리 오빠와 화로」

「우리 오빠와 화로」의 여성 화자는 본래 "제사기"[35]를 사용하는 제사공장의 직공이었으나 지금은 동생과 함께 봉투를 붙이는 일을 한다. 이 화자가 직종을 바꾼 이유는 동생과 함께 노동하면서 이전보다 더 많은 돈을 벌어서 현재 수감 중인 오빠에게 "새 솜옷"을 입혀주기 위해서이다. 이들의 노동은 수감된 오빠에게 솜옷을 지어주려는 동생들의 동기애를 드러내는 것처럼 보인다. 실제로 이 시는 화자의 동생 영남이가 오빠가 아끼던 화로를 깨뜨린 후, 화자가 오빠를 추억하면서 그리워하는 애상적인 어조가 시의 주된 정조를 이룬다. 하지만 11연은 화자와 그 동생이 "오늘날마다를 싸움에서 보"낸다고 강조하여 이들의 노동이 단순히 오빠에 대한 사랑의 표현이 아니라는 것을 명확하게 한다.

가내노동을 하는 남매는 공장과 같이 관리자의 감독하에 사적영역

34 임화, 「우리 오빠와 火爐」, 앞의 책, 67면.
35 위의 글, 63면.

과 분리된 노동공간에서 일하지는 않는다. 하지만 이들의 노동은 자본주의 유통구조 안에서 사용되므로 역시 자본에 의한 노동착취라는 매커니즘하에 있기는 매한가지이다. 화자는 가내노동의 현장을 공장노동의 현장처럼 계급투쟁의 현장으로 의미화하고, 이들의 수입을 여전히 사회운동에 뜻을 함께 하는 수감된 오빠를 돌보기 위해 사용함으로서 자본의 논리에 맞서겠다는 의지를 표현한다. 정통적 마르크스주의에 따르면 계급투쟁의 현장은 공장에서 노동자들이 집단적으로 연대하여 사용자에게 맞서는 구도가 일반적이다. 하지만 이 시의 화자는 사용자가 감독하지 않는 곳에서 동료 노동자 없이 고립된 공간에서 일하면서도, 자본가에 대한 적대를 키우고 이 감정을 바탕으로 노동운동에 참여하는 오빠의 활동을 지지한다. 이 과정에서 가정은 휴식의 공간이 아니라 계급투쟁과 노동의 공간으로 재의미화된다.

이 두 편의 시들의 여성 화자는 각각 남편과 오빠의 동지를 자처하지만, 실제 이들이 운동현장에서 하는 일은 남성들처럼 운동의 전면에 나서기보다 운동을 보조하거나 후방에서 간접적으로 운동에 참여하는 것처럼 보인다. 이를 두고 두 시의 여성들이 전위적인 남성들을 보조하는 '부차적인' 역할을 수행한다고 해석할 수도 있다. 그러나 두 시에서 강렬하게 드러난 여성들의 동지의식과 운동에 참여하려는 의식을 고려해보았을 때 이들을 운동에 '부차적인' 존재로 취급하는 것은 부당하다. 이 여성들은 투쟁전선의 선두에 서서 직접적으로 자본가들과 충돌하지는 않지만, 자신들의 투쟁 방식에 자신감과 신뢰를 가지고 있다. 사상문건을 배포하거나 투옥된 운동 지도자를 돌보는 이들의 역할 역시 혁명적 투쟁을 위해 꼭 필요한 부분이다. 일반적으로 문학과 기타 미디어들은 투쟁 전선의 선두에 서 있는 사람들을 투쟁에서 핵심적인 역할로 재현해왔지만, 이 두 시는 그 전선의 후방에 있지만 투쟁이 성립하기 위해 필수적으로 요구되는 역할에 주목한다. 두 시는 투쟁에 참여하는 이들의 역할 경중에 문제를 제기하며, 이제까지 경시되어왔던 전선 후방에서 원활한 투쟁을 위해 보조하는 역할의 중요성을 재발견하도록 촉구한다.

권환의 시에서는 공장의 노동자로서 직접 쟁의를 조직하는 여성 노동자가 화자로 등장한다. 여성 화자는 투쟁의 원인이 된 사측의 부당 노동 행위들을 열거하면서 투쟁 의지를 다시 한 번 다진다. 열거된 부당 노동 행위들로는 저임금 및 임금인하, 부당해고, 부실한 식단, 열악한 기숙사 환경, 성폭력이 있다. 화자는 이 같은 행위의 부당성을 강조하기 위해 이러한 행위로 피해를 입은 사람들이 '여성'임을 강조하는 수사들을 사용한다.

> 우리가 맨들어주는 그 돈으로
> ×들 녀편네는 보석과 금으로 꾸며주고
> 우리는 집에 병들어 누워
> 늙은 부모까지 굶주리게 하느냐

인남미밥 보리밥에
썩은 나물 반찬
×지죽보다 더 험한 기숙사밥
하―얀 쌀밥에 고기도 씹어 내버리는
×의 집 여편네 한번 먹여봐라

태양도 잘 못 들어오는
어둠컴컴하고 차디찬 방에
출×조차 …………게 하는
××보다 더……한 이 기숙사살이
낮이면 양산들고 연인과 식물원 꽃밭에
밤이면 비단 커튼 밑에서 피아노 타는
× 집 딸자식 하루라도 시켜봐라

걸핏하면 길들이는 원숭이같이
모진 ×××의 날카로운 ×
× 집 여편네 딸자식 한번 ×어 봐라 (3~6연)[36]

— 권환, 「우리를 가난한 집 여자라고—
이 노래를 공장에서 일하는 수만 명 우리 자매에게 보냅니다」

---

36 권환, 「우리를 가난한 집 여자라고—이 노래를 공장에서 일하는 수만 명 우리 자매에게 보냅니다」, 앞의 책, 30~32면.

이 시는 전체적으로 고용관계를 가족관계에 유비하여 드러내고, 고용자들과 사용자들을 가족구성원과 유사한 관계로 가정하고 제시한다. 이 시의 화자는 관리자들을 모두 남성으로 설정한 후, 노동자와 사용자의 관계를 가족의 젠더 관계와 젠더 역할을 활용하여 제시하고, 이를 통해 관리자들의 잔혹함을 강조하였다. 이 시는 남성 생계부양자라면 아내와 딸로 대표되는 여성 가족 구성원을 보호해야 할 의무가 있다는 가부장적 성역할을 암묵적으로 전제한다. 4연에서는 음식, 5연에서는 주거의 측면에서 남성 가장이 여성 가족 구성원들에게 제공해야 할 의무에 빗대어 공장 측이 여성 노동자들에게 제공해주어야 할 의무를 방기하고 있다고 비판한다. 이것은 노동자들이 노동력 재생산을 위해 마땅히 누려야할 '권리'를 마치 관리자가 제공해주는 '보호'처럼 제시하여, 공장에서의 자본가와 노동자의 고용관계를 '아버지' 자본가와 '아내'/'딸' 노동자의 관계로 치환하여 가족 관계처럼 보이게 한다. 즉, 여성 노동자들을 가부장적 공장의 보호를 받는 대상으로 그리는 것처럼 읽히기도 한다.

그러나 이 시는 고용주와 노동자들이 계급적 이해관계로 인하여 화해할 수 없음을 전제하여, 계급관계와 등치되는 가부장적 가족관계가 이데올로기에 불과하며 실상은 파탄에 이르렀음을 보여주는 효과도 가진다. 즉, 가부장이 가족 구성원을 보호하고 지배하는 구조는 상층계급에서나 가능하며 하층계급에서는 가부장권이 지배만 할 뿐 그의 가족 구성원을 보호해야 하는 의무는 방기한다는 것을 드러낸다. 또한 3연에서 나타나듯이, 여성 노동자들은 그녀들의 임금으로 부모를 돌보는 생계부양자이다. 이러한 재현은 이 여성들이 속한 가족관계도 가부장적 관계를 벗어나있음을 보여준다. 이 시는 가부장적 가족질서를 공장에서 여성 노동자들의 '권리' 확보의 당위성을 주장하기 위한 수단으로 사용하지만, 동시에 여성 노동자들이 속한 고용관계와 가족관계는 '가부장적' 질서를 그대로 따르고 있지 않다. 결과적으로 현재 식민지 조선에서는 가부장적 가족구도가 공장에서든 여성 노동자들의 가정에서든 이데올로기로만 존재할 뿐 실상은 허구임을 폭로한다.

여성 노동자들의 쟁의는 가부장적 가족구도의 허약함을 더욱 극대화하여 보여준다. 이 시의 1연에서 화자는 "가난한 집 여자라고 / 놈들 마음대로 해도 될 줄 아느냐"라고 자본가들과 관리자들에게 항변하는데, 이 때 '집'은 문자 그대로 거주 장소가 아니라 가구(家口)를 의미한다. 화자는 그녀와 동료들이 부당 노동 행위에 무차별적으로 노출된 원인을 그녀들이 속한 가족의 경제적 수준에서 찾는다. 캐롤 페이트만의 말처럼, 가부장적 사회계약론은 가정을 여성이 속한 가장 기본적인 공간으로 간주하기 때문에, 여성들이 어디서 무엇을 하든 그녀의 기본적인 지위는 가족 안에서 차지하는 위상에 의해 규정된다.[37] 시의 화자는 경제적 수준을 빌미로 그녀와 그녀 동료들을 존중

37 캐롤 페이트만, 이충훈 · 유영근 역, 『남과 여, 은폐된 성적계약』, 이후, 2001, 169~218면 참고.

하지 않는 공장 측의 대우에 분노하지만, 그녀들을 가족 내의 위상에 따라 정의하는 방식에는 문제제기하지 않는다. 하지만 역설적으로 화자와 화자의 동료들은 '가난한 집' 여성으로서가 아니라 '노동자'로서 항쟁한다.

우리들을 여자라고
가난한 집 헐벗은 여자라고
마른 ×를 마음대로 빨라고 말라
우리도 항쟁을 안다 ………을 안다
아무래도 ×이 ×× 이리×는 우린데
이 ×의 집에서 ×× 나가는 걸
××× 손에 ××혀 가는걸
눈꼽만치라도 겁낼 줄 아나 (7연)[38]

여성 노동자들이 가족 관계를 최우선적으로 여기는 사적 영역의 존재라면, 이들의 임금노동은 가정 안에서 딸 혹은 아내의 의무를 다하기 위한 보조적인 것이므로, 노동환경을 개선하기 위한 투쟁은 그들이 노동하는 목적에 적합하지 않다. 그러나 이 여성들은 "집에서 쫓겨나가는걸" 불사할 정도로 강고한 투쟁의 의지를 보인다. 지금까지

38 권환, 앞의 책, 39~40면.

화자는 여성 노동자들과 관리자들을 가부장적 가족질서의 틀 안에서 해석해왔지만, 7연에서 드러난 공장 측에 맞선 노동자들의 투쟁은 이 시에서 사용한 비유에 따르면 딸/아내가 아버지/남편에게 맞서는 것이므로 가부장적 가족질서를 벗어난다. 결과적으로 여성 노동자들은 가족 혹은 가정에서의 의무보다 자신들의 존엄성을 인정하지 않는 공장 측의 횡포에 맞선 저항을 더 중요시하는 것이다. 8연에서 "죽을 때까지 항쟁하리라 싸우리라"고 결심하는 화자는 공장 측에 맞설 뿐만 아니라 가부장적 가족 관계에도 맞서고 있다고 볼 수 있다.

7연의 1행과 2행에서 화자는 '가난한 집 여자'라는 이유로 여성 노동자들을 무분별하게 착취하는 공장 측에 맞선다. 이것은 여성 노동자들이 속한 가정의 경제적 수준이 그녀들을 착취하는 빌미가 되지 못한다는 선언이며 가족의 경제적 수준이 그 가족 구성원의 가치를 결정하지 못한다는 선언이다. 이제 화자는 개인을 가족의 이름으로 정의하는 규범에 강력하게 저항한다. 가족에 개인을 귀속시켜 개인의 가치를 평가하고 임금을 책정하는 기준이 남아있는 한, 이 여성들은 빈곤의 굴레를 결코 빠져나올 수 없다. 8연에서 화자는 "죽을 때까지 항쟁하리라 싸우리라"고 투쟁의 의지를 다진다. 이것은 이들의 투쟁이 열악한 노동환경을 개선하는 것을 넘어서서, 여성 노동자들의 빈곤을 재생산하는 근본적인 원인을 개선하는 투쟁으로 나아갈 것이라는 의미이다. 결국, 가부장적 가족구조가 노동계약에까지 스며든 현실을 승인하는 것처럼 보이는 이 시의 화자는 궁극적으로는 그 가족구조에 맞선다.

이상의 세 편의 시는 가족에 귀속된 여성 화자를 활용하여 서정적이고 감상적인 정조를 자아내어 대중들이 보다 쉽게 시에 접근하고, 시에 담긴 메시지를 이해할 수 있도록 구성하였다. 그러나 이뿐만 아니라 이 시들은 그동안 사회주의운동의 일환으로 여겨지지 않았던 활동들을 운동의 중요한 부분으로서 재조명하거나, 여성 노동자들의 투쟁을 자본에 맞설 뿐만 아니라 가부장적 가족에 귀속되지 않으려는 행동으로 읽어내고 있다.

4. 『카프 시인집』의 여성 청자 재현 양상

—혁명적 이성애와 사회운동 의제로서 기혼 여성 차별

남성이 화자이고 여성이 청자인 시들은 여성이 화자인 시와 마찬가지로 이성애적 연애관계를 활용하거나, 혈연관계를 활용하여 노동운동이나 사회운동을 형상화한다. 화자는 남성이지만, 그는 자신의 문제와 상황이 아닌 청자의 문제와 상황에 관해 노래한다. 연인 혹은 남매관계인 여성에게 말을 건네는 화자는 조언자로서 부드러운 어조로 말을 건넨다. 박세영의 시 「누나」는 동생인 남성 화자가 손윗사람인 누나에게 걱정스러운 어조로 조언하는 구성을 가진다. 화자는 청자가 겪는 어려움에 공감하면서, 공장에 취직한 후 노동운동에 참여해야 그녀를 지속적으로 괴롭혀온 문제들을 해결할 수 있다고 당부한다.

> 누나!
> 그날을 또 어떻게 지내셨수
> 유황가루 얻어맞은 것 같은 세 자식을 데리고
> 돌려가며 밥 달라는 굶은 어린것들을 데리고
> 허나 누나를 보고 오는 나의 마음은
> 비스듬한 고개가 갑자기 깎아질러 보이고
> 내려다뵈는 도시를 향하여 가슴을 몇 번이나 두드렸소 (1연)[39]
>
> 누나!
> 십년을 공부하고 나온 몸이라
> 언제나 중병자와 같은 여공들을 볼 때는
> 개나 같이 생각하지 않았수만은
> 누나도 사흘 굶고 공장에로 안 나서셋수
> 그럴 때 ×들은 누나가 늙었다고 거절을 하지 않았수
> 나이 삼십이 넘은 누나가 늙었다는 것은
> 자본주의 시대의 솔직한 말이 아니유
> ×들은 조금이라고 우리의 힘을 더 ××을 생각밖에

39 박세영, 「누나」, 앞의 책, 85면.

누나!

그러면서도 또 무슨 생각을 하시유

인제는 북평으로 가버린 남편도 기다릴 게 없수

그저 새 생각을 먹고 나서시유

다른 공장에라도 가보시유

그래 같은 여공의 ××가 되어

우리들의 ××을 위하여 ××나갑시다 (3, 4연)[40]

— 박세영, 「누나」

이 시는 전체적으로 가난한 누나에게 재취직과, 노동운동 참여를 독려하는 서사로 구성되어있다. 노동운동과 관련된 내용은 복자로 인해 정확하게 추론하기 어렵지만, 2연과 5연에서 화자가 유한계급에 대한 반감, 계층이동의 불가능성, 자본의 노동력 착취 등을 언급하고 있으므로 앞에서 인용한 1, 3, 4연에서 화자는 누나의 현재 상황을 계급억압의 결과로 보고 있다. 1연에서 제시된 것처럼 누나는 현재 식사조차 제대로 못하는 극심한 가난 속에서 혼자 세 아이들을 키우며 살고 있다. 이런 누이에게 화자는 4연에서 '여공'이 되어 투쟁전선에 나서라고 독려한다. 아이가 셋이나 있고, 3연에서 제시된 것처럼 이미 나이로 인해 공장 채용에서 거절당한 누나에게 노동운동에 나서

40 위의 글, 86~88면.

라고 권유하는 것은 한편으로 그녀의 상황을 이해하지 못하는 것처럼 보인다.

이 시에서 누나는 가난, 나이듦, 취직, 육아의 문제를 시급하게 해결해야하는 상황이지만, 화자 및 누나의 남편까지 누나를 둘러싼 남성들은 그녀의 생존에 어떤 도움도 주지 못한다. 오직 누나가 동질감을 느낄 수 있는 그룹은 '여공'들 뿐이다. 그러나 현재 직업이 없는 누나는 '여공'들과 완전히 동질적이라고 보기 어렵다. 그러나 누나는 노동현장에서 겪는 문제를 제외하고 삼십 대의 기혼 여공들이 느끼는 어려움을 공유한다. 2연에서 "가난한 사람이 누구라 안 부지런하우만은 / 돈을 모을 수가 있습뒷까"[41]라는 화자의 말처럼, 누나의 문제는 누나의 게으름이 원인이 아니라 분배가 이루어지지 않아 발생한 구조화된 빈부격차와 나이차별, 그리고 개인에게 전가된 육아부담 때문이다. 이 시는 노동계급 기혼 여성들이 겪는 문제를 자본주의 사회 구조 하에서 발생한 문제로 이해하고, 이를 계급투쟁으로 해결하려고자 한다.

한편으로 이 시는 삼십 대 한부모 가장이 된 여성 노동자들이 겪는 모든 일신상의 어려움을 노동자와 자본가의 갈등으로만 환원시키는 것처럼 보일 수 있다. 그러나 시각을 달리하여 보면, 이 시는 그동안 계급투쟁의 영역이 아니라고 생각했던 나이 듦이나 양육의 문제를 계

41 위의 글, 86면.

급투쟁의 범주 안에 새롭게 포함하고 있기도 하다. 즉, 양육의 부담과 나이로부터 상대적으로부터 자유로운 남성 노동자들을 기본항으로서 계급투쟁을 정의하는 것을 넘어, 여성 노동자들을 계급투쟁의 주체로 삼아 이들의 문제를 중심으로 계급투쟁을 재정의하는 것이다. 이는 계급투쟁의 내용을 노동현장에서 발생하는 노동자와 사용자간의 노동력 착취를 둘러싼 갈등을 넘어, 노동자의 양육과 나이차별의 문제까지 포괄하여 시의 서사를 급진화하는 요인이 된다. 이 시의 화자와 청자 구도도 한편으로는 남성 화자가 여성 청자에게 조언하고 있어, 남성이 여성을 지도하는 성별 권력관계를 답습하는 것처럼 보인다. 하지만 역설적으로 남성 화자의 발언은 그의 지적 우월성이나 정치적 급진성을 드러내는 대신 여성 노동자가 내포하는 혁명성을 보여줌으로서 오히려 여성 노동자를 혁명 주체로 호명하는 효과를 낳는다. 이러한 양가성은 임화의 「우산받은 요꼬하마의 부두」에서도 찾아볼 수 있다.

「우산받은 요꼬하마의 부두」는 일본에서 노동운동 혐의로 강제 추방당하는 조선 남성 화자가 자신의 연인인 일본 여성 청자에게 함께 노동하고 투쟁하던 노동자들을 부탁하고 떠나는 서사이다. 투쟁 전선의 선두에 서서 싸웠던 화자와는 달리, 그의 연인은 투쟁 전선의 후방에서 투사들을 돌본다. 이 시는 조선인들을 일본인을 대신하여 천황제에 맞서 싸우는 투사로 호명한 나카노 시게하루의 「비내리는 시나가와역」의 답시로 창작되었다. 여러 연구자들은 「비내리는 시나가와역」에서 나카노가 조선인 사회 운동가들을 두고 "일본 프롤레타리아－트의 앞잡이요 뒷군"[42]이라고 명명한 구절을 두고 그가 조선인들을 그와 동등한 동지가 아닌 일본 프롤레타리아트의 과제인 천황제 타파를 위한 역군으로 명명하는 것처럼 보인다고 지적한 바 있다.[43] 나카노의 시가 내포한 민족 차별적 입장을 염두에 두면, 임화의 이 시를 혁명운동에 참여하는 조선 남성과 일본 여성에게 서로 다른 역할을 부여하여 민족위계를 젠더위계로 역전시켰다고 해석할 수도 있다.[44] 그러나 이 시를 자세히 읽어보면 여성인물은 보조적 역할만으로 재현되지 않고 오히려 조선인 남성이 조선으로 추방된 기간 동안 의식의 성장을 기대해도 좋을만한 인물로 묘사되어 있다.

> 오오 그러면 사랑하는 항구의 어린 동무야
> 너는 그냥 나를 떠나 보내는 서러움
> 사랑하는 사나이를 이별하는 작은 생각에 주저앉을 네가 아니다.

---

42 中野重治,「비날이는 品川驛－××××記念으로李北滿 金浩永의게」,『무산자』, 1929.5, 6면.

43 이에 대한 비판은 일본을 거점으로 연구활동을 하는 학자들에 의해 처음 이루어졌다. 윤학준, 이회성, 미즈노 나오키, 하야시 고지 등의 학자들이 그것이다(신은주,「나카노 시게하루(中野重治)와 한국 프로레타리아 문학운동－임화, 이북만과의 관계를 중심으로」,『일본연구』 12, 한국외대 일본연구소, 1998, 190~191면; 정승운,「「비날이는品川駅」을 통해서 본「雨傘밧은『요꼬하마』의 埠頭」」,『일본연구』 6, 고려대 글로벌일본연구원, 2006, 285~287면 참고).

44 배상미,「식민자와 피식민자의 연대 (불)가능성－나카노 시게하루의「비내리는 시나가와역」과 임화의「우산 받은 요꼬하마의 부두」,『민족문학사연구』 53, 민족문학사학회, 2013, 38~72면.

네 사랑하는 나는 이 땅에서 쫓겨나지를 않는가

그 녀석들은 그것도 모르고 같이 있지를 않은가 이 생각으로 이 분한 사실로

비둘기같은 네 가슴을 발갛게 물들리라

그리하여 하얀 네 살이 뜨거워서 못 견딜 때

그것을 그대로 그 얼굴에다 그 대가리에다 마음껏 메다쳐버리어라 (12연)[45]

— 임화, 「우산받은 요꼬하마의 부두」

남성 화자는 여성 청자가 그와의 이별에 주저앉지 않으리라고 확신한다. 이 때 "주저앉"는다는 의미는 여성 청자가 지금까지 참여해온 투쟁과 결부시켜 해석할 수 있다. 청자는 단순히 화자를 사랑하는 마음에 투쟁에 참여하지 않았고, 그녀의 정치적 신념에 따라 투쟁에 참여해왔던 것이다. 따라서 화자는 그가 없는 동안 청자의 투쟁의지가 더 커져나가리라고 신뢰한다. 여성 청자의 투쟁의지를 촉발시키는 것은 "그것도 모르고 같이 있"는 "그 녀석들"이다. "그 녀석들"은 이별의 상황에 놓인 화자 및 청자와 달리, 이별의 위협을 느끼지 않은 채 함께 지낸다. "그 녀석들"은 10연의 "내일은 내일은 나오는 그 녀석

45 임화, 「우산받은 요꼬하마의 부두」, 조선프롤레타리아 예술동맹문학부 편, 『카프 시인집』, 집단사, 1931; 편집부, 『한국 대표 시인 초간본 총서 — 카프 시인집』, 열린책들, 2004, 79~80면.

들을 맞으러 / 게다 소리 높게 경빈(京濱) 가도를 걸어야 하지 않겠느냐"라는 구절에서 한 번 더 등장한다. 어떤 대상을 비하하는 단어인 "그 녀석들"은 대상에 대한 화자의 부정적인 감정을 반영한다. "내일은 내일은" 이루어지는 화자의 동지인 청자와 이들의 만남도 친교 목적이 아닌 대결과 투쟁을 위한 것이다. 따라서 "그 녀석들"이라는 시어는 자본가 혹은 지배계급을 상징하는 것으로 보인다. 지배계급은 이별을 경험하지 않고, 노동자 계급만이 이별을 경험해야하는 시의 구도는 계급 불평등과 계급갈등을 상징한다.

화자는 청자와 "그 녀석들"의 만남이 청자의 분노를 고조시키리라는 것을 의심해마지 않는다. 이 시는 청자를 흰색으로, 분노를 붉은색으로 놓고 두 색채를 대립시켜, 여성 화자의 강렬한 분노를 표현한다. 즉, 청자는 누구보다도 강하게 자본가들에게 반감을 가지고 저항할 수 있는 인물이다. 12연의 마지막 행에서 보이듯 이 분노는 지배계급에 대한 강력한 공격으로 형상화된다. 12연에서 형상화된 청자의 분노와 공격성은 모두 화자의 상상에 의해 구성된 것이기는 하지만, 화자에 의해 청자는 누구보다도 급진적이고 공격적으로 자본가 계급에 맞서는 투사로 호명되면서 이후 운동을 이끌어나갈 리더로서 부상한다. 결과적으로, 이 시는 청자인 일본 여성의 계급의식 고양은 화자인 조선인 남성보다 조금 늦게 나타나기는 하지만, 청자를 사회변화를 일궈낼 강력한 투사로 묘사해낸다. 이 시의 연애구도는 시의 서사가 전개됨에 따라 보조적이고 남성에 비해 투쟁의식이 뒤처지는 것처럼 묘사되었던 여성이 점차 투쟁에서 중요한 역할을 수행하는 성원으로 성장하는 모습을 보여주게 된다.

임화의 「네거리의 순이」는 순이의 오빠가 구속된 애인을 둔 순이에게 조언하는 방식으로 서사가 진행된다. 화자는 순이에게 노동운동을 하던 당시를 상기시키며 이를 지속해나가자고 제안한다.

> 그리하여
>
> 찬 눈보라가 유리창을 때리는 그날에도 기계 소리에 지워지는 우리들의 참새 너희들의 콧노래와
>
> 눈길을 밟는 발소리와 함께 가슴으로 기어드는 靑年과 너의 귓속에서 우리들의 젊은 날은 흘러갔으며
>
> 또 언 밥이 가난을 울리는 그날에도
>
> 우리는 바람과 같이 거리에서 만나 거리에서 헤며
>
> 골목 뒤에서 의논하고 공장에서 ××하는 그 때가
>
> 그중 즐거운 젊은 날의 행진이었다.
>
> 그러나 이 가장 귀중한 너 나의 사이에서 하나 우리들 동무를 집어 간 ×은 누구며 그 일은 웬일이냐
>
> 순이야! 이것은……………………………
>
> 너도 잘 알고 나도 잘 아는 멀쩡한 사실 아니냐
>
> 보아라! 어느 ×이 도××인가

이 눈물 나는 가난한 젊은 날이 가진 이 불쌍한 즐거움을 노리는 X하고
그 조그만 풍선보다 딴 꿈을 안 깨치려는 간절한 마음하고
말하여 보아라 이 나라에 가득 찬 고마운 젊은이들아! (3, 4연)[46]

— 임화, 「네거리의 순이」

이 시의 화자는 순이와 화자, 그리고 그녀의 애인이 함께 참여했었던 노동운동을 "즐거운 젊은 날의 행진"으로 회상한다. 노동운동은 관리자들의 부당노동행위, 또는 노동자들이 항상 경험하는 잉여노동 착취 등의 고통스러운 상황에 대한 노동자들의 반응으로서 조직되는 경우가 일반적이다. 그럼에도 불구하고 노동운동은 혁명 혹은 더 나은 노동환경이라는 대의를 목표로 삼기 때문에 남녀 노동자들이 부담 없이 만나고, 나아가 이성애 관계로 발전하는 장이 되기도 한다. "언 밥이 가난을 울"릴 정도로 가난한 그들이지만 소비적인 활동이 아닌 노동운동은 노동자들에게 일상을 벗어나 그들의 생활문제를 비판적으로 논의하는 "불쌍한 즐거움"이 될 수 있다. "불쌍한 즐거움"이라는 시구는 역설적인데, 그들은 그들의 불행한 처지에 대해 논하므로 '불쌍하'지만, 한편으로 이 논의는 불행을 넘어서려는 목적을 지니므로 '즐겁다'.

4연은 노동운동을 사회를 변혁하고 혁명적인 운동이라기보다, 가

46 임화, 「네거리의 순이」, 위의 책, 58~59면.

난한 노동자들이 일상을 떠나 유일하게 즐길 수 있는 오락의 일환으로 재현하면서도 노동운동이 가지는 정치적 성격을 완전히 제거하지는 않는다. 4연의 후반부는 노동운동에 참여하는 노동자들과 그 운동을 파괴하려는 사용자들을 대조하여 계급투쟁의 구도를 형성하여 노동운동이 가지는 정치적 성격을 재현해낸다. 이성애 구도는 이 시에서 노동운동의 미래를 제시하는 주요한 매개이기도 하다.

오오! 눈보라는 도락구처럼 길거리를 달아나는구나
자 좋다 바로 종로 네거리가 아니냐!
어서 너와 나는 번개같이 손을 잡고 또 다음 일 계획하리
또 남은 동무와 함께 검은 골목으로 들어가자
네 사나이를 찾고 또 근로하는 모든 여자의 연인인 용감한 청년을 찾으러………

그리하여 끊이지 않는 새로운 용의와 계획으로 젊은 날을 보내라 (7, 8연)[47]

종로 네거리에 선 남매가 마주한 눈보라는 "도락구", 즉 마치 트럭처럼 육중하게 몰아치는 매서운 것이었다. 눈보라의 묘사는 그들의

47 임화, 앞의 책, 58~59면.

앞날이 순탄치 않으리라고 암시한다. 하지만 화자는 절망하거나 풀죽지 않고 오히려 다음 투쟁을 기약한다. 남매가 미래를 기약하는 장소는 "검은 골목"이다. 검은 골목은 어둡고 절망적인 분위기를 환기시키지만, 이 시에서는 미지의 것으로 남겨져있는 미래를 상징한다고 보아야 한다. 왜냐하면 이 골목에서 남매가 찾으러 가는 사람은 "네 사나이"를 비롯해 "근로하는 모든 여자의 연인인 용감한 청년"이다. '용감한 청년'은 '연인'으로 제시되어 있으므로 결코 여성 노동자들의 적대자가 아니라 우호자이다. 이 때 '청년'은 단순히 순이의 연애상대로만 볼 수 없다. 만약 남매의 여정이 순이의 애인을 비롯하여 여성 노동자들의 연애 대상을 찾으러 가는 것이라면, 화자가 이 여정에 참여할 필요가 없기 때문이다. '연인'이라는 단어는 작가가 연애관계로 노동운동을 감추려는 하나의 장치로 보아야 한다. 노동운동과 계급투쟁을 논하는 이 시의 전체 서사를 고려해볼 때 이 청년은 노동운동가이고, 남매는 노동운동에 참여하는 노동자들을 조직해나간다고 해석해야 적절할 것이다. 이 시는 계급갈등과 노동운동 확산의 메시지를 남녀 노동자들의 이성애 관계로 제시하였다. 동시에 노동운동 재현 과정에서 종종 간과되었던 여성 노동자들을 노동운동의 중요한 축을 담당하는 인물들로 재현하는 효과도 낳았다.

임화의 두 편의 시는 이성애 관계를 서로의 계급 혁명 의식을 고양 및 성장시키는 관계로 보여주었고, 박세영의 시는 기혼 여성을 계급 혁명의 주체로 호명하는 효과를 낳았다. 알렉산드라 콜론타이는 『붉은 연애』에서 연애를 여성들의 혁명 활동을 방해하는 장애물로 제시하였으나, 이상의 시들은 연애를 여성의 혁명성을 촉진하는 계기로 제시하였다. 또한 기혼 여성은 남성의 시각에서 보이지 않았던 가사노동과 돌봄노동을 바탕으로 한 또 다른 계급혁명의 과제를 실천하는 혁명적 주체가 될 수 있음을 보여주었다.

5. 결론

이 논문은 카프 시에서 젠더를 활용하여 정치성을 드러내는 방식을 『카프 시인집』에 수록된 시편들을 통해 분석해보고자 했다. 1931년 카프 문학부에 의해 출판된 『카프 시인집』은 당시 프롤레타리아 문인들의 시 창작 경향을 고려해보았을 때 눈에 띄게 여성 인물들을 활용한 시편들을 많이 포함하고 있다. 이는 카프 문인들이 이 시인집을 검열을 우회하는 동시에 대중들이 카프 시에 보다 쉽게 접근할 수 있도록 구성하려는 목적에서 기인하였다. 이러한 카프 시인집의 구성은 계급혁명의 젠더를 드러내는 효과를 가져왔다.

여성 인물을 화자로 제시한 시편들은 후방에서 혁명운동을 보조하는 여성 인물들의 활동을 혁명운동의 완성을 위해 가장 중요한 것으로 의미화함으로서 '혁명운동'의 범위를 확장하였다. 또한 생계부양자로 노동하는 여성 노동자들의 존재는 남성 생계부양자 모델이 이데올로기에 불과함을 보여주어, 가부장적 가족구조의 허구성을 폭로한다. 나아가 여성 노동자들은 가부장으로 비유된 공장에 맞섬으로서 가부장적 가족구조와 대결하기도 한다. 이러한 여성 노동자들의 존재와 투쟁은 여성 노동자들의 계급투쟁을 보여줄 뿐만 아니라 가부장적 가족구조의 허구성을 폭로하는 것이기도 하다.

여성 인물이 청자로 나타난 시편들은 연애관계를 여성 인물들이 혁명적 기질을 키워나가도록 촉진하는 매개로 그리거나, 혹은 기혼 여성들이 겪는 어려움인 가정에서의 돌봄노동과 노동시장의 연령차별을 계급적 문제로 제시함으로서 기혼 여성들을 계급투쟁의 주체로 전면화한다. 연애 관계 안에 존재하는 젠더 위계와 기혼 여성으로서 겪는 차별과 과잉 노동은 여성들이 계급투쟁 전선에 뛰어들지 못하도록 가로막는 장애물로 보이기도 한다. 그러나 이 시들은 이것을 여성의 계급투쟁을 촉진하는 요인으로 그려낸다. 즉, 계급투쟁을 무성적 노동자들이 공유하는 노동 착취의 문제만을 해결하는 것이 아닌, 여성 노동자들이 겪는 젠더화된 문제도 해결하는 투쟁으로서 의미화한 것이다.

이상의 분석은 카프 맹원들의 시에 나타난 여성 화자와 청자들을 계급투쟁의 젠더를 보여주는 매개로 재발견할 수 있는 가능성을 보여주었다. 그리고 이러한 시편이 카프 시를 대중화하기 위한 시집인 『카프 시인집』에 다수 수록되었다는 점은 주목해야 한다. 이 시집이 노동자들에게 보다 친숙하게 다가가기 위해 여성 청자와 화자를 사용하였다고 해도, 결과적으로 카프 시집은 여성 화자와 청자를 혁명적 투쟁의 주체로서 노출시키면서 혁명운동에서 여성과 사적 영역의 문제 및 사적 관계의 중요성을 보여주었다. 또한 몇 천 명이 훨씬 넘는 대중들은 이 시집을 읽으면서 여성도 혁명의 중요한 주체이며 사적 영역의 변혁 역시 혁명운동의 일부분으로 이해하게 되었을 가능성 역시 무시할 수 없다.

『카프 시인집』에 실린 여성 인물을 다룬 시들은 계급혁명이 젠더화된 계급문제를 해결해준다는 논리로 여성 노동자들의 성차별적 현실에 접근하지 않고, 여성 노동자들이 처한 현실을 분석하여 이것을 계급투쟁의 주요 의제로 포함시키거나 새로운 여성혁명 주체를 발견하는 방식으로 접근한다. 이를 통해 프롤레타리아 문학이 젠더 문제를 단순히 계급혁명에 종속시키는 방식으로 다루지 않았다는 것을 알 수 있다.

참고문헌

1. 1차 자료

김기진, 홍정선 편, 『김팔봉 문학전집』 2, 문학과지성사, 1988.

김성윤 편, 『카프 시전집』 1－1920～1929년대, 시대평론, 1988.

________, 『카프 시전집』 2－1930～1935년대, 시대평론, 1988.

편집부, 『한국 대표 시인 초간본 총서－카프 시인집』, 열린책들, 2004.

박영희, 이동희・노상래 편, 『박영희 전집』 3, 영남대 출판부, 1997.

임규찬・한기형 편, 『제1차 방향전환론과 대중화론』, 태학사, 1989.

조선프롤레타리아예술동맹 문학부 편, 『카프작가 칠인집』, 집단사, 1932.

『동아일보』, 『중앙일보』, 『무산자』, 『조선출판경찰월보』.

2. 단행본

권영민, 『한국 계급문학 운동사』, 문예출판사, 1998.

김수진, 『신여성, 근대의 과잉－식민지 조선의 신여성 담론과 젠더정치, 1920～1934』, 소명출판, 2009.

김영민, 『한국문학비평논쟁사』, 한길사, 1992.

김재용・이상경・오성호・하정일, 『한국근대민족문학사』, 한길사, 1993.

서지영, 『경성의 모던걸－소비・노동・젠더로 본 식민지 근대』, 여이연, 2013.

A. 콜론타이, 김제헌 역, 『붉은 사랑』, 공동체, 1988.

캐롤 페이트만, 이충훈・유영근 역, 『남과 여, 은폐된 성적계약』, 이후, 2001.

레오폴디나 포르뚜나띠, 윤수종 역, 『재생산의 비밀』, 박종철출판사, 1997.

3. 논문

김철, 「1920년대 한국 프로문학의 전개와 사회운동과의 관계－방향전환론 및 대중화론을 중심으로」, 『비평문학』 3, 한국비평문학회, 1989.

배상미, 「1930년대 프롤레타리아 소설 재론－여성, 노동, 섹슈얼리티」, 고려대 박사논문, 2018.

______, 「식민자와 피식민자의 연대(불)가능성－나카노 시게하루의 「비내리는 시나가와역」과 임화의 「우산받은 요꼬하마의 부두」」, 『민족문학사연구』 53, 민족문학사학회, 2013.
신은주, 「나카노 시게하루(中野重治)와 한국 프로레타리아 문학운동－임화, 이북만과의 관계를 중심으로」, 『일본연구』 12, 한국외대 일본연구소, 1998.
정근식・최경희, 「도서과의 설치와 일제 식민지출판경찰의 체계화, 1926～1929」, 『한국문학연구』, 동국대 한국문학연구소, 2006.
정승운, 「「비날이는品川駅」을 통해서 본 「雨傘밧은 『요꼬하마』의 埠頭」」, 『일본연구』 6, 고려대 글로벌일본연구원, 2006.
최현주, 「카프 시에 대한 페미니즘적 접근」, 『태릉어문연구』 7, 서울여대 인문과학대학 국어국문학과, 1997.

부록 1 _『카프 시인집』 검열 과정에서 삭제된 「우리들은 우리들은」 전문

(1931.7.10 삭제)

우리들은 채찍을 얻어 맞아가며 참기 힘든 노동을 해냈고, 생명을 빼앗길 때까지 우리의 피로 그놈들의 궁전을 지었고, 땀으로 당신들 배에 들어가는 쌀을 만들어 주었음에도 불구하고 무엇 때문에 또—

삼천리 강산을 당신들에게
지금은 우리들에게 지옥과 같은 고통과 빈궁만을 남기어주었다.
이만큼 바쳤는데도
무슨 이유로 조선을 위해 일하는 자를
그럼에도 불구하고 우리들은 우리들은
폭풍과 같은 맹위를 휘두르는 채찍 아래에서
너희들의 배를 불리는 죄밖에 없을 뿐인데

개와 같은 놈을 위하여 우리들은 황량한 만주평원에 지옥과 같은 「내지」의 공장에서 언젠가 피로 물든 옷을 어깨에 걸치고

인도, 아프리카, 중국의 친구와 함께 X의 화롱철(火籠鐵)의 X를 닦아야 한다. (X는 원문대로)

—「우리들은 우리들은」, 『조선출판경찰월보』 35호

부록 2 _ 『카프 시인집』 수록 시편 초출일람

시인명	작품명	초출
김창술	「기차는 북으로 북으로」	『카프 시인집』, 1931
	「오월의 훈기」	『조선지광』, 1929.9
	「가신 뒤」	『조선강단』, 1929.12
	「앗을 대로 앗아라」	『음악과 시』, 1930.8
권환	「정지한 기계—어느 공장 ×××형제들이 부르는 노래」	『조선지광』, 1930.3
	「그대」	『카프 시인집』, 1931
	「우리를 가난한 집 여자라고—이 노래를 공장에서 일하는 수만 명 우리 자매에게 보냅니다」	『조선지광』, 1930.6
	「가려거든 가거라—우리 진영 안에 있는 소부르주아지에게 주는 노래」	『조선지광』, 1930.3
	「소년공의 노래」	『카프 시인집』, 1931
	「타락」	『조선지광』, 1931.1
	「머리를 땅까지 숙일 때까지」	『음악과 시』, 1930.8
임화	「다 없어졌는가」	『조선지광』, 1929.8
	「네거리의 순이」	『조선지광』, 1929.1
	「우리 오빠와 화로」	『조선지광』, 1929.2
	「제비」	『조선지광』, 1930.6
	「양말 속의 편지」	『조선지광』, 1930.3
	「우산받은 요꼬하마의 부두」	『조선지광』, 1929.9
박세영	「누나」	『카프 시인집』, 1931
안막	「삼만의 형제들—북쪽 농장의 일」	『카프 시인집』, 1931
	「백만 중의 동지」	『카프 시인집』, 1931

'형상'과 '대중화'

30년대 중반 임화 평론 읽기

가게모토 츠요시

1. 사회주의리얼리즘 수용 — 형상론

임화는 1933년 11월과 12월에 걸쳐 「문학에 있어서의 형상의 성질 문제」라는 글을 썼다. 제목에서 볼 수 있듯 이 글의 핵심은 '형상'이다. 백철의 「인간 묘사 시대」(『조선일보』, 1933.8.29~9.1)를 비판하는 것으로부터 시작한 이 글은 '형상'이라는 용어를 개념화시키고 있다. 임화의 '형상'은 당시 사회주의리얼리즘을 주장한 키르포친의 말에 근거하고 있다. 그런데 백철이나 안막도 키르포친에서 자신의 근거를 도출했다. 동시대 평자들은 같은 근거에서 다른 결론을 내고 있다. 이렇듯 '형상'은 모든 동시대 평자가 언급하고 있는 말이다.[1] 당시 '형상'이란 사회주의리얼리즘 문헌을 비롯해 너무나 많이 쓰였던 말이다. 그 중에서 임화만이 '형상'을 개념화시켰다. 즉 임화의 형상론은 '인간묘사'(백철)이나 '집단묘사'(함대훈) 등 사회주의리얼리즘에 반응하면서 제출된 논의들을 비판하는 작업을 통해 개념화된 것이다.

임화는 키르포친의 "예술에 의한 사유이고 형상성 없이는 예술은 존재하지 않는다"[2]라는 예술에 대한 정의를 인용한다. 이는 키르포친의 「사회주의적리얼리즘에 대하여」라는 글의 일본어 번역에서 인용된 것이다. 임화가 인용한 해당부분을 인용하면 다음과 같다.

> 예술 — 그것은 형상을 빌려서 하는 사유이다, 형상성 없이는 예술이 존재할 수 없다. 예술의 형상적 서술성은 그것을 백만 대중을 위해 대중이 가까워질 수 있는 것으로 만든다. 예술의 해체 경향은, 자연, 예술의 기초적 원리로서의 형상의 해체 경향이 되어 나타난다. 이 경향은 이와 함께 예술에서 그의 통속성, 대중성을 빼앗는다.[3]

---

1 김기진은 1934년의 글에서 "지금와서 제군은 형식이라는 말 대신에 형상이라는 말을 쓴다"고 지적한 바 있다. 김기진, 「문예시평－박군은 무엇을 말했나?」, 『김팔봉 문학전집』, 1, 문학과지성사, 1988, 187면(『동아일보』, 1934.1.27～2.6).

2 임화, 「문학에 있어서의 형상의 성질 문제」, 『임화문학예술전집』 4, 소명출판, 2009, 304면(『조선일보』 1933.11.25～12.2). 이하 『임화문학예술전집』에서 인용할 때에는 '『전집』 권수'로 표기한다.

3 キルポーチン, 「社会主義的レアリズムについて」, 外村史郎 編譯, 『社会主義的レアリズムの問題』, 文化集團社, 1933, 159～160면(이 책은 국립중앙도서관에 데이터화되어 있는 같은 제목의 1936년의 나우카사판과 판권장, 서문, 광고를 제외하면 같은 내용이며, 면수도 똑같다). 참고로 임화는 키르포친의 "형상에 의한 사유"를 "예술에 의한 사유"라고 잘

임화는 키르포친의 위 인용문 중에서 윗부분만을 인용했지만, 키르포친은 예술론을 말함과 동시에 '대중화'에 관한 논의도 하고 있다. 키르포친은 위 인용문에 이어 "예술은 만약 그것이 대중에게 이해되지 않으면, 만약 그것이 형상적인 형식 속에 현실의 진실한 광경을 주지 않는다면, 자신의 정치적, 교육적 역할을 다할 수 없다"[4]라고도 말한다. 또 키르포친은 형식주의에 빠지지 않기 위해서도 '형상'을 강조했다.[5] 이처럼 임화의 글에서는 명시적으로 제시되지 않지만 여기에는 '대중화'라는 과제가 깔려 있다. 그러나 임화가 부각하는 것은 오직 '형상'이다. 임화에게 '형상'이란, 정치를 내세운 프로문학이 문학을 망쳐버렸다는 반성에서 나온 키워드이다. 다시 말해, 임화의 백철 비판, 그리고 같은 시기의 김남천 「물」에 대한 비판은 사회주의리얼리즘 논의에서의 '형상'을 문학과 대중화라는 과제 속에서 수용하면서 제출된 것이다. 그러니까 형상은 정치주의의 우위를 비판하는 것이기도 하며, 동시에 대중과의 관계를 모색하는 것이기도 하다. 왜냐하면 가장 완벽한 '형상'이 가장 대중적인 것이 되기 때문이다. 이 '대

못 인용하고 있다(『조선일보』, 1933.11.26). 임화는 일본에서 발행된 『사회주의적 리얼리즘의 문제』를 참조한 것으로 판단된다. 그는 "결점을 지적하고 어떻게 그것을 제거할 것인가를 교시하는 정다운 풍자"(임화, 「33년을 통하여 본 현대 조선의 시문학」, 『전집』 4, 365면; 『조선중앙일보』 1934.1.1~12)라고 루나차르스키를 인용한 바 있는데, 이 역시 이 책에 수록된 루나차르스키의 글에서 인용한 것이다. ルナチャールスキイ, 「ソヴェート・ドラマトウルギーの方向と任務」, 外村史郎 編譯, 위의 책, 1933, 86면.

4 キルポーチン, 위의 글, 160~161면.

5 위의 글, 160면. 임화 또한 '형상' 개념을 통해 형식주의 비판을 했다. 임화, 「문학에 있어서의 형상의 성질 문제」, 『전집』 4, 301면.

중화'문제는 다음과 같은 임화의 글에서 명시적으로 드러난다.

> 문학이 예술인 것은 그것이 다른 추상과학과 달리 산 형상을 가지고 형성되는 때문이다. 동시에 생활의 진실에 의하여 성립하지 않는 형상이란 조금도 생활의 형상이 아니고 고목(枯木) 같은 추상이기 때문에, 사상 — 추상적인 — 의 형상적 서성(敍性)에 의하지 않는 문학이란 벌써 예술이 아니며 백만의 대중이 애독물인 것을 그만두어야 한다.[6]

그러나 임화는 키르포친의 '형상'에 전면적으로 기대면서 키르포친을 단순히 수용하고 있는 것은 아니다.[7] 키르포친은 엥겔스의 「하크네스에 보낸 편지」에 기대면서 논의를 전개하고 있으며,[8] 사회주의리얼리즘론의 여러 개념 중에서는 '형상'보다 '전형'이 훨씬 핵심적이다. 사실 소련에서 사회주의리얼리즘이 주장될 때 이론적인 근거가 된 것이 마르크스와 엥겔스의 문학에 대한 글들이었다.[9] 사회주의리얼리즘이 처음 소개되었을 때 아직 그것은 개념적으로 명확하지 않았다. 사회주의리얼리즘을 둘러싼 논자들의 일련의 논문에서 근거가 된 키르포친을 비롯한 소련의 이론가들 또한 마찬가지였다. 키르포

---

6 임화, 「현대의 문학에 관한 단상」, 『전집』 4, 392면(『형상』, 1934.2).

7 이 시기 임화의 논의가 사회주의리얼리즘의 모색을 넘어선 것이라는 지적은 이미 선행연구에서 이루어지고 있다. 최은혜, 「카프시기(1925~1935) 임화의 문화평론 연구」, 고려대 석사논문, 2013, 81면 이하.

8 キルポーチン, 「新段階に立てるソヴェート文学」, 外村史郎 編譯, 앞의 책, 38면.

9 上田進 編譯, 「はしがき」, 『マルクス＝エンゲルスの芸術論』, 岩波書店, 1934, 4면.

친은 사회주의리얼리즘을 "스타일"[10]로, 루나차루스키는 "광범한 프로그램"[11]으로, 킬숑은 "정식"[12]으로 정리하듯 여러 해석이 가능한 무규정적인 개념이었다. 1934년 무렵, 사회주의리얼리즘은 "다양한 방법을 모두 수용하는 매우 유연한 일반적 프로그램이었다."[13] 그러한 의미에서 30년대 초반의 임화가 키르포친에 기대면서도 '전형'이 아니라 '형상'에 주목하여 나름의 개념화를 시도하고 있는 것은 당연한 일일 수도 있다.[14] 왜냐하면 '나름의 개념화'를 하려고 하는 시도 자체가 사회주의리얼리즘을 조선의 현실에 어떻게 대응시킬 것인가라는 문제를 검토하는 일이기 때문이다. 따라서 이 글에서는 형상의 의미의 최대치를 부각시키기 위해 『문학의 논리』로 도달되기 이전의 임화 글에 한정해서 논의를 전개할 것이다. 왜냐하면 『문학의 논리』의 임화는 "소시얼리즘적 리얼리즘 그것이 금일의 유일의 리얼리즘"[15]

---

10 キルポーチン, 「社会主義レアリズムについて」, 外村史郎 編譯, 앞의 책, 166면.

11 ルナチャールスキイ, 「ソヴェート・ドラマトウルギーの方向と任務」, 위의 책, 78면.

12 キルシヨン, 「社会主義的レアリズムの為めに」, 위의 책, 98면.

13 佐々木基一, 「社会主義リアリズム」, 『現代思想 第十巻』, 岩波書店, 1957, 221면. 또한 미셸 옥츄리에(Michel Aucouturier)는 사회주의리얼리즘을 미학적이라기보다 '당'에 예술을 종속시키는 기능적인 것으로 정리한 바 있다. 그에 따르면 사회주의리얼리즘은 미학적으로는 매우 애매한 것이었으며 특히 소련이 아닌 유럽지역에서는 "일반적 혹은 거의 종교적인 의미에서 현실세계와 현실세계의 수용에 저항한 쉬르리얼리즘적 반항의 활로를 의미했다"라고 한다. Michel Aucouturier, *Le Réalisme socialiste*, Paris : PUF, 1998(矢野卓 역, 『社会主義リアリズム』, 白水社, 2018, 135면).

14 임화가 '전형'이라는 개념을 사용하지 않았던 것은 아니다. 백철이 '타입'이라는 개념을 사용한 영향일 수도 있으나 사회주의리얼리즘을 수용하기 시작한 시기의 임화에게는 '전형'보다 '형상'이 핵심적이다.

15 임화, 「사실주의의 재인식」, 『전집』 3, 84면(『동아일보』, 1937.10.8~14).

등 사회주의리얼리즘을 견고한 것으로 위치시키기 때문이다.

사회주의리얼리즘론은 매우 다양한 방식으로 수용이 되었다. 그 중 흥미로운 사례로 일본 프로작가 도쿠나가 스나오(德永直)의 논의를 참조해보자. 도쿠나가는 일본에서 최초기에 사회주의리얼리즘에 대한 반응을 보여준 작가였다. 노동자출신이던 도쿠나가는 '당'에 종속될 것을 강요한 구라하라 고레히토(藏原惟人)의 이론에서 해방시켜주는 이론적 실마리를 사회주의리얼리즘에서 찾은 것이다. 그는 사회주의리얼리즘을 통해 "문학비평의 관료적 지배를 쳐버리고, 마음껏, 자유롭게, 우리는 창작하지 않겠냐"[16]라고 호소했다. 이 도쿠나가의 글이 보여주듯, 사회주의리얼리즘론은 유물변증법적 창작방법 아래에서 "프롤레타리아트 세계관을 체득하는 일을 가장 중요한 것으로 요구받고 있었던 나르프의 작가들에게 꽤 매력적인 '이론'"[17]이었던 것이다. 이렇듯 사회주의리얼리즘론은 작가들에게 '당'이라는 절대성과 거리를 두면서 현실을 보게끔 한 것이다.[18]

이 글과 관련한 선행연구는 매우 많다. 그러나 형상론은 『문학의

16 德永直, 「創作方法上の新転換」, 『現代日本文学論争史』 中卷, 未来社, 1956, 186면(『中央公論』 9월호, 1933).

17 栗原幸夫, 『増補新版 プロレタリア文学とその時代』, インパクト出版会, 2004, 166면(구리하라 유키오, 한일문학연구회 역, 『프롤레타리아 문학과 그 시대』, 소명출판, 2018, 246면).

18 도쿠나가 스나오가 쓴 「형상화에 대하여」라는 글이 있기 때문에 언급하고 넘어가야 한다. 이 글은 '형상'을 개념화시켰다기보다 오로지 '문학적'정도의 의미로 '형상'을 사용하고 있다. 거꾸로 말하면 도쿠나가는 유물변증법적 창작방법 시대의 프로문학에는 '형상'이 없었다고 말하는 것이다. 德永直, 「形象化について」, 中島・河原・下村 編, 『日本統治期台湾文学文芸評論集』 第二巻, 緑蔭書房, 2001, 22～23면(『台湾文芸』 2월호, 1935).

논리』에 수록된 논문들에서는 잘 부각되지 않은 탓인지 비교적 적은 편이다. 이하에 이 글과 직접 관련되는 주제에 한정해서 정리한다. 기타 많은 연구들은 본론 중 각주에서 제시하겠다. 손유경은 임화의 형상론의 성과를 "카프가 그토록 오랜 기간 고민해왔던 도식주의에 대한 질문을 풀어나가는 방식"[19]이라고 높이 평가했다. 즉 임화는 프로문학자들이 형상화를 하지 못했던 이유에 대해 마르크스주의 결핍 때문이라고 논의했고, 따라서 형상론을 주장한 것이다. 형상론을 전형론과의 비교가 아니라 그 자체로 평가하는 방법은 중요하다. 반면 김지형은 임화의 '형상'은 헤겔에서 빌려온 개념이고, '전형'의 맹아로 해석했다. 나아가 임화에게 '전형'이란 '본질적인 형상'이라고 지적한다.[20] 그런데 김지형이 '본질적 형상'을 '전형'이라고 보는 논의의 근거가 된 부분은 이 글 2절에서 실증적으로 제시하듯 임화가 라진에서 인용한 부분이다. 따라서 '본질적 형상'으로서의 '전형'을 임화의 논의로 한다는 것은 수정이 필요할 것이며, 전형론의 틀에서 벗어난 '형상론'이 재구성되어야 할 것이다.[21] 최은혜는 '형상' 개념을 시대배경이나 다른 평자들과의 관계 속에서 꼼꼼하게 정리해서 보여준다.[22] 신제원의 연구는 이 글과 대상이 유사하다. 그런데 신제원의 논의에서

19 손유경, 『프로문학의 감성구조』, 소명출판, 2012, 193면.

20 김지형, 『식민지 이성과 마르크스의 방법』, 소명출판, 2013, 156~159면.

21 그런데 『문학의 논리』에서는 '형상'과 '전형'은 연속적인 것으로 논의되기 때문에 임화가 전형론 틀 속에서 '형상'을 논의하지 않았다는 것은 아니다. 임화, 「문예이론으로서의 신휴머니즘론에 대하여」, 『전집』 3(『풍림』, 1937.4).

22 최은혜, 앞의 글.

는 사회주의리얼리즘이 정식화된 34년 이후의 임화,[23] 특히 『문학의 논리』에 수록된 논문들이 중점적으로 검토되고 있으며, 사회주의리얼리즘에 대한 '엉성한' 논의들 가운데에서 제출된 임화 글의 위치는 부각되지 않았다. 조선에서의 사회주의리얼리즘 수용시기의 엉성함에 대해서는 일찍 최유찬이 지적한 바 있다.[24] 프로문학의 대중화론에 대한 선행연구를 보자면 대중화론의 새로운 시각을 보여준 것으로 차승기의 연구가 있다. 차승기는 대중화란 대중의 존재를 어떻게 기존 표상체계를 넘어 표현할 것인가의 문제로 바꾸어 논의했다.[25]

이 글은 프로문학의 시대가 막을 내리려고 할 때에 나름의 개념으로 임화가 제출한 '형상'에 착목한다. 그것을 부각시키기 위해 임화 나름의 사회주의리얼리즘 수용 방식을 논의하겠다. 임화는 일본어로 된 소련 논문을 참조하면서 논의를 구성했다. 그 과정을 실증적으로 검토하면 임화가 어떻게 소련에서 제출된 새로운 창작방법을 수용했는가를 밝히는 데에 도움이 될 것이다. 그리고 임화는 식민지 조선의 사회주의리얼리즘 논쟁에 동시대에 직접적으로 관여했고, 일본에서의 논쟁 역시 지켜보았다. 소련에서 제출된 글들을 받아들일 때 일방적으로 수용한 것이 아니라 조선이나 일본에서의 논쟁 속에서 받아들

23 "사회주의리얼리즘의 기본 전제를 임화가 충실히 따르고 있다"라는 지적도 있다. 신제원, 「임화의 '현실'과 사회주의 리얼리즘」, 『국제어문』 66집, 국제어문학회, 2015, 232면.
24 최유찬, 「1930년대 한국리얼리즘론 연구」, 이선영 외, 『한국 근대문학 비평사 연구』, 도서출판세계, 1989, 369면.
25 차승기, 「프롤레타리아 문학과 대중화 또는 문학운동과 외부성의 문제」, 『한국학연구』 37집, 인하대 한국학연구소, 2015, 204면.

였다. 이 관점도 함께 검토하지 않으면 임화의 '형상'이 잘 부각되지 않을 것이다. 전형이 아니라 '형상'에서 논의를 구성한 30년대 중반의 임화의 과제는 대중화였다. 이 글은 아울러 임화의 사회주의리얼리즘론에서 자주 등장하는 '대중'이나 '물질'이라는 용어에 착목해, 그러한 관점에서 임화의 논의를 재구성할 것이다. 키르포친이나 고리키에게 '대중'은 오로지 계몽의 대상일 수밖에 없었으며 작가는 대중을 "투사 및 건설자로 바꾸어 나갈 교육자"[26] 였던 반면, 임화에게는 대중을 포착하는 형상을 그려낼 때 대중도 작가도 함께 예술적 성취를 얻게 된다는 것이다. 이러한 대중관은 그람시의 지식인론에 비추어 논의하면 보다 입체적으로 파악할 수 있을 것이다. 임화에서 대중이 원하는 예술은 대중예술이 아니라 예술 중의 예술인 것이다.

2. 물질과 형상

임화는 '형상'을 나름의 개념으로 설명한 「집단과 개성의 문제」에서 거듭 '물질'에 대해서 논의하고 있다. 그가 사회주의리얼리즘을 접하면서 이전보다 더 선명히 보게 된 것이 물질이다. 그것은 임화가 일

26 キルポーチン, 「新段階に立てるソヴェート文学」, 外村史郎 編譯, 앞의 책, 64면.

찍 보지 못했던 것이었다.

> 우리들이 일반으로 형상이라고 하는 것은, 문학 급 예술이 그것이 없이는 성립하지 않는 특정한 본질적 계기, 예술을 다른 일체의 인간적 의식의 산물로부터 구별하는 유일의 것을 지적해서 가리키는 한 개의 개념이다.
>
> 그리하여 예술에 있어서 고유한 유일의 것에 대하여서는, 첫째 예술이 '이미 인식된 어떤 진리의 기술이 아니라 객관적 현실의 인식'의 한 도정, 한 변종이라는 점에서 물질적인 과학의 하나이고, 둘째로 그것이 다른 과학이 추상적인 형식에 있어 사유되고 형성되는 데 반하여 예술은 감성적인 형식에 있어 인식되며 재현에 의하여 현실의 원형적 애원(愛怨)을 추상화하지 않는 점에서 보다 더 구체적으로 물질 과학성에 서는 것이다.
>
> 그러나 우리는 형상이라는 것이 무엇으로 구성되느냐 하는 것을 해명하지 않으면, 형상의 물질성의 명제를 정당히 발전시킬 수가 없다.[27]

임화는 반복해서 예술은 추상적인 논리가 아니라 가시적인 물질적인 것에서 생각해야 한다고 논의한다. 그 의미에서 위 인용문은 임화가 예술을 물질적 하부구조를 반영한 상부구조로 파악했다는 것을 보

27 임화, 「집단과 개성의 문제」, 『전집』 4, 420면(『조선중앙일보』, 1934.3.13~20).

여준다. 그리고 하부구조는 영원한 것도 아니며 항상 움직이는 것이기 때문에 역사적인 것이다. 이러한 의미로 그는 "인간이 외계에 대하여 의식적인 때부터 문화사는 시작"[28] 된다고 말한다. 진정한 외계를 인식하지 못하면 그것은 그가 계속 비판 대상으로 삼아온 몰역사인 '영원의 철학'이 되고 마는 것이다. 또한 외계를 인간일반으로 인간학적으로 해석하는 함대훈은 비판되어야 했다.[29] 왜냐하면 그러한 인간학적 해석은 계급대립이 없어진 이후가 되어야 실현되는 것이기 때문이다. '대중'은 바로 외적인 영역에 존재한다. '형상의 물질성'이란 '현실의 계급성'이라는 지적도 있는데,[30] 그런 식으로 역사적/물질적으로 바라볼 수 있을 때 "프롤레타리아 문학은 개성을 집단 가운데 용해하는 것이 아니라 오히려 과거의 어떤 문학보다도 개성의 완전한 개화(開花)가 나타나는 것이다".[31]

이어서 임화는 라진을 인용하는데, 이 역시 키르포친의 글이 수록된 책에 함께 실려 있는 논문이다. 임화는 라진, 레닌, 엥겔스의 말을 번갈아 인용하는데, 레닌의 말은 라진 논문에 인용된 글을 그대로 인

28 위의 글, 423면.

29 위의 글, 437면.

30 손유경, 앞의 책, 193면.

31 임화, 앞의 글, 437면. 이어서 임화는 다음과 같은 키르포친의 말을 인용한다. "계급적인 것과 개인적인 것의 통일로서의 형상의 구성을 위한 투쟁은 어떤 종류의 곤란과 특수성"(임화, 앞의 글, 437면), "사회적인 것이 개인적인 것을 병탄(併呑)하고 있고 계급 대중이 예술작품 위에서 무차별적인 혼돈한 대중으로서"(임화, 앞의 글, 438면). 이 두 문구는 키르포친의 「사회주의적 리얼리즘에 대해여」에서 인용한 부분이다(キルポーチン, 「社会主義的レアリズムについて」, 外村史郎 編譯, 앞의 책, 164~165면).

용하고 있다. 다음에 임화의 글과 라진의 글(임화가 참조한 책 해당부분의 한국어번역)을 제시하겠다.

즉 그것은 단순히 집단적 인간의 묘사를 완성하였기 때문에 그런 것이 아니라 라진의 비평과 같이 "개성으로서의 크림 삼긴의 형상 가운데서 고리키는 특히 명확히 부르주아 인텔리겐차를 특징화하고 있는 일반적인 것"을 표현한 때문이다.

즉 "일반적인 것은 오직 개별적인 것 가운데서 개별을 통하여서만 존재한다"는 레닌적 명제와 "전형적 환경 가운데의 전형적 성격으로 표시하라"는 문학에 있어서의 엥겔스적 이상을 실현하고 있기 때문이다.

"왜 그러냐 하면 개별적인 것은 일반적인 것의 자기를 표현하는 독특한 형태"이기 때문이다.[32] (강조는 인용자. 이하 동일)

개별로서의 크림 삼긴의 형상 가운데서 고리키는 특히 명확히 부르주아 인텔리겐차를 특징짓는 일반적인 것을 제시하고 있다. 이 점에 있어 우리 작가는 고리키로부터 배워야 하며, "일반적인 것은 오직 개별적인 것 가운데서 개별을 통하여서만 존재한다"(레닌)는 것, 즉 모든 개별적인 것은 일반적인 것의 현현의 독특한 형태이라는 것을 잊지 말고, 구체적 특수적인 것에 있어서의 전형적인, 성격적인 것의 표시를 배울 필요가 있다.[33]

---

32 임화, 앞의 글, 439면.

33 ラージン, 「社会主義的レアリズム」, 外村史郎 編譯, 앞의 책, 257~258면. 강조된 부분

이렇듯 임화는 '전형' 개념에서 핵심적인 엥겔스의 말을 언급한다. 그런데 임화는 '형상'에 머물려고 한다. 그러면 형상이란 무엇인가. 소련 학술계의 영향을 전적으로 받은 철학사전에서 '형상'은 다음과 같이 정리된 바 있다.

> 형상. 예술작품에 의해 그려진 감각적 직관적 표상을 말한다. 그것은 반드시 과거 경험의 단순한 재생이 아니라, 직접으로는 예술가의 상상력의 소산이다. 그러나 이로 인해, 예술가는 오히려 보편적 본질적인 것을 표현한다. '전형'의 창조는 예술가의 이러한 표현의 전형이다. 과학자가 개념으로 일반적인 것을 표현하는 반면, 예술가는 형상으로 이를 표현한다. 즉 과학이 개념에 의한 인식이라면 예술은 형상에 의한 인식이라고 말할 수 있다.[34]

이 설명에서 본다면 '형상'은 '전형'보다 큰 개념이다. 이러한 의미로 '전형'이 아니라 '물질'과 짝을 이루는 '형상'에 임화가 주목한 것은 흥미롭다. 임화는 현실의 반영으로 '형상' 개념을 사용한다. 이 형상은 물질적 토대가 어떻게 문학에 반영되는가를 보여준다. 그리고 임화가 설명하는 반영론은 물적인 것을 반영할 뿐만 아니라 이데올로기

이 임화가 인용한 부분이다.

34 出隆・古在由重(編), 『哲学用語辞典　増補版』, 青木書店, 1951, 63~64면. 이 사전은 권두에 스탈린의 인용문이 인쇄되어 있다.

또한 반영하므로, 물건을 반영하는 이데올로기라는 일방향적 반영론이 아니다.[35] 바로 그렇기 때문에 물질은 단순히 파악되는 것이 아니라, 이데올로기를 포함한 '외계'를 보는 눈에 의해 달라지는 것이다. 따라서 이 외부의 존재는 결코 레닌(『무엇을 할 것인가』)식의 외부에서 주입되어야 할 대상으로서의 존재가 아니다. 이 의미에서 대중과 지식인의 관계는 나중에 그람시를 참조하면서 보게 되겠지만 단순히 일방적인 것이 아니다.

임화가 처음으로 프로작가의 '소설'에 대해 비판한 부분을 참조하면 '형상'의 의미가 보다 부각될 것이다. 아직 사회주의리얼리즘이 들어오기 전, 즉 임화가 예술운동의 볼셰비키화를 주장하던 무렵, 그는 권환의 「목화와 콩」을 비판했다. 그 비판의 핵심은, 권환이 농민의 여러 층위를 제대로 보지 못하며, 너무 엉성하게 농민 투쟁의 참가자를 그렸다는 것이다.[36] 이러한 관점은 형상과 물질적 조건을 잘 그리라는 의미로 읽힌다. 권환은 일찍 '대중 아지프로를 위해서는 예술적으로 형상화되지 않는 소재 그대로를 써도 된다'[37]고 말한 바 있는데, 사회주의리얼리즘 이전 시기의 임화가 이미 그것을 반박하고 있는 것이다. 같은 내용을 사회주의리얼리즘을 접하고 '형상'을 통한 나름의 수

35 임화, 「문학에 있어서의 형상의 성질 문제」, 『전집』 4, 310면.

36 임화, 「1932년을 당하여 조선문학운동의 신계단」, 『전집』 4, 203~204면(『중앙일보』 1932.1.1~28).

37 권환, 「조선예술운동의 당면한 구체적 과정」, 『중외일보』, 1930.9.12(차승기, 앞의 글, 205면에서 재인용).

용방법을 모색하기 시작한 후의 임화에서 인용하면 다음과 같다. 즉 "프로문학은 단순한 집단 묘사의 문학이 아니라는 것, 나아가서 그것은 인간의 자태를 정말 구체적 각양성 가운데서 형상화할 수 있는 문학"[38]이라는 규정이다. 이 구도는 1933년의 김남천 「물」 비판에서도 마찬가지이다. 임화에 의하면 김남천은 "훌륭한 유물론자 리얼리스트"이지만, "그것뿐"[39]이다. 다시 말해 「물」에는 물질성을 그리는 유물론만 있으며, 변증법적 묘사를 가능케 할 형상이 없다는 것이다. "작가는 현실의 전부를 그린 것이 아니고 현실의 일부분, 다른 한쪽을 남겨 놓은 일 측면을 그리고 있다는 것"[40]이다. 게다가 임화는 소설에서의 '당파성 결여'를 김남천 비판의 이유로 삼고 있다. 권환처럼 당파성만 있어도 안 되며 김남천처럼 물질성만 있어도 안 된다. 양자가 함께 진전해야 형상은 이루어진다. 임화는 키르포친에 전면적으로 기대면서 '형상론'을 전개했지만, 그것은 원래부터 가지고 있던 스스로의 예술관과 연결되는 한에서의 일이었다. 이렇게 임화 비평에서는 사회주의리얼리즘 이전에도 사회주의리얼리즘을 호소할 때에도 '형상'과 '물질'이라는 요소가 짝을 이루어야 하는 것이다.

임화가 '전형'으로 곧바로 나아가지 않은 것은 조선의 물질적 측면을 검토하기 위해서다. 그런데 이 작업은 임화 스스로가 회고하듯 사

38 임화, 「문학에 있어서의 형상의 성질 문제」, 『전집』 4, 316면.

39 임화, 「6월 중의 창작」, 『전집』 4, 261면(『조선일보』 1933.6.12~19).

40 위의 글, 262면.

회주의리얼리즘을 어떻게 수용할 것인가 하는 문제보다 조선 프로문학 내부 사정에서 온 것이다. 그는 1937년의 글에서 사회주의리얼리즘이 수입된 무렵을 회상한다. 그에 의하면 새로운 방법이라는 이유로 몇몇 작가들이 '유물변증법적 창작방법'을 공격할 실마리로 사회주의리얼리즘이라는 슬로건을 사용했다고 한다. 그러나 임화에 의하면 조선에서는 '유물변증법적 창작방법' 자체가 충분히 수입도 소화도 되지 못한 상황에서 논자들이 '유물변증법적 창작방법' 비판을 시작했다는 것이다.[41] 이러한 맥락도 있기 때문에 임화는 소련의 방법을 그대로 따라가려 하지 않았으며, 조선에서의 물질적 상황을 잘 살피는 작업을 우선시한 것이다. 또한 백철 등 다른 논자들과 자신의 논의를 분절화시키기 위해서도 '형상'이라는 키워드에 머물러야 했던 것이다.[42]

41 임화, 「진보적 시가의 작금」, 『전집』 4, 734면(『풍림』, 1937.1).

42 임화가 사회주의리얼리즘의 '표어'라고 할 수 있는 '리얼리즘의 승리'를 말하지 않았던 것에 대해 이현식은 "아직 그의 반영론에 대한 인식 수준이 리얼리즘의 승리를 파악하는 데까지 나아가지 못한 결과"(이현식, 『일제 파시즘체제하의 한국 근대문학비평』, 소명출판, 2006, 232면)라고 지적한다. 그러나 이 글은 이러한 평가와 달리 '형상'에 머무는 것을 평가하고 있다.

3. 대중화론의 모색

1) 누가 '대중'인가

임화의 '형상' 논의의 바탕에는 대중화의 문제가 있다. 모든 프로작가, 비평가는 대중화론을 중요시했다. 매체론이나 저널리즘론은 대중과 이미 소통하고 있는 '대중문학'에서부터 대중을 쟁취해야 한다는 과제가 깔려 있기 때문에 기본적으로 대중화론의 일부분으로 읽을 필요가 있다. 임화 역시 마찬가지다. 1929년의 대중화논쟁에서 임화는 원론적인 대중화론을 고수했다. 그것은 그의 예술론과 맞물리는 것이었다. 최고의 예술이 최고의 대중화에 이른다는 그의 논의는, 대중화를 위해 쉬운 예술을 만든다거나 "재미없는 정세"(김기진)에서 할 수 있는 것을 하자는 견해를 비판한다. 그는 예술을 평이하게 하는 일은 추진하지만 예술을 낮은 수준으로 만드는 일에는 계속 반대했다.[43]

> 아무러한 더 재미없는 정세에서라도 현실을 솔직하게 파악하려 엄숙하고 정연하게 대오를 사수하는 것이 정당히 부여된 역사적 사명인 것이다.[44]

---

43 임화, 「농민과 문학」, 『전집』 5, 133면(『문장』, 1939.10).
44 임화, 「탁류에 항하여」, 『전집』 4, 141면(『조선지광』 86호, 1929.8).

우리는 전에 누구가 말하던 어떠한 의미에서보다도 별 의미의 시의 대중화를 부르짖으며 시의 프롤레타리아화를 제기한다.

시는 절대 무조건적으로 대중화하여야 하며 또한 시로 엄정한 프롤레타리아화해야 한다.

이러한 한에서만 시인은 일보 전진할 수 있으며 그 역사성을 확보할 수 있고 또한 역사가 부여하는 임무를 능히 수행할 수 있다.[45]

임화에게는 예술의 역사적 성취와 대중화는 끝까지 함께 가는 것이다. 왜냐하면 그에게 예술 없는 대중화론은 기회주의이며, 대중화 없는 예술은 현실을 바라보지 못한 예술지상주의에 불과하기 때문이다. 따라서 두 번째에 인용한 글에서 임화는 「네거리의 순이」를 비롯한 자신의 시를 "소시민적 허약"[46]이라고 부정한다. 그것은 대중과 바로 직결될 수 있는 예술이 아닌 것이다. 소시민적인 대중화란 대중이 미리 가지고 있는 감정에 맞게 예술을 만드는 일이다. 이에 반해 임화의 대중화론의 핵심은 진정한 의미로 예술 자체를 통해 대중의 감정 자체를 건드리면서 예술의 역사적 성취를 얻으려는 것이다.

예술대중화논쟁 이후의 임화는 '독자'에 대해 계속 언급하는데, 그 핵심에 있는 것 역시 대중화이다. 이는 어떤 의미에서는 예술대중화논쟁에서의 김기진의 과제이기도 했던 독자론을 이어받는 것이다.

---

45 임화, 「시인이여! 일보 전진하자!」, 『전집』 4, 170~171면(『조선지광』, 1930.6).

46 위의 글, 174면.

임화는 "몰락한 부르주아문학의 정서(情緖)들이 대중문학의 이름 밑에 봉건적 유제에 얽매여 있는 농민을 독자로서 획득하는 데 다대한 성과를 얻고 있다"[47]라고 이광수의 역사소설을 논의한다. 여기에서는 '봉건적 유제에 얽매인 농민'과 '부르주아문학의 정서'는 상통하는 것으로 논의되고 있다. 부르주아 문학은 봉건성과 부정적인 상승효과를 가지면서 더욱 견고하게 '봉건성'에 얽매여 가는 것이다. 예술대중화 논쟁에서 임화는 김기진의 주장을 "춘향전식 문학이어야 된다"[48]라고 정리했다. 이와 반대로 임화에게 대중화란 예술을 통해 이러한 '봉건성'을 단절시키는 일이다. 그에게 대중화란, 눈에 보이는 이광수의 역사소설을 보는 대중을 잡는 것에 머물지 않고, 보이지 않지만 확실히 외계에 존재하는 대중을 잡는 것이다.[49] 당파성이란 이를 파악할 방법이다. 더 나아가 '형상'이란 기존 감각에서 발하는 묘사가 아니라, 그것과는 다른 시각에서 바라보는 눈에 의해 쓰이는 것이다.[50] 다음 인용문은 이러한 관점을 잘 보여준다.

> 생활의 진실에 의하여 성립하지 않는 형상이란 결국 추상적인 논리의 말편(末片) — 조금도 형상과는 근사치 않는 — 인 때문에……[51]

47 임화, 「1931년간의 카프예술운동의 정황」, 『전집』 4, 185면(『중앙일보』, 1931.12.7~13).

48 임화, 「김기진 군에게 답함」, 『전집』 4, 147면(『조선지광』, 1929,11).

49 본고에서는 자세히 논의하지 않겠으나 임화가 1930년대 중반에 모색했던 '조선어'의 문제 또한 대중화론의 범위 속에 있다.

50 임화, 「집단과 개성의 문제」, 『전집』 4, 427면.

51 임화, 「진실과 당파성」, 『전집』 4, 292면(『동아일보』, 1933.10.13).

따라서 임화에게 대중화란 단지 공시적(共時的)으로 독자 대중을 획득하는 것에 머물지 않는다. 생활의 진실에 의해 잘 형상화해 나가는 것이야말로 그에게는 성공적인 프로문학인 것이다. 그에게 대중은 움직이지 않은 정적인 것이 아니다. 그에게 대중화란 지배계급에 육박해 가는 미래시제로 나타날 존재들을 획득하는 것이다. 따라서 임화는 아직 그려지지 않고 있는 것을 그려야 한다는 의미로 당시 '문역(文域)'[52]의 최대치를 보여준다고 할 수 있다. 왜냐하면 임화에게 리얼리즘의 이상이란 "인간이 이해하는 범위에서 최대한의 실감을 주게 하는 방법"[53]이기 때문이다. 김남천 「물」은 그렇지 못하고 이미 이해되고 있는 개인적 실천에 머물렀기 때문에[54] 부정되어야 했던 것이다.

이렇게 볼 때 임화는 사회주의리얼리즘을 수용할 때에도 앞에서 제시한 도쿠나가 스나오처럼 정치의 우위성에서의 해방, 즉 당(黨)과 거리를 둔 프로문학의 가능성으로 탈출구를 찾는 수단으로 사용하지 않았다. 물론 프로문학을 부정하기 위해 사회주의리얼리즘론을 동원한 백철이나 박영희와도 다르다. 요컨대 임화는 사회주의리얼리즘론 이전부터 계속 과제였던 '대중화론'이 어떻게 가능한지를 사회주의리얼리즘의 영역 내부에서 '형상론'이란 모습으로 논의한 것이다.

52 한기형, 高橋梓 역, 「「法域」と「文域」」, 『検閲の帝国』, 新曜社, 2014.
53 임화, 「낭만적 정신의 현실적 구조」, 『전집』 3, 22~23면(『조선일보』 1934.4.15~25).
54 임화, 「비평에 있어 작가와 그 실천의 문제」, 『전집』 4, 325면(『동아일보』, 1933.12.19~21).

2) 감정의 조직화, 그리고 몽상론으로

이러한 임화의 논의는 어떤 의미에서 '예술을 대중화하는 것'의 부정이기도 하다. 이는 예술이란 대중화되어야 하는 것이 아니라 대중을 있는 그대로 그리는 것이야 말로 본래 예술의 목적이라는 28년 일본 예술대중화논쟁에서의 나카노 시게하루(中野重治)의 논의와 연결된다.[55] "대중이란 작가 주변에 자명적으로 존재하는 현실이 아니라 예술을 통해 그려짐으로 비로소 '대중'으로 표상되어 인지가능한 것이 된다"[56]라는 것이다. 그것은 '외부'성의 문제이며,[57] 임화에게는 바로 표상체계를 넘어서 대중과 만나야 한다는 지향성으로 나타났다.[58] 김기진처럼 '재미없는 정세'를 바탕으로 사고를 펼치는 것은 외부를 전혀 볼 수 없는 일인 것이다. 일련의 사회주의리얼리즘론에서 백철이나 함대훈 등의 묘사론에 맞서기 위해 임화가 구성해낸 형상론은 작가가 어떻게 대중을 인지할 것인가라는 대중화론과 바로 연결되는 것이다.

28년의 일본 예술대중화논쟁에서 나가노 시게하루가 주장한 '가장 예술적인 것=가장 대중적인 것'의 '대중'은 실질적으로 눈앞에 보이

---

55 한국과 일본의 예술대중화논쟁의 유사한 구도에 대해서는 와타나베 나오키, 「임화 문학론 연구」, 동국대 박사논문, 2017, 43면.

56 鳥木圭太, 『リアリズムと身体 プロレタリア文学運動におけるイデオロギー』, 風間書房, 2013, 20면.

57 차승기, 앞의 글, 194면.

58 위의 글, 204면.

는 형태로 존재하는 대중이 아니었다. 이에 대해 구라하라 고레히토는 '우리가 논의하고 있는 프로예술이란 미래사회의 것이 아니라 현재 자본주의사회에서의 것이다'라고 비판했다. 도식적으로 정리하자면 구라하라가 '대중화를 위해 쉽게 쓰기'를 주장한 것에 대해 나카노는 '대중화를 위해 대중을 그대로 쓰기'를 주장한 셈이다.[59] 그러나 결국 나카노가 자신의 패배와 문제 해결을 선언하는 것으로 논쟁자체가 마무리된다. 나카노가 논쟁 중 일관해서 예술에 대한 정의로 말한 것은 '감정의 조직화'였다. 임화도 1927년 11월 22일에 "우리들의 예술은 대중의 감정을 조직화하여서 적당한 시기에 폭발케 하지 않으면 안 될 것이다"[60]라고 쓴 바 있다. 이는 매우 이른 시기에 나카노의 논의를 수용한 사례라고 할 수 있다.[61] 그런데 나카노는 논쟁을 마무리짓는 글에서 이를 수정한다. 즉 당의 영향하에서의 '감정의 조직화'라

59 이 대비구도는 다음 논문을 참조했다. 사이키 카쓰히로, 「제3전선파의 프롤레타리아 예술운동 연구」, 부산대 석사논문, 2009, 83～84면.

60 임화, 「미술 영역에 재한 주체 이론의 확립 (2)」, 『조선일보』, 1927.11.22, 전집 미수록. 이 글에 나온 '감정의 조직화'에 주목한 선행연구로 김외곤, 『임화 문학의 근대성 비판』, 새물결, 2009, 84～85면. 김윤식은 이 글에 인용된 칸딘스키에 주목해, 마르크스주의와 별개의 '전위'를 보여주었다고 논의했다(김윤식, 『임화연구』, 문학사상사, 1989, 153～154면). 임화 또한 1927년 당시 아나키스트들과의 논쟁에서는 "내가 이론적으로 의거한 지반은 신흥미술이론이 아니고, 독일 표현주의자 칸딘스키, 미래파의 마리네티, 또 로서아의 구성파의 알렉세이 간 등이었다"라고 사후적으로 회고한 바 있다(임화 「지난날 논적의 면영(面影)」, 『언제나 지상은 아름답다 임화산문선집』, 역락, 2012, 66면(『조선일보』, 1938.2.8)).

61 본고에서 본격적으로 논의하지 못했으나 박영희 또한 부하린의 『사적유물론의 이론』을 인용하면서 '감정의 조직'을 논의한 바 있다. 사상과 감정을 대비시키는 방법은 박영희 스스로 "현저한 이개의 이론의 대립"이라고 말하듯 동시기의 구라하라와 나카노의 대립구도와 동일하다. 박영희, 「최근 문예소감」, 『박영희 전집』 3, 영남대 출판부, 1997, 316～317면(『조선일보』1928.10.28～11.8).

는 규정으로 바꾼 것이다. 논쟁 마무리 글에서 나카노는 '당의 사상' 론을 인정하게 된다. 이 '감정의 조직화'는 나중에 일본낭만파에까지 영향을 미쳤던 만큼[62] 1930년대 이후의 정치와 예술을 일원화시키는 주체론이나 낭만론을 예고한 말이었다.

임화는 1930년에는 "×기의 밑으로!"[63]라는 글을 쓰기도 했었지만, 1930년대 중반에 와서 그러한 글쓰기는 사라진다. 1930년대 중반에 나타난 임화의 낭만론은 1927년에 그가 주장한 '감정의 조직화'라고 할 만한 것이다. 그러나 임화는 나카노와 달리 여기에서 문학을 통한 '당'의 조직을 주장하지 않는다. 임화가 실제 공산당과 거리가 있었다는 김삼규의 회고가 그의 배경을 짐작케 한다.[64] 프로문학이 해체되어 갈 시기, 즉 정치가 전면에서 후퇴할 무렵, 임화는 다시금 원론적인 문학론을 내세우려고 모색하던 것이다. 이 무렵의 임화에게 당파성이란 "부르주아 세계에 대한 완전히 비판적인 의식성"[65] 정도를 의미했다. 즉 '당'적인 것과는 거리가 있다.[66] 이를 특히 잘 보여주는 곳이 1932년 초에 발표한 글에서 '다수자 획득'이라는 슬로건에 의문을

62 渡辺和靖, 『保田與重郎研究』, ぺりかん社, 2004, 168면.

63 임화, 「노풍 시평에 항의함」, 『전집』 4, 163면(『조선일보』, 1930.5.15~19).

64 김삼규는 비합법 공산당은 횡적으로 연결되면 비밀이 탄로 나기 때문에 당시 활동가들은 의도적으로 서로의 활동을 알려고 하지 않았으며, 임화는 당적인 것과 교류가 없었다고 회고한다. 金三奎, 「個人史の中の朝鮮と日本」, 『朝鮮と日本のあいだ』, 朝日新聞社, 1980, 45면. 이러한 주변 사정에 대해서는 와타나베 나오키, 앞의 글, 255~259면에 정리되어 있다.

65 임화, 「진실과 당파성」, 『전집』 4, 292면.

66 선행연구에서도 임화의 '당'은 절대적인 것이 아니라는 지적이 있다. 최은혜, 앞의 글, 60면.

제기한 부분이다. 여기에서 임화는 당의 과제인 다수자 획득을 예술운동의 과제로 삼는 일에 대해 반감을 표시하고 있다.[67] 이는 안막이 말하는 '사상의 심화'[68]가 아니라 오로지 감정만을 요구하는 것이다. 김남천의 「문예구락부」가 '사상을 소설화'했다고 비판된 것 또한 이 맥락에 있다.[69]

임화는 낭만론을 전개하면서 다음과 같이 말한다. 여기에서도 문제는 감정의 영역에 있다.

> 문학이 본래 언어적 형상을 통한 감정이나 정서의 전달이기 때문에 그 감정 정서를 생생한 힘(力)으로 남에게 전하려면 그러한 감정 내지 정서를 일으키지 아니치 못한 일정한 상태의 사실적 형상을 제시하지 않고는 불가능하기 때문이다.[70]

임화가 낭만론을 전개하기 시작하는 1934년에 그는 '형상론'도 주장한다. 사실 임화는 일련의 낭만론에서 레닌을 인용한 키르포친을

67 임화, 「당면 정세의 특질과 예술운동의 일반적 방향」, 『전집』 4, 216~220면(『조선일보』 1932.1.1~2.10). 임화 문학예술전집의 편자는 '다수자 획득'을 긍정적 의미로 해석하며 임화 글이 모순적으로 읽힌다고 각주를 달았지만(217면, 각주 29) 당의 과제를 예술에 적용시키는 일에 부정적인 반응을 보였다고 해석하면 임화 논지는 그렇게 모순적인 것이 아니다.

68 안막, 「창작방법문제의 재검토를 위하야」, 『안막 평론 선집』, 지식을만드는지식, 2015, 158면(『동아일보』, 1933.11.29~12.7).

69 임화, 「신춘창작개평」, 『전집』 4, 406면(『조선일보』, 1934.2.18~25).

70 임화, 「낭만적 정신의 현실적 구조」, 『전집』 3, 22면.

언급하면서 '몽상'을 주장한다. 임화는 "키르포친의 용어를 빌면 '현실적인 몽상'"[71] 이라고 하면서 자신의 낭만론을 전개해 나간다. 그런데 흥미롭게도 키르포친이 낭만주의를 긍정하는 글에서는 "현실적인 공상(空想)"[72] 이라는 용어밖에 나오지 않는다. 임화는 이를 '몽상'이라고 의도적으로 오독해서 자신의 논의를 전개한다. 이 이유는 키르포친이 '현실적인 공상'이라고 논의하는 부분에서 참조하고 있는 것이 레닌 『무엇을 할 것인가』에서 피시레프에 대해 인용한 부분이기 때문이다.[73] 다시 말해, 당시 여러 논문들이 레닌 이름을 의도적으로 회피했던 것처럼 임화 역시 키르포친의 이름을 빌어 레닌을 인용한 것이다. 임화는 김남천의 「물」을 비판하는 이유로 유물론에 머물기 때문이라고 말했지만 몽상을 할 줄 아는 필자이어야 비로소 진정한 대중을 묘출할 수 있게 된다는 것이다.

여기에서 그람시가 신문소설을 분석하면서 '대중의 꿈을 대신해 꾸어준 것'이라고 지적했던 것을 상기해볼 수 있다. 그람시가 말한 것은 사회적 악에 대한 마취로 기능하고 있는 대중소설에 대한 비판이다.[74] 현실의 악에 대한 마취나 수면제가 아닌 대중화를 임화 역시 지향했다. '몽상'은 그것을 위한 실마리인 것이다. 임화는 '당'의 문제와

---

71 위의 글, 28면.

72 キルポーチン, 「新段階に立てるソヴェート文学」, 外村史郎 編譯, 앞의 책, 59면.

73 나중에 임화는 '몽상'을 레닌 글에서 직접 인용한 바 있다. 임화, 「위대한 낭만적 정신」, 『전집』 3권, 33~34면(『동아일보』, 1936.1.1~4).

74 池田浩士, 『大衆小説の世界と反世界』, 現代書館, 1983, 73~76면.

거리를 두면서 감정의 조직화로서의 대중화론을 구성해갔다. 이는 독자와 대중의 새로운 반응을 호소하는 것이었다.

3) 지식인론으로서의 대중화론

1930년, "일보 전진하는 것은 ××××××(프롤레타리아)의 생활 속으로 들어가는 것과 노동자 농민의 생활 감정을 자기의 생활 감정으로 하는 것을 의미하는 이외에 아무 것도 아니다"[75]라고 쓴 임화는, 확실히 대중화론을 지식인론의 영역에서도 논의하고 있었다.

임화의 대중화론은 형상론으로까지 와서 지식인으로서의 자신과 대중이 함께 예술로 향해 나아가려는 궤도를 그리게 된다. 이는 임화의 글들과 같은 시대에 쓰였으면서도 만날 수는 없던 그람시의 지식인론을 방불케 한다.[76] 그람시는 지식인의 개념을 넓히려고 했으며, 대중에 대한 영향력을 이전 시대와 다른 식으로 만들려고 했다.

임화의 대중화론 또한 구시대의 대중의 재생산이 아니었기 때문에 새로운 지식인을 요구하는 것이었다. 대중에 다가가기 위해서 외부

---

75 임화, 「시인이여! 일보 전진하자!」, 『전집』 4, 175면. 복자 복원은 인용자. 이 글 또한 나카노의 「우리는 전진하자」(『전기』, 1929. 4)를 상기시킨다. 이는 나중에 1929년 9월에 개조사(改造社)에서 발간된 『藝術に関する走り書的覚え書』 서문으로 수록되었다.

76 그람시의 지식인론과 사회주의리얼리즘 논의의 유사성을 지적한 鳥木圭太(앞의 책, 243면 이하)를 참조했다. 도리키 게이타(鳥木圭太)는 일본에서의 사회주의리얼리즘 수용 이후에 과제가 된 저널리즘론을 모색하던 구보카와 츠르지로(窪川鶴次郎)를 논의하면서 대중화를 위한 '대중의 질적 변화'를 일으키는 것이 과제가 되었다고 말한다.

주입이 아닌 '감정의 조직'이라는 점을 고수한 것도 새로운 지식인의 모습이다. 임화의 낭만론이 나아가려는 길은 정확이 이 지점에 있다. 이를 통해 임화는 대중과 지식인이 상호적으로 매개되는 것을 통한 새로운 '역사—정치적 결합'[77]을 만들려는 것이다.

임화는 레닌의 「당조직과 당문학」[78]을 인용하면서 흥미로운 지식인론을 모색하고 있다. 그는 짧게 "문학은 ××(당의) 문학이 되어야 한다. ××(당에) 속치 않는 문학자를 타도하라! 푸×문학자를 매장하라! 문학은 전반적 사업의 일부분이 되어야 한다. 전노동자 계급의 기구 가운데의 한 개의 '차륜과 나사못'이 되지 아니하면 아니 된다"[79]라는 구절을 인용한다. 이어서 다음과 같이 말한다.

> 우리들의 문학은 백만 대중의 것이 되어야 한다. 그러기 위하여서는 우리들은 무엇보다도 사상적 순수성을 보장하여야 하며 우리의 문학전선을 부패케 하던 정치적 무관심은 특급(特急)히 숙청되어야 할 것이라는 모든 것의 ■시화(視化)한 중심적 슬로건으로서 '예술운동의 ×××

77 片桐薫 編譯, 『グラムシ・セレクション』, 平凡社, 2001, 175면.

78 '당의 문학'에서의 문학이라는 말은 '문헌' 혹은 '출판물'의 오역이었는데, 당시는 '문학'에 대한 규정으로 유통되었다. 1930년 전후 시기 레닌이라는 권위와 겹치면서 정치와 예술의 문제는 정치의 우위로 받아들어졌다. 일본에서 레닌의 「당의 조직과 당의 문학」이 처음으로 발표된 것은 岡澤秀虎 번역으로 1929년 3월 『문예전선』 지상이었다. 이 레닌의 용어는 당시 유통된 영어판에서는 literature로 번역되었다. 長堀祐造, 『魯迅とトロツキー　中国における『文学と革命』』, 平凡社, 2011. 특히 제8장 「毛沢東「文芸講話」とレーニン「党の組織と党の文学」翻訳問題」 참조.

79 임화, 「1932년을 당하여 조선문학운동의 신계단」, 『전집』 4, 195면. 복자복원은 전집 편집에 따름.

××(볼셰비키화)'깃발이 진두(陣頭)에 높이 걸리게 되었다.[80]

■로 표시한 판독불가 부분은 '가시화'일 것이다. 즉 지식인의 눈이 잘 보이고 있는가가 대중화를 위한 핵심이라는 것이다. 이 글에서 임화는 앞에서 제시한 권환의 「목화와 콩」에 대한 비판을 하고 있다. 권환이 정확한 눈을 가질 수 없었던 것처럼, 대중화를 위해서는 작가 또한 변해야 하는 것이다. 이렇게 지식인=작가가 변하는 것을 임화는 "위대한 전향"[81]이라고 표현한다. 이때 중요한 것은 임화가 동시대의 구리하라 고레히토나 고바야시 다키지(小林多喜二)가 도달한 작가=당원이라는 구도[82]로 절대로 나아가지 않았다는 것이다. 임화는 대중화론에서의 연장선상에서 형상 개념을 파고들어가, 현실을 물질적으로 파악할 것을 주장했으며, 나아가 몽상을 강조했다. 이 임화의 일련의 논의 속에 있던 것은 현실에 존재하는 대중을 제대로 대면하고 제대로 그려내기 위한 지식인의 변화라는 과제였다. 여기에 '당'이라는 절대성이 삽입되면 현실을 재단할 뿐이지, 현실 그 자체는 절대로 보지 못하게 된다. 그것을 담보하는 것은 지적인 것과 감정적인 것을 함께 할 줄 아는 그람시가 주장한 것과 흡사한 의미의 지식인이다.[83] 왜냐하면 대중의 논리는 지적인 것보다 감정적인 것에서 발생하기 때문

80 위의 글, 195면. 복자복원은 전집 편집에 따름. ■는 전집에서 판독불가로 판단된 글자.
81 위의 글, 204면.
82 栗原幸夫, 앞의 책, 130~131면. 구리하라 유키오, 앞의 책, 190~191면.
83 片桐薫 編譯, 앞의 책, 175면.

이다. 임화는 이러한 도식을 바로 보여주지 않지만, 지식과 감정이라는 두 영역을 연결시켜, 이를 통해 새로운 지식인을 산출하는 것은 바로 대중화를 위한 과제로 제시하는 것이다.

4. 결론

임화는 1934년에 사회주의리얼리즘이 공식화된 후 '전형'등의 용어를 빌어 논의를 구성했다. 『문학의 논리』로 결실될 1930년대 후반의 비평은 사회주의리얼리즘에 대한 모색 가운데에서 만들어진 '형상'론을 갱신해 나가는 것이었다. 그런데 1930년대 중반의 그의 논의는 그 자체로 확인되어야 하는 고유한 의미를 가지고 있다.

또한 임화에게 가장 대중적인 것은 가장 예술적인 것이다. 사상의 조직화가 따로 있는 것이 아니라 감정의 조직화야말로 가장 정치적인 행위가 되기 때문에 임화의 일련의 작업을 관통한 감정의 문제는 바로 감정이자 정치인 것이었다. 임화는 1940년에 들어 그때까지 부정해온 '영원' 혹은 '초월'적인 예술세계로 빠져버리지만[84] 그가 확보해온 문화영역, 즉 "정치적 정열의 방수로(放水路)"[85]는 최대한도로 유지

84 임화, 「고전의 세계」, 『전집』 5, 286면(『조광』, 1940.12).
85 임화, 「개설 신문학사」, 『전집』 2, 89면.

되었다. 그것이 유지되어야 대중과 지식인의 소통의 장이 성립되기 때문이다. 그러기 위해 그는 '당'의 영역 또한 절대적인 것으로 만들지 않았다. 절대적인 것은 "복잡하고도 광범한 인간의 생활적 현실"[86]을 보지 못하기 때문이다. 그것을 담보하는 것이 감정의 조직, 몽상, 형상과 같은 논의이며, 이 논의들이 깔려 있는 현실에 존재하는 대중과의 소통 의지였다.

그의 대중화론은 현존하는 대중의 감정에 호소하는 일이 아니라 아직 감각하지 못하는 대중을 불러일으키는 감정의 조직화였다. 이 과정을 통해 그 후 임화는 주체의 개건 등 낭만론으로 들어간다. 임화의 형상론은 사회주의리얼리즘을 수용한 시대에, 그가 조선의 현실 속에서 만들어낸 것이었다. 1930년대 후반에 이르면 임화의 논의구도에서 차차 '형상'이란 키워드는 일반적인 의미가 되어 독자적 의미는 사라진다.

86 임화, 「문학에 있어서의 형상의 성질 문제」, 『전집』 4, 307면.

참고문헌

1. 1차 자료

『조선일보』.

『중외일보』.

김기진, 『김팔봉 문학 전집』, 문학과지성사, 1988.

박영희, 『박영희전집』, 영남대 출판부, 1997.

안막, 『안막 평론 선집』, 지식을만드는지식, 2015.

임화, 『임화문학예술전집』, 소명출판, 2009.

____, 『언제나 지상은 아름답다－임화산문선집』, 역락, 2012.

2. 단행본

구리하라 유키오, 한일문학연구회 역, 『프롤레타리아 문학과 그 시대』, 소명출판, 2018.

김외곤, 『임화 문학의 근대성 비판』, 새물결, 2009.

김윤식, 『임화연구』, 문학사상사, 1989.

김지형, 『식민지 이성과 마르크스의 방법』, 소명출판, 2013.

손유경, 『프로문학의 감성구조』, 소명출판, 2012.

이현식, 『일제 파시즘체제하의 한국 근대문학비평』, 소명출판, 2006.

渡辺和靖, 『保田與重郎研究』, ぺりかん社, 2004.

上田進 編譯, 『マルクス＝エンゲルスの芸術論』, 岩波書店, 1934.

外村史郎 編譯, 『社会主義的レアリズムの問題』, 文化集團社, 1933.

栗原幸夫, 『増補新版　プロレタリア文学とその時代』, インパクト出版会, 2004.

長堀祐造, 『魯迅とトロツキー　中国における『文学と革命』』, 平凡社, 2011.

鳥木圭太, 『リアリズムと身体　プロレタリア文学運動におけるイデオロギー』, 風間書房, 2013.

池田浩士, 『大衆小説の世界と反世界』, 現代書館, 1983.

出隆・古在由重(編), 『哲学用語辞典　増補版』, 青木書店, 1951.

片桐薫 編譯, 『グラムシ・セレクション』, 平凡社, 2001.

Michel Aucouturier, *Le Réalisme socialiste*, PUF, Paris, 1998(矢野卓 역,『社会主義リアリズム』, 白水社, 2018).

3. 논문

사이키 카쓰히로,「제3전선파의 프롤레타리아 예술운동 연구」, 부산대 석사논문, 2009.
신제원,「임화의 '현실'과 사회주의 리얼리즘」.『국제어문』, 66집, 국제어문학회, 2015.
와타나베 나오키,「임화 문학론 연구」, 동국대 박사논문, 2017.
차승기,「프롤레타리아 문학과 대중화 또는 문학운동과 외부성의 문제」,『한국학연구』, 37집, 인하대 한국학연구소, 2015.
최유찬,「1930년대 한국리얼리즘론 연구」, 이선영 외,『한국 근대문학 비평사 연구』, 도서출판세계, 1989.
최은혜,「카프시기(1925~1935) 임화의 문화평론 연구」, 고려대 석사논문, 2013.

한기형, 高橋梓 역,「「法域」と「文域」」,『検閲の帝国』, 新曜社, 2014.
金三奎,「個人史の中の朝鮮と日本」,『朝鮮と日本のあいだ』, 朝日新聞社, 1980.
徳永直,「創作方法上の新転換」,『現代日本文学論争史 中巻』, 未来社, 1956.
徳永直,「形象化について」, 中島・河原・下村編,『日本統治期台湾文学文芸評論集　第二巻』, 緑蔭書房, 2001.
佐々木基一,「社会主義リアリズム」,『現代思想　第十巻』, 岩波書店, 1957.

3부
문학사와 학술사의 시작들

김태준 초기 이력의 재구성과 '조선학'의 새로운 맥락들

이용범

임화와 김기림의 1940년 전후

장문석

김태준 초기 이력의 재구성과 '조선학'의 새로운 맥락들*

이용범

1. 서론

1931년 3월 9일 경성제대 졸업논문의 구두시문(口頭試問)이 치러진 날, 김태준은 요산(樂山) 가라시마 다케시(辛島驍)에게 「조선소설사」 『동아일보』 연재분을 스크랩한 책자와 현대 백화문으로 쓴 편지를 건넨다.[1] 홍석표는 편지의 에크리튀르에 주목한다. 그것은 구두시문

* 이 글은 2015년 12월 처음으로 『민족문학사연구』 59호에 발표되었으며, 내용의 수정 · 보완을 거쳐 한양대 비교문화연구소에서 간행된 윤해동 · 정준영 편, 『경성제국대학과

을 통과해 문학사(文學士)의 자격을 획득한 피식민자 출신 학자가 식민자 출신 학자에게 제3의 언어로 말을 걸었다는 점이다. 김태준의 의도는 어떠한 것이었을까. 학술사회의 시민권을 획득함과 동시에 학문적 단련을 통해 습득한 언어가 매개를 담당하게 됨에 따라 식민자와 피식민자, 지식의 주재자와 타자의 구분은 무화(無化)되기 시작하며, 아카데미아는 식민지적 질서가 해체되어 동등한 개인들이 경쟁하는 능력주의의 영역으로 변화한다.[2] 조선어로 쓰인 「조선소설사」와 현대 백화문으로 쓰여진 편지는 제국 아카데미즘으로부터 배운 근대학문을 활용한 것이지만, 동시에 제국학지의 구심력으로부터 벗어나 홀로 서려는 태도를 읽어낼 수 있다. 경성제대의 조선인들, 특히 김태준이 자신의 위치를 어디에 두려고 노력했었는지를 상징적으로 보여준다고 할 수 있다. 경성제대 출신 조선지식인들이 아카데미즘의 권위를 통해 조선어의 학술세계를 배제하고, 일본어 학술의 상대화를 통해 독자적 영역을 구축하려 했다고 설명되어 온 것[3]과는 또 다

동양학 연구』, 선인, 2018에 실린 바 있다. 기간행원고의 게재를 양해해주신 임화연구회에 감사드린다.

1 이 편지의 존재는 임형택에 의해 처음으로 보고되었다(임형택, 「한국 근대의 '국문학'과 문학사」, 『한국학의 동아시아적 지평』, 창비, 2014, 303면). 요산이 누구인지에 대해 홍석표는 중국 연구자 판지엔궈(潘建國)의 견해를 따라 가라시마 다케시일 것이라고 추정했으며(홍석표, 『근대 한중교류의 기원』, 이화여대 출판부, 2015, 112면), 이용범은 문헌근거가 없기 때문에 단언하기는 어렵다고 보았다(이용범, 「金台俊과 郭沫若－한 고전학자의 인식론적 전환의 계기」, 성균관대 석사논문, 2014, 6면). 한편, 가라시마 다케시의 스승이자 장인인 시오노야 온(鹽谷溫)의 호가 절산(節山)이라는 점은 일종의 암시가 될 수 있겠으나, 확증으로는 부족하다.

2 김태준이 「조선소설사」에서 제시한 「제마무전」의 제목 변용을 가라시마 다케시가 인용한, '학문적 상호교섭'이 대표적이다. 홍석표, 위의 책, 128～129면.

른 태도가 그곳에 있었다.

최근의 경성제국대학, 특히 지나문학과(支那文學科) 관련 연구들은 조선인 주체의 내면에서 제국담론이 균열하는 지점을 찾아내면서도, 제국학지의 의식적・무의식적 영향력을 높은 수준으로 상정하고 있다. 그러한 영향력의 배후이자 제국담론의 매개로는 주로 지나문학과 강사 가라시마 다케시가 지적되고 있으며 다른 어떠한 요소들보다도 중요하게 다루어지고 있다.[4] 그러한 이유는 일차적으로는 현재까지 발견된 자료들이 가시적으로 가라시마 다케시와의 관계를 가리키고 있는 것, 이차적으로는 다른 요소들이 실마리는 있었지만 구체적 뒷받침이 가능한 자료들이 부족했던 데에 있다.

경성제대 지나문학과 출신 연구자 김태준의 초기 인식론 형성에 대한 연구는 한 지식인의 사유구조 형성에 대한 것이기도 하지만, '조선학'이라는 학술운동 혹은 담론장의 주요한 구성요소의 성질을 분석하는 것이기도 하다. 그것의 독특한 성질 중 일부는 중국의 '국학' 및 '중국사회성질논전'으로 대표되는 중국 학술계의 영향력을 논증한 한 연구에 의해 밝혀진 바 있다.[5] 그렇지만 이용범의 연구가 보여준 것은 아직까지도 김태준의 사상 형성과정에 있어 전통학술, 제국학지,

3 박광현, 「경성제대와 '신흥'」, 『한국문학연구』 26, 동국대학교 한국문학연구소, 2003.

4 홍석표, 앞의 책, 3・5장; 천진, 「식민지 조선의 지나문학과의 운명」, 『동아시아 한국학의 형성』, 소명출판, 2013; 김준형, 「길과 희망—이명선의 삶과 학문세계」, 『이명선 전집』 4, 보고사, 2007.

5 이용범, 「金台俊과 郭沫若—한 고전학자의 인식론적 전환의 계기」, 성균관대 석사논문, 2014.

중국, 유물사관 등 개별요소들이 충분히 연구되지 못했고, 개별요소 상호간의 관계성 및 그것들이 융합되어 구성한 총체에 대한 고민도 아직은 초보적인 단계에 머물러 있다는 사실이다.

이 논문은 광범위한 미지의 영역 중 제국학지의 영향력을 재고하기 위한 의도로 구성되었다. 이러한 목표를 달성하기 위해 김태준이 제국학지와 직접적으로 접속되어 있던 경성제대 재학기를 중심으로 전기적 사실들을 재구성한다. 재구성이라는 용어를 쓴 이유는 이미 박희병 및 김용직 등의 선행연구에 의해 경성제대 재학기를 중심으로 한 시기의 이력들 및 그것들의 의미가 어느 정도 제시되어 있기 때문이다.[6]

이 글의 2절은 선행연구에서는 확인하지 못했던 자료들을 바탕으로 새로운 전기적 사실들을 제시하는 데에 초점을 두었다. 이러한 전기적 사실들 및 자료의 분석은 3, 4, 5절에서 이루어진다. 3절은 민족간(間)의 층위로 북경대학을 중심으로 한 중국의 지식인 집단과의 교류 및 그것과 접속된 일본 제국대학의 중국학 네트워크, 그리고 한·중 서적교류의 실질적인 양상을 다룬다. 4절은 층위를 낮추어 경성제대의 조선인 내부의 인적관계를 조선어문학회와 지나문학과의 중첩을 중심으로 살핀다. 5절은 김태준 개인 내면의 층위로 접근한다. 1930년 「조선소설사」 연재를 전후한 맥락들과 그의 민족의식을 3장과 4장에서 제시된 층위들과의 연계하에 관찰한다.

6 박희병, 「천태산인의 국문학연구 (상)」, 『민족문학사연구』 3호, 민족문학사학회, 1993; 김용직, 『김태준평전』, 일지사, 2007, 49～113면.

2. 경성제대 재학기(在學期)와 두 번째 북경행

김태준은 경성제대 예과 3기로 학적부에 기록되어 있는 입학일은 1926년 4월 1일이다. 그리고 곧바로 이어 확인되는 것이 경성제대 예과의 조선학생들의 모임 '문우회(文友會)'에서 발행한 『문우(文友)』 4호(1927.2)에 실린 다수의 글이다. 『문우』 4호에는 김태준의 이름으로 쓰여진 「문우석별(文友惜別)」(한문) 한 편, 그리고 십오영(十五永)이라는 필명으로 「일우(一友)의 거처(居處)」(조선어) 한 편, 「손경임[7]의 일본유학으로 이별함에 드림(贈別孫敬臨之日本留學)」, 「장안효계(長安曉鷄)」, 「독세종대왕기(讀世宗大王紀)」, 「유대예(遊大豫)」의 한시 네 수와 연암의 시 번역인 「전가(田家)」가 실려 있다. 이들 시의 말미에는 '성암문고(聖巖文稿)'라는 부기가 붙어 있다.

십오영이라는 필명은 현재까지 알려지진 않았지만, 『청량(淸凉)』 5호에 실린 한시에 '십오영 김태준(金台俊)'이 쓰여 있으며 「일우의 거처」에 영변공립농학교 재학시의 이야기가 언급되고 있기 때문에 김태준의 것으로 확정할 수 있다.[8] 필명의 의미는 글에 등장하는 친구 '김○영(金○永)'과 그와의 지향을 기억하기 위한 것으로 보인다.[9] 그

---

7 손경임(孫敬臨)은 김태준과 동기동창으로 이리농림 1회로 졸업시 정개근(精皆勤)의 포상을 받은 것이 신문기사에서 확인된다(「이리농교 1회졸업 거개 우량성적」, 『동아일보』, 1925.3.13).

8 김태준은 영변공립농학교 2년 수료 후 이리농림학교에 편입한다. 자세한 저간의 사정은 김용직, 앞의 책, 30~34면을 참조.

9 나도 永과는 이 校에서 처음 알은 親舊로되 同級生이며 同甲이며 同姓이며 同志이며 同室

지향은 『문우』 5호에 실린 「도원(桃源)을 차저서」에서 보다 구체적으로 제시된다. 김태준은 약육강식의 곤충사회, 곧 조선사회를 암시한 뒤 친구 K('김○영')의 편지글을 빌려 조선의 현실에 기반한 계급적 사회 인식을 제시한다.

> 酒死나－리는 어느평의員選擧에 幾千圓을 投資하고 孔子廟수션에는 幾百圓을 기부하면서도 自己의 長姪의 貧窮한 處地에 쌀한톨을 빌녀주지아니하고 저高普셜닙기부는 一分도아니하였다. (…중략…) 또 그들의 頓慾利己하고 不正不義하는 徒輩가 恒常 우리社會의 優越한 地位를 占領하야 뎨일션에서려하는 우리의 活躍을 沮害하는 것을 忿恨한다.[10]

이러한 사회인식을 지닌 친구 K는 '북으로 북으로' 떠나 방황하는 것으로 그려지며 국경 밖에서 보낸 편지로 자신의 이상향을 제시한다. 이상향은 인종·언어·민족의 온갖 차별이 없는 일종의 아나키스트적 미래로 설명되고 있다. 현실 인식－계급적 분석－이상향 제시라는 구조를 갖추고 있는 이 글의 존재를 통해 그간 '야인기질'이나 '좌파적 지향' 등 모호하게 설명되어왔던 김태준의 초기 사상적 지향의 정밀한 재분석이 필요함이 드러난다.

生活을 하엿다. 卽 枚擧하랴면 十五의 同字가 된다(十五永, 「一友의 居處」, 『文友』 4호, 1927.2, 8면).

10 十五永, 「桃源을 차저서」, 『문우』 5호, 1927.11, 56면.

또, 다수의 한시가 발견되었고 그것들이 '성암문고'라는 이름으로 이미 묶이고 있는 점도 주목할 만하다. 김태준이 "평소에 말이 없고 한문으로 시도 쓰고 편지도 썼다"[11]라고 알려져 있는 것, 한시를 베끼고 외우던 한문학적 전통의 실천[12]에 반해 발견된 한시는 「외람되게도 도헌(韜軒)선생의 '조선을 떠나는 술회'의 운(韻)에 화답합니다(猥和韜軒先生辭朝鮮述懷韻)」 한 수와 경학원 사성(司成) 겸 명륜학원 강사 안인식(1891~1969)[13]에게 보낸 득남 축하시 등 극소수에 그쳤는데 이상의 발견을 통해 다수의 한시 및 '성암문고'의 존재를 기대해 볼 수 있게 되었다.

1927년에는 평안북도 박천군에서 산업과 교육이라는 주제의 강연을 행한 것이 확인된다.[14] 경성제국 대학의 조선인 학생들이 조선인

---

11 이충우, 『경성제국대학』, 다락원, 1980, 119면.

12 聖岩 金台俊은 臨淵 李亮淵의 시를 가장 사랑하였는데, 나를 위하여 십여 편을 외워 주었다. 그 후에 성암이 손수 베낀 『臨淵齋集』을 책방에서 구하고는 사랑하며 즐기기를 마지않았다. 이가원, 허경진 역, 『玉流山莊詩話』, 연세대 출판부, 1980, 732면.

13 『김태준평전』(일지사, 2007)은 "명륜학원 제자 안인식"(4면)으로 적고 있으나 잘못이다. 안인식은 충청남도 면천출신으로, 1891년생이다. 1928년 일본 대동문화학원을 졸업하고 1930년 4월 명륜학원 창설시부터 전임강사 겸 간사로 활동하였다. 식민지말기까지 경학원·명륜학원에 재직하며 다수의 친일협력관련 기록이 남아 있다. 문집으로 『嵋山文稿』(文潮社, 1973)가 전한다. 박영미의 「일제 강점기 한문고등교육기관 설립에 관한 소고」(『한국한문학연구』 59, 한국한문학회, 2015)에서 안인식의 전기적 사실에 대한 내용을 참조할 수 있다. 친일협력관련 내용은 『친일인명사전 인명편』 2(민족문제연구소, 2009)의 450~452면에 자세하다.

14 지난 八月 卅日 博川君 嘉東面 三□農園 主催로 朝鮮, 東亞, 每申 三支局 後援下에 京城帝大豫科 二學年在學中인 金台俊君이 産業과 教育이란 演題를 가지고 嶺美天道教講堂에서 開催하얏는바 聽講者 數百名에 達하야 午後十一時頃 盛況裡에 閉會하얏다더라. 「金台俊君講演」(嶺美), 『매일신보』, 1927.9.4.

사회의 상당한 기대와 관심을 받고 있었던 것은 사실이나 예과생 신분으로 사회를 향해 강연을 했다는 것은 흔치 않은 일이다.

이후 그는 1928년 4월 1일부로 본과 지나어학지나문학과에 진입하게 된다. 같은 달 경성제대 예과 학우회문예부(學友會文藝部)에서 발행하던 잡지 『청량』 5호에는 김태준의 한문 논설 한 편과 한시 두 수가 실리게 된다. 주의를 요하는 것은, 『청량』에는 일본어, 한문, 혹은 서양권 언어들이 실렸지만 조선어로 된 글은 실리지 않았다는 사실이다. 조선인학생들이 중심이 된 문우회(文友會)가 발행한 『문우』에 일본어로 된 글이 없는 것과 마찬가지의 이유일 것이다. 『청량』에는 조선인 학생들의 글들은 희소한 편이지만, 유독 5호에는 최재서, 현영남, 신남철, 김태준, 김종무, 김재철의 글이 실려 있어 이채를 띤다.[15] 김태준은 이 곳에 논설 「변칠원도론(辨漆園道論)」[16] 한 편과 한시 「외람되게도 도헌선생의 '조선을 떠나는 술회'의 운에 화답합니다」 및 「다카다 도헌 선생의 서양행 및 영전을 축하하며 일수(祝高田韜軒洋行幷且榮轉 一首)」 두 수를 실었다. '서양행 및 영전(洋行幷且榮轉)'은 경성제대 예과의 강사였던 다카다 신지(高田眞治, 1893～1975)가 1928년 2월부로

15 『청량』 5호 목차에 실린 조선인들의 글 제목은 다음과 같다. 위에 언급된 한시들은 「漢詩」라는 제목 아래 묶여 있다. 최재서, 「イエイツの神祕ト現實」; 현영남, 「生命の道德」; 신남철, 「Schopenhauerを通じて見たる無常感」; 김태준, 「辯漆園道論」; 김종무 「救はれた小姐」; 김재철, 「春は來れとも」.

16 김용직은 김태준의 「변칠원도론」에서 당시 중국에서 유행하던 백화문을 수용한 자취가 있다고 주장하고 있다(김용직, 앞의 책, 44면). 그러나 「변칠원도론」은 고문에 가까운 한문으로 쓰여졌으며, 백화문의 자취는 찾기 어려우며, 있다 하더라도 5・4 신문화 운동 이후의 백화라고 주장하기에는 무리가 따른다.

동경제대 조교수로 임명받는 동시에 '지나철학' 연구를 위해 2년간 독일유학을 명받은 것을 의미하는 것이다.[17] 김태준의 한시 앞에 다카다 신지의 「장차 조선을 떠나는 술회에 존귀한 그대들의 화운(和韻)을 구합니다(將辭朝鮮述懷索高和)」, 다다 마사토모(多田正知)[18]의 「동으로 돌아가는 다카다 도헌을 보내며 그가 남긴 별운에 이어(送高田韜軒東歸次其留別韻)」이 실려 있고 '십오영 김태준'이라는 필명 아래 두 편의 한시가 자리잡고 있다. 위의 한시들은 다음과 같은 장면의 반영이거나, 혹은 다음과 같은 일화를 만들어냈을 것이다.

> 다까다가 일본으로 전임해가는 마지막 한문시간에 칠판에 전별시를 써 놓자, 김태준이 이에 글귀를 받았다. 한시를 깊이 모르는 다른 학생들도 스승과 제자가 글로 화답하는 대목에 가슴 뿌듯했다고 회고하고 있다.[19]

이미 한문학의 전통이 심히 쇠퇴한 상황[20]에서 시의 교졸(巧拙)을

---

17 昭和三年 二月 任東京帝國大學助教授 同 支那哲學研究ノタメニ二ヶ年間獨逸國へ在留ヲ命ゼラル「高田博士年譜略」, 『高田眞治博士古稀記念論集』, 大東文化大學漢學會, 1963, 2면.

18 다다 마사토모(多田正知, 1893~?)는 동경제대 문학부에서 시오노야 온(鹽谷溫)에게 사사하고, 1927년 경성제대 예과 강사로 부임, 1928년에 예과 교수로 승진하였다. 1935년 1월 25일 경성제대에서 의원면직 한 뒤로의 조선총독부의 공식기록은 없다고 한다.(박영미, 「일제강점기 재조 지식인 多田正知의 한학연구에 대한 시론」, 『어문연구』 65, 어문연구학회, 2010, 183~185면) 일본 국회도서관 소장 자료 『青年学校普通学科教授及訓練の研究』(金城書房, 1942)의 "東京市青年教育主事 文學士 多田正知"라는 기록을 통해 1942년까지 박사학위를 취득하지 못하였고, 또한 대학 내에 자리 잡지 못했음을 알 수 있다.

19 이충우, 앞의 책, 130면.

따질 필요는 없을 것이다. 흥미로운 부분은 김태준이 가라시마 다케시에게 현대백화문으로 쓰인 편지를 건넸던 때처럼, 언어상의 민족적 차이가 회피 혹은 은폐되며 사제관계가 한시를 매개로 구성되고 있다는 것이다.

이후 1929년의 행적은 아직까지는 발견된 글이 없어 추적이 어렵고, 1930년에 이르러 그의 북경행이 잘 알려져 있다. 1930년 중국 북경에서의 경험이 그에게 큰 영향을 끼쳤음은 박희병에 의해 지적된 바 있다.[21] 이후 이용범은 『조선어문학회보』의 기록을 근거로 1931년의 두 번째 북경행을 밝혀내었으나 양자의 차이점을 분석하는 데까지는 나아가지 못했다.[22]

1930년의 가장 잘 알려진 학술업적은 10월 31일부터 이듬해 2월 25일까지 69회에 걸쳐 동아일보에 「조선소설사」를 연재한 일이다. 동시에 일본어 매체 『조선통신(朝鮮通信)』에도 일문판 「조선소설사」가 총 107회 엇비슷한 기간 동안(1930.11.14~1931.3.30) 연재된 것이 확인된다. 일문판의 존재를 36회까지 확인하여 보고한 이윤석은 이것이 번역일 것이라고 보고 있다.[23] 김태준의 일본어가 그리 능숙하지

20 月象谿澤을 곱든것도 벌서 數百年前일이요 雲養 茂亭같은 故老들이 繼次로 돌아간후 인제남은 漢文學者數란 하도 寥寥한中에 오즉 氏의 詞藻가 寂寞한 漢文文壇의 最後를 裝飾하고 있는 것은 애오라지 우리들의 기쁨이 아닐 수 없다. 김태준, 「인물춘추 정인보론(3)」, 『조선중앙일보』, 1936.5.17.

21 박희병, 앞의 글, 252~254면.

22 이용범, 앞의 글, 6면.

23 이윤석, 「김태준 '조선소설사' 검토」, 『동방학지』 161집, 2013, 406면.

못한 수준이었다는 것이 통설이긴 하나, 일문판이 자신의 저술인지 혹은 번역인지, 또 번역이라면 어느 정도까지 저자의 의도가 반영되고 있는지 등의 문제는 앞으로 정밀하게 검토되어야 한다. 일문판의 발굴에 따라 김태준에 의해 쓰여진 조선소설사의 판본은 최소 1930~1931년간 연재된 조선어와 일본어 각각의 「조선소설사」, 1933년의 청진서관판, 1939년의 학예사판 총 4가지로 볼 수 있다.

1931년 3월 9일 그는 경성제국대학을 졸업하고 4월 10일 명륜학원 강사로 임용, 8월 31일자로 강사 겸 직원(直員)으로 발령받는다. 그리고 같은 해 6월의 북경행이 확인된다.[24] 『신흥』 6호(1932.1)에 실린 「북평기행(北平紀行)－멍텅구리 유연초(遊燕草)」는 아직까지 '단설(短舌)'이란 필명의 주인이 누구인지 미상이었으나 점검결과 김태준의 것으로 확정 가능하다. 『신흥』의 필진은 경성제국대학 출신의 조선인이었으며, 글 내부에서 경성제대 지나문학과 강사 웨이젠공(魏建功)과 경성제대 예과 교수 다카다 신지(高田眞治)를 옛 스승(舊師)이라고 일컫는 것을 통해 경성제대 지나문학과 출신으로 한정 가능하다. 웨이젠공이 경성제대 지나문학과를 떠난 것이 1928년 8월이므로, 그때까지 경성제대 지나문학과 본과에 진입한 조선인은 1회 최창규와 3회 김태준으로 한정된다. 이 글에서 '작년(1930)'에도 북평을 방문한 언급과, "남들이 쓰는" 「장강만리(長江萬里)」[25]라는 언급 등을 통해 김

24 短舌, 「北平紀行－멍텅구리 遊燕草」, 『신흥』 6호, 1932.1, 54~63면(이하 「북평기행」으로만 기재).

태준이 글의 저자임이 확인 가능하다. 이외에도 김태준의 1931년 북경행을 언급하는 다른 기록들과의 일치, 북경에서 만난 사람들과의 인적 관계, 이 글에서 언급되는 주요 주제들이 김태준의 비슷한 시기 발표한 논설들의 주제들과 일치한다는 점을 들 수 있다.

그의 북경행은 만보산 사건(1931.7.2)과 만주사변(1931.9.18) 사이로 서술되고 있으며 그가 재직하고 있던 명륜학원의 하계휴업일을 이용한 것으로 보인다.[26] 그는 북경체류 기간 저우쭤런(周作人), 장샤오위안(江紹原), 웨이젠공(魏建功), 김구경(金九經) 등의 인물과 만난 기록을 남기고 있다. 그들은 당대 중국의 5・4 신문화 운동과 국고정리 운동 등 학술계의 거대한 전변에 앞장섰던 인물 혹은 그들과 밀접한 관련이 있는 인물들로 모두 북경대학 교수진이었다. 이 인물들의 중국 학계 내에서의 위치 및 김태준과 교류의 자세한 양상은 다음 장에서 다룬다.

---

25 최창규, 「장강만리」, 『동아일보』, 1931.8.23~10.20.

26 『경학원 잡지』(1930.8, 43면)의 「명륜학원 학칙」에 의하면 명륜학원의 하계휴업일은 7월 16일로부터 9월 5일까지로 규정되어 있다.

3. 동아시아 근대학술 교류의 일지맥一支脈

「북평기행」은 현재까지 알려진 조선인의 중국 기행문들과는 또 다른 결을 지니고 있다.[27] 타자로서의 '지나인'과의 거리를 지닌 채 관찰하고 자신의 가치체계 내부에서 타자로서의 '지나인'을 재확인하는 눈빛이 아니라, 실제로 그들과 '함께' 교류를 하고 그들 사이에서의 경험한 일들이 서술되어 있다. 이 글은 표면적으로는 기행문의 유쾌한 논조와, 자신을 '멍텅구리'라고 지칭하며 의뭉스럽게 능치는 가벼운 어조를 견지하고 있다. 그렇지만 김태준이 만난 사람들과, 서적을 중심으로 한 중국학술계에 대한 관찰들이 상세히 기록되어 있어 당시 조선과 중국, 그리고 더 나아가 일본을 포함한 동아시아적 근대학술의 교류양상의 일지맥(一支脈)을 살필 수 있다. 이 장에서는 인물들과의 교류는 장면 위주로, 서적의 교류는 서적들의 제목들을 위주로 각기 나누어 살펴보도록 한다.

27 다음의 연구들은 조선인들의 중국에 대한 시선이 일본제국의 영향력 하에서 '타자'가 주류적이었음을 전제하고 있다. 그리고 그러한 경향성 하에서 조선인들이 생산하는 여행기·장소경험과 제국담론과의 균열 지점들에 주목하고 있다. 천진, 「1920년대 초 동아시아의 성찰하는 주체와 현대중국의 표상－아쿠타가와 류노스케, 이동곡의 장소 경험을 중심으로」, 『중국문학』 72, 한국중국어문학회, 2012; 천진, 「식민지 조선의 지나문학과의 운명」, 『동아시아 한국학의 형성』, 소명출판, 2013.

1) 인적교류

김태준의 글에 드러나는 학계의 주요인물들은 만난 순서대로 김구경, 웨이젠공, 장샤오위안, 저우줘런, 다카다 신지 등이다. 이들 중 유명세로 따지자면 루쉰(魯迅)의 동생 저우줘런이 가장 유명할 것이고, 웨이젠공과 장샤오위안은 한국학계에서는 잘 알려져 있지 않지만 중국학계에서는 각기 근대학문으로서 언어학과 종교학의 개척자로 자리매김 하고 있다. 다카다 신지는 김태준의 경성제대 예과시절 한문강사로 1928년 독일유학을 떠난 것을 위에서 확인했다. 그가 북경에 있었던 것은 1929년 4월 자로 미국과 중국이 유학대상에 추가된 것[28]과 관련이 있는 듯한데 자세한 사정은 미상이다. 김구경은 이 글에서 본명이 등장하지는 않지만 그가 1931년경에는 북경에 있었다는 증언과[29] '담설헌(擔雪軒) 김 군(金君)'이라는 호칭에서 확인 가능하다.

김태준은 어떻게 당시 동경제대, 북경대학으로 대변되는 동아시아 근대학술 네트워크에 접속하고 있었는가? 그것은 시오노야 온(鹽谷溫)과 그의 제자들을 중심으로 구축된 근대 일본의 중국(문)학 연구자들의 네트워크 및 김구경과 웨이젠공이 속해 있던 루쉰계열의 영향력에 힘입은 것이라고 보아야 할 것이다. 김구경은 루쉰 및 저우줘런과의

---

28 同[昭和] 四年 四月 亞米利加合衆國及支那國ヲ在留國ニ追加「高田博士年譜略」,『高田眞治博士古稀記念論集』, 大東文化大學漢學會, 1963, 2면.

29 김시준,「魯迅이 만난 韓國人」,『중국현대문학』13, 한국중국현대문학학회, 1997, 147～156면.

관계가 매우 밀접했던 것으로 알려져 있는데,[30] 이러한 긴밀한 관계가 김태준을 저우쭤런과 장샤오위안 등 북경대학 교수진과의 만남으로 이끌었던 것이다. 뿐만 아니라 1934년 김태준과 진위푸(金毓黻)의 교류에 있어서 모종의 역할이 있었을 것으로 추측되며, 김태준이 1938년의 봉천행에서 다시 만난 것이 확인되는 등[31] 근대 초기 한중 학술교류에 있어 중요한 역할을 수행하고 있었다.

김구경(1899～1950?)은 경주 출생으로 자(字)는 명상(明常), 호는 담설헌(擔雪軒)이다. 별칭으로 계림(鷄林), 퇴여(退如), 대서당(待書堂), 그리고 창씨명(創氏名)으로 신마진(新馬晋)이 있다. 1920년 경성고등보통학교를 졸업하고 1921년 일본으로 건너가 교토(京都)의 진종대곡파대곡대학(眞宗大谷派大谷大學, 오늘날의 오타니대(大谷大學)) 예과에 입학, 지나문학과에 진학한다. 1923년에는 재교토 고학생회(苦學生會)를 조직하여 회장으로 활동하였다. 1927년 졸업 후 귀국하여 개성송도고등보통학교의 교사로 취임한다. 1927～1928년간 경성제대 도서관의 사서관(司書官)으로 근무하며 당시 교환교수로 와 있던 웨이젠공과 친교를 쌓았다.[32] 그러한 친교를 바탕으로 1928년 하반기부터 북경의 미명사(未名社)에 기우(寄寓)하였다. 1931년 북경대 중문계(中文系)의 「중·일·한 자음연원연구(中日韓字音淵源硏究)」, 외문계(外文系)의 「일문(日文)」 강의

30 위의 글, 150～152면.
31 이용범, 앞의 글, 6면.
32 홍석표, 앞의 책, 223～233면.

를 맡았다. 같은 해 2월 후스(胡適)와의 서신교류가 있었다.[33] 9월에는 『능가사자기(楞伽師資記)』를 간행하였다. 이 책의 서문을 쓴 후스와 일본의 불교학자 스즈키 다이세쓰(鈴木大拙, 1870~1966) 간의 논쟁이 일본 학계에 알려져 있다. 동국대 소장본 『능가사자기』에 "퇴경화상혜존(退耕和尙惠存)"이라는 부기가 남아 있어 퇴경 권상로에게 보낸 것임을 알 수 있다. 1932년에는 봉천(奉天)으로 근거지를 옮겨, 만주국립봉천도서관 촉탁 및 당시 도서관 부관장이었던 진위푸(金毓黻)의 비서로 배속된다. 1933년에는 만주국립고등농업학교의 교사로 부임한다. 1935년 봉천의 춘일(春日)공원에 삼학사중수비(三學士重修碑)를 건립하고, 우암 송시열의 『삼학사전(三學士傳)』을 간행하였다. 1940년 봉천농업대 교수, 1941년 국립중앙도서관 주비처(籌備處) 사서관, 1946년 서울대 중문과 교수 등을 역임하였다. 1947년 조선서지학회 발기위원 이후의 행적은 미상이다.[34]

김태준의 글에 쓰여 있는 순서대로라면 알던 사이인 웨이젠공, 김구경을 제외하면 가장 먼저 만난 이는 장샤오위안이다. 그가 오전에 "천단(天壇), 북해공원(北海公園), 중산공원(中山公園)을 보고"

33 김시준, 앞의 글, 154면.

34 이 문단의 내용은 오카무라 케이지(岡村敬二)의 『戰前期外地活動圖書館職員人名辭書』, 武久出版株式會社, 2017, 97면; 孫知慧, 「忘れられた近代の知識人「金九経」に関する調査」, 『大谷学報』 94(2), 大谷学会, 2015의 내용을 정리한 것이다. 위의 서술에서는 생략되었지만 이나바 이와키치(稲葉岩吉, 1876~1940)와의 교류, 나이토 코난(內藤湖南, 1866~1934)에게 보낸 편지 등도 孫知慧의 논문에 기록되어 있다.

旅館에 돌아오니 마침 胡適의 妻族되는 江紹原氏가 기다리고 잇다. 씨는 '시카코' 大學 出身으로 현재 北京大學, 宗教學 教授로 잇서 '사마니즘' 研究에 沒頭하고 있는 小壯 有爲한 靑年이다. 그 著書 『髮, 鬚, 爪』는 社會學, 民俗學 見地로서 人類의 '髮鬚爪'를 研究한 好著이며 또 조선의 民俗을 알고저 强請하나 멍텅구리의 알 바가 아니엿다.[35]

장샤오위안(1898~1983)은 중국 민속학 연구의 개척자로, 민속학자이자 비교종교학자로 중국학계에서는 중요하게 다루어지고 있다. 1898년 북경 출생으로 1920년 미국 시카고대학에서 비교종교학을 공부하고 22년 졸업 후 일리노이 대학에서 대학원과정으로 철학을 1년 공부했다. 1923년 중국에 돌아와 북경대학 문학원 교수를 역임하고, 1927년에는 루쉰의 초청으로 광저우 중산대학(中山大學)에 머물렀다가 1930년에 북경대학에서 '예속 미신의 연구(禮俗迷信之研究)'와 '종교사(宗教史)' 두 과목을 개설하고 강의한 것이 확인된다.[36]

다음으로 만난 이는 저우쭤런이다. 현재까지 조선인과 저우쭤런과의 만남은 아나키스트 계열의 만남들만이 주로 알려져 있었고 대개는 루쉰과 저우쭤런의 일기 등 중국어 기록에 크게 의존해왔다. 다음과 같은 장면은 식민지시기 한중교류사에서 쉽게 찾아보기 어려운 것이

35 「북평기행」, 56면.
36 王文宝, 「中國民俗學家江紹原」, 『民俗研究』 1990年 3期(總第15期), 中国民间文艺家协会民间文学研究所, 1990, 114면.

므로 약간 길게 인용한다.

그 집은 北平 西城이다. 조그마한 門으로 긔여 들어가니 안악은 宏壯한 邸宅이다. 小使가 와서 中廓으로 引導할 세 겻눈으로 보니 中國服 입은 日本 옥가미 상이 눈에 띠운다. 그는 周氏의 夫人일 것이다.

中廓은 곳 그의 書齋인 듯 하야 左室에는 日本小說과 散文隨筆을 가득히 꼬자 잇고 史室에는 洋書만 五六千卷 끼여 잇는데 또한 隨筆物이 만흔 것으로 보아서 그가 外國文學 紹介者, 翻譯家, 小品作家로서의 민동을 보여주는 셈이다. 조금 잇다가 머리털이 듬성듬성 나고 맑은 눈과 뚱뚱한 몸집은 氏가 浙江産이라는 것을 알기에 족하다. 人事를 마친 후 氏는

"당신이 '조선 에스페란토'의 硏究者 아님닛가"

나는 '아니요' 하고 中國文壇의 現狀을 물엇다.

氏는 말할랴는 順序를 생각고저 하는 듯 조금 잇다가 繼續하는 말이

"昨今 兩年來로 文藝運動의 中心이 上海로 옴긴 후는 여러 作家들이 모다 四方에 옴기고 나는 일제는 우리 伯氏(魯迅)의 消息조차 들어볼 수가 업는 形便입니다. 旣成文壇作家들은 飜譯을 하거나 或은 沈默을 직히고 잇으며 新進文人이라는 것은 멋도 몰으고 '푸로文藝'만 主張하니까 文壇은 갈수록 沈滯하고 廖廖함니다."

그는 일부러 그의 對答을 보고저

"지금은 外部에서 評하기를 中國은 푸로文藝運動의 初期에 잇서서 매

우 猛烈한 活動을 한다는데 先生도 한목 들으시겠지요"

라고한즉 氏는 놀나는 듯 語勢를 轉하야

"푸로文藝는 푸로階級自身이 스사로 쓰기 전까지는 永遠히 眞正한 運動을 볼 수 업다. 나는 文藝라는 것은 나의 餘興이요 趣味로 하는 愉樂이요 나의 本職은 軍人이요 孫武兵法이 가장 나의 愛讀하는 글이요"

라고함으로 나는 만은 失望을 가지고 보게 되엿다. 『世界小說譯叢』을 짓고 많은 小品을 지은 씨가 謙遜인망정 자기는 '사一베ㄹ'을 조와하고 文藝에 대해서는 門外漢이라고 斷言하니 이것이 나의 豫想하든 中國 一流의 文人이엿든가라고 하는 생각이 난다. 咄! 死馬骨! 所謂 過渡期의 名士는 中國이나 조선이나 모다 이 모양이다. 眞正한 文壇名士는一그리고 나의 要求하는 文人은 여긔저긔 쫓겨단이는 無名鬪士속에 잇스리라는 것을 알었다. 氏는 朝鮮文學, 歌謠, 文壇現勢를 무름으로 나는 대강 對答하고 집에 돌아왔다.[37]

북경 서성(西城)이라는 위치는 루쉰 고거의 주소[38]와 일치하고 이 시기 루쉰과 따로 살고 있었던 것도 전기적 사실과 맞는다. 1931년의 『저우쭤런 일기(周作人日記)』 는 망실이라 안타깝게도 비교가 불가능하다.[39] 저우쭤런이 조선의 "에스페란토어 연구자"가 아니냐고 묻는

37 「북평기행」, 59~60면.

38 北京市 西城区 阜成门 宫门口二条19号.

39 김시준, 앞의 글, 151면.

이유는 저우쭤런이 이미 접촉했던 조선인들(오상순, 이을규, 이우관=이정규, 류수인 등)이 주로 에스페란토어를 매개로 아나키스트 운동 혹은 이상촌(理想村) 운동을 진행하고 있던 이들이었기 때문이다.[40] 그렇기에 저우쭤런은 웨이젠공 및 김구경으로부터 경성제대 졸업생이자 명륜학원 강사, 그리고 조선인으로 소개를 받은 김태준을 으레 에스페란토어 연구자로 여겼을 것이다.

프로문예 문답에 대해서는 약간의 설명이 필요하다. 김태준은 중국문단의 추세를 1930년과 1931년에 걸쳐 조선에 자세하게 소개한 바 있다.[41] 그것들은 주로 세누마 사부로(瀨沼三郞), 가라시마 다케시(辛島驍), 첸싱춘(錢杏邨) 등의 저작에 기반하고 있음 잘 알려져 있다.[42] 이러한 참고문헌 목록들이 말해주는 것은 고바야시 다키지(小林多喜二)의 학살(1933.2.20) 전까지도 동아시아를 풍미했던 프로문예의 영향력이다. 김태준의 글에서 드러나는 중국문단에 대한 이해는 중국좌익작가연맹(이하 좌련)의 결성을 전후한 시점의 급진좌파에 기울어진 것이었다. 위의 글에서 나타나는 저우쭤런의 프로문예에 대한 관점은 창조사(創造社)・태양사(太陽社) 등 급진좌파에 대항하는 그의 일관된 입장이었으며, 좌련 결성 전까지 루쉰 또한 같은 입장을 견지했었

40 김시준, 앞의 글, 132~147면.

41 천태산인, 「文學革命後의 中國文藝觀」, 『동아일보』, 1930.11.12~12.8, 총 18회; 천태산인, 「新興中國文壇에 活躍하는 重要作家」, 『매일신보』, 1931.1.1~24, 총 16회.

42 백영길, 「김태준과 동아시아문학－중국현대문학론 및 연안행을 중심으로」, 『한림일본학』 2, 한림대 일본학연구소, 1997; 홍석표, 『근대 한중교류의 기원』, 이화여대 출판부, 2015; 이용범, 앞의 글.

다.[43] 그렇지만 김태준은 문단의 전후 상황에 비춘 이해보다는 "소위 과도기의 명사는 중국이나 조선이나 모다 이 모양이다"라며 인간적인 실망감을 표현하고 있다. 이러한 실망감에는 사회변혁에 있어 지식인의 주도적 역할에 대한 김태준의 입장이 투영되고 있다. 조선과 중국 공히 식민지·반(半)식민지적 상황의 극복이 당면과제로 제시되고 있는 상황에서, 그는 지식인들이 변화에 적극적으로 앞장서야 함을 일관되게 주장하였기 때문이다.[44]

김태준은 저우줘런에 대한 실망에 곧바로 이어 웨이젠공과의 대화를 배치한다.

> 나는 中國의 名流라는 자를 만히 보앗지만 모다 이러한 失望으로써 보게 되고 다만 漢字廢止論의 急先鋒인 舊師 魏建功氏에게 세 가지 점에 서로 論難한 것이 아즉도 記憶에 남어 있다.
>
> 첫재는 語學에 대하야 朝鮮語의 入聲과 濟州方言을 뭇고 조선의 橫書에 대한 조선 學者의 理論을 물으며 中國의 文字를 歷史的으로 考察하야 當然 漢字와 國音字母를 廢하지 아니하면 안될 것을 말하며

43 홍석표, 『개정판 중국현대문학사』, 이화여대 출판부, 2015, 241~249면.

44 춘원 제씨로서 이 현실을 正識하려는 독서적 노력과 사상적 비약이 없다면 씨들의 작품 기교가 아무리 정교하다고 할지라도 기미 이전 사회의 의식 속에 사는 다소 완고한 일부 小물紳士의 지지를 받을 것이니 마치 '이야기책'(傳記책)이 시골 부녀들의 지지를 받는 것과 같이—필자는 항상 춘원선생을 접할 적마다 중국의 '轉變後的魯迅'이 그리워진다. 그처럼 소년후배의 衆辱을 받던 魯迅이 요사이에 180도 이상의 전변을 한 것을 아는가 모르는가. 김태준, 「침체는 비약의 전조」, 『조선일보』, 1934.9.21.

조선 中國의 文學的 提携라는 意味에서 조선에서의 中國 硏究團體를 興旺하게 하는 同時에 조선에도 中國白話書籍을 販賣하는 곧이 잇서서야 할 것이라고 하며

北平이나 南京에도 조선文學 혹은 語學에 대한 講座를 맨들고—서로 文化的 交換을 하여 볼 必要가 잇다는 것 等

이엿으나 學徒의 漫談에 지나지 못한 것이엿다.[45]

웨이젠공(1901～1980)은 해외유학파였던 장샤오위안(미국), 저우줘런(일본)과는 달리 중국 국내파로 분류될 수 있다. 그는 1919년 5·4 신문화 운동의 열기가 흘러넘치던 북경대학에서 대학생활을 시작하였다. 변화에 대한 요구가 충만하던 사회적 분위기 속에서 『맹진(猛進)』, 『위쓰(語絲)』, 그리고 중국공산당 북방구집위(北方區執委)의 간행물 『정치생활(政治生活)』 등에 글을 발표하였고, 북경대학 국학문(國學門)의 기관지 『국학계간(國學季刊)』의 편집위원회 주임을 맡기도 한다. 1925년 중국 공산당에 가입하였으나 1926년 탈퇴한다.[46] 1927년 4월부터 1928년 8월까지 경성제대 지나문학과에서 초빙강사로 중국어를 가르쳤다.[47] 그는 식민지시기 조선의 종합대학이상 고등교육기관

45 「북평기행」, 60면.

46 이상의 전기적 사실은, 魏乃·魏至·魏重, 「魏建功先生传略」, 『文教资料』 1996年 05期, 南京師範大學; 曹达, 「魏建功年谱」, 『文教资料』 1996年 05期, 南京師範大學을 참조하였다.

47 홍석표, 『근대 한중교류의 기원』, 224면.

에서 처음으로 강의한 중국인 교수였을 뿐 아니라, 주음(注音)부호를 이용해 고전(高田)중국어 발음을 가르친 것도 처음이었던 것으로 보인다.[48] 김태준은 1928년 4월 경성제대 지나문학과에 진입하였으므로 한 학기가 겹친다. 웨이젠공은 자신의 조선 경험을 「교한쇄담(僑韓瑣談)」이란 제목으로 루쉰·주작인 형제가 주관하는 『위쓰』에 연재했다. 글에서 그는 자신의 경험담 외에도 "한중의 역사적·문화적 관계, 일제 치하 조선의 상황, 조선 독립의 필요성을 상당히 균형잡힌 시각에서 서술"하고 있다.[49]

마지막으로 다룰 인물은 다카다 신지이다. 김태준은 "동방문화사업부(東方文化事業部)에 가서 동대(東大)에서 여행 온 옛 스승(舊師) 다카다(高田) 선생님(先生)"[50]을 언급하는데, 2절에서 보았듯이 국적을 넘어 한시로 교유했던 둘은 조선도, 일본도 아닌 중국에서 다시 만나게 되었다. 동방문화사업은 중국내 반일감정의 완화를 목적으로 1922년부터 일본 문부성의 주도로 진행된 국가 단위 프로젝트였다. 중국내 일본계단체의 지원 및 학문교류를 위한 학술연구기관의 설립·운영을 근간으로, 중국과 협력사업의 형태로 시작되었으나 1927년 5월 3일의 일본군의 만행(中 : 五三慘案; 日 : 濟南事件)이후 중국측 위원들이 총사퇴, 일본측의 인원으로만 진행되었다. 1927년 10월부터 북경에 인문

48 魏乃·魏至·魏重, 앞의 글, 4면.
49 홍석표, 앞의 책, 226면.
50 「북평기행」, 61면.

학연구소가 발족되어 『속수사고전서제요(續修四庫全書提要)』의 편찬 및 서적수집 등을 중점적으로 수행하고 있었다. 김태준이 다카다 신지를 방문한 동방문화사업부는 동방문화사업총위원회의 사무소[51]였던 것으로 보인다.[52]

1929년에는 일본 국내에 도쿄와 교토, 2개소의 연구소가 설치되어 핫토리 우노키치(服部宇之吉)가 도쿄, 가노 나오키(狩野直喜)가 교토의 소장을 맡아 일본 제국대학의 중국문학・중국철학 네트워크가 그대로 활용되는 모습을 보여준다. 특히 교토 연구소는 전후(戰後) 교토대학 인문학연구소의 전신(前身) 중의 하나가 된다. 경성제대의 교원들 중에서는 퇴계연구로 알려진 아베 요시오(阿部吉雄)는 경성제대 부임 이전부터, 추사 연구로 유명한 후지스카 치카시(藤塚鄰), 그리고 다카다 신지가 경성제대를 떠난 후 동방문화학원의 멤버로 활동했다.[53]

2) 도서 목록

「북평기행」에는 다수의 인명들뿐만 아니라 주요 서적들의 명칭들이 나와 있다. 김태준은 중국의 류리창(琉璃廠), 북평도서관[54], 동안시

51 北京市东城区王府井大街27号.

52 이 문단의 서술은 山根幸夫, 『東方文化事業の歷史―昭和前期における日中文化交流』, 汲古書院, 2005의 내용에 기반하고 있다.

53 李曉辰, 「京城帝国大学における韓国儒教研究活動」, 『東アジア文化交渉研究』 Vol.8, 関西大学 大学院東アジア文化研究科, 2014, 193면.

54 북평도서관은 淸朝의 京師圖書館에서 유래하였으며 현재의 중국 국가도서관 古籍館이

장(東安市場), 북경대 도서관, 그리고 친구들로부터 얻은 책들의 저자와 명칭들을 상세히 기록해 놓고 있다.

북평도서관에서 그는 "북경대학 교수의 소개로" 사고전서를 구경하였다고 하는데 북경대학 교수는 웨이젠공 혹은 김구경을 가리킬 것이다. 그의 도서열람은 사고전서에 이어 조선에서는 좀처럼 보기 힘든 송원판(宋元版)으로 이어진다. 고서를 섭렵한 뒤 그는 잡지실에서 조선에서 온 잡지 『청구학총』을 발견하나 '화석같은' 논문이라며 흥미를 보이지 않는다. 그가 『진단학보』에 실린 논문들에 대해 적극적인 평론을 남기고 있는 것과는 대비되는 태도라고 할 수 있다.[55]

여기서 눈길을 끄는 것은 중국의 『현대문예(現代文藝)』에 실린 최서해의 「탈출기」의 중국어 번역(「我的出亡」)을 언급하고 있는 것이다.[56] 조선문학의 중국어로의 번역은 대체로 후펑(胡風)의 장혁주 번역, 곧 일본어로부터 중국어로의 번역이 널리 알려져 있었다. 해방 전 한국 현대문학의 중국어 번역에 대해 광범위한 아카이브를 조사한 자오잉치우(趙穎秋)에 따르면, 김태준이 발견한 최서해의 「탈출기」 번역 이전에도 이미 1926년부터 회월(懷月)의 「전투(戰鬪)」(『개벽』 55호, 1925.1)의 번역이 『동방잡지(東方雜誌)』 23권 21호에 실린 것을 시작으로 적지

계승하고 있다. 1931년 7월 1일 신관을 정식 개관하여 文津閣本 四庫全書를 전부 수장하였다. 당시 동아시아 내에서의 가장 큰 규모이자 가장 선진적인 도서관이었다.

55 「진단학보 제3권을 읽고」, 『조선중앙일보』, 1935.11.15~19, 총 4회; 「史觀의 비판, 사학연구의 회고・전망・비판」, 『조선중앙일보』, 1936.1.1~11, 총6회.

56 번역문은 김병민(金柄珉), 이존광(李存光) 주편(主編)의 『中國現代文學與韓國叢書 6—飜譯編 小說 詩歌 散文 劇本卷』, 延邊大學出版社, 2014에서 확인할 수 있다.

않은 수의 번역이 확인된다. 최서해의 글을 번역한 바이빈(白斌)이 송영의 「용광로」(『개벽』 70호, 1926.6), 임화의 「병감에서 죽은 녀석」, 권환의 「이 꼴이 되다니」(이상 2편은 『무산자』 3권 2호, 1929.7) 등 다수의 경향성을 지닌 작품들의 중국어 번역을 남기고 있음은 주목할 만하다.[57] 북평 도서관에서 발견한 책들 이외에도 북경대학 도서관에서 그는 박은식의 『한국통사(韓國痛史)』(上海 大東編譯局, 1915)를 본 일을 언급한다. 식민지 조선에서는 당연히 금서였던 박은식의 책을 공공연히 언급하는 그의 배포는 「북평기행」 전반에 중간중간 삽입되어 있는 일본제국에 대한 노골적인 조롱과 함께 결합하고 있다.

이 외에도 동안시장 및 친구들로부터 얻어 본 책들의 이름이 다수 노출되고 있다. 이들 책들 중 일부는 이후 김태준의 글들에서 참고문헌으로 나타난다.[58] 특히, 그의 유물사관 습득에 있어 결정적인 역할을 수행한 것으로 알려진 궈모뤄(郭沫若)의 『중국고대사회연구』를 1931년 처음 접했음이 여기서 확인된다. 기존 연구들은 1930년의 북경행과 『중국고대사회연구』를 연결하여 설명해왔다.[59]

57 趙穎秋, 「解放前韓國現代文學在中國的傳播與接受研究」, 南京大學 碩士論文, 2014, 14~19면.

58 『孔子와 劇劇』(「陳子展 著 「孔子與演劇」을 읽고」, 『동아일보』, 1931.10.19); 『漢字廢止論』; 「중국의 한자 폐지운동」, 『신흥』 7호, 1932.12.13. 이 외에도 친구들로부터 얻은 책들이라며 루허자이(鹿鶴儕)군이 빌려준 위다푸(郁達夫)의 『한회집(寒灰集)』, Gray-bin의 作 『Modern China』, 『제국주의 압박중국사(帝國主義壓迫中國史(上, 下))』, 소학교 교원 N군이 빌려준 소학 교과서, 스마시엔다오(司馬仙島)의 『북벌후의 각 파 사조(北伐後之各派思潮)』, 그리고 시장에서 본 『동의보감』 등이 언급되고 있다.

59 박희병, 앞의 글; 이용범, 앞의 글.

1931년이라는 새로운 지점, 그리고 그 상세한 내용의 발견은 김태준의 중국과의 교류가 단발적인 계기가 아니라 지속적인 연결통로로서의 성격을 지님을 반영한다. 즉, 여행이라는 우연성이 크게 작용하는 경험이 아닌 일상적이고 정기적인 교류가 구축되어 있었고, 이는 김태준의 사상형성에 있어 중국이라는 채널의 영향력이 상시적이었음을 말한다.

그가 북경에서 만난 사람들 및 서적들은 그가 속해있던 학술 네트워크가 단순히 경성제대 지나문학과, 더 좁게는 가라시마 다케시의 하위범주가 아닌, 루쉰, 주작인 및 북경대학을 중심으로 한 중국의 지식인 집단, 시오노야 온을 중심으로 하여 구축된 제국대학의 '지나' 연구자 집단들이 상호 중첩되고 있던 지점이었음을 보여준다. 초기 중국학계는 유럽의 '동방학' 및 일본의 '지나학'을 적극적으로 수용, 극복하려는 것을 자신의 과제로 삼았었으며[60] 지리적 인접성을 이점으로 가진 일본유학과 그로부터 파생된 인적관계는 초기 중국학계의 지형도를 크게 좌우했다. 조선인으로서 위의 구도에서 배제될 가능성이 높았던 김태준이 중국 학계의 주류와 접촉할 수 있었던 데에는 제국대학 출신이라는 신분과 동시에 김구경과 웨이젠공 등과의 인적관계가 큰 영향력을 행사했다. 중국과 일본의 유명학자들을 마주하는 가운데에서도 김태준은 일본인이 아닌 조선인으로서 그들을 대하고

60 천이아이(陳以愛), 박영순 역, 『현대 중국의 학술운동사 – 베이징 대학 연구소 국학문을 중심으로』, 길, 2013.

있었으며 다른 연구가 논증하고 있듯이 그는 중국과 일본의 새로운 학술성과들을 받아들이면서도 자신의 주체성을 잃지 않았다.[61] 이러한 가운데 구축되는 그의 '조선학'의 성격은 제국학지의 영향력, 또는 식민지 시기 조선어로 구성된 담론지형 내부의 상대적 좌표를 분석하는 일만으로는 해명되기 어렵다.

4. 조선어문학회와 경성제대 지나문학과의 중첩

경성제대 재학시절 김태준 개인의 좌표는 대개 경성제대 지나문학과라는 한 축과 조선어문학회라는 다른 한 축을 통해 관찰할 수 있다. 경성제대 지나문학과의 조선인이 문제적인 것은 조선인으로서의 정체성과 제국 동양학의 영향력, 그리고 '고전지나'와 '현대중국'을 어떻게 받아들일 것인가라는 복잡한 문제들이 서로 교호하고 있었기 때문이다.[62]

조선어문학회는 초기 한국 근대학문 형성에 있어 중요한 위치를 지니고 있음에도 불구하고 아직까지도 본격적인 연구의 대상으로 부상하지 못했다. 하지만 주요 구성인물들은 조윤제, 김태준, 김재철,

61 이용범, 앞의 글, 106~107면

62 천진, 「식민지 조선의 지나문학과의 운명」, 『동아시아 한국학의 형성』, 소명출판, 2013

이희승, 이숭녕 등 근대학문연구의 1세대 연구자들로 연구의 필요성이 매우 높다. 이들의 지향과 협업과정을 규명하는 것은 한국 근대학술의 성격을 규명하는 데 있어 중요한 관건 중의 하나일 것이다. 4장의 전반부는 조선어문학회, 특히 김재철과의 관계를 중점적으로 살피며, 후반부는 지나문학과 선배 최창규와 관계를 통해 두 인적 네트워크의 중첩과 그것이 김태준의 학술형성에 끼친 영향을 탐색한다.

1) 조선어문학회, 김재철과 김태준

조선어문학회는 대체로 조윤제 및 『조선어문학회보』를 중심으로 설명되고 있다.[63] 그렇지만 여기에서는 『조선어문학회보』의 1회부터 3회까지의 편집인이었던 김재철에 초점을 맞춰보고자 한다. 1938년 김재철의 동생 김재성(金在誠)을 발행인으로 하여 발간된 『노정기념첩(蘆汀記念帖)』에는 초기 『조선어문학회보』의 탄생과 관련한 동인들의 여러 가지 언급이 남아있다. 기념첩이라는 글의 특성에 주의하며 보더라도, 대개는 김재철의 중심적 역할 — 더 나아가 금전적인 지원까지 — 을 증언해주고 있다.

> 君은 每事에 積極的이엿다. 活動的이엿다. 우리 朝鮮語文學會의 組織과 會報刊行을 가장 먼저 唱導한 것도 君이엿다. 同人中에는 時期未熟

63 김용직, 앞의 책, 79~100면.

을 理由로 躊躇하는 이도 있었으나 君은 斷然 奮起하야 스스로 그 編輯의 任에 當하였었다. 君이 아니였던들 우리 會의 오늘이 엇지 잇스리오.

— 이희승, 「故蘆汀金在喆君－會報 第6號를 追悼號로 펴내면서」

金兄아 在喆兄아 才德兼備하고 犧牲的 精神이 豊富한 君은 우리 語文研究에 '나'라는 自身을 바치었다. 莫大한 私財와 勞力을 不顧하고 決行한 各地의 民謠蒐集 人形劇의 脚本採集 등은 大書特筆할 功勳이다.

— 이재욱, 「弔辭」

김재철은 『문우』 5호의 발행자이기도 하다. 이것은 그가 경성제대 예과의 실질적인 조선인 학생회[64]였던 문우회에서의 역할이 본과 진입 후 조선어문학회로 이어지며 심화되고 있었음을 보여준다. 김재철이 편집인에서 물러난 이후에도 이희승, 조윤제가 『조선어문학회보』의 편집을 맡지만 6호와 『조선어문』으로 개제한 7호 이후의 발간은 알 수 없게 된다.[65] 여러 가지 영향관계들이 있겠지만, 김재철의 공백도 한 요인으로 지목될 수 있다. 김재철은 다수의 동인들이 '사람을 끄는 힘이 있다'고 인정하듯이 인적 네트워크를 구축하는데 탁월

64 하재연, 「'문우'를 통해 본 경성제대 지식인의 내면」, 『한국학연구』 31, 고려대 한국학연구소, 2009, 215면.

65 『조선어문학회보』가 없어도 조선어문학회의 활동은 1930년대 후반까지도 지속되었던 것으로 보인다. 1939년에는 김태준, 이명선, 방종현 등의 참여가 확인되는 조선어문학회 주최의 고서전람회가 있었다. 김준형, 앞의 글, 500면.

했었으며, 동시에 경제적인 지원까지 하는 등 경성제대 조선인 내부에서 매우 핵심적인 위치를 점하고 있었다.

김태준과 김재철의 교칠(膠漆) 관계는 이미 널리 알려져 있다. 그렇지만 그러한 관계가 그들의 학술에는 어떠한 영향을 미쳤는지는 그다지 주목받지 못했다. 여기서는 간접적으로 양자 간의 학술적 의제가 중첩되는 두 가지 사례를 제시하는 것으로 가능성을 제기해보도록 하겠다. 김태준은 1933년 「성씨 · 문벌 · 족보(姓氏 · 門閥 · 族譜)의 연구(硏究)」(『조선어문』 제7호, 1933.7)를 발표한다. 김용직은 이 글이 한적(漢籍)에 대한 "박람강기를 과시"하기 위해 쓰인 것으로 보며, 글 말미의 "아 젊은 조선은 아직도 협잡군을 식혀서 대동보를 맨들게 할 필요가 있을까?"라는 탄식이 "논리에서 일탈된" 것이라고 주장한다.[66]

그렇지만 이러한 분석은 재고되어야 한다. 김태준은 「1. 머리말」을 통해서 사회현상에 대한 문제제기를 한 뒤 그것의 역사적 발전단계를 각종 1차 자료를 통해 제시하고, 이나바 쿤잔(稻葉君山)의 『조선문화사(朝鮮文化史)』, 최남선의 「고조선(古朝鮮)의 정치규범(政治規範)」, 후쿠다 도쿠조(福田德三)의 『한국(韓國)의 경제조직(經濟組織)과 경제단위(經濟單位)』 등의 참고문헌을 통해 자신의 주장을 강화하며 차근차근 논리를 구성해나간다. 근대학문의 논문 구성방식을 충실히 따르고 있는 이 글은 1933년에도 족보간행이 성행하는, 족보가 '만들어진 전통'으로

66 김용직, 앞의 책, 87면.

기능하는 사회적 현실을 신랄하게 비판하는 맥락에 서 있는 것이다.[67] 식민지시기 족보간행과 그것의 문제점들은 당대에도 빈번히 비판되고 있는 지점이었지만, 그것의 문제성을 인식하고 학문의 영역으로 끌어들인 경우는 흔치 않다. 김재철 또한 "빈약(貧弱)한 우리 출판계(出版界)에 족보발행(族譜發行)이 수(數)가 점점 느러간다. 우리의 선조(先祖)의 소업(小業)을 떠들지말고 자아(自我)만 잘하면 될 것이 아닌가? 그러나 그 간판(看板) 밑에서 영리(營利)와 야심(野心)이 있다 하면…"[68]라며 족보간행의 문제점 및 저변에 깔려있는 영리추구의 목적에 대해 인식하고 있었다. "학구(學究)의 방면(方面)과 경향(傾向)이 접근(接近)하여짐으로써 가위 날마다 재동백구(齋洞百九)의 군(君)의 댁(宅)을 찾거나 군(君)이 나의 와려(蝸廬)를 찾거나"[69] 하였던 두 사람은 당면한 현실문제를 어떻게 학술의 영역에서 해결할지에 대한 고민도 공유하였을 것이다.

또 다른 사례는 『춘향전』의 다양한 형태 중 '가극'에 대한 관심이다. 김태준은 1930년 동아일보에 「조선소설사」를 연재하던 당시 춘향전의 판본 및 저자 확정문제를 다룬 52회와 53회에서 신재효설을 언급하고, 1935년 「춘향전의 현대적 해석」에서는 조선의 봉건 문학 유산의 집대성으로서의 '가극' 『춘향전』을 제시한다.[70] 신재효가 『춘

67 한기형, 「'이중출판시장'과 식민지 검열」, 『민족문학사연구』 57, 민족문학사학회, 2015, 147～148면.

68 김재철 자필원고 중 「雜感一束」, 심우성 편, 『조선연극사』, 동문선, 2003.

69 金台俊, 「故蘆汀先生小傳」, 『蘆汀記念帖』, 4면.

향전』 및 종래의 소설을 희곡화, 가곡화하였다는 『조선연극사』에서의 주장과 합치된다고 볼 수 있다.[71]

2) 경성제대 지나문학과와 최창규

경성제대 지나문학과 1회 최창규(崔昌圭)에 대해서는 전문적인 연구가 진행된 바 없다. 그는 해방 후 서울대사대부고 및 성동여실(城東女實) 교장을 지낸 이력이 확인된다.[72] 그 외에 현재까지는 경성제대 1회이자 '경제연구회'에 참여한 것, 그리고 동아일보에 실린 「외국문학 전공의 변(3)」(1939.11.1)을 통해 정래동, 김태준과의 유사·차이점을 환기시키는 맥락 외에는 그다지 알려지지 않았다.[73]

이용범은 김태준의 유물사관 습득에 있어 기존의 학설들 중 경성제대 경제연구회 참여는 문헌근거가 없었음을 지적하고[74] 백남운·신남철 등의 조선 내 유물론자들의 영향력에 대해서는 인정하되 그들

70 천태산인, 「春香傳의 現代的 解釋(完)」, 『동아일보』, 1935.01.10.

71 심우성 편, 위의 책, 193~194면.

72 이충우, 앞의 책, 266면.

73 한편 현재까지 확인한 최창규의 저술은 다음과 같다. 창작, 번역, 논설, 서평 등이 혼재되어 있으며 더 많은 저술들이 있을 것이다. 「金鳳伊의 안해도 낫섯다」, 『신흥』 창간호, 1929.7; 「元曲楔子考」, 『신흥』 2호, 1929.12; 「關漢卿 作 竇娥寃一考察」, 『신흥』 3호, 1930.7; 「長江萬里」, 『동아일보』, 1931.8.23~10.20, 총34회; 「南中國耽奇旅行」, 『동광』 30호, 1932.1; 「易傳中의 辨證法的 觀念의 展開」, 『신흥』 7호, 1932.12; 「軍縮을 싸고 도는 武裝平和의 世界」 『조선일보』, 1933.1.1~4, 총 4회; 「讀書室－蘆汀 金在喆 著 朝鮮演劇史」, 『조선일보』, 1933.5.27; 「讀書室－金台俊 著 朝鮮小說史」, 『조선일보』, 1933.6.11; 「試驗地獄과 愛의神」, 『조선일보』, 1934.3.16.

74 이용범, 앞의 글, 8면.

보다도 궈모뤄의 『중국고대사회연구』의 영향력이 더 컸음을 논증한 바 있다.[75] 그렇지만 새로운 자료의 발굴에 따라 유물사관 습득과 관련한 최창규의 영향력이 확인되며, 그것의 크기는 결코 백남운이나 신남철보다 작지 않다.

『신흥』 7호(1932.12)에는 궈모뤄의 『중국고대사회연구(中國古代社會研究)』(1930) 중 제1편 「주역의 시대배경과 정신생산(周易的時代背景與精神生產)」의 하편(下篇)인 「역전중의 변증법적 관념의 전개(易傳中之辨證法的觀念之展開)」를 최창규가 번역한 「역전중의 변증법적 관념의 전개」가 실려 있다. 이것은 김태준이 『중국고대사회연구』중 제2편 「시경과 서경 시대의 사회변혁과 그 사상상의 반영(詩書時代的社會變革與其思想上之反映)」을 번역한 「시경연구(詩經研究)」(『학등』, 1934.6~12)보다 약 18개월 앞선 것이다. 결과적으로 중국의 고대사를 유물사관으로 재해석한 『중국고대사회연구』의 근 절반에 해당하는 분량이 번역을 통해 조선에 소개되었다. 달리 말하면, 식민지시기 조선에서 중국 근대학문 연구서의 본격적인 학술번역이 1932년경부터 협력작업의 형태로 시도되고 있었던 것이다.

최창규가 참고한 책의 저본은 시기상 중국어판[76]과 일본어판[77] 모두 가능한데, 최창규가 4판을 참고했다고 밝히고 있는 점과 중간중간

75 위의 글, 77~107면.

76 郭沫若, 『中國古代社會研究』, 上海聯合書館, 1930

77 郭沫若, 藤枝丈夫 訳, 『支那古代社会史』, 内外社, 1931.

소제목이 중국어판과 문합하는 점을 볼 때 중국어판이 저본이었을 것이다. 중국어판을 획득하게 된 계기는 1931년 김태준의 북경행일 가능성이 높다. 이와 같은 사례는 김태준의 유물사관 습득에 있어 최창규의 영향 혹은 최창규에 대한 김태준의 영향 등 양자간의 학문적 교류가 매우 활발했었음을 잘 보여준다.

최창규와 김태준은 중국문학과 조선문학의 관계, 그리고 앞으로의 발전방향 등에 있어 상당히 일치하는 견해를 보이고 있다.[78] 굳이 차이가 있다면 최창규는 중국현대문학에 대해 그리 큰 관심을 가지지 않은 것과는 달리, 김태준은 중국현대문학을 매우 중시하였으며 좌익으로 분류되는 궈모뤄(郭沫若)와 위다푸(郁達夫)에 대한 지지를 공개적으로 표명하고 있다는 정도이다.[79] 이러한 유사한 지향과 기존에 보여준 공동번역을 통해 『신흥』 8호(1935.5)에 실린 김강수(金剛秀)라

78 "支那文學의 조선 文化史上에 준 功罪가 참 큰 것이었습니다. 아마 支那文學이 없었더라면 조선의 古代文學이 다른 形態로 發展했을 것입니다. 將來의 일은 어찌될런지요. 오직 彼此의 政治的運命에 의하여 決定되지요"(김태준, 「외국문학전공의 변」 6, 『동아일보』, 1939.11.10). "諺文文學이 發生되기 전까지는 支那文學이자 朝鮮文學이엇다고 하여도 過言이 아니엇던만큼 支那文學은 그의 長點은長點대로 短點은短點대로 모주리 影響을 주고 말엇던바 利害得失이 如何인가하는 質問에는 애當初 支那文學이 이따에 건너오지 아니하엿으면 어떻게되엇을것인가하는 反問으로 對答하고자 합니다. 純朝鮮文學의 發生과 建設을 막고만것은 不滅의影響이겠읍니다. 將來의 寄與問題는 新文學에 잇어서 彼此가 建設途中에 잇다고 생각되므로 아직 未知數에 屬할것이나 오로지 支那의 政治的變動如何에 左右될 것으로 믿습니다"(최창규, 「외국문학전공의 변」 3, 『동아일보』 1939.11.1)

79 "중국에는 建設途上에 있는 新文學이 많이 있다는 것과 中國文學 硏究의 使命은 오로지 이 新文學의 輸入 紹介 飜譯이 아니면 안 된다고 생각했습니다"(김태준, 「외국문학전공의 변」 6, 『동아일보』, 1939.11.10). "新文藝로서는 一作者나 一作品으로 그다지 特出한 것이 없다고 생각하므로…"(최창규, 「외국문학전공의 변」 3, 『동아일보』, 1939.11.1).

는 필명으로 실린 「후스(胡適)의 공자론 비판」 같은 글은 두 사람의 협력작업의 한 형태가 아니었을까 하는 추측을 해 볼 수 있다. 번역자가 리지(李季)의 『호적중국철학사대강비판(胡適中國哲學史大綱批判)』의 제6장 「철학사에서 묘사된 공자, 맹자, 순자비평에 대하여(對于哲學史所描寫的孔子, 孟子, 荀子的批評)」을 뽑아 번역했다는 언급으로부터[80] 김태준이 다른 글에서 언급한 리지와 이 책의 이름을 떠올릴 수 있다.[81] 1935년은 김태준이 가장 왕성하게 학술활동을 하던 해이자 본격적으로 유물사관을 활용하던 시기로 발표한 글의 수는 26편이며 그 중에는 다수의 장편논설도 포함되어 있다. 즉, 협력작업의 필요성과 가능성이 매우 높았던 시기라는 점에서 필명을 쓴 이 글은, 『중국고대사회연구』의 번역처럼 공동번역이었을 가능성도 생각해 볼 수 있다.

공동번역을 통한 유물사관의 학습 등을 통해 김태준과 최창규의 관계는 경성제대 지나문학과의 선후배에서 출발하여 보다 심화된 단계 — 학술서적을 공동 번역하는 — 의 학문적 동지로까지 발전하였음이 확인된다. 이들의 학문적 동지관계는 조선어문학회와의 관계망과도 중첩되어 있었다. 1933년 '조선어문학회총서'로 잇달아 발간된 『조선연극사』와 『조선소설사』의 서평을 일간신문에 가장 이른 시기 상재한 이가 최창규라는 점이 이를 뒷받침한다.[82] '경제연구회'로만

80 金剛秀(譯), 「胡適의 孔子論 批判」, 『신흥』 8호, 1935.5, 84면.

81 "胡適氏의 支那哲學史大綱을 批判한 李季氏의 批判論文과 神州國光社에서 發行한 中國社會史論戰 같은 것이 당시 가장 조흔 讀物이엿습니다." 김태준, 「외국문학전공의 변」 6, 『동아일보』, 1939.11.10.

간헐적으로 언급되었던 그가 경성제국대학의 조선문학 연구자들과도 긴밀한 관계를 유지하고 있었음을 알 수 있다.

김태준의 1930년 전후의 행적을 통해 그가 속해있던 학술적・인적 네트워크의 외부와 내부를 재구성하는 과정에서 도출되는 것은 다음과 같은 큰 그림이다. 경성제대 지나문학과를 졸업한 김태준은 밖으로는 중국의 북경대학, 일본의 동경제대의 교수진이라는 당시 동아시아에서 근대학문의 초기 지형도를 구성해가던 학자들과의 직접 교류를 하고 있었으며, 안으로는 조선어문학회를 중심으로 한 경성제대의 조선지식인 집단 속에서 조선에 대한 학문적 사유를 발전시켜 나가고 있었다. 김재철과의 교유관계의 보다 구체적인 사례, 그리고 그동안 주목받지 못했던 최창규와의 관계 등의 발견은 가라시마 다케시와 제국학지의 강력한 구심력을 약화시킨다.

5. 강렬한 민족의식과 균형감각

명륜학원에서 김태준에게 사사한 것으로 알려진 이가원은 다음과 같은 술회를 남기고 있다.

---

82 최창규,「讀書室－蘆汀 金在喆 著 朝鮮演劇史」, 조선일보, 1933.5.27; 최창규,「讀書室－金台俊 著 朝鮮小說史」, 조선일보 1933.6.11.

> 언젠가 그에게 '선생님께서 쓰신 조선소설사에 손봐야 할 부분이 많습니다'라고 말씀드렸더니 '내가 대학 졸업반 때 일본인들이 우리의 소설사와 한문학사 등을 쓰려고 해서 내가 먼저 내야겠다는 마음에서 서두르느라 그런 것'이라고 하셨다.[83]

그 일본인들 중 가장 직접적인 대상은 위에서 다카다 신지를 전별하며 김태준과 더불어 한시를 응수한 경성제대 예과 강사 다다 마사토모였을 것이다. 다다 마사토모의 조선 한문학연구를 정리한 박영미에 따르면 다다 마사토모는 1929년 11월부터 1930년에 이르기까지 『사문(斯文)』에 「조선문학사(朝鮮文學史)」를 총 4회, 1930년 6월부터 8월까지 조선총독부 발간으로 알려진 『조선』에 「고려조한문학사(高麗朝漢文學史)」를 총 3회 연재한다. 이 중 「조선문학사」는 상고시대의 문학사, 「고려문학사」는 고려 전기의 문학사를 서술하고 있다.[84] 이러한 시기별 문학사의 점진적 발표는 종내에는 '조선문학'의 통사적 구도의 완성으로 이어질 수 있다. 즉, 근대 학문의 언어로 된 '조선(한)

83 「발굴 한국현대사인물 80－김태준 국문학자 삶 떨치고 공산주의 활동」(『한겨레신문』, 1991.9.13)에 실린 내용이다. 이 내용은 다음의 서술에 기반하고 있는 것으로 보인다. "余年二十三歲時, 始入洌師, 於書肆見聖岩金台俊先生, 所著朝鮮漢文學史, 購而讀之, 頗疑其規模太狹, 疎謬復多, 率爾指摘其不滿意處. 聖岩爲之愀然曰:「有是哉! 子之言誠然矣. 余之此書, 在在籍京城大學學部時, 目擊吾族顚連, 異邦之人, 强行植民地敎育, 於是彼方學者, 竱據我學, 極欲成書, 余爲是幽憤是鬱, 此書與朝鮮小說史之所以空怱登梓, 深自爲媿, 容或後日改譔, 亦竢君輩學成, 銳意爲之, 是所殷望也」". 李家源, 「韓國漢文學史中譯本序」, 『貞盦文存』, 友一出版社, 1985, 52면.

84 박영미, 앞의 글, 189면.

문학사'의 완성이 일본인 학자에 의해 가시화되고 있었던 것이다.

또한, 『사문』은 사문회(斯文會)에서 발간한 학술지로, 사문회는 국가단체는 아니었지만 동경제대의 한학자, 중문학자들을 위주로 구성되어 있었으며 조선총독 사이토 마코토 또한 회원이었다.[85] 따라서 동경제대를 근간으로 한 일본 학계에서의 영향력에 더해 식민지에서는 총독부 권위와 결합하여 강력한 근대 아카데미즘으로서의 존재감을 발휘하고 있었다.

근대의 단선적 시간관에서 일본에 비해 뒤처진 조선인들에게 근대 학문의 체계를 자신의 손으로 만들어 내는 것은 일종의 강박에 가까운 것이었다. 이미 상고시대와 고려시대의 문학사가 일본인에 의해 제출된 상황이므로 조선인들이 느끼는 긴박감은 상당했을 것이다. 다다 마사토모가 「고려조한문학사」를 제출한 지 3개월 만에 동아일보와 『조선통신』에 고대로부터 동시대의 소설들까지 다루는 「조선소설사」가 연재되었다는 것이 반증이다. 그러나 조선어 민간학술의 장에 있던 조선의 선배들에게 있어 근대학술의 언어로 이야기하는 제국 아카데미즘과의 직접 대결은 쉽지 않은 일이었다. 따라서 근대학

85 1880년 동양학술문화의 교류를 의도로 제창된 斯文學會가 1918년 공익재단법인 사문회로 발족하며 孔子祭의 거행, 공개강좌, 학술지 『斯文』의 발간을 실시하였다. 사문회는 국가단체는 아니었지만 '儒道로써 本邦 고유의 도덕을 고취시켜 정신문명을 진흥하는데 힘쓴다'는 취지로 경학원이 추구한 유교의 성격과 상통하는 것이 있었다. 사이토 총독이 사문회의 멤버였기 때문에 경학원과 다수의 교류가 있었다. 경성제대에서 강의한 다카하시 도오루(高橋亨)과 후지스카 치카시의 글들이 여러 편 실려 있다. 李曉辰, 앞의 글, 194면의 내용을 발췌・요약함.

술의 작업들은 근대학술의 언어를 획득한 경성제대의 '후배들'이 떠맡게 되었다. 동아일보 연재 「조선소설사」 서문의 "육당(六堂)의 특별(特別)한 지시(指示)와 노정(蘆汀), 비토제우(飛兎諸友)의 기독(奇篤)한 원조(援助)를바다 빈약(貧弱)한 추리(推理)와 조루(粗陋)한 전단(專斷)을 유일(惟一)한 도구(道具)로 삼고 다년(多年)의 숙회(宿懷)를 그려본 것",[86] 백남운의 『조선사회경제사』에 있어 정인보의 협력이 보여주듯이 식민지시기 근대학문의 초기저작들에는 조선인들의 민족적 협력작업이 기저에 깔려 있음을 간과해서는 안 된다. 동아일보 연재 「조선소설사」는 '조선인의 손으로 쓰여진' (민족)문학사를 위해 조선인 선후배의 역량이 결집된 지점인 것이다.

이러한 작업을 해내야만 했던 젊은 청년들의 내면은 강한 민족의식과 자부심으로 뒷받침 되고 있었다. 조선인들이 경성제대 입학을 위해서는 제국단위의 입학시험 및 민족적 차별을 돌파해야 했다.[87] 제국대학 학생은 식민지 최고의 엘리트로서 대접을 받고, 때로는 민족적 구분을 넘어선 우월감을 맛보기도 했지만[88] 그것은 학부졸업 이후 고등문관시험 등 일종의 '협력'의 길을 택하지 않는 이상 금세 사라질 신기루이기도 했다. 그럼에도 불구하고 편한 길을 택하지 않고 굳이 학문연구라는 '빈서생(貧書生)'[89]의 길을 선택한 젊은이들의 의기는

86 金台俊, 「朝鮮小說史 (1)」, 『동아일보』, 1930.10.31.

87 정선이, 『경성제국대학 연구』, 문음사, 2002, 84~102면

88 윤대석, 「경성제대의 교양주의와 일본어」, 『대동문화연구』 59, 대동문화연구원, 2007, 115~116면.

대단했다.

고인이 말하기를, 文으로써 벗을 모으고, 벗으로써 仁을 輔한다고 하였다. 우리들은 百難의 시대에 처하여, 최고의 학부에 遊하는 자들로 반드시 金石도 뚫을 만한 굳은 뜻을 지녀야 한다. 한 번 목표를 정하면 밤을 새며 서로 격려하여, (그 목표는) 앞으로 보매 아득히 멀며 우뚝하니 높으니, 책임이 지극히 무겁고도 크도다. (…중략…) 위대하다 그대 선각들이여, 文友를 잊지 마오. 형들에 대한 기대가 이보다 클 수 없소. 이별에 임하여 눈물을 머금고 한마디로써 격려하며 맹세하니, '어찌 힘써 노력하지 않을 수 있겠는가'.[90]

단기(檀紀) 4260년 2월

백난(百難)의 시대라는 현실인식, 조선최고의 학부라는 자부심, 그리고 금석도 뚫을만한 강고한 의지, "어찌 노력하지 않을 수 있겠는가(可不勉哉)"라는 언급은 쇼와(昭和) 시대에 쓰여진 단기(檀紀)연호와 결

89 천태산인, 「고전섭렵수감 (6)－陽山歌 拭疣集 等 上」, 『동아일보』, 1935.2.16.

90 구두(句讀)는 손대지 않았으며 원문 그대로이다. 한국어역과 관련한 모든 책임은 필자에 귀속된다. 古人云以文會友以友輔仁 余輩處百難之世 遊最高之學府者 必有堅志而金石可透 一定眼標而夙夜相勵 前望猶遼而彌高 責任至重而且大 旣知紂臣億萬不如周千之一心 匹夫蠻勇莫若乞丐之協力矣 故相連同文之義同志呼應 相糾同師之情同槩硏究 內則友和共助以今及來 大而信益廣救自此至遠者誠所以此會之使命也 / 幸二年生諸氏素有先覺之明 持傳此會之嘉範 篤示美風善導後進 於此數年矣 噫從此不日 因修業之滿瓜 離此會之點名 惜別寸情實勞萬千恐或鄙吝復萌至於亞輩見疎以乖此會之旨也 卓彼先覺 勿忘文友 期待于兄 莫負於是 臨別咸涕 一言勸誓 可不勉哉 / 四二六〇年二月. 金台俊, 「文友惜別」, 『文友』 4호, 1927.2.

합하여 강렬한 조선인으로서의 자의식을 표출한다. 조선어문학회 동인 조윤제의 민족에 대한 강렬한 열정,[91] 조선어학회사건으로 지독한 옥고까지 치른 이희승 등 경성제대의 조선인들이 지녔던 민족의식은 응당 민족주의 이데올로기 비판과는 다른 층위에서 고려되어야 한다.

이렇듯 강고한 민족의식은 자칫 자기 중심적으로 흘러 국수주의로 이행하기 쉽지만, 김태준의 경우는 외부와의 접촉을 통해 균형감각을 유지할 수 있었던 것으로 보인다. 결정적인 계기 중의 하나는 북경에서의 경험이었을 것이다. 1931년 북경에서 김태준은 지인 화푸(華甫)가 교장으로 있는 신시엔후퉁(新鮮胡同) 제3소학(第三小學)을 찾아가 어린 학생들이 부르는 중국의 국가를 듣고, 그 다음 일본의 노래를 불러달라는 요청을 받는다.

> 華甫는 수박, 汽水(라무네)를 槐樹 그늘에 갓다 노으면서 자조 먹으라고 勸하고 주위에 둘너센 男女學生들에게 '땐스'와 노래를 식히고 最後에는 日本의 노래를 하나 紹介하라고 멍텅구리 先生에게 권한다. 國歌도 ××가도 아무것도 記誦하지 못하는 御用學者의 思想을 가진 멍텅구리 先生은 상대자의 알아듯지 못하는 것을 奇貨로 「君が代」를 再唱하니 學生들은 싱거운 막걸리 먹은 폭도 안되는지 멍청하게 섯다. 멍텅구리는 어려슬 때 어느 海外 동무에게서 들은 노래를 짜내여 한마듸 한다.

91 김명호, 「도남의 생애와 학문—민족에 살고 민족에 죽다」, 『고전문학연구』 27권, 한국고전문학회, 2005.

우리는 누리에 붓난 불이요

중제도마시는몽치라

그리고 생각이 안나서 아리랑을 一唱하니 인제서 聽衆이 깔깔大笑[92]

김태준이 부른 노래는 간단하게 말하자면 식민지시기 만주에서 불린 독립군가의 하나이다.[93] 구전으로 인해 다양한 판본이 중첩되었지만 조선인으로서의 자의식과 제국 일본에 대한 투쟁인식이 담겨 있다는 것은 단언할 수 있다. 네이션의 환유로서의 국가(國歌)를 중국, 일본, 조선을 동격으로 배치시키며 동시에 일본의 그것을 '멍청하게' 만드는 장면구성의 의도가 인상적이다. 이러한 장면배치는 "짤막한 시일(時日)이지만 기이(奇異)한 견문(見聞)이 약간 잇스되 기억(記憶)되지 아니함으로 두미(頭尾)업는 말은 이대로 만필(漫筆)하여 둔다"라는 글 말미의 부기와 어울려 묘한 여운을 남긴다.

짧지 않은 중국에서의 체류기간 동안 김태준은 때로는 일본인으로, 때로는 조선인으로 대접받으면서도 여행기 속에서 '멍텅구리'의

92 「북평기행」, 58~59면.

93 김태준이 부른 노래 가사의 첫 행은 『문학예술사전』의 「혁명가」 및 『독립군시가집』의 「남만학원가」의 "우리는 누리에 붙는 불이요" 와 일치하며, 두 번째 행은 『혁명의 노래』의 「결사전가」의 "종제도 마사내는 붉은 망치라"와 일치한다. 전체의 노래는 알 수 없으나, 『혁명의 노래』에 실린 「결사전가」, 『문학예술사전』에 수록된 「혁명가」, 『독립군시가집』의 「남원학원가」 또는 『광복의 메아리』 소재의 「승리의 노래」 등 최소 4개의 독립군가가 관련되어 있다. 최삼룡 편, 『20세기 중국 조선족 문학사료전집』 제4집, 중국조선민족문화예술출판사, 2003, 14~16면.

입을 빌려 끊임없이 제국 일본을 상대화시키고 조롱하고 멸시하며, 그것의 변증법적 몰락을 예언한다.

더욱 멍텅구리 先生의 異常하게 늣기는 것은 그들이 웨 淸廉潔白한 日本國을 侮蔑하며 함부로 排日小說을 쓰느냐고 생각한 것이다. 資平小說集 第3集의 「歡喜陀與馬桶」과 「天孫之女」 가튼 것은 張資平의 지은 排日小說로 유명하지만 王朝佑 가튼이는 「亞洲之日本」을 지여 帝國의 歡心을 사고 잇는데 한편에는 이러한 討厭鬼(中國말로 膏藥한 사람이란 뜻)도 잇다고 생각하였다. 더욱 『近代戱劇集』 속에 孫俍工의 지은 「死刑」은 6·7년 전에 難破大助[94]의 죽든 이약이[95]를 쓴 것임에 놀나지 아니할 수 업다.[96]

往時에 東亞를 휩쓰든 旗人들의 末路도 이 모양이라 모든 것은 辨證法的 歸結에 到着된다. 그것은 强者의 必然的 運命이리라고 멍텅구리 선생은 인제야 이러한 法則을 發見한 듯 말하엿다. 아즉도 北平의 한골목에는 女人國이 잇구나 하고 歎息을 하엿단 말이다.[97]

---

94 난바 다이스케(難波大助)의 오식으로 보인다.

95 도라노몬 사건(虎ノ門事件, 1923.12.27)을 말한다. 일본의 공산주의자 난바 다이스케(1899~1924)가 당시 황태자이자 섭정이었던 히로히토(후의 쇼와천황)를 저격 시도한 사건으로 난바 다이스케는 대역죄로 사형이 집행되었다.

96 「북평기행」, 57면.

97 위의 글, 61면

식민지 조선에서 강력한 통제력을 발휘했던 검열제도를 조롱하는 듯한 높은 수위의 표현들은 제국 내지에서조차 언급할 수 없었던 "난바 다이스케의 죽든 이야기" 등에서 절정을 이룬다. 이런 강렬한 민족의식에 기반한 에너지들은 중국과 일본의 근대학술계와의 접촉, 조선내부에서의 조선어문학회 동인과의 교류, '조선학'과 관련된 조선인 선배학자들과의 논쟁 등의 연찬(硏鑽)을 거치면서 점차 정교한 학문적 구조와, 전통에 대한 깊이 있는 성찰의 기저를 이루게 된다. 1933년 「조선학의 국학적 연구와 사회학적 연구」(조선일보, 1933.5.1~2)에서 드러나는 '어용적 · 국학적'연구에 대한 비판과 '과학적' '조선학'연구에 대한 선언의 근간에는 위와 같은 조선의 내부와 외부를 관통하여 구성되던 '조선'에 대한 고민이 있었던 것이다.

6. 결론

이 논문은 다수의 새롭게 발견된 자료를 바탕으로 그의 경성제국대학 예과부터 1931년 북경에 이르기까지의 그의 행적을 재구성하는데 집중했다. 김태준은 예과시절부터 민족의 현실에 대한 고민을 하고 있었으며 그것을 『문우』를 통해 경성제대의 조선인들과 공유했다. 기존에 널리 알려진 1930년의 중국행이 혁명적으로 변화하는 중국의 현실을 목도하는 여행이었다면, 새롭게 발견된 1931년의 중국행은 학술 교류가 다수 확인되는 특징이 있다. 웨이젠공·김구경을 매개로 한 중국 북경대학의 장샤오위안, 저우줘런 등 교수진과 제국대학 '지나학' 네트워크에 속한 동경제대 다카다 신지 등과의 만남은 근대 동아시아 학술교류에서 아직 확인되지 못했던 지점이다. 이러한 교류에 영향을 받은 학문적 성과들에 대해서는 별도의 심도있는 연구가 요구된다.

중국과 일본이 중첩된 국제 네트워크와 함께 경성제대 조선인 내부의 네트워크도 한국의 초기 근대학술의 형성에 중요한 영향력을 행사했다. 예과의 문우회로부터 조선어문학회로 이어지는 제국대학의 조선인 네트워크는 조윤제뿐만 아니라 김재철 등 다수 회원 각기의 중요성을 다시금 환기시킨다. 그다지 주목받지 못했던 최창규의 재발견은 식민지시기 경성제국대학 연구가 아직도 많은 과제를 남기고 있음을 보여준다. 이들 조선어문학회를 중심으로 한 경성제대 지식인들은 그동안 제국학지의 그늘에 있는 것으로 의심받아 왔으나, 새로운 자료들로부터 강렬한 민족의식과 더불어 '조선학'의 구성에 보다 다양한 요소들이 개입하고 있음이 드러난다.

1930년대 '조선학', 혹은 한국의 근대학술이 조선의 안과 밖을 넘나드는 지점에서 구성되기 시작되었다는 점은 의미심장하다. 그 지점은 과거의 제국 중국도, 현재의 제국 일본도 하나의 네이션으로 상대화되어 조선과 대적하는 곳이었다. 젊은 조선의 학자들에게 학문의 세계는 식민지적 차별을 넘어선 공간으로 기획되었고, 그들은 학문적 경쟁을 통해 식민지적 위계를 극복하기 위해 노력했다. 그렇지만 동시에 '조선학', '국학' 혹은 네이션이 '순수한 민족정신의 정수'로 환상화 되어서는 안될 것이다. 오히려 그것이 구성되기까지 주체들의 열망과 갈등의 복잡한 맥락들, 그리고 언어로 구성된 뒤에도 (단일)민족성 뒤에 숨어 있는 혼종성 등이 더욱 더 파헤쳐져야만 우리는 그것에 대해 보다 진지한 성찰을 가져갈 수 있을 것이다.

참고문헌

1. 1차자료

『文友』, 『淸凉』, 『新興』, 『朝鮮語文學會報』, 『蘆汀記念帖』,[98] 『조선일보』, 『동아일보』, 『매일신보』, 『조선중앙일보』.

2. 단행본

『경학원잡지』, 1930.8.

김용직, 『김태준평전』, 일지사, 2007.

김재철, 심우성 편, 『조선연극사』, 동문선, 2003.

이가원, 허경진 역, 『玉流山莊詩話』, 연세대 출판부, 1980.

이충우, 『경성제국대학』, 다락원, 1980.

임형택, 『한국학의 동아시아적 지평』, 창비, 2014.

정선이, 『경성제국대학 연구』, 문음사, 2002.

천이아이(陳以愛), 박영순 역, 『현대 중국의 학술사－베이징대학 연구소 국학문을 중심으로』, 길, 2013.

최삼룡 편, 『20세기 중국 조선족 문학사료전집 제4집』, 중국조선민족문화예술출판사, 2003.

친일인명사전편찬위원회, 『친일인명사전 인명편』 2, 민족문제연구소, 2009.

홍석표, 『중국현대문학사』(개정판), 이화여대 출판부, 2015.

______, 『근대 한중교류의 기원』, 이화여대 출판부, 2015.

김병민(金柄珉), 이존광(李存光) 주편(主編), 『中國現代文學與韓國叢書 6－飜譯編 小說 詩歌 散文 劇本卷』, 延邊大學出版社, 2014.

岡村敬二, 『戰前期外地活動圖書館職員人名辭書』, 武久出版株式會社, 2017.

『高田眞治博士古稀記念論集』, 大東文化大學漢學會, 1963.

98 김재철, 심우성 편, 『조선연극사』, 동문선, 2003에 영인된 것을 이용

3. 논문

김명호, 「도남의 생애와 학문－민족에 살고 민족에 죽다」, 『고전문학연구』 27, 한국고전문학회, 2005.

김시준, 「魯迅이 만난 韓國人」, 『중국현대문학』 13, 한국중국현대문학학회, 1997.

김준형, 「길과 희망－이명선의 삶과 학문세계」, 『이명선 전집』 4, 보고사, 2007.

박광현, 「경성제대와 '신흥'」, 『한국문학연구』 26, 동국대 한국문학연구소, 2003.

박영미, 「일제강점기 재조 지식인 多田正知의 한학연구에 대한 시론」, 『어문연구』 65, 어문연구학회, 2010.

______, 「일제 강점기 한문고등교육기관 설립에 관한 소고」, 『한국한문학연구』 59, 한국한문학회, 2015.

박희병, 「천태산인의 국문학연구(상)」, 『민족문학사연구』, 3호, 1993.

백영길, 「김태준과 동아시아문학－중국 현대문학론 및 연안행을 중심으로」, 『한림일본학』 2, 한림대 일본학연구소, 1997.

윤대석, 「경성제대의 교양주의와 일본어」, 『대동문화연구』 59, 대동문화연구원, 2007.

이용범, 「金台俊과 郭沫若－한 고전학자의 인식론적 전환의 계기」, 성균관대 석사논문, 2014.

이윤석, 「김태준 조선소설사 검토」, 『동방학지』 161집, 2013.

천진, 「식민지 조선의 지나문학과의 운명」, 『동아시아 한국학의 형성』, 소명출판, 2013.

____, 「1920년대 초 동아시아의 성찰하는 주체와 현대중국의 표상－아쿠타가와 류노스케, 이동곡의 장소 경험을 중심으로」, 『중국문학』 72, 한국중국어문학회, 2012.

하재연, 「'문우'를 통해 본 경성제대 지식인의 내면」, 『한국학연구』 31, 고려대 한국학연구소, 2009.

한기형, 「'이중출판시장'과 식민지 검열」, 『민족문학사연구』 57, 민족문학사학회, 2015, 147～148면.

孫知慧, 「忘れられた近代の知識人「金九経」に関する調査」, 『大谷学報』 94(2), 大谷学会, 2015.

山根幸夫, 『東方文化事業の歴史—昭和前期における日中文化交流』, 汲古書院, 2005.

王文宝, 「中國民俗學家江紹原」, 『民俗研究』 1990年 3期(總第15期), 中国民间文艺家协会民间文学研究所, 1990.
魏乃・魏至・魏重,「魏建功先生传略」,『文教资料』1996年 05期, 南京師範大學.
李家源,「韓國漢文學史中譯本序」,『貞盦文存』, 友一出版社, 1985.
李暁辰,「京城帝国大学における韓国儒教研究活動」,『東アジア文化交渉研究』Vol.8, 関西大学 大学院東アジア文化研究科, 2014.
曹达,「魏建功年谱」,『文教资料』1996年 05期, 南京師範大學.
趙穎秋,「解放前韓國現代文學在中國的傳播與接受研究」, 南京大學 碩士論文, 2014.

임화와 김기림의 1940년 전후*

장문석

"우리에게 희망이 주어지는 것은 오로지 희망이 없는 사람들을 위해서이다."

— 발터 벤야민

* 이 글은 2013년 숭실대 한국문예연구소 전국학술발표대회 '일제 말기 국책문학(國策文學)의 실상'(숭실대, 2013.6.7)에서 발표한 원고를 바탕으로 작성하였다. 부족한 글을 살펴주신 정기인, 강동호, 이은지 선생님께 감사드린다.

1. 열림–전형기 한국 근대문학 비평의 시차(視差)

1930년대 중후반 임화는 한국문학(사)의 정체성이라는 문제에 골몰하고 있었다. 한국문학의 정체성이라는 문제는 그의 비평적 관심과 밀접했던바, 「본격소설론」에 실려 있는 다음의 한 절은 문학(사) 연구에 대한 그의 필요성을 짐작하게 한다.

> 누언(累言)하는 바와 같이 소설은 개인으로서의 성격과 환경과 그 운명을 그리는 예술이라 서구적 의미의 완미한 개성으로서의 인간 또는 그 기초가 되는 사회생활이 확립되지 않는 한 소설 양식의 완성은 기대할 수 없다.
>
> 이런 의미에서 진정으로 개성이기에 다분히 봉건적인 신문학, 또한 개성적이라기보다는 지나치게 집단적인 경향문학은, 결국 조선에 소설 양식을 완성할 수 없었다.
>
> 뿐만 아니라 시민적 개성의 문학을 집단적인 개성의 여과(濾過)함으로 제 독특한 (19세기의 소설과 구별되는) 소설 (혹은 서사시)을 형성할 경향문학으로서, 아직 시민적 의미의 개성도 형성되지 않은 땅에서 일을 시작한다는 것은 두려운 모험이었다.
>
> 조선의 경향소설은 그런 때문에 개성의 가치를 자기의 입장에서 평가하고 재생시키는 것을 몰각하게 되었다. (…중략…) 그들은 개성의 사회성을 이해하기엔 너무 비사회적이었다. 즉 성장하기도 전에 깊은 분열상(分裂相) 가운데 빠진 생활 속에 있었던 것이다.

> 그러나 근대적으로 이해된 사회성의 정열 없이는 근대적인 개성의 형성도 불가능한 것이다. (…중략…) 순서상으로 보면 후자의 사회성(신경향파의 사회성–인용자)이 당연 신문학이 달성치 못할 개성의 확립을 자각하고 그들이 말해오든 사회성적, 개성적인 이중의 과제를 수행하게 될 것이나, 그들 자신의 무력 또는 현실의 조건 모든 것이 이롭지 않게 되었다.
>
> 이렇게 근대적 전통의 결여가 조선의 소설 발전 내지 완성에 치명적 결함으로 나타날 때 문학은 점점 더 괴로운 생활을 인내하지 아니 할 수 없게 되었다.
>
> 이 현상은 작가가 현실에 대하여 갖는 태도를 근본적으로 고칠 정도로 발전하였다.[1]

조선에서 본격소설은 불가능하다는 착잡한 판단을 전제하고 있는 「본격소설론」에는 당시 임화가 가지고 있던 여러 생각과 고민의 흔적들이 새겨져 있다. 그는 성격과 환경의 조화를 근대 소설의 이념으로 판단했기에, 「세태소설론」에서 당대의 소설을 세태소설과 내성소설로의 분열로 이해하였다. 문제는 분열의 원인이 작가들의 불비함 때문이 아니었다는 점이다. 근대적인 사회성이 형성되기 이전에 근대적인 개성의 성립 또한 불가능했던바, 근대적 시민의 개성이 형성

1 임화, 「본격소설론」, 신두원 편, 『임화문학예술전집』 3, 소명출판, 2009, 296~298면. 이하 모든 강조는 인용자의 것이다.

되지 않은 조선에서 완미한 개성의 문학인 근대문학이 발아하기란 지난한 일이었다. 결국 임화는 문학사 서술을 통해 조선의 근대성 자체를 심문하게 된다.

1930년대 말 임화가 월평을 쓰면서 여러 번 주춤했던 것도 같은 이유에서였다. 1939년 9월 『인문평론』에 월평을 쓰기로 되어 있던 그는 끝내 글을 완성하지 못한다. 대신 그는 자신이 창작평을 쓸 수 없었던 원인에 대해 부감해 둔다. 소설의 문제에 대한 근본적인 진단이나 해결책을 제시하지 못한 상황에서 창작에 대해 "어줍잖은" 해석을 하는 것도, 혹은 작가에게 무리한 요구를 계속하는 것도, 그렇다고 독자에게 같은 내용을 다른 방식으로 말하는 것도 모두 "비평가의 후안무치(厚顔無恥)"일 뿐이라는 판단에서였다. 글의 서두에서 무력감을 감추지 않았던 임화는 월평 대신 조선문학 일반의 특징과 그에 대한 역사적 고찰, 특히 조선문학(사)에 있어 단편 양식의 위상에 관한 고찰로 나아간다.[2] 당대 창작에 불만스러워하고 월평을 쓰지 못한 것은 임화의 경우만이 아니었다. 1930년대 중후반 『조선일보』 학예면을 주관하고 문학의 장을 기획하며 적지 않은 논쟁의 장을 제공하고 월평을 이어갔던 이원조 또한 "6월(六月) 창작평(創作評)의 부탁을 받고 작품(作品)을 두어 개 읽어보니 지독한 흉작(凶作)이라 어디다 손을 댈 수가 없다"라고 적으면서 월평 쓰기를 포기한다.

2 임화, 「단편소설의 조선적 특성－구월 창작평을 대신함」(『인문평론』, 1939.10), 하정일 편, 『임화문학예술전집』 5, 소명출판, 2008, 138～154면.

> 事實에 있어 二三年來의 批評家의 態度를 본다면 거의 作品追隨主義라고 할 만큼 作家의 뒤를 따라다닌 것이 事實이다. 年前에 作品의 眞價나 作家의 眞意에 對해서는 秋毫의 考慮도 없이 批評家의 旣成觀念만을 가지고 一刀兩斷하던 現象에 比한다면 거의 隔世의 感이 없지 않다. 그러나 批評家들이 이렇게 溫順해진 대신에 作家는 批評家에게 무엇을 代價으로 주었는가. 만약 이것을 가지고 作家와 批評家가 對坐를 해서 따져보더라도 彼此에 무어 이렇다고 할 말이 없을 것이다.[3]

임화와 이원조의 언급을 겹쳐 읽는다면, 당대 발표되던 소설에 대해 비평이 마주하고 고심해야 했던 문제의 열쇠말이 드러난다. ① 발표되는 창작의 질의 문제, ② 조선문학 및 조선사회의 근대성 도달 문제, ③ 비평가의 역할과 비평의 정체성 문제, ④ 비평에 대한 대안으로서 조선문학의 역사적 정체성의 탐색. 네 가지 문제는 서로를 지시하면서 논리의 순환을 만들어내고 있었다. 발표되는 작품의 질이 담보되지 않는 것은 비평가나 소설가의 문제이기도 했지만 나아가 조선문학의 근대성 미달에서 기인한 것이었다. 때문에 조선문학과 조선사회의 근대성에 대한 반성적 성찰과 역사적 정체성에 관한 탐구는 필수적이었다. 이러한 논리적 순환의 바탕에 조선문학의 근대성을 이념형으로서 신뢰하고 그 입장을 견지하며 비평을 전개하는 비평가

3 이원조, 「代六月 創作評文」(『인문평론』, 1940.7), 이동영 편, 『이원조 문학평론집』, 형설출판사, 1990, 402면.

들의 태도가 가로놓여 있었음은 물론이다.[4]

그런데 비평이 소설에 대한 불만을 감추지 않았다면, 시에 대한 비평의 입장은 사뭇 달랐다. 김기림은 일찍이 1937년에 발간된 오장환의 시집 『성벽』을 읽고는 "씨는 새 '타입'의 서정시를 세웠다"라고 찬탄하면서, "거기 담겨 있는 감정은 틀림없이 현대 지식인의 그것[감정]"으로 오장환의 시에서는 "혼란 속에서도 어떠한 질서를 추구해 마지않은 비극적인 노력, 무릇 그러한 연옥(煉獄)을 통과하는 현대의 지식인"의 태도를 발견할 수 있다고 고평하였다.[5] 소설과 마찬가지로 근대성이라는 가늠줄을 사용하고 있지만, 오장환에 대한 김기림의 찬탄은 당대 창작되던 소설에 대한 비평가들의 불만과 상당히 거리가 있었다. 이러한 찬탄은 김기림만의 것이 아니었다.

> 우리는 이 사이에 기림까지가 새로운 시인으로서의 위치를 상실했다는 한 사실만 지적하면 족하다. 한 시대가 완전히 종언을 고한 것이다. (…중략…) 거듭 말하거니와 한 시대는 이미 종언했다. 거기에서 이찬의 『분향(焚香)』, 윤곤강의 『만가(輓歌)』가 스러지는 시대에의 장송의

---

4 김동식, 「1930년대 비평과 주체의 수사학」, 『한국현대문학연구』 24, 한국현대문학회, 2008, 167~211면 참조.

5 김기림, 「오장환 시집 「성벽」을 읽고」(『조선일보』, 1937.9.18), 김세환·김학동 편, 『김기림전집』 2, 심설당, 1988, 377면. 『김기림 전집』은 해방 후 발간된 『시론』(백양당, 1947)을 저본으로 삼았는데, 김기림이 『시론』을 묶으면서 평론의 제목을 수정한 경우가 많았다. 이에 관한 변증은 같은 책, 392~394면 참조. 이 글은 『김기림 전집』에 편집된 김기림의 평론을 인용하고, 평론의 제목은 발표시기의 것을 존중하였고, 발표 지면 및 일시를 병기한다.

곡을 울렸다. (…중략…) 오군의 시집 가운데서 우리는 서정시의 현대적 운명의 일단을 발견할 수 있다.[6]

임화 역시 오장환의 시로부터 새로운 시의 시대를 감지하고 있었는데, 여기서 임화는 세대론의 시각을 숨기지 않았다. 그는 김기림으로 매듭지어지는 시인의 한 세대가 이미 "새로운 시인으로서의 위치를 상실"했기에, "한 시대가 완전히 종언을 고한 것"으로 판단하였다. 윤곤강과 이찬의 시는 스러져가는 시대의 장송곡을 올렸으며, 오장환의 시는 한 시대의 새로운 소리를 대표하고 있었다. 이러한 태도는 확실히 1930년대 중반 임화가 "지난 해 수십 명의 시인, 작가, 비평가의 일단 위에 내린 무서운 뇌우는 결코 물러나지 않았을 뿐더러, 안개와 구름은 이상 더 농도를 깊이 하고 거치른 바람은 비가 올지 눈이 올지 전연 판별키 어려웠다"라고 하면서 그 고민과 불만을 숨기지 않았던 것을 염두에 둘 때, 상당한 시차(視差/時差)를 느끼게 한다.[7]

여기서 확인할 수 있는 점은 두 가지인데, 하나는 근대성을 염두에 두었다는 점에서는 같은 비평이었으나 시와 소설에서 그 반응이 다르게 나타났다는 점이며, 다른 하나는 비평의 논리에는 세대 감각이 개재되어 있다는 점이다. 물론 같은 시기 김동리와 유진오를 주축으로

6 임화, 「시단과 신세대」(『조선일보』, 1939.8.18~26), 신두원 편, 『임화문학예술전집』 3, 소명출판, 2009, 388~389 · 397면.

7 임화, 「담천하의 시단 1년」(『신동아』, 1935.12), 신두원 편, 『임화문학예술전집』 3, 소명출판, 2009, 481면.

신세대 논쟁이 벌어졌다는 점을 떠올릴 수도 있으며,[8] "시가 먼저 발견하고 소설이 그 뒤에 이것을 형성한다"라는 식으로 시와 소설의 장르 특성을 감안할 수도 있을 것이다.[9] 그러나 이런 점들을 고려하면서, 시와 소설에 대한 비평의 시차(視差)를 의미화하는 문제는 1930년대 후반 문학 비평의 지형도를 구축하는 주요한 한 참조점이 될 것이다. 시와 신세대, 그리고 근대성의 문제를 열쇠말로 하여 임화와 김기림의 1930년대 중후반에서 1940년 전후를 살피는 것이 이 글의 목표이다.

2. 1935년 임화 시사(詩史)론과 김기림 시비평의 거리

카프 해산 직후 1935년 한 해 동안의 시단을 결산하면서 발표한 「담천하의 시단」에서 임화의 비판은 '신시' 세대와 '기교파'를 겨냥하고 있었다. 고전부흥론이 발흥하던 당대였지만, 그는 "복고주의가 일반화하는 것은 우리들이 역사상에서 잘 보는 것과 같이 그 계급에 의하여 대표되는 시대와 문화와 예술이 임종을 당할 때에 나타나는 고유의 현상"일 뿐이라고 일갈한다.[10] 같은 해 벽두에 김기림은 이미

8 김윤식, 『김동리와 그의 시대』, 민음사, 1995, 204~216면.
9 임화, 「시단의 신세대」, 신두원 편, 『임화문학예술전집』 3, 소명출판, 2009, 387면.

1935년의 시단을 전망하며, "요한에게도 파인(巴人)에게도 월탄(月灘)에게도 소월(素月)에게도 저 옛날에 그렇게 고혹적이던 「아름다운 새벽」의 신선도 「국경(國境)의 밤」의 패기도 「흑방비곡(黑房秘曲)」의 심오(深奧)도 「금단듸」의 순정(純情)도 벌써 찾을 길이 없다"라고 우려하였다.[11] 곧이어 발표한 글에서도 김기림은 은유의 방식으로 한국근대시의 전개에 관한 자신의 입장을 피력한다. 그는 시적 사고와 감정을 감수하고 소유하는 단계, 혹은 한 시인의 내적 발전 단계를 위계화하여 ① 평범한 시적 사고나 감정을 소유한 단계(구식 「로맨티시즘」의 시론), ② 높은 시적 사고나 감정은 가졌으나 표현력에 있어서 부족한 단계(생경한 관념적 시), ③ 뛰어난 시적 사고나 감정을 훌륭한 표현력으로써 구상화할 수 있는 단계로 3단계를 제시한다. 그리고 각각을 낭만주의 시, 경향파 시, 그리고 기교파 시에 유비한다. 낭만주의 시와 경향파 시는 공히 그 기교가 미성숙했다는 점에서 "원시적 상태"를 면치 못하고 있었는데, 이를 반성하며 "강렬한 문화적 욕구에 있어서 소박한 자연 상태의 정리에 의한 고도의 문화가치의 실현"을 요청하고 실천한 것이 기교주의의 문학사적 의미였다. 그러나 기교주의 역시 기교 편향을 노정했기에 김기림은 대안으로 사상과 기교가 통일된 '전체로서의 시'를 제안한다.[12]

10 임화, 「담천하의 시단 1년」, 앞의 책, 485면.

11 김기림, 「신춘조선시단전망」(『조선일보』, 1935.1.1~5), 김세환·김학동 편, 앞의 책, 355면.

12 김기림, 「시에 있어서의 기교주의의 반성과 발전」(『조선일보』, 1935.2.10~14), 김세

임화 또한 '신시' 세대의 정체(停滯)에 관한 김기림의 진단에는 동의하였다. 그러나 그는 김기림의 분석 및 대안이 피상적인 것으로 문학사를 일선적으로 이해한 결과 "문학적 퇴보"를 낳을 수밖에 없었던 본질적인 원인을 충분히 해명하지 못한 것에 대해 아쉬움을 표했다. 따라서 그는 김기림의 '전체로서의 시'라는 대안에도 공명하지 않았다. 임화가 보기에 신시 세대의 "퇴보"는 한국 근대시사의 역사적 전개과정을 고려해야 의미화할 수 있는 것이었다. "문학적 발전의 大途"를 염두에 두는 입장에서라면, '신시' 세대들의 "뒷걸음"은 "결코 이해키 어려운 아무것도 아"닌 것, 곧 필연적인 것이었다. 임화의 「담천하의 시단」은 같은 시기 그가 발표했던 「조선신문학사론 서설」과의 연관해서 독해할 때,[13] 그 의미를 보다 뚜렷이 부각할 수 있다.

> 신문학이 근대적 행진을 계속하고 있는 동안에 그들은 한 개 봉건적 문화의 유물로서 아무[에]게서도 고려되어 오지 않았다. 신시에 대하여 시조는 완전한 한 개 보수적인 적이었다.

환・김학동 편, 앞의 책, 94~99면.

13 임화의 「조선신문학사론 서설」은 "매 계기마다 앞 세대의 문학으로부터 진보적 유산을 계승하고 문학사적 한계도 물려받으면서 사상적・예술적 발전을 이루고 다음 세대의 문학으로 진보해 나아간다는 것이다. 다시 말하면 문학사는 적극적인 것의 '계승'과 부정적인 것과의 '상쟁'의 변증법을 통해 보다 높은 형태로의 발전과 조직화를 관철해 나아간다. 이로써 이광수 문학과 신경향파 문학을 곧바로 대비시키는 무매개적이고 비역사적인 이원론을 토대－상부구조론에 의거해 비판하면서 신경향파 문학의 위상을 정립할 수 있었다." 박진영, 「임화의 문학사론과 신문학사 서술」, 문학과사상연구회, 『임화문학의 재인식』, 소명출판, 2004, 110면.

그러나 신시가 그 내적 모순의 발전으로 인하여 그 예술적 정신적인 생명을 새로운 계급의 시가 위에 전승하고 말았을 때 신시는 본질적인 의미에서 시조 등의 적임을 그만두었다. 신시와 시조, 구조(舊調)의 가요 등은 사실상 예술적 사상적인 동서자(同棲者)로서 화목하였다.[14]

임화의 소설사 구도는 '고전주의－낭만주의－사실주의'의 변천을 서구 근대문학 발달의 일반적인 과정으로 이해하고, '부르조아 문학－쁘띠부르조아 문학－프롤레타리아 문학'로의 전개과정이라는 세계문학 발전의 보편적 법칙으로 전제한 상태에서 구성되었다. 임화가 소설사에 대해서는 "이인직의 신소설－이광수의 『무정』－자연주의문학－낭만적 세기말적 경향－신경향파문학(박영희적 경향－최서해적 경향)－프로문학"의 발전 과정을 제시했다면, 시사에 대해서는 "(시조 및 구조의 가요－)신시－계급의 시가"라는 과정을 전제하고 있었다. 소설사 체계에 비해 시사 체계는 다소 단촐한데, 그는 우선 시조 및 구조(舊調)의 가요 등 '봉건적인 시가'와 대별되는 '신시'의 특징을 일별한다. '신시'는 사상적으로는 "진보적 시민정신의 불타는 정열 가운데서 그들은 자기들의 새로운 시적 언어의 창조적 가능성을 획득한" 문학양식이며, 형식적으로는 '봉건적인 시가'의 "진부한 정률시"에서 탈각한 "자유시형"이었다.[15]

14 임화, 「담천하의 시단 1년」, 앞의 책, 484면.
15 위의 글, 485～487면.

'신시'의 담당자들은 소설사에서 '신경향파' 등장 이전 이광수, 자연주의 문학(김동인, 염상섭, 현진건) 및 낭만적 세기말 경향(임노월, 박영희, 나도향 등 『백조』 중심의 문인)과 같은 세대의 문인으로, 구체적으로 김억, 주요한, 김석송, 김동환, 박종화, 김소월 등이었다. 그러나 조선의 시민계급이 충분히 성장하지 못한 탓에 이들은 생활 및 현실과 예술을 충분히 연관하지 못하는 한계를 노정하게 되며,[16] 이들 세대의 문학은 현실보다는 예술 그 자체에 주목하여 "방향"을 "상실"하고 "퇴화"하게 된다.[17]

이후 문학사의 전개에 따라 "신시가 그 내적 모순의 발전으로 그 예술적 정신적인 생명을 계급의 시가에 전승"하게 된다. 원래 '신시'의 끝자락에 서 있었던 박팔양, 김화산, 그리고 임화 자신도 애초에는 예술이 급진화되면 자연스레 혁명적 예술이 될 수 있다고 오인했지만, 이후 예술과 생활의 연관이 충분치 못함을 반성적으로 성찰했기에 '경향시'에 도달할 수 있었다. '경향시'는 "시인들의 생활과 시가의 종합"을 통해 "시의 사상성"을 성취한 양식이었다. 임화는 '경향시'가 등장한 이후 '신시'의 담당자들이 '예술을 위한 예술'을 주창하며 맞섰으나, 결국 '봉건의 시가'로 퇴행한 것으로 판단한다.[18]

16 임화, 「조선신문학사론 서설」(『조선중앙일보』, 1935.10.9~11.3), 임규찬 편, 『임화문학예술전집』 2, 소명출판, 2009, 389 · 399면.

17 위의 글, 411 · 416면.

18 이 문학적 퇴보의 대표적인 범례로서 우리는 안서의 운문화한 「홍길동전」, 파인의 「신청년가」, 「중학생가」 등을 볼 수가 있다. 이곳에서 우리는 도저히 신시와 구조(舊調)의 창가나 유치한 가요와의 구별을 찾기는 어렵다. / 월탄, 춘원까지 낡은 시조로 돌아가고 이병

'경향시'가 문단 외부 상황으로 다소 위축했을 때, 문학 장에 등장한 '기교파'는 임화가 보기에 '경향시' 이전 '신시'의 "잔재"를 그대로 계승하고 있을 뿐이었다. '기교파'는 초기 '경향시'와 경쟁하던 "신시의 기본적인 특징"인 낭만주의 혹은 예술지상주의와 연락 관계에 있었으며, "경향시의 가장 약한 부분"이었던 언어의 예술적인 달성 자체를 목표로 삼고 있었다. 물론 '기교파'들은 '현명하게도' 이전 세대와 달리 예술지상주의자로 자처하지 않으며, '신시' 세대와 자신들을 구별지으며 혁명적인 예술로 자처했지만, 임화가 판단하기로는 그러한 태도는 "생활과 시가의 종합인 시"를 거부한 채, "급진적인 예술이 곧 혁명의 예술이라고 오인하는" 것으로 "역사 과정의 합법칙성을 인식치 못하는 급진적 소시민의 주관적 환상의 산물"일 따름이었다. 임화는 '기교파'의 시에 대해 "시의 대상인 자연이나 인간생활이 사유를 통하여 시적 표현의 길을 밟는 것이 아니라, 감각된 현상을 신경부를 통하여(두뇌로 가져오는 것이 아니라) 그것을 그대로 말초 부분에 적재해두고 시의 제작만을 위해서 사유"하는 "사상 없는 시"로 규정하고 비판하였다.[19] '기교파'의 대표적인 시인들은 김기림, 정지용, 신석정, 유치환, 박재륜, 이서해 등 당대에 새로 주목받던 시인들이었다.

임화가 '기교파'와 그들의 시를 비판하는 논리의 근저에는 이와 같

기 기타의 고색창연한 시조가 일류 신문 잡기의 시가란을 장식한다. / 워즈워스와 같이 아름다운 속어의 구사자 소월은 죽어가고 가장 민주적 시인이었던 석송, 요한은 침묵한 지 오래다. 임화, 「담천하의 시단 1년」, 앞의 책, 486면.

19 위의 글, 496면.

은 그의 문학사적 인식이 전제되어 있었다. 김기림이 신시 세대 시인의 "퇴보"를 주장했을 때, 임화는 그의 현상 진단에 동의하면서도 김기림이 "계급 분화" 및 역사의 발전법칙에 대한 인식을 결여한 것을 비판한 것이라든지, 김기림의 시론이 감각의 차원에 머물 뿐 지성의 영역에 도달하지 못했다고 비판한 것도 같은 맥락에서였다. 따라서 김기림이 기교주의에 대한 반성으로 제안한 "지성과 인간성이 종합된 한 새로운 세계"[20]라는 이념에 대해서도 임화는 비판적 거리를 둘 수밖에 없었다. 임화의 판단에서 '기교파' 시인들이란 예술과 생활의 관련을 다시금 단절하고 "언어적 질서의 정리 그것"을 "오직 유일의 목적"으로 삼는 "감각의 시인"에 불과했기 때문이었고, 예술과 생활의 연관을 회복하지 않는 대안이란 피상적일 뿐이었다. 둘 사이의 거리로 인해 임화와 김기림은 기교주의 논쟁을 경유해야 했다.

박용철, 김환태, 김기림, 임화 등이 직간접으로 관여했던 기교주의 논쟁에 대해서 이 자리에서는 충분히 고찰할 수 없지만,[21] 적어도 이 논쟁 과정에서 임화와 김기림 사이에 어떤 대화의 가능성이 열렸다는 점은 지적해두고자 한다. 임화의 「담천하의 시단」에 대한 대답으로 작성된 「시인으로서 현실에 적극관심」에서도 소통 여지를 읽을 수 있다.

20 김기림, 「오전의 시론-고전주의와 로맨티시즘」(『조선일보』, 1935.4.26~28), 김세환·김학동 편, 앞의 책, 165면.

21 기교주의 논쟁의 개략에 관해서는 방민호, 『일제말기 한국문학의 담론과 텍스트』, 예옥, 2011, 158~166면 참조.

이 30년대의 전반기의 수년 동안 기교파의 세력이 시단을 압도하였다고 말한 임화 씨의 말은 옳다. 어떠한 역사적 사실을 있는 그대로 인정한다는 것과 판단한다는 것은 다른 일이다. (…중략…) 기교파를 다시 정밀하게 분류한다면 그 중에서 언어에 대한 고전주의적 신념을 시론으로 한 일파와 일군의 첨예한 형이상학파와 수에 있어서 그보다 더 많은 寫像派로 구분할 수 있다. 그러나 그들은 모두 현실에 대하여 도망하려는 자세를 가지는 점에서 일치한다. 원래 「보들레르」를 원조로 하고 근년의 초현실파에 이르기까지 불란서를 중심으로 한 근대시의 특징은 그것이 일관해서 현실을 추악한 것으로 인정하고 그것을 초월한 곳에 아름다운 시의 세계를 상정하려는 데 있었다. 자신의 시의 전통을 가지지 못하고 주로 서양시에서 그 자양을 더 많이 섭취하여온 우리 신시가 그러한 영향을 강하게 받은 것은 피할 수 없는 일이었을 것이다. 그 위에 우리를 에워싼 현실이 시인을 기쁘게 하기에는 너무나 미웠다. 그러나 우리들 속에 현실 도피의 태도 가운데는 강한 현실 증오의 감정이 어느 정도까지 흐르고 있었던가. 서양의 초현실주의자들의 그것에 필적할 만하다는 自信이 있을 수 있을까.[22]

김기림 자신의 '내용과 기교의 통일'에 기반한 전체주의 시론이 우(右)로부터 기울어지고, 임화의 시론이 좌(左)로부터 기울어진다면 "이

22 김기림, 「시인으로서 현실에 적극관심」(『조선일보』, 1936.1.1~5), 김세환 · 김학동 편, 앞의 책, 102면.

두 선이 어떠한 지점에서 서로 만날까, 또는 반발할까"라는 「시와 현실」 결미의 수사적인 질문에서도 임화와 김기림 사이의 소통가능성이 가늠을 할 수 있지만,[23] 위의 인용문에 드러나는 김기림의 판단도 염두에 둘 필요가 있다. 김기림은 기교파 시인 내부의 차이에도 불구하고, 그들이 공히 현실과 연관 맺지 못했다는 점을 인정한다. 그리고 현실에서 "도망"하는 시인들의 태도를 조선 근대시(사)의 전통 부재와 서구 문학의 이식 문제, 서구 근대와 조선의 식민지 근대 사이의 낙차와 연관하여 이해한다. 한국근대시의 역사적 전개과정과 그 특성을 이해할 필요성을 감지했다는 점과 서구 시민 사회와 조선 사회의 낙차를 논제화하였다는 점에서 김기림은 이후 임화와 소통할 수 있는 여지를 조금씩 열고 있었다.

3. 1940년 전후 앙팡 테리블 오장환의 시를 읽는 비평가들

1936년 4월 김기림은 일본 도호쿠제대(東北帝大)에 입학하여 시와 과학의 관계를 연구하였다. 졸업논문은 「I. A. Richards' Theory of Poetry」였으며, 1939년 4월경 『조선일보』에 복직한다. 이 시기는

23 김윤태, 「1930년대 임화와 김기림의 시론 비교」, 임화문학연구회, 『임화문학연구』 2, 소명출판, 2011, 113면.

1937년 중일전쟁이 발발한 이후였으며 1938년 4월 1일 육군특별지원병제와 더불어 '제3차 조선교육령'으로 조선어가 수의(隨意) 과목으로 지정되어 조선어의 위기가 근대의 위기와 더불어 이미 가시화된 이후였다.[24] 이러한 상황 안에서 1939년 발표된 「시단의 신세대」는 김기림에 대한 임화의 태도가 이전과 퍽 달라졌음을 감지하게 한다. 그는 "기림이 일찍 '백조의 노래'라고 형용했던 시편들은 기울어져 가는 시대의 엘레지였을 뿐만 아니라 실로 새 시대의 도래를 고하는 하나의 경종이었다"라고 쓰면서 김기림의 시단 진단에 동의한다. 그리고 임화 자신을 포함한 시인 일군을 하나의 세대로 지칭하면서 다음과 같이 평하였다.

> 기림과 우리 구(舊) 카프 시인들은 (…중략…) 근본적으로는 같은 시대의 한 환경의 시인들이었다. 그 다음에 에어 포켓을 메운 사람들이 또한 하나의 제너레이션일 것이다.
>
> 그러나 이 시인들이 새 제너레이션임에도 불구하고 새 시대의 인(人)이 아니었음은 지용의 시가 일절(一切)로 시대성과의 교섭을 거절하고 있었던 곳에서도 훌륭한 입증을 얻을 수 있다.
>
> 그러한 가운데 이찬(李燦)의 『대망(待望)』, 윤곤강(尹崑崗)의 『대지』, 혹은 나의 『현해탄(玄海灘)』의 일부분이 씌어졌다. 이것은 낡은 시

24 김윤식, 『기하학을 위해 죽은 이상의 글쓰기론―탄생 백 주년의 문학사적 의의』, 역락, 2010, 165~178면; 윤대석, 『식민지문학을 읽다』, 소명출판, 2012, 79~84·243~268면.

대의 아들들이 새 시대에서 제 영토를 발견하려는 의욕의 표현이라 할 수 있었고, 또한 구시대를 연장하려는 희망의 반영이기도 했다.

그러나 거듭 말하거니와 한 시대는 이미 종언했다.

거기에서 이찬의 『분향(焚香)』, 윤곤강의 『만가(輓歌)』가 스러지는 시대에의 장송(葬送)의 곡으로 울렸다.

뿐만 아니라, 조벽암(趙碧岩)의 『향수』, 김광섭(金珖燮)의 『동경』 혹은 김상용(金尙鎔)의 『망향』에 이르기까지 토탈리즘의 도도한 파도에 대한 부조화의 기분의 반영이 아닌가?

시집들의 제명(題名)이(물론 제(題)나 명(名)이 시집의 전 내용의 표현은 아니다) 말하듯이 시인들이 현대로부터 떠나가는 심정의 근본 지향은 상실된 시대의 재현과 깊은 관계를 맺고 있는 것이다. (…중략…)

현대와의 부조화가 그들 사이에 있는 경향과 입장상의 차이를 초월한 것이다.

여기에 현대, 특히 시대와 시와의 사이에 있는 모순의 차가 실로 막대함을 짐작케 한다.

이 결과가 전기(前記)의 시인들로 하여금 얼굴을 뒤로 혹은 위로, 요컨대 지상(地上)에서 돌이키게 한 것이다.

이 경향은 소설보다 시가 훨씬 선행했고, 철저했고, 또한 뿌리깊었다.

소설이 성격과 환경, 혹은 작가 정신의 전적(全的) 균열(龜裂)이라 하여 새 시대와 타협할 수도, 분리할 수도 없어 준순(逡巡)하는 작금간의 사태를 시는 벌써 극한에서 첨예화한 것이다.[25]

1930년대 중반 임화는 '경향시'와 '기교시' 사이의 입장 차를 뚜렷이 부각하였으나, 이 글에서는 자신을 포함한 '구 카프 시인들'과 김기림 등 기교주의 시인을 "근본적으로는 같은 시대의 한 환경의 시인들"로 규정하면서, 동시에 시단의 "한 시대가 이미 종언"했음을 거듭 강조한다. 시적 경향의 차이에도 불구하고 카프 시인들과 기교주의 시인들을 한 세대로 묶을 수 있었다는 점은 이들 시인들이 공히 "현대와의 부조화"를 고민했다는 사실 때문이었다. 이 문제를 「본격소설론」에서 진단한 '성격과 환경의 부조화'와 겹쳐 읽는다면, 임화가 개성과 사회성이 조화를 이루는 서구적 의미의 완미한 근대성이 "결여"된 조선근대문학사의 근본적인 문제를 시의 경우에서도 발견하고 있었음을 확인할 수 있다. 그러나 소설의 경우 서구의 완미한 양식인 본격소설이 나타나지 못하고 세태소설과 내성소설로 분열한 데서 볼 수 있듯 그것이 양식의 문제로 현상했다면, 시의 경우는 시인들이 시와 시대의 모순을 통감했으나 그럼에도 자신들의 시선은 지상(地上)에서 거두어 뒤쪽 혹은 위쪽을 바라보았다는 점, 곧 시적 주체의 태도 문제로 나타나고 있었다. 물론 시대의 종언이 한 순간에 이루어지는 것은 아니었기에 정지용처럼 시대성과의 교섭을 일절 거절하는 태도도 있었고,[26] 다른 방식으로는 이찬, 윤곤강, 그리고 임화의 시집에서 보듯

25 임화, 「시단의 신세대」, 앞의 책, 388~389면.

26 가톨릭문학 창작방법론을 모색한 이후 정지용 시에 나타난 '상실+정화=상승'의 의미론적 구도, '근신' 및 '묵상'의 창작태도와 『백록담』의 감각적·언어적 근신에 관해서는 허윤, 「정지용 문학의 가톨리시즘과 역사의식」, 『민족문학사연구』 53, 민족문학사학회, 2013,

새로운 시대를 재영토화하고자 하는 기획도 있었다. 그럼에도 불구하고 이미 시인들이 지상에서 눈을 돌렸다는 점에서 시단의 한 세대가 종언한 것은 부인할 수 없는 사실이었다.

소설에서는 아직 "구시대의 여운"이 지배적이었고 많은 작가들이 여전히 혼란과 모색을 노정하고 있었다면, 임화가 보기에 시단의 상황은 달랐다. 임화 자신의 세대가 종언을 고한 이후, 그 다음 세대들이 자신의 위치에서 그들의 목소리를 적극적으로 발화하고 있었던바, 그가 주목한 시인은 오장환이었다. 임화는 오장환의 시집 『헌사』를 통해 '현대와 서정시의 운명'을 가늠하게 된다.

저무는 역두(驛頭)에서 너를 보냈다
비애야!

개찰구에는
못쓰는 차표와 함께 찍힌 청춘의 조각이 흩어져 있고
병든 역사가 화물차에 실리어간다.

대합실에 남은 사람은
아직도 누귈 기둘러

---

2 · 3장 참조.

나는 이곳에서 카인을 만나면
목놓아 울리라

거북이여! 느릿느릿 추억을 싣고 가거라.
슬픔으로 통하는 모든 노선이
너의 등에는 지도처럼 펼쳐 있다.

—「The Last Train」

이 1편은 전권(全卷) 중의 백미다. 뿐만 아니라 근간 시집 가운데 뛰어난 작품이다.

시의 세계의 혈족(血族)들이 모조리 떠나간 뒤, 역사(歷史)마저 병든 도야지처럼 화차(貨車)에 실려간 뒤, 젊은 시정신은 폐허의 대합실에 탄생하여 기다릴 것이 무엇이냐.

여기는 불행한 시정신이 오열하는 한 절정이요 현대의 순결한 피가 고조(高潮)에 달한 절정이다. (…중략…) 회상하는 심정의 슬픔도 아니요, 비양(飛揚)하려는 의지의 비통도 아니요, 오직 순조로히 현대를 살 수 있다면 행복하였을지도 모르는 순결한 마음의 조그만 비극이 만들어 내는 울음은 한결 더 처창(悽愴)한 것이다.

이것은 현대에 생을 향유한 것 그 자체가 비극의 알파요 오메가인 심정, 바꿔 말하면 생이 그냥 슬픔인 현대 서정시의 중요한 표현이다.

오군은 그런 의미에서 자기의 시적 세계 가운데 일반적 가치의 일부분

을 함유하고 있는 시인이다.[27]

임화의 관심을 끌었던 것은 오장환 시에 나타난 근대성의 문제였다. 구체적으로 오장환의 시가 삶 자체를 슬픔으로 인지하는 "현대 서정시의 중요한 표현"을 성취했다는 점이 임화에게는 중요했다. 근대와 불화하는 오장환의 '시정신'은 폐허에서 '목놓아' "오열"할 수밖에 없었는데, 임화는 그 태도에서 오장환 시에 내재한 보편적인 가치를 찾아낸다.[28] 「헌사(獻詞)」와 「상렬(喪列)」 등의 시를 포괄하면서 임화가 분석한 오장환 시의 의미는 "멸(滅)하여가는 것에 아름다움을 발견"하는 것이었다. 소멸하는 것에서 아름다움을 찾는 것은 바로 다시는 회귀할 수 없는 시대를 애도하는 것으로 의미화할 수 있는바, 임화는 『헌사』의 시편들을 두고 "지나간 시대의 종언"에 대한 확인으로 받아들인다.[29]

물론 소멸하는 것에서야 아름다움을 느끼는 것은, 오장환도 "현대적 생의 무슨 적극적 보람의 길"을 발견하는 데까지는 이르지 못했음

27 임화, 「시단의 신세대」, 앞의 책, 394~395면.

28 이기주, 「오장환 시에 나타난 근대적 자아의 공간 체험」, 숭실대 석사논문, 2013, 64면. "오장환의 시에 등장하는 시적 화자는 모두 절망감에 사로잡힌 인물들이다. 돌아갈 근원적 공간은 붕괴되어버린 지 오래고, 현실의 공간인 근대적 공간에서는 더더욱 안주할 수 없는 것이다. 오장환이 겪은 근대 체험은 그에게 있어서 비애감과 절망감을 똑똑히 느끼게 해주는 부정적 체험이라고 할 수 있다. 그래서 오장환의 시에 등장하는 시적 화자들은 하나같이 어디에선가 소외되고, 경계를 떠돌 수밖에 없는 도형수와 같은 이들인 것이다."

29 유종호는 「The Last Train」에 대해 "병든 역사와 덧난 청춘과 기다림의 허망함과 세계에 미만해 있는 슬픔을 노래한 30년대 말의 절망의 절창"으로 고평한다. 유종호, 『다시 읽은 한국시인』, 문학동네, 2002, 141면.

을 방증하는 것이었고 이 점에서는 그 역시 임화의 세대와 같은 처지일 수도 있었다. 그러나 임화가 보기에 자신들의 세대와 달리 오장환은 근대성을 담지하면서도 "아무 관념도 가지고 들어오지 아니"했으며, 동시에 "최초로부터 (…중략…) 기교주의와 무연(無緣)"했다.[30] 곧 오장환 시의 근대성은 '경향파'처럼 이념에 의해 추동된 것도, 혹은 '기교파'처럼 언어 질서에의 욕망으로 형성된 것이 아니었다. 오장환 시는 로맨티시즘과도 페시미즘과도 무관하였으며, "현대에 대한 서정시의 비타협의 정신"만이 오롯이 "순결"하고 "아름다히 정련(精鍊)"된 상태로 현상하고 있었다. "언어의 유희"로 충만할 따름이었던 당대 시단과는 달리, 오장환 시의 시적 주체들은 현실과 관련 맺는 어떤 태도로서 근대성을 담지하고 있었다.[31] 임화는 이 점에 주목하여 "서정시의 현대적 운명의 일단을 발견"하고자 한 것이다.

임화는 오장환에게서 근대와 불화하는 태도를 발견하고 그것에 공명하면서도, 동시에 그것이 순수한 '정신'과 '태도'로만 수행되고 있다는 점에서 자신 세대와의 구별되는 면모를 감지한다. 오장환의 '정신'과 '태도'는 임화 자신의 이념성과도, 그리고 김기림 및 정지용의 기교

30 임화, 앞의 글, 397면.

31 미셸 푸코, 「계몽이란 무엇인가?」, 정일준 편역, 『자유를 향한 참을 수 없는 열망』, 새물결, 1999, 186～187면. 근대성은 사회문화적인 현상이나 역사적인 시간이 아니라, 일종의 태도로도 이해될 수 있는데, 이 때 태도란 동시대의 현실에 관련되어 있는 어떤 양식, 즉 몇몇 사람들에 의해 행해지는 자발적인 선택, 혹은 사유하고 느끼는 방식 그 자체를 의미한다. 푸코는 근대적인 태도란 현재 너머나 현재 뒤편에서 찾을 수 있는 것이 아니며, "현실에 극단적으로 주의를 기울임으로써 그 현실성을 존중하면서도 그것을 뒤흔들어 버리는 자유의 실천"이라 정의하였다.

주의적인 면모와도 모두 거리를 둔 것이었다. 로맨티시즘과 이미지즘 모두로부터 거리를 두고 있는 오장환의 시는 한국근대시문학사의 전개과정에서 이전 세대의 두 경향 모두로부터 비판적 거리를 확보한 자리에 놓이는 것이었다. '경향파'와 '기교파'에 대한 이중의 반성과 성찰을 수행한 자리에서 시단의 신세대는 비로소 문학사적 지위를 획득하는 것이었다.

새로운 시대의 핵심으로서 오장환이 존재했기 때문에, 이전의 '경향파'와 '기교파'의 일면을 계승한 윤곤강과 김광균 또한 시단의 신세대로 설 수 있었다. 임화가 보기에 김광균의 『와사등』에 실린 시편들은 기교파의 "근소한 생존자의 하나로 잔존"하였으되, "언어가 엮는 미묘한 회화(繪畵)"로까지 승화한 것이었고, 윤곤강의 시집 "『동물시집』의 광란과 방황은 낡은 경향파에서 자라난 시정신의 고민의 상징"이었다. 물론 이들 또한 "20세기에 발명된 모든 양식을 통과"하며 문학적 실험을 계속하면서 아직 "십자로 상"에서 나아갈 방향을 고민하고 가늠하고 있었으나, 적어도 이들은 "구시대에의 반성, 이중의 의미에서의 반성"을 수행하고 있었다는 점에서는 공통적이었다. 물론 그 반성은 "기교주의의 사치성에 대한, 또한 경향시파의 소박성에 대한 새 세대"로서의 자각이 있기에 비로소 가능한 것이었다.[32]

임화가 이미 「담천하의 시단」에서 구축해두었던 그 자신의 한국근

32 임화, 앞의 글, 399 · 409~411면.

대시사 체계를 염두에 두고 오장환 시의 문학사적 위치를 의미화했다면, 김기림의 경우는 서구문학의 전개과정에 대한 학지와 그 자신의 비평적 직관을 통해 임화와 거의 같은 결론을 향해 나아가고 있었다. 그는 시인과 작가들이 "원칙적으로" 특정한 한 세대에 속하는 것으로 전제한다.[33] 이때 그가 염두에 두고 있었던 사례는 "어쩔 수 없는 20년대의 시인"이었던 T. S. 엘리어트라든지, 1930년대의 시인인 오든과 스펜더 등 영문학의 시인들이었다. 김기림은 세대론을 부정하는 태도가 "노방의 잡담"일 뿐이라고 일축하면서 세대론의 입장을 지지한다. 그리고 그는 이미 임화보다 2년 앞서 오장환의 첫 시집 『성벽』에서 기존 시인들과 다른 어떤 새로움을 포착하고 있었다.

> 지식인은 현실에 대한 평범한 적응자는 아닐 것이다. 그는 현실의 분석자며 또 비판자다. 그렇다면 우리는 어떤 문화의 부문에 향해서도 역사와 현실에 대한 양심을 물을 권리가 있을 것이다. (…중략…) 이번 「城壁」에 골라서 엮은 시편들은 그러한 꿈의 세계와는 딴판으로 성숙하고, 생각 많은 청년의 정렬에 끓는 고백으로 꿰뚫어져 있다. 그것은 귀공자의 옷깃을 장식할 진주 부스러기는 아닐지 몰라도 분명히 읽는 사람들의 정신에 정열과 양심을 점화하는 불꽃들이다. (…중략…) 씨는 새 '타입'의 서정시를 세웠다. 거기 담겨 있는 감정은 틀림없이 현대 지식인

33 김기림, 「시인의 세대적 한계」(『조선일보』, 1940.4.23), 김세환 · 김학동 편, 앞의 책, 336면.

의 그것이다. 현실에 대한 극단의 불신임, 행동에 대한 열렬한 지향, 그러면서도 이지의 본능의 모순 때문에 지리멸렬해 가는 심리의 변이, 악과 퇴폐에 대한 깊은 통찰, 혼란 속에서도 어떠한 질서를 추구해 마지 않은 비극적인 노력, 무릇 그러한 煉獄을 통과하는 현대의 지식인의 특이한 감정에 표현을 주었다.[34]

푸코는 현재 안에 내재해 있는 영원한 어떤 것을 다시 포착하려는 보들레르의 사려 깊은 태도를 근대적인 태도로 이해했고,[35] 보들레르는 추악하고 불쾌한 소재를 질료 삼아 시를 통해 근대성을 포착하고자 했다. 김기림이 오장환에게서 "악과 퇴폐에 대한 깊은 통찰, 혼란 속에서도 어떠한 질서를 추구해 마지않은 비극적인 노력"을 읽어내면서 그것을 "현대 지식인의" 태도로 감지한 것 또한 같은 맥락에 놓일 것이다.[36] 근대성이라는 열쇠 말을 통해 오장환 시의 문학사적 의미를 읽어내는 김기림의 입장은 임화의 문학사적 시각과 상당히 겹쳐 있다. 어느 정도 입장이 공유되었기에 김기림은 임화의 「시단과 신세대」에 대해 "지난해 동안 우리 사이에서 시에 대해서 쓰여진 가장 정

34 김기림, 「오장환 시집 「성벽」을 읽고」(『조선일보』. 1937.9.18), 김세환 · 김학동 편, 앞의 책, 377면.

35 미셸 푸코, 앞의 글, 186~187면.

36 김기림과 보들레르, 그리고 근대성에 관해서는 김재용, 『협력과 저항』, 소명출판, 2004, 208~214면 참조. 유종호는 김기림의 이 서평에 대해 "나어린 청년 시집의 처녀 시집에 부치는 격려사답게 얼마쯤 편향과 과장의 혐의가 있으며 보들레르에 대한 비평적 통념의 메아리가 느껴지기는 하나 대체로 적정한 것"으로 평한다(유종호, 앞의 책, 131면).

열적인 문자(文字)였고, 또 거기 해당한 감명을 각 방면에 깊이 남겼"다고 적극적으로 긍정할 수 있었다. 김기림 또한 시에는 "그 시대의 정서생활의 흔적"이 새겨져 있다고 하면서 시와 세대의 연관성에 대한 인식을 드러낸다. 그는 오장환의 시가 "현대인의 정신적 심연을 가장 깊이 체험하고 그것에 적응한 형상을 주었다"고 고평하면서,[37] 그의 시에서 새로운 세대를 발견한 임화의 의견에 공감한다.

임화와 김기림을 비롯한 당대 비평가들은 소설 비평보다 시 비평에서 보다 개방적인 태도로 긍정적인 평을 내리고 있는 것을 볼 수 있는데, 이 점은 소설이 담지하고 있는 양식 자체의 근대성 문제와 연관된다. 당대 헤겔이 이미 폭넓게 읽혔으며 1930년대 소련 콤아카데미 철학연구소 문학부가 주도한 문예백과전서 중 루카치가 집필한 장편소설에 관한 논의가 일본어로 번역되어 널리 읽히고 있었다. 그렇기 때문에 이들 비평가들에게 장편소설이란 '근대 시민의 서사시', 곧 근대성의 문제와 밀접했다.[38] 비평가들은 소설에 근대성의 문제를 더

---

37 김기림, 「시단의 동태」(『인문평론』, 1940.12), 김세환・김학동 편, 앞의 책, 67면・70면.

38 헤겔은 소설을 근대의 "시민적인 서사시"로 규정하였다(G.W.F.헤겔, 두행숙 역, 『헤겔 미학』 3, 나남출판, 1996, 569면). 김남천 등 당대 조선 문인들이 즐겨 참조하던 일본의 평론가 아마카스 세키스케는 헤겔과 관련된 저서를 집필하고 번역하였다(ハインリッヒ・グスターフ・ホト 編, 甘粕石介 譯, 『ヘーゲル美學の辨證法』, 春陽堂, 1932; 甘粕石介, 『ヘーゲル哲學への道』, 淸和書店, 1934). 또한 일본을 통해 소련 콤 아카데미의 리얼리즘론은 수용된 상태였다(コマ アカデミー文學部 編, 熊澤復六 譯, 『小說の本質ーロマンの理論』, 淸和書店, 1936; 『文藝のジヤンルｰジャンルの本質』, 淸和書店, 1936; 『文芸の本質ー文学・文芸学・批評』, 淸和書店, 1936; 『短篇・長篇小說』, 淸和書店, 1937; 『リアリズム』, 淸和書店, 1936; 『文藝學の方法』, 淸和書店, 1937; 게오르그 루카치, 신승엽 역, 「부르조아 서사시로서의 장편소설」, 소련 콤 아카데미 문학부 편, 『소설의 본질과 역사』, 예문, 1988, 63~119면 참조). 임화는 스스로 "헤겔을 심복"했다고 썼다(임화, 「어느 청년

욱 강렬히 투사했으며, 근대성을 양식의 측면과 내용의 측면, 개성과 사회성의 측면, 혹은 성격과 환경의 측면에서 엄밀하게 가늠하고자 하였다. 하지만 임화가 보기에 소설의 신세대였던 김동리나 정비석 등은 양식 및 내용의 차원 모두에서 근대성과 관련하기 어려웠다.[39] 오히려 임화 및 김기림과 같은 세대의 작가인 박태원, 김남천, 이효석 등이 소설 장르의 (탈)근대적 재구성을 기획하면서 신세대 소설가들보다 넓고 의욕적인 편폭의 행보를 보이고 있었던 상황이었다.[40]

이에 비해 시는 근대 이전에 그 양식이 이미 어느 정도 안정화되어 있는 갈래였다.[41] 물론 서구에서 양식 상 안정을 이룬 것과 조선 근대시의 전개과정 사이의 낙차는 분명 존재했으며, 실제 창작의 측면에서 조선의 시가 '자유시'로서 '손쉽게' 근대성을 성취한 것은 아니었다. 오히려 최남선 이래 조선의 시인들은 자유롭게 어떻게 '시'를 만들어낼 수 있는가 등과 같은 곤혹스러운 문제에 거듭 당면하면서 조선 근대시사를 전개해야 했다.[42] 그러나 적어도 역사철학적 근대성

의 참회」(『문장』, 1940.2), 박정선 편, 『임화 산문 선집 – 언제나 지상은 아름답다』, 역락, 2012, 252면). 당대 서인식은 루카치에 대한 요약 설명을 『인문평론』에 실었다. 당대 평론계의 루카치 수용에 관해서는 김윤식, 『한국 근대문학 사상사』, 한길사, 1984, 243~258면.

39 근대성이라는 문제틀은 임화 비평의 강점이자 약점이기도 하였다. 임화는 1930년대 후반 비대칭적 사고에서 대칭적 사고로 옮겨가는 고투를 보여준 김동리의 문학을 평가하는 기준을 마련하지 못하였다. 이경재, 「김동리 문학의 불교적 상상력 연구」, 『어문연구』 42(3), 한국어문교육연구회, 2014, 191~196면 참조.

40 장성규, 『문(文)과 노벨(novel)의 장르사회학 – 1930년대 후반기 소설의 장르론적 연구』, 소명출판, 2015.

41 G.W.F.헤겔, 두행숙 역, 앞의 책, 630~641면.

42 정명교는 서정성이 한국 언어문화에 대해 낯선 타자였음을 상기하면서, 1920년대를 서구문학 형식의 강력한 유입과 토박이 문화의 저항 사이의 갈등을 조율하면서 적절한 문학

을 양식론의 차원에서 심문하던 임화와 김기림 등 비평가들에게는 시란 소설보다는 양식의 근대성이라는 문제에서 보다 자유로운 자리에 놓여 있었다. 따라서 비평가들은 조선의 신시에 대해 양식 자체를 문제 삼기보다는 시적 주체의 태도를 통해 근대성을 가늠하였다. 임화와 김기림은 이미 역할을 마친 자신 세대와 달리 1930년대 말 오장환의 시적 주체가 보여주었던 근대성을 견지하기 위한 고투에 주목하였다. 동시에 오장환의 시가 그들 세대의 시였던 '경향시'와 '기교파'로부터도 거리를 두고 있던 것도 분명했기에, 새로운 세대의 탄생을 발견할 수 있었다.

1930년대 말 한국문학비평이 소설과 시에 대한 입장을 달리한 것은 근대성에 대한 성찰 및 문제틀의 재구성과 연관되어 있었다. 그리고 시에서 새로운 세대를 발견한 비평가들은 『현대조선시인선집』을 통해 조선근대시사의 역사에 질서(order)를 부여하고자 한다.

양식을 모색한 시기로, 나아가 1930년대를 한국인의 언어문화에 서정성이 개화한 시기로 판단하였다. 정명교, 「한국 현대시에서 서정성의 확대가 일어나기까지」, 『한국시학연구』 16, 한국시학회, 2005, 50~76면. 이 문제를 거듭 깨우쳐 주신 강동호 선생님께 감사의 말씀을 기록해둔다.

4. 임화와 김기림의 조선신시사 인식과 『현대조선시인선집』의 질서

1940년을 전후해 조선근대문학 장에 존재했던 『인문평론』이라는 장치(dispositif)의 내부를 살펴보면 그 이전 시기 문인들의 친소 관계를 염두에 둔다면 확실히 낯선 인적 네트워크들의 이산 및 재편을 발견할 수 있다. 최재서－김남천이 한 축을 이루고 있고, 다른 한 편에 임화－김기림이 축을 이루고 있었고, 역사철학자 서인식의 자리와 박치우의 자리가 각각 있었으며,[43] 이원조는 『인문평론』과 『문장』을 매개하는 역할을 하고 있었다.

최재서와 김남천이 연결되는 것은 서구적 합리성에 대한 공감과 장편소설에 대한 관심 덕분이다. 임화도 1930년대 중후반까지 주요한 소설론을 발표하였으나, 「본격소설론」에서 서구적 본격소설이 불가능함을 선언한 이후, 1940년을 전후한 시기 그는 조선문학의 특수성을 드러내는 양식인 단편소설을 주목하고 있었고, 출판사 학예사에서 작가들의 '단편집'을 발간함으로 한국 근대문학의 정체성을 제시하는 기획을 수립하고 실천한다.[44] 그에 비해 로만개조론에서 시

43 이 시기 박치우는 이효석과 여러 자리에서 함께 등장한다. 이들이 폐교된 숭실전문학교 직장 '동료'라는 점도 고려해야겠지만, '신화'라는 매개항이 보다 둘을 연락하는 중요한 역할을 한 것으로 추측된다. 이효석과 희랍 신화에 관해서는 이지은, 「이효석 소설의 신화적 상상력 연구」, 서울대 석사논문, 2013, 60～81면 참조.

44 "바꿔 말하면 서구문학은 장편소설을 기본형식으로 하여 존립하고 있으나, 조선문학은 단편을 기본형식으로 하여 존립되어 있다는 의미도 된다. 따라서 단편소설의 중요성은 배가된다. 서구문학의 장편소설의 위치를 조선서는 단편소설이 차지하고 있기 때문이다." 임화, 「단편소설의 조선적 특성－구월 창작평을 대신함」, 하정일 편, 『임화문학예술전

작된 최재서와 김남천의 장편소설에 대한 관심은 아세아적 생산양식론, 가족사연대기소설, 총화소설, 발자크의 연작 및 인물 재출(再出) 기획 연작 등 다양한 매개항을 경유하면서 심화되었고, 그것은 인문사의 '전작장편' 발간으로 이어진다. 김남천의 『대하』, 이효석의 『화분』, 유진오의 『민요』 등이 출간되거나 인문사와 계약을 맺었다. 이때 김남천과 최재서는 경성제대 영문학 아카데미시즘에서 연원하는 서구적 학지, 동시대성, 연구(arbeit)에 기반한 학술적 글쓰기 등을 그 지적인 원천으로 삼고 있었으며, 특히 장편소설 양식에 지대한 관심을 보였다.[45] 그들과 달리 임화와 김기림은 그 둘과 비교할 때 당대 조선문단에 대한 비평적 관심을 유지하고 20세기 이후 조선신문학의 역사적 정리 쪽에 기울어 있었으며, 양식으로는 시와 단편에 주목하였다.

임화-김기림-학예사라는 의미소와 최재서-김남천-인문사로 이어지는 의미소는 『인문평론』 안에 공존하고 있었다.[46] 그러나 두 계열의 차이에도 불구하고, 그리고 그들 외에도 박치우, 서인식, 이원

집』 5, 소명출판, 2009, 141면. 학예사에서는 김남천, 이효석, 유진오, 이기영, 박태원, 안회남, 그리고 이태준의 단편집이 발간된다.

45 장문석, 「소설의 알바이트화, 장편소설이라는 (미완의) 기투-1940년을 전후한 시기의 김남천과 『인문평론』이라는 아카데미, 그 실천의 임계」, 『민족문학사연구』 46, 민족문학사학회, 2011 참조.

46 물론 이것은 『인문평론』을 중심으로 본 다소 편의적인 분류이다. 임화의 학예사를 지탱하던 또 다른 주요한 축으로는 김태준으로부터 비롯되는 경성제대 조선어문학과 아카데미시즘이 있었고, 「개설 신문학사」는 학술적인 글쓰기로 작성되었다. 김윤식, 『임화와 신남철-경성제대와 신문학사의 관련양상』, 역락, 2011 참조.

조, 유진오, 이효석, 김태준 등이 함께 『인문평론』에 동서할 수 있었던 이유는 근대성에 대한 신뢰와 확신 덕분이었다.[47] 비록 파시즘 체제 안에 존재했기 때문에 굴절될 밖에 없었으나, 『인문평론』은 서구적 근대성과 합리성의 태도를 옹호하고자 한 '굴절된 공동전선'[48]의 장치로서 작동하고 있었다.

1939년 임화는 학예사에서 김기림의 시집 『태양의 풍속』을 〈조선문고〉본과 양장본 두 가지 판본으로 출간하도록 배려한다.[49] 두 사람은 비록 간행되지는 못했으나, 『이상 유고집』을 공동으로 편집하여 발간할 것을 기획하기도 한다. 두 사람의 연대 위에서 임화는 고전, 현대문학, 번역 3개의 카테고리를 가진 학예사 〈조선문고〉의 현대문학 첫 번째 책으로 『현대조선시인선집』(2-1)을 상재하는데, 시집의 목차는 다음과 같았다.[50] (목차에서 〈신시〉, 〈현대시〉라는 구분은 임화의 서문에서 가져왔으며, 〈현대시1－임화/김기림 세대〉, 〈현대시2－신세대〉라는 분류는 임화의 시문학사 체계를 참조하여 인용자가 붙였다.)

47 김윤식, 『한국근대문예비평사연구』, 일지사, 1976, 311～322면.

48 洪宗郁, 『戦時期朝鮮の転向者たち－帝国/植民地の統合と亀裂』, 有志舎, 2011, 233～236면.

49 『태양의 풍속』 〈조선문고〉(2-10)본(소화 14년 8월 29일 인쇄, 소화 14년 9월 6일 발행)은 189면이었고 가격은 40전이었으며, 단행본(소화 14년 9월 20일 인쇄, 소화 14년 9월 25일 발행)은 역시 189면으로 1원 30전이었다.

50 이하 『현대조선시인선집』에 대한 서술은 장문석, 「출판기획자 임화와 학예사라는 문제틀」, 『민족문학사연구』 41, 민족문학사학회, 2009, 401～403면에 근거하되 대폭 보완하여 서술하였다.

〈신시〉

1	海에게서少年에게 /崔南善	2	붓한자루 /李光洙	3	비소리 /朱耀翰
4	身彌島三角山 /金億	5	풀 /南宮璧	6	봄잔디밭우에 /趙明熙
7	먼後日 /金素月	8	물결의遺言 /李殷相	9	黑房悲曲 /朴鍾和
10	나의寢室로 /李相和	11	나는王이로소이다 /洪思容	12	月光으로짠病室 /朴英熙
13	벌거숭이노래 /金炯元	14	봄은고양이로다 /李章熙	15	눈이내리느니 /金東煥
16	白手의歎息 /金基鎭	17	輪轉機와四層집 /朴八陽	18	海曲三章 /梁柱東

〈현대시1 – 임화/김기림 세대〉

19	山제비 /朴世永	20	海峽午前二時 /鄭芝溶	21	내ㅅ가에앉어 /柳完熙
22	海峽의로맨티시즘 /임화	23	山上高唱 /金海剛	24	떠나가는배 /朴龍喆
25	가을밤/朴芽枝	26	慰問 /孫楓山	27	願望 /權煥
28	追憶/金起林	29	푸른寢室 /辛夕汀	30	밤 /金東鳴
31	旅愁/金炳昊	32	季節의旋律 /梁雨庭	33	汽車 /李貞求

〈현대시2 – 신세대〉

34	雪花 /金光均	35	나는돌이아니여 /趙碧岩	36	Tea Room Elise /李燦
37	江邊 /梁雲閒	38	바다의葬禮式 /李揆元	39	故鄉 /李洽

40	밤차 /黃順元	41	江東의봄 /安龍灣	42	모란 /金允植
43	蘭草 /金泰午	44	바다ㅅ風景 /李應洙	45	輓歌 /尹崑崗
46	밀밭에선女子 /毛允淑	47	浦口 /金尙鎔	48	「아드와」의원수를 /李秉珏
49	婚需 /金龍濟	50	어두운房의詩片들 /任史冥	51	고향의하늘은밝어오리라 /潘象圭
52	모닥불 /白石	53	도라오는길 /盧天命	54	雨路 /鄭熙俊
55	人定閣 /林學洙	56	Nostalgia /金朝圭	57	山 /馬鳴
58	季節의感傷 /閔丙均	59	烏瞰圖 /李箱	60	寂夜 /吳章煥
61	나무 /尹泰雄	62	北方땅十里벌에 /張起悌	63	房 /李時雨
64	花蛇 /徐廷柱	65	편지 /朴載崙	66	江건너간노래 /李陸史
67	어느해의自畵像 /金珖燮	68	無心 /金大鳳	69	고개 /金容浩
70	낡은집 /李庸岳	71	山 /柳致環	72	낡은우물있는風景 /乙巴素

임화는 『현대조선시인선집』에 최남선으로부터 이용악에 이르기까지 72명 시인의 시를 갈무리해 두되, 그는 선집의 편집 원칙에 관해 아래와 같이 분명히 밝혀두고 있다.

1. 이 선집(選集)을 새삼스레이 편찬하는 이유는 위선 현대 조선시에 관한 가장 정확한 1매의 지도를 제공하자는 데 있다. 예술적인 또는 정신적인 두 가지 의미에서 정확 차(且) 상세한 지도는 우리 조선 현대시

의 일단의 발전을 위하야 지극히 필요한 것이다. 우리들 자신에 대한 상세하고 정확한 지식은 다시 말하면 우리의 현대시가 빠저 있는 상태의 인식은 곧 현대시의 나갈 바를 스스로 암시하는 바가 있는 때문이다.

1. 또한 현상의 정확한 인식을 위하야 직접의 보조수단이 되는 것은 현대시의 역사적 원천의 인식이다. 현대시의 선조는 무엇이며 조선시의 현하(現下)와 같은 상태는 어데서 유래하였는가? 이것은 곧 우리들에게 현대시와 과거의 신시와의 비교연구 내지는 그것과의 역사적 관련에서 현대시를 읽는 그것이다.

이것은 또한 현대시의 진로에 대한 간접의 시사을 품고 있는 것이다.

1. 따라서 이 선집의 편찬 방침은 자연히 두 개의 특징을 갖지 아니할 수 없게 하였다. 첫재는 현대시를 정확한 현대적 관점에서 모으는 것이요 둘재는 신시를 역사적 관점에서 모으는 것이다. 그러므로 현역시인이라고 보아지는 이들을 작품 본위의 견지에서 최근 5년 이래의 작품을 모왔고 다음으로는 신시를 대정(大正) 13, 14년 이전(서기 1924,5년) 대표작이라고 보아진것을 모왔다.

1. 인별(人別)로 보면 육당 이래 양주동(梁柱東) 씨까지가 신시 속에 들고 박세영(朴世永) 씨등 이후가 현대 속에 들었다. 참고를 위하야 조선 신시의 효시라 할 육당의 시가 발표된 연대를 적으면 잡지 「소년(少年)」 창간호와 제2년 제6호에 실였는대 그것이 창간호가 명치 33년 4월(융희3년－서기1909년)이요 제2년4호가 명치 42년 4월(융희4년－서기1910년)이니까 약 30년 전이다. 그러니까 결국 조선 신시사(新詩史)는

30년밖게 아니 된셈이다.

1. 번역시가 들지않은 게 유감이나 이 선집이 창작시에 한(限)하는 때문에 부득이하였다.[51]

조선의 현대시가 답보하고 있는 당시의 상태를 타개하기 위해 조선 근대시의 역사를 살피고 거기서 교훈을 얻어야한다는 역사적인 시각에서 선집은 편집된다. 당시 임화는 학예사를 통해 김태준의 『조선소설사』를 증보 발간하고 김태준의 『조선가요사』 발간을 기획했으며, 임화 자신은 「개설 신문학사」로 소설사를 정리하는 동시에 『조선신시사』 집필을 계획하였다. 물론 『조선신시사』는 간행되지 못하였으나, 위의 선집은 시사 집필을 위한 기초자료로서 역할을 담당하게 된다.

시인 선집을 통해 이 시기 임화가 가지고 있던 조선 신시사에 관한 감각을 가늠할 수 있다. 우선 선별된 시인 중 현재 그 이름이 잊혀진 시인들이 다수 등장하고 있다는 점에서, 임화가 염두에 두었던 조선 신시사의 폭이 무척 넓었음을 짐작하게 된다. 둘째 번역시를 넣지 못한 것을 아쉬워하는 곳에서 볼 수 있듯, 그는 '전통'과 '환경' 사이의 접변으로 '제3의 자'가 생성되는 '신문학사의 방법'을 전제하면서, 문학사적 감각을 가지고 선집을 편찬하였다.

51 임화, 「편자의 말」, 임화 편, 『현대조선시인선집』, 학예사, 1939, 1～2면.

셋째, 임화는 '신시'와 '현대시'를 구별하고 있다. 이는 앞서 「담천하의 시단」의 구도를 계승한 것인데,[52] 선집에서는 각 시대의 실제 시인이 제시되면서 그 구체성을 획득하고 있다. '양식'을 중심으로 문학사를 사유한 임화에게 신시(新詩)란 자유시를 의미했는데,[53] 그의 문학사적 구도 안에서는 '조선시대의 창곡 및 가사—창가—신시'로 이어지는 계보가 있었다.[54] 그리고 '신시'는 '현대시'로 '발전'해 나가는데, 최남선이나 이광수가 '신시'에 드는 것은 당연하겠으나, 임화가 "미목수려한 장발의 시인"으로 기억하며 "그에게서 분명히 시인을 보았"다고 거듭 증언했던 이상화라든지, 그 자신이 "좋은 스승"이라 부르기를 마지않던 박영희를 비롯하여, "다다풍의 시작"의 대표자인 박팔양, 그리고 김석송과 김기진까지 모두 '신시'로 분류되었다는 점이다.[55] 그리고 '현대시'는 바로 임화 자기 자신과 김기림, 그리고 정지

52 이미 「담천하의 시단 1년」에서 1920년대 "요한, 안서, 파인, 월탄, 석송" 등을 신시의 시인으로 "현대시에 주는 바 가치있는 모든 시적 유산"을 생산한 이들로 평하였는데(「담천하의 시단 1년」, 487면), 그들 모두 『현대조선시인선집』의 〈신시〉 부분에 실린다.

53 "일례로 신문학사의 출발점이라고 할 육당의 자유시와 춘원의 소설이 어떤 나라의 누구의 어느 작품의 영향을 받았는가를 밝히는 것은 신문학 생성사의 요점을 해명하게 되는 것이다." 임화, 「신문학사의 방법」(『동아일보』, 1940.1.13~20), 신두원 편, 『임화문학예술전집』 3, 소명출판, 654면.

54 임화는 조윤제의 논의를 전유하여 시조가 아닌 조선시대의 창곡(唱曲)과 가사만이 새로운 문학을 위한 용기가 될 수 있었다고 말한다. 그리고 그에게 '창가'란 전통적인 조선의 창곡·가사에서 전통적인 곡조를 분리하고, 대신 "새로 수입된 서양음악"을 곡으로 삼은 노래였다(임화, 「개설 신문학사」(『조선일보』, 1939.12.21), 임규찬 편, 『임화문학예술전집』 2, 소명출판, 2008, 158면). 이러한 '창가'의 단계에서 서양음악과 종래의 시가양식 사이에는 이식과 해체가 이루어지며, 점차 새로운 '시'로 나아가게 된다. 그리고 마침내 '창가'의 다음 자리에서, ('이식'과 함께) 육당 최남선의 「海에게서少年에게」로부터 신시(新詩)가 시작된다.

용의 시대로부터 시작되며, 신세대로 인해 다시 한 번 분절된다. 총 72편의 시가 실린 이 선집에서 신시는 18편(25%), 임화 세대의 현대시는 15편(21%), 그리고 신세대의 현대시는 39편(54%)으로 신시보다는 현대시에, 현대시 중에서도 신세대에 대한 관심이 압도적이다.

넷째, 임화는 '신시'와 '현대시'를 선별할 때 각기 다른 기준을 적용하는데, '신시'는 역사적인 관점에서 선별했으며, '현대시'는 현대적 관점에서 모았다. '신시'를 역사적 관점에서 취사한다는 것은 그 시가 조선근대시사에서 가지는 위치를 부각한다는 의미이다. 최남선의 「해에게서 소년에게」처럼 조선근대시의 탄생을 보여주는 시였으며, 홍사용, 박종화, 김억, 이상화, 박영희 등은 "신시사 최초의 융성기"인 1922~1923년경, "추악한 현실에 대한 억제할 수 없는 격앙된 증오의 화염을 숨기로 현실로부터 도망하는 포즈"를 취한 시인들이었다.[56] 김소월은 "워즈워스와 같이 아름다운 속어의 구사자"였으며, 김석송과 주요한은 "가장 민주적 시인"이었다.[57] 또한 김기진의 「백수의 탄식」은 경향시의 초기 형태를 대표하는 것이었다. "시의 사상과 내용에 있어서 동일적인 반항자"였던 박팔양이 "그 급진적 정열로 말미암아 프로문학에까지 도달"하는 장면, 곧 다다이스트들이 경향시인으로 전화하는 문학사적 국면을 보다 효과적으로 드러내기 위해,[58] 「윤

55 임화, 「어느 청년의 참회」, 앞의 책, 250~251면.

56 임화, 「기교파와 조선시단」, 신두원 편, 『임화문학예술전집』 3, 소명출판, 517면.

57 임화, 「담천하의 시단 1년」, 앞의 책, 486면.

58 위의 글, 496면.

전기와 사충집」에는 "음향(音響)!"이라는 유명한 시구가 세 가지 다른 크기의 활자로 조판된다. 임화 자신의 언급대로 '신시'는 그 역사성을 드러내는 형태로 선별되었고, 임화는 자신의 세대를 '신시' 세대로부터 철저히 구별 지었다.

근대성이라는 관점에서 선별된 '현대시'는 다시금 김기림과 정지용을 포함한 임화 자신의 세대와 그 이후의 '신세대'로 구분할 수 있었다. 임화가 자신 세대를 호명하는 방식은 "근대 조선의 역사적 생활과 인연 깊은" 바다인 현해탄을 넘나드는 청년 지식인의 모습이었다.[59] 사실 청년 지식인으로서의 자화상은 1940년 당시 임화 세대에게는 이미 10여 년도 이전의 모습일 수밖에 없었는데, 임화는 회상일 수밖에 없는 시들을 두고 동시대적인 의미를 심문하고 있는 것이다.

특히 임화와 정지용의 관계가 흥미로운데, 일찍이 임화는 기교파를 비판하면서 "씨 등이 계관시인으로 만들고 있는 정지용"이라고 비아냥거렸고,[60] 정지용의 "수물 한살 적 첫 항로(航路)에 / 연애(戀愛)보담 담배를 먼저 배웠다"라는 구절을 비틀어 "첫 번 항로에 담배를 배우고, / 둘째 번 항로에 연애를 배우고, / 그 다음 항로에 돈맛을 익힌 것은, / 하나도 우리 청년이 아니었다"라고 쓴 적이 있었다.[61] 그러나

59 임화, 「後書」, 『玄海灘』, 동광당서점, 1938, 2면.
60 임화, 「기교파와 조선시단」, 앞의 책, 513면.
61 정지용, 「다시 海峽」(『조선문단』, 1935.8), 김학동 편, 『정지용 전집』 1, 민음사, 2003, 127면; 임화, 「현해탄」, 김재용 편, 『임화문학예술전집』 1, 소명출판, 2009, 189면; 유종호, 『시란 무엇인가』, 민음사, 1985, 129~132면.

이 선집에서 임화는 “나의 청춘(青春)은 나의 조국(祖國)! / 다음날 항구(港口)의 개인 날새여!”라는 구절이 부각되는 정지용의 「해협 오전 두 시(海峽午前二時)」와 “예술(藝術), 학문(學問), 움직일 수 없는 진리(眞理)…… / (…중략…) / 나는 슲은 고향(故鄕)의 한 밤 / 홰보다도 밝게 타는 별이 되리라 / 青年의 가슴은 바다보다 더 설래었다”라는 구절이 있는 「해협(海峽)의 「로맨티시즘」」을 병치함으로,[62] 정지용과 자신이 마치 같은 자리에서 같은 목소리를 발화하는 것으로 편집해 두었다. 이는 바로 전 1938년 임화가 『현해탄』을 편집하면서, 조선 근대 역사 속에서 현해탄을 넘었던 자신 세대의 과거를 현재형으로 노래하면서, 현해탄 앞에 선 ‘청년’의 정신과 태도로부터 미래를 향한 전망을 전면에 투사한 것과 같은 자리에 서 있는 것이었다.[63] 일본을 경유해 형성되었던 조선의 근대를 역사적으로 성찰하는 동시에 그 담당자들의 파토스를 성찰하고, ‘청년’의 입장에서 미래의 전망을 다시 한 번 가늠하는 방식으로 임화는 자신 세대의 근대성을 의미화하고 있었다. 이찬, 양우정, 이정구 역시 임화가 같은 세대로 인지하고 있던 시

62 정지용, 「海峽午前二時」, 임화 편, 『현대조선시인선집』, 학예사, 1939, 61면; 임화, 「海峽의 「로맨티시즘」」, 임화 편, 『현대조선시인선집』, 학예사, 1939, 65면. 원문을 존중했다.

63 유종호는 「현해탄」 100행을 19개의 ‘대목’으로 분절하고, 이 시에는 임화의 다른 현해탄 시편 6편의 모티프가 복합적으로 개입했음을 실증하였다. 그러면서 이 작품을 “임화의 모든 것을 가장 잘 드러내는 작품이면서 바다시편의 요체를 보여주고, 다른 바다 시편의 모티프가 집대성”된 작품으로 평하면서, “일본 제국주의가 건너온 현해탄은 잊을 수 없는 운명의 바다이지만 청년들이 왕래하는 이 해협은 영원히 우리들의 해협이고, 현해탄을 건너가고 건너온 명예로운 청년들은 언제인가 역사를 바꾸게 될 것이고, 그들의 이름은 크게 기록될 것이라는 것”을 작품의 요지로 이해했다. 유종호, 앞의 책, 69~73면. 아울러 방민호, 앞의 책, 576면을 참조할 수 있다.

인들이었다.[64]

자신의 다음 세대인 신세대 시인에 대해서, 임화는 전체 수록 시인의 절반이 넘는 39명의 자리를 할당한다. 이는 신세대 시인들에 대한 임화의 관심이 그만큼 지대했다는 것을 알려주는 동시에, 임화가 이 선집을 통해 신세대 시의 향방을 가늠하고자 했음을 알려 준다. 신세대 시인 중에 김광균이나 윤곤강처럼 임화의 평론에 자주 오르내렸던 시인들의 시가 선별된 것은 물론이며, 오장환의 시로는 임화가 고평한 「The Last Train」과 유사하게 청각적인 심상이 두드러지는 「숙야(宿夜)」가 선정된다. 흥미로운 것은 임화와 김기림이 공히 관심을 가졌던 이상이 그들과 같은 세대임에도 불구하고, 대표작 「오감도(烏瞰圖)」로 신세대 시인으로 배치되었다는 점이다.

임화의 선집 발간은 물론 김기림과의 공통적인 비평적 시각과 문학사적 감각 위에서 수행된 것이었다. 같은 시기 김기림은 「모더니즘의 역사적 위치」에서 "우리들 사이에서 은연중에 들려오는 우리 신시사(新詩史) 요망의 소리는 틀림없이 수년래 시단이 혼미 속에 걸어오던 끝에 어디로든지 그 바른 진로(進路)를 찾아야 하겠고 그래서 교훈을 받으려 역사를 우러러보게 된 데서 일어난 것이 아닐까"라고 하면서, "문학이 자신의 계보를 정돈함으로써 거기 연결된 전통을 찾아서 그 앞길의 방향을 바로 잡으려는 요구"가 문학사라는 "과학"을 추동한다

64 임화, 「담천하의 시단 1년」, 앞의 책, 507면.

고 하였다.[65] 그리고 '경향시' 이후에 등장한 '모더니즘'을 "그 역사적 필연성과 발전"의 견지에서 파악해야한다고 지적하였다. 물론 김기림이 "신시의 발전"을 "문명에 대한 태도의 변천의 결과"로 파악했다는 점에서, 그와 임화 사이에는 시각차가 있었다. 그는 회상과 감상의 동양이 신문명 서양을 만나는 과정과 "시민의 질서"에 대한 적응 여부로 근대시사를 부조한다. 신체시, 로맨티시즘, 세기말 문학, 경향문학, 모더니즘으로 이어지는 그의 계보에서 모더니즘은 "오늘의 문명이 점점 심각하게 어두워가고 이지러"가던 중일전쟁기 현실 속에서 다시 한 번 그 향방과 모색을 전화해야 했다.

새로운 모색이 필요한 지점에서 모더니즘의 운명을 "한 몸에 구현한 비극의 담당자"가 바로 "가장 우수한 최후의 「모더니스트」 이상(李箱)"이었다.[66] 김기림은 자신의 세대와 다른 어떤 문학적 모색을 이상이 보여주었던 것을 적극적으로 평가했고,[67] 임화 역시 이 점에는 동의하여 이상을 자신 세대에서 분리하여 신세대 쪽에 배치하였다. 이는 임화가 「오감도」로 대표되는 이상 문학과 그 근대성을 세대를 초월한 것으로 의미화하고,[68] 신세대 시인과 마찬가지로 '경향시'와 '기

65 김기림, 「「모더니즘」의 역사적 위치」(『인문평론』, 1939.10), 김세환 · 김학동 편, 앞의 책, 53면.

66 위의 글, 58면.

67 김재용, 『협력과 저항』 216면. 김기림이 "이상을 최후의 모더니스트로 불렀던 것은 이상이 모더니즘의 문학적 바탕 위에서 성장하였지만 이를 넘어서려고 했다는 것을 강조하기 위한 것이다."

68 노태훈은 이상의 「오감도」를 "종래의 문학 장르의 범위를 벗어나는 텍스트"로 규정했다. 「오감도」 연재 시 독자의 반응을 보면서 이상은 '시'라는 장르의 한계를 깨닫고 다른 장르

교파' 양자에 대해 비판적인 거리를 확보했던 시인으로 문학사적 자리매김을 하고 있음을 짐작하게 한다. 또한 이상, 오장환, 서정주 세 명의 시인을 순서대로 편집함으로써 이상을 따랐던 오장환과 서정주를 통해 문학사의 단속(斷續) 문제를 부각하고, 그들이 공유했던 랭보적인 방랑의 의미를 부각하였다.[69] 임화와 김기림이 함께 『이상 선집』을 기획한 것 역시 공동의 인식기반이 있었기 때문이다.

이외에도 임화와 김기림의 문학사적 시각이 상당 부분 일치했음은 두 사람이 언급하고 살폈던 신세대 시인들의 명단이 상당히 겹친다는 점, 박종화의 「흑방비곡」을 비롯하여 그들이 문학사의 정전으로 인정한 목록이 겹친다는 점에서도 알 수 있다.[70] 오장환의 「숙야」가 선정된 것은 김기림이 오장환의 『헌사』를 "음악의 세계"로 평한 것에 부합할 것이다. 김기림이 한 촌평에서 임화의 『현대조선문학선집』이 견지한 "시대적 관점과 역사적 관점"을 긍정하면서 다른 선집들도 마땅히 가져야 한다고 요청한 것 또한 두 사람 사이의 인식의 공유를 방증한다.[71] 『현대조선시인선집』이 보여주었던 조선근대시사에 관한 인식은 당대 독자들에게도 상당한 공감을 얻었고, 출간 직후 6개월 안에 3쇄를 인쇄하였다.[72]

를 모색하게 된다. 그가 마지막으로 문학적 역량을 기울인 장르는 단편소설이었다(노태훈, 「이상 문학에 나타난 서사성 연구」, 서울대 석사논문, 2012, 12 · 32~35면).

69 방민호, 앞의 책, 274~285 · 522~533면 참조.

70 김기림, 「신춘조선시단전망」(『조선일보』, 1935.1.1~5), 김세환 · 김학동 편, 앞의 책, 355면.

71 김기림, 「시단의 동태」(『인문평론』, 1940.12), 66 · 70면.

5. 잠시 닫힘 – 생의 보람은 어디서 찾을 수 있는가에 관한 1940년대의 답변

김기림이 보기에 1930년대 중반 이래 "명랑한 전망 아래 감수하던 오늘의 문명이 점점 심각하게 어두워가고 이지러가"고 있었고, "30년대 말기 수년은 어느 시인에게 있어서도 혼미였다".[73] 임화 역시 시인들을 평하면서 그 얼굴을 "지상(地上)에서 돌이"켰다고 진단하기도 했다.[74] 그럼에도 임화는 여전히 "지상은 언제나 아름다운 것이다. / 다시 말하면 우리들엔 이 현대만이 긍정하고 찬미할 세계인 것이다"라고 쓰면서, "고통의 은화를 환희의 금화로 주조하고 싶다"고 고통 섞인 고백을 하기도 하였다.[75] 『현해탄』 이후 썼던 「찬가」 연작은 이미 "시인의 입에 / 마이크 대신 / 재갈이" 물렸지만,[76] 임화 자신은 끝내 지상에서 얼굴을 돌리지 않겠다는 의지의 표명이기도 했다. 그는 연작 시편을 통해서 고통에 대한 디오니소스적 긍정과 위버멘쉬에 대한 동경을 지향하는 동시에 주객 변증법에 의한 정신적 고투를 지속했지만,[77] 그 또한 결국 시인으로서는 절필할 수밖에 없었다. 「모더니즘의 역사적 위치」 이후 김기림은 침묵을 준비하고 있었지만, 동시에

72 『현대조선시인선집』의 초판은 1939년 1월 25일에, 재판은 2월 12일에, 삼판은 7월 26일에 발간된다. 자세한 서지는 장문석, 「출판기획자 임화와 학예사라는 문제틀」, 『민족문학사연구』 41, 민족문학사학회, 2009, 408~409면 참조.

73 김기림, 「「모더니즘」의 역사적 위치」, 김세환 · 김학동 편, 앞의 책, 57~58면.

74 임화, 「시단의 신세대」, 앞의 책, 389면.

75 임화, 「언제나 지상은 아름답다」(『조선일보』, 1938.3.5), 박정선 편, 앞의 책, 141면.

76 임화, 「바다의 찬가」, 김재용 편, 『임화문학예술전집』 1, 소명출판, 205면.

77 박정선, 『임화 문학과 식민지 근대』, 경북대 출판부, 2010, 253면.

오장환에 대한 작은 기대를 숨기지는 않았다.

> 吳章煥씨의 「新生의 노래」(「人文評論」)는 역시 이 달 작품들 중에서 뛰어나게 감명이 끌렸다. 「獻詞」이래 이 시인의 시가 우리에게 육박해 오는 힘은 어떤 육체적인 압력이다. 정신의 비극을 육체로써 체험할 때 거기서는 어떤 체온조차가 느껴진다. 정신의 비극이 다만 정신적인 모양만 갖출 때에는 거기는 싸늘한 형이상적인 미가 있다. 그러나 그것이 다시 육체를 통해서 전달될 때에는 또다른 박력을 갖이고 다닥처온다는 것을 우리는 이 시인의 시에서 본다. 일찍이는 『콕토-』의 기지에 찬탄하였고 또는 『뽀-들레르』의 퇴폐의 미에 경도하던 이상한 경험을 거쳐 이 시인이 도달한 지점은 일종의 『앙팡·테리블』의 경지다. 「신생의 노래」에서도 보이는 것처럼 그가 구사하는 「이미지」들은 매우 선이 굵고 건강하다. 퇴폐적인 감각은 아주 모양을 감추었고 기지가 들어오기에는 너무 엄숙한 풍모를 가졌다. 고원이 있고 거기 짐승들이 있고 그것들이 모두 시인의 따뜻한 혈맥으로 쌓여졌다. 여기 회복된 것은 지적인 현대가 잃어버렸던 육체다. 그것이 현대라는 커다란 선풍에 힘껏 부딪치는 데서 오는 일종의 운명감을 가지고 우리에게 임한다.[78]

1940년 김기림이 발견한 것은 『성벽』에서 『헌사』로, 『헌사』에서

78 김기림, 「감각·육체·「리듬」」(『인문평론』 1940.2), 김세환·김학동 편, 앞의 책, 379~380면.

다시 한 번 변모한 오장환의 시 세계였다. 그것은 바로 육박해오는 "어떤 육체적인 압력", 즉 힘이었다. 정신으로서만 견디는 비극이 아니라 육체로서 느끼는 비극이 발견되는 순간에, 오장환의 시에서는 퇴폐적인 질료들은 사라지고 반대로 건강한 시어들이 산견되는데 거기서 김기림은 육체를 느끼고 '따뜻한 혈맥'을 느낀 것이다. 김기림이 변화를 감지했던 「신생의 노래」에서 오장환은 "내가 바란 것은 오로지 따스한 사랑"이라고 쓰면서, 연민과 공감의 정서를 보여주며, "한동안 그리움 속에 / 고운 흙 한 줌 / 내 마음에는 보리이삭이 솟아났노라"라고 썼다.[79]

그러나 절창에도 불구하고 이상의 선례를 따르듯 오장환의 방랑과 모색은 계속 되었다. 「신생의 노래」와 거의 비슷한 시기에 그는 "끊임없이 나오는 이 땅의 시인과 끊임없이 사라지는 이 땅이 시인들의 노래 속에서 언제나 내가 볼 수 있는 것은 다만 우울과 고독과 분노와 애수뿐"이었다고 진단하면서, "그 세대에 가장 민감해야만 되는 시인들로서 책상 앞에 가벼운 애상과 고독을 초대해 놓고 흔히 이제는 기억조차 희미한 추억 속에서 슬픔과 고독만을 노래함은 옳은 일일까"라고 자문한다.

"문득 나는 내 자신의 노래를 돌이켜볼 때 내 또한 눈물과 묘지와

79 오장환, 「산협의 노래」(「신생의 노래」, 『인문평론』, 1940.1), 김재용 편, 『오장환 전집』, 실천문학사, 2002, 121면. 「산협의 노래」에 나타난 연민과 공감에 관해서는 유종호, 앞의 책, 162면.

비석과 더 나가서는 황무지 이외의 아무것도 찾을 수 없는 데 악연(愕然)치 않을 수 없"었다는 자신에 대한 오장환의 반성적인 성찰에는[80] 서구문단의 '도괴'를 맞아 안주할 둥지를 잃고 방황하는 조선의 시단에 대한 반성도 겹쳐 있었다.

> 안정성을 보증하지 않는 미끄럼대에서, 불과 30～40년 간 몇 세기나 서구보다 뒤떨어진 문명을 쫓기 위하여 선도자들이 미친 사람같이 날뛰며 지쳐나릴 때, 이러한 급격한 간조(干潮) 속에서 우리의 시단은 사조의 다량 주문과 유입 속에 태동되었고 또 우리와 같은 젊은 사람들은 늦게서야 이러한 것을 양식으로 하며 내 몸을 성장시킨 것이다.[81]

"4천 년이나 되는 문화를 가지고 (…중략…) 자기를 반성함이 없이 덮어놓고 외계로만 향한 속절없음", 곧 이식성에 대한 오장환의 성찰은 "그렇게도 우리의 풍토와 문화 속엔 돌아볼 재산이 없었었는가"라는 질문으로 이어졌고 "고전이 없는 슬픔은 실로 막대하다"라는 탄식으로 이어졌다. 그는 "절망에 빠지지 않도록 경계해야만 된다"라고 거듭 되뇌었지만,[82] 절망은 몹시 구체적으로 그에게 육박하였고 오장환은 "항배를 잃어버린 나의 방향은 어디에 있는가"라고 끊임없이 질

80 오장환, 「제7의 고독」(『조선일보』, 1939.11.2～3), 김재용 편, 위의 책, 224～225면
81 오장환, 「방황하는 시 정신」(『인문평론』, 1940.2), 김재용 편, 위의 책, 230면.
82 위의 글, 232면.

문하며 헤맬 수밖에 없었다.[83]

1940년대 오장환의 방황과 시쓰기에 대해서는 별고를 기약해야할 것이다. 여기서는 다만 몇 가지 단장만을 제시하고자 한다. 1941년 중순 경 오장환은 도쿄로 건너갔고, 1942년 2월 싱가폴 함락을 그곳에서 맞은 뒤 1943년 무렵 다시 조선에 돌아온다. 그리고 그는 "고적을 찾아서 답사행각으로 팔도강산을 안돌아 다닌 곳 바이 없을 만치" 곳곳을 답사한다. "「절정의 노래」를 읊조리며 석탑의 역사를 공부하"거나 "「종」을 바다처럼 넓어지는 종소리를 울리고 싶음에 단청 희미한 고찰의 범종을 찾아다"니며 "청기와 백자기 고려건축 고화(古畵) 등으로 들여다 보기에 넋"을 놓기도 한다.[84] 그러나 오장환은 자신과 역사에 대한 탐구를 어떤 '거대 서사'로 만드는 일에는 분명한 거리를 두고 있었다. "전고 미증유인 현실의 폭주 속에서" 그가 자신이 석탑을 공부하고 범종을 찾아다니는 일은 철저히 오장환 개인의 일이었다. 그러나 그는 자신의 경험을 다른 이와 공유해서 어떤 집단의 서사로 만들지 않고 오히려 "편지를 찢어버"림으로 소통을 스스로 막고 고통을 자신 안에 가둔다.[85]

양아 어린 양아

83 오장환, 「팔등잡문」(『조선일보』, 1940.7.20~25), 김재용 편, 앞의 책, 244면.
84 이병철, 「시인이 본 시인」, 『문화일보』, 1947.4.25.
85 오장환, 「제7의 고독」, 김재용 편, 앞의 책, 228면.

조이를 주마.
어째서 너마저
울안에 사는지

양아 어린 양아
보드라운 네 털
구름과 같구나.
잔디도 없는 쓸쓸한 목책 안에서
양아 어린 양아
너는 무엇을 생각하느냐.

양아 어린 양아
조이를 주마.
보낼 곳 없이
그냥 그리움에 내어친 사연

양아 어린 양아
샘물같이 맑은 눈
포도알 모양 초롱초롱한 눈으로
나 좀 보아라
가냑한 목책에 기대어 서서

양아 어린 양아

나마저 무엇을 생각하느냐[86]

식민지 시기 오장환이 마지막으로 발표한 「양」은 정지용의 「말」(『조선지광』, 1927.7)에 대한 오마주로 읽을 수 있는데,[87] 정지용의 점잖지만 슬퍼보이는 말은 오장환의 시에서는 구속되고 갇힌 양으로 나타나 있다. 시적 주체가 양에게 주는 종이는, 다름 아닌 수취인을 특정할 수 없으나 어떤 정념에 이끌려 써본 글이다. 하지만 그는 그것을 끝내 발송하지 못하고, 양에게 주어 먹인다. "역사적인 대규모 경제(Groβ-raumwirtschaft)의 신기루에서 벗어나는 것은 단지 개별자뿐"이라는 언급처럼,[88] 대동아전쟁기 오장환은 철저히 개인이었다. 그리고 일찍이 고전이 없어 슬프다고 썼던 그였지만 홀로 방황하는 과정에서 조선 역사의 물리적 흔적과 조선 근대시의 전통을 만나기도 하였다.[89]

그러나 일련의 방황과 거기서 만난 전통에 대한 기억과 탐색을 통

---

86 오장환, 「양」(『조광』, 1943.11), 위의 책, 112면.

87 공강일, 「오장환 시의 '비애' 연구」, 서울대 석사논문, 2010, 80~81면. 정지용 시의 전문은 다음과 같다. "말아, 다락 같은 말아, / 너는 즘잔도 하다 마는 / 너는 웨그리 슬퍼 뵈니? / 말아, 사람편인 말아, / 검정콩 푸렁 콩을 주마. // 이말은 누가 난줄도 모르고 / 밤이면 먼데 달을 보며 잔다."(김학동 편, 『정지용 전집』 1, 민음사, 2003, 71면)

88 테오도르 아도르노, 홍승용 역, 『프리즘』, 문학동네, 2004, 62면.

89 랭보를 떠올리게 하는 그의 방황은 가령 「旅程」(『문장』, 1941.4) 같은 시나 「旅情」(『문장』, 1940.4)같은 산문에 드러난다. 오장환의 방황은 적어도 그가 1940년대 문단과 절연된 존재였음을 드러낸다. 오장환은 이색의 「浮碧樓」를 가져와 「구름과 눈물의 노래」(『문장』, 1940.3)을 썼으며, 김소월의 「무덤」을 염두에 두고 「나의 노래」(『시학』, 1939.3)를 썼다(공강일, 앞의 글, 78~84면).

해 오장환이 쉽게 희망을 언표하거나 거대 서사를 만든 것은 아니었다.[90] 오히려 그의 방황은 「탑」에서 나타나듯 애초에 "단념의 지붕" 아래서 이루어지는 몹시도 부정적인 형태의 작업이었고, "존재자의 저항"[91]을 통해서만 겨우 전개될 수 있는 것이었다. 결국 오장환은 "모두 다 까맣게 잊혀진 속에 / 무거운 입 다물고 한 없이 서 있는 탑"을 찾아가 그 탑 곁에서 속삭임을 들으면서 "고이 다듬는 끌이며 자자한 이름들"의 폐허들을 더듬으며, "천년 아니 이천년"의 "발돋움"을 꿈꾸었다.[92] 그가 꿈꾼 발돋움의 의미를 임화의 1940년 한 수필과 연관 지을 가능성을 언급하면서 글을 맺으려 한다.

> 고전으로 돌아가는 현대인의 심정이 미래에보다는 더 많이 과거에 관계하고 있다는 것을 어찌 부정하랴. (…중략…)최저의 형태의 생이란 것도 역시 생의 부정의 제 일보요, 생의 긍정(肯定)의 최후 계단이다. 극도로 구속된 생, 그러나 생이란 본래 자유로운 것이다. 그러기 때문에 인간의 것이다. 모든 자유로움에서 격리된 생, 그것은 실로 아직 생명이 유지되어 있다는 한에 겨우 생일 따름이다. (…중략…) 그러나 사람은 단지 미래에서만 사는 것이 아니다. 사람에겐 미래와 동시에 과거라는 것이 주어

---

90 당대 '국민문학'에서는 '전통'을 그 질료로 활용하며 거대한 서사를 만들고 있었다. 1940년대 문학 장 내부에 있던 서정주와 김종한에 관해서는 박수연, 『국민, 미, 전체주의』, 열린길, 2012, 139~190면 참조.

91 테오도르 아도르노, 홍승용 역, 앞의 책, 72면.

92 오장환, 「절정의 노래」(「정상의 노래」, 『춘추』, 1943.6), 김재용 편, 앞의 책, 121면.

져 있다. 기억 가운데서 소유할 수 있는 세계라는 것이 바로 그것이다. 어째서 인간에겐 또한 그러한 두 가지의 세계라는 것이 주어져 있을까? 생이란 시간 가운데의 현상이기 때문이요, 사람이란 역사 가운데의 존재이기 때문이다. 미래와 과거와 더불어 있었고 또한 과거와 미래 가운데 있는 것이 사람이란 것은 신이 인간에게 베푼 최대의 은총일지도 모른다. 기대할 것이 없는 사람에게 있어 기억이란, 그것이 비록 뼈 끝에 사무치는 것일지라도 아름다운 희망보다 즐거운 것이다. 기억을 통하여 사람은 마음대로 추억 가운데 침닉할 수 있기 때문이다. 그러므로 노인에게 있어 기억력이 쇠퇴한다는 것은 생명이 쇠멸해 간다는 것보다 더 슬픈 것이다. 그것은 아름다운 엘레지다. 그러나 사(死)를 위하여 불러지는 노래를 엘레지에서는 아니 된다. 장식(葬式)을 위하여는 항상 만가(輓歌)가 준비되어 있다. 죽는 사람 입에서도 만가가 불러지지 아니하는 것은 이 까닭이다. 그가 죽은 뒤에 회장자(會葬者)의 입을 빌어 비로소 만가는 불러지는 것이다. 그러므로 엘레지란 것이 생에 대한 최후의 집착의 발언인 것처럼, 기억의 세계에의 침잠 가운데로 생의 보람에 대한 희구에 어떤 섬광이 번뜩이지 아니한다고 부정할 수도 없는 것이다.[93]

임화는 구속된 삶을 살아가는 사람 혹은 미래를 기대할 수 없는 사람에게 있어 기억의 의미에 대해 심문한다. 그는 일찍이 1930년대 중

93 임화, 「고전의 세계 – 혹은 고전주의적인 심정」(『조광』, 1940.12), 하정일 편, 『임화문학예술전집』 5, 소명출판, 2009, 278~280면.

반 신세대 시인의 첫 자리에 오장환을 놓고 그의 시에 대해 적극 긍정하면서도 오장환 역시 자기 세대와 마찬가지로 "현대적 생의 무슨 적극적 보람의 길"을 발견하지 못했다고 썼다.[94] 그러나 역설적이게도 1940년을 전후하여, 임화는 극도로 구속된 삶을 사는 와중에 기억과 과거로부터 "생의 보람"을 위한 아주 미약한 "섬광"을 발견한다. 그는 근대성을 담지하고 근대적 역사철학에 서있었던 이전 시기 자신의 입장과 전혀 상반되는 듯한 언급을 하고 있다.

발터 벤야민은 "승리자들의 개선 행렬"로서의 역사의 연속성을 폭파하고 전복할 유일한 가능성은 비탄과 고통에 대한 기억을 유지하고 보존함으로써 메시아의 도래를 가장 부정적인 형태로나마 예비하는 데서 비로소 주어질 수 있다고 보았다. 그가 "과거를 역사적으로 표현한다는 것은 그것이 '원래 어떠했는가'를 인식하는 일을 뜻하는 것이 아니다. 그것은 위험의 순간에 섬광처럼 스치는 어떤 기억을 붙잡는다는 것을 뜻한다"라고 쓰면서 "역사가에게만 오로지 과거 속에서 희망의 불꽃을 점화할 재능이 주어져 있다"라고 단언했던 것 또한 같은 맥락에서였다.[95] 아도르노가 적확히 지적했듯 벤야민이 과거로부터의 빛을 가져온 것은 낡은 진리의 흔적을 고수하려는 것이 아니었다. 그는 그 빛을 통해 당대 근대주의자들의 선형적이고 인과의 구조로 축조된 연

94 임화, 「시단의 신세대」, 앞의 책, 397면

95 발터 벤야민, 「역사의 개념에 대하여」, 최성만 역, 『발터 벤야민 선집』 5, 길, 2008, 334~335면.

속성을 탈자연화하고 그것을 폭파하고자 하였다.[96] 당대 서구는 이미 몰락했다고 선언되었으며, 서구의 근대를 초극했다는 동양으로의 회귀가 활발히 논의되고 있었다. 하지만 그 맹목성과 거리를 두면서 부정적이고 단속적인 형태로나마 미적 '전율'을 조심스레 가늠하던 일련의 문인들이 있었다.[97] 그들은 과거로부터 오는 빛을 통하여 선조적인 시간이 아니라 매 순간이 어떤 과거 사건과 관련맺을 수 있는 시간, '비동시적인 것의 동시성(Gleichzeitigkeit der Ungleichzeitigkeit)'이 응축된 비선형적 구조를 갖는 '지금 이 시간(Jetztzeit)'을 사유하고자 하였다.

1940년을 넘은 시기 임화가 고통스럽게 붙들었던 기억도, 혹은 단념의 지붕 아래 살면서 오장환이 발돋움을 꿈꾸며 더듬었던 과거의 흔적들도 벤야민이 말했던 "위험의 순간에 섬광처럼 스치는 어떤 기억"과 비슷한 의미가 아니었을지 우선 이 자리에서는 아주 잠정적인 가능성만 언급하고 싶다. 1930년대 중후반 그들이 비평에서 보여주었던 근대적인 태도와 전혀 다른 어떤 태도를 1940년대 초반에 보여주고 있기 때문이다. 그리고 인식의 전회와 실천의 임계에서 임화는 조심스레 삶의 보람을 말하고 있다. 이 보람의 의미에 관한 해명은, 근대성을 그 자신의 기율로 삼았던 식민지 조선의 문인들이 1940년을 전후한 시기 파시즘 체제 아래서 어떤 역사철학적 전회를 보였는

96 테오도르 아도르노, 홍승용 역, 앞의 책, 283면; 강동원, 「근대적 역사의식 비판」, 고려대 석사논문, 2007, 62~63면.

97 김우영, 「공간의 형성을 통해 본 식민지 지식인들의 몽상과 이상」, 『구보학보』 6, 구보학회, 2011, 141~151면 참조.

지에 대한 탐구와 함께 이루어져야 할 것이다. 더 많은 질문과 이에 대한 고민을 남는 공부로 삼는다면, 우리는 아도르노의 언급으로 이 글을 잠시 닫을 수 있을 것이다.

> 덧없음을 통하지 않고는 초월성에 대한 어떤 기억도 불가능하다. 영원성은 그 자체로 나타나는 것이 아니라 가장 덧없는 것에 의해 파손된 상태로 나타난다.[98]

98 테오도르 아도르노, 홍승용 역, 『부정변증법』, 한길사, 1999, 466면.

참고문헌

초출

『한국문학과 예술』 12, 숭실대 한국문예연구소, 2013.9.

논문 및 단행본

강동원, 「근대적 역사의식 비판 — 아도르노와 벤야민의 이론을 중심으로」, 고려대 석사논문, 2007.

김기림, 김세환 · 김학동 편, 『김기림전집』 2, 심설당, 1988.

김동식, 「1930년대 비평과 주체의 수사학」, 『한국현대문학연구』 24, 한국현대문학회, 2008.

김우영, 「공간의 형성을 통해 본 식민지 지식인들의 몽상과 이상」, 『구보학보』 6, 구보학회, 2011.

김윤식, 『한국 근대문예 비평사 연구』, 일지사, 1976.

______, 『한국 근대문학 사상사』, 한길사, 1984.

______, 『기하학을 위해 죽은 이상의 글쓰기론 — 탄생 백 주년의 문학사적 의의』, 역락, 2010.

______, 『임화와 신남철 — 경성제대와 신문학사의 관련양상』, 역락, 2011.

김윤태, 「1930년대 임화와 김기림의 시론 비교」, 임화문학연구회 편, 『임화문학연구』 2, 소명출판, 2011.

김재용, 『협력과 저항』, 소명출판, 2004.

노태훈, 「이상 문학에 나타난 서사성 연구」, 서울대 석사논문, 2012.

박수연, 『국민, 미, 전체주의』, 열린길, 2012.

박정선, 『임화 문학과 식민지 근대』, 경북대 출판부, 2010.

박진영, 「임화의 문학사론과 신문학사 서술」, 문학과사상연구회 편, 『임화문학의 재인식』, 소명출판, 2004.

방민호, 『일제말기 한국문학의 담론과 텍스트』, 예옥, 2011.

오장환, 김재용 편, 『오장환 전집』, 실천문학사, 2002.

유종호, 『다시 읽은 한국시인』, 문학동네, 2002.

윤대석, 『식민지문학을 읽다』, 소명출판, 2012.
이경재, 「김동리 문학의 불교적 상상력 연구」, 『어문연구』 42-3, 한국어문교육연구회, 2014.
이기주, 「오장환 시에 나타난 근대적 자아의 공간 체험」, 숭실대 석사논문, 2013.
이지은, 「이효석 소설의 신화적 상상력 연구」, 서울대 석사논문, 2013.
이진형, 『1930년대 후반 식민지 조선의 소설 이론－임화, 최재서, 김남천의 소설 장르 논의』, 소명출판, 2013.
임화, 『玄海灘』, 동광당서점, 1938.
____, 김재용・신두원・임규찬・하정일 편, 『임화문학예술전집』 1~5, 소명출판, 2009.
____, 박정선 편, 『임화 산문 선집－언제나 지상은 아름답다』, 역락, 2012.
임화 편, 『현대조선시인선집』, 학예사, 1939.
장문석, 「출판기획자 임화와 학예사라는 문제틀」, 『민족문학사연구』 41, 민족문학사학회, 2009.
______, 「소설의 알바이트화, 장편소설이라는 (미완의) 기투－1940년을 전후한 시기의 김남천과 『인문평론』이라는 아카데미, 그 실천의 임계」, 『민족문학사연구』 46, 민족문학사학회, 2011.
장성규, 『문(文)과 노벨(novel)의 장르사회학－1930년대 후반기 소설의 장르론적 연구』, 소명출판, 2015.
정명교, 「한국 현대시에서 서정성의 확대가 일어나기까지」, 『한국시학연구』 16, 한국시학회, 2005.
정지용, 김학동 편, 『정지용 전집』 1, 민음사, 2003.
허윤, 「정지용 문학의 가톨리시즘과 역사의식」, 『민족문학사연구』 53, 민족문학사학회, 2012.
洪宗郁, 『戦時期朝鮮の転向者たち－帝国/植民地の統合と亀裂』, 有志舎, 2011.
Adorno, Theodor, 홍승용 역, 『부정변증법』, 한길사, 1999.
________________________, 『프리즘』, 문학동네, 2004.
Benjamain, Walter, 최성만 역, 「역사의 개념에 대하여」, 『발터 벤야민 선집』 5, 길, 2008.
Foucault, Michel, 정일준 편역, 「계몽이란 무엇인가?」, 『자유를 향한 참을 수 없는 열망』, 새물결, 1999.
Hegel, G.W.F., 두행숙 역, 『헤겔 미학』 3, 나남출판, 1996.
Lukacs, Georg, 신승엽 역, 「부르조아 서사시로서의 장편소설」, 소련 콤 아카데미 문학부 편, 『소설의 본질과 역사』, 예문, 1988.